생명의
여자들에게
엉망인
여성해방론

생명의 여자들에게 - 엉망인 여성해방론

지은이 다나카 미쓰
옮긴이 조승미

1판 1쇄 발행 2019년 9월 5일

펴낸곳 두번째테제
펴낸이 장원
등록 2017년 3월 2일 제2017-000034호
주소 (13290) 경기도 성남시 수정구 수정북로 92, 태평동락커뮤니티 1005호
전화 010-6475-6212
팩스 0303-3441-7392
전자우편 secondthesis@gmail.com
페이스북 facebook.com/thesis2
블로그 secondthesis.blog.me

ISBN 979-11-90186-04-9 03330

생명의
여자들에게
엉망인
여성해방론

いのちの
女たちへ
とり乱し
ウーマン・リブ論

다나카 미쓰 지음
조승미 옮김

일본어판 일러두기

이 책은 1972년 4월 다바타쇼텐 출판사에서 단행본으로 간행된 제1판을 복각한 것이다(오탈자 등을 수정하고 더 읽기 편하게 줄바꿈을 늘렸다). 또 이 책은 1992년 3월 가와데쇼보신샤 출판사에서 문고판으로 간행된 바 있다.

한국어판 일러두기

1. 이 책은 일본 판도라パンドラ 출판사에서 2016년 펴낸 《생명의 여자들에게 ─ 엉망인 여성해방론いのちの女たちへ ─ とり乱しウーマン・リブ論》을 완역한 것이다.
2. 본문에 나오는 각주 중 옮긴이가 추가한 곳은 [옮긴이]로 표시했다. 매체나 작품 제목은 홑화살괄호(〈 〉), 책이나 잡지 이름은 겹화살괄호(《 》)를 사용해 표기했다.
3. 외국 인명, 지명은 국립국어원의 외래어 표기법과 용례를 따랐다. 다만 국내에서 이미 굳어진 인명과 지명의 경우 통용되는 표기로 옮겼다. 의미 전달을 위해 필요한 경우 원어나 한자를 병기했다.
4. 본문에 나온 강조 표시는 볼드체로 표기했다.

한국어판 서문

1970년 초 어느 날, 저는 전단지를 하나 썼습니다. 그 내용은 "우리 여자들은 원래 정신적인 존재인 동시에 성적인 존재다. 그런데도 여자는 남자의 의식을 통해, 어머니(아이를 낳게 하는 대상)와 변소(성욕을 처리하기 위한 대상)로 찢겨져 갈라졌다. 그렇다, 사유재산제 아래 사회질서는 여자를 나누고 억압함으로써 유지된다."라는 것이었습니다. 글의 제목은 〈변소로부터의 해방〉이었습니다.

글을 쓴 다음 날 혼자서 전단지를 들고서 신좌익 운동 집회에 갔어요. 50년 가까이 지났어도 아직도 기억납니다. 몇몇 사람들한테 전단지를 건네고 있었는데 여자들이 와서 낚아채듯 전단지를 갖고 갔습니다. 차례로 전단지를 받으려는 모습을 보고 전 몹시 놀라며 "시대를 붙들었구나!"라고 생각했습니다.

그러고 나서 2년 뒤 저는 이 책을 썼습니다.

'여자다움으로 살아간다면 나는 나 자신의 인생을 살 수 없다'는 생각이 온몸에서 끓어올랐습니다. 남녀 구별 없이 다양한 삶의 방식으로 살아갈 수 있는 세상을 만들어 내면서, 저는 '이게 바로 나야'라고 여기는 내 자신과 만나고 싶었습니다.

'싫은 남자가 내 엉덩이를 만지지 않았으면' 하는 나, '좋은 남자가 만지고 싶어 하는 엉덩이를 갖고' 싶은 나. 내가 싫어하는 남자가 내 엉덩이를 만지면 안 된다는 것은 여성들의 공통된 분노에서 나온 것이기에 운동의 대의가 되었습니다. 내가 좋아하는 남자가 만져 줬으면 싶은 쪽은 말하자면 개인의 욕망입니다. 대의와 욕망 ― 이 두 가지가 비슷하게 중요하다고 생각하는 여자들이 나와 함께 들고일어났습니다.

이것이 우먼리브, 일본의 여성해방이라는 운동이고, 여기에 새로운 점이 있습니다.

대의와 욕망, 이 두 가지를 다 긍정하기에 때로 그 두 가지 사이에서 흐트러지고 엉망이 됩니다. 그렇지만 마음을 열고 여자들과 이야기를 나누다 보면 '어, 나만 그런 게 아니네, 당신도 그랬군요.' 하고 느낀 적이 많았습니다. 개인적이면서도 사회적인 존재 ― 자신의 욕망으로 살아가는 한 사람인 동시에 타인과 함께 사회를 구성하고 타인과 연결되어 사회를 바꾸어 가는 사람이기도 한 존재 ― 가 갖는 힘, 그런 힘으로 우리는 우리 자신과 세상을 바꾸고자 했습니다.

그러니까 여성해방운동은 약 50년 전에 벌인 미투Me Too 운동이었습니다.

다채롭게 활동했습니다. 임신중절을 금지하려는 법 개악을 저지하기도 했고, 전철에 유모차 승차가 가능하도록 전철 회사와 담판을 벌이기도 했고, 미인 대회 개최에 항의하기도 했습니다. 코미디 뮤지컬 〈여자의 해방〉을 공연하기도 했고요. 여름이면 일본 각지에서 여성해방 엠티를 열었습니다.

이렇게 하는 동안 세계 여성의 해(1975년)가 되었고, 일본에서 여성해방운동은 유엔의 지지를 받고 등장한 페미니즘 운동으로 대체됐습니다. 이 배경에 생산성과 관련된 문제가 있었을 거라 짚어 봅니다. 여성해방운동을 하는 여자들은 '싫은 놈이 내 엉덩이를 만지면 안 된다'는 대의, '좋은 사람이 만져 줬으면 좋겠다'는 욕망 그 두 가지를 다 중요시했습니다. 사회를 향해 호소할 대의만 갖고서 운동하는 것은 바람직하지 않다고 봤습니다.

대의만 갖고 운동을 하면 나 자신에게 여성해방은 표면상의 문제에 그칠 수도 있으니, 어디까지나 나 자신이 느끼는 즐거움, 불쾌함과 이어지는 것으로 세상을 파악하겠다는 생각이 강했습니다.

그런데 대의와 욕망 중 밖에서 봤을 때 알기 쉬운 것은 "성희롱 반대!"처럼 딱 맞아떨어지는 대의입니다. 알기 쉬운 운동은 언론도 좋아하고, 사람들에게도 전하기 쉽죠……. 이런 생산성의 측면에서 본다면, 사회를 향해 호소하는 대의를 추구하면서도 자기 해방에 매달리는 우리의 여성해방운동은 당연히 불리한 면도 있었습니다. 점차로 구석으로 밀려난 것도 어쩔 수 없는 일이었겠죠.

하지만 페미니즘의 말은 머리로는 깔끔하게 떨어지는 말이기는 해도 각자의 불안과 두려움, 외로움과 연결되는 면에서는 약합니다. 즉 개개인이면서 동시에 다른 사람과 이어져 함께 사회를 변혁하는 존재이기도 한 나라는 존재의 전체성을 표현하기에는 페미니즘 운동이 어려운 측면도 있는 것 같습니다.

이 책《생명의 여자들에게》가 나오고 오늘날에 이르기까지 47년간 줄곧 독자들이 있었다는 것은 이런 부분도 있기 때문이라 봅니다.

저는 인생 대부분의 시간에 죽 생각한 것이 있습니다. 그것은 '왜 내 머리로 돌덩이가 굴러 떨어진 것일까?' 하는 물음입니다. 다섯 살 때 겪은 아동 성 학대. 어린 저는 성적 학대가 어른을 상대로 하는 섹시한 놀이라고 착각했고 성장하면서 내 자신을 벌하듯 '나는 얼마나 더러운 아이인가.' 생각하며 괴로워했습니다. 한편으로는 왜 내 머리 위로만 돌덩이가 굴러 떨어진 것인지를 계속 고민했습니다.

돌덩이가 나한테만 굴러 떨어진 것은 결코 아니다……. 그 점을 알아차린 것은 베트남 전쟁 때 전쟁으로 몸과 마음을 다친 많은 아이들을 알게 됐을 때였습니다. 1955년 미국이 세운 괴뢰 정부를 타도하기 위해 들고일어난 베트남 민중들. 그 전쟁에 휩쓸려 운 나쁘게 엄마를 잃거나 나리를 잃은 아이들. 그 아이들이 가장 알고 싶은 것은 '왜 우리 엄마가 죽어야 하나?', '왜 폭격으로 내 다리가 날아가 버렸어야 했나?' 그런 것일 테지요. 내게 왜 재난이 일어난 것인지 이유를 알게 됐다 한들, 마음속은 '왜, 왜 내게 그런 일이 일어났나?' 하면서 여전히 고통스럽습니다. 왜 나한테만 그런 일이 일어난 것인가 하면서 괴로워하던 사람은 나뿐만이 아니었습니다. 괴로워하던 저는 개인적인 존재이기도 했고 또 다른 이들과 연결되어 사회를 바꾸어 나갈 존재이기도 했습니다.

내 머리 위로 떨어진 것은 여자는 순결해야 한다고 보는 처녀성 신화였습니다. '순결하지 않으니 내가 가치가 없다고? 그래 좋아, 그렇다면 이런 세상 콱 무너진다 한들 무슨 상관이야!' 저는 격한 분노를 품고 여자는 이러쿵저러쿵 살아야 한다는 식의 두터운 포위망을 물어뜯고 해방의 깃발을 들었습니다. 다른 여자들과 똘똘 뭉쳐서 처녀성 신화를 분쇄했습니다. 그렇지만 성적 학대를 당한 것이 왜 나여야 했는지 하는 그 의문, 그리고 거기서 생긴 고독한 마음은 사라지지 않았습니다.

저는 그런 물음, 계속 묻는 것 자체에 의미가 있는 듯한 물음을 혼자서 하늘을 향해 계속 던졌습니다. 지금 생각해 보면 그랬던 것 같습니다.

전에는 베트남의 아이들을 대신해 '왜 나죠?' 하고 물었고 요즘 같으면 정류장에서 버스를 기다리고 있다가 갑자기 폭주한 차에 친 아이들을 대신해 '왜 나죠?' 하고 하늘에 묻습니다. 왜 돌덩이를 맞아야 하는 것이 나여야 했는지, 왜 이 아이들이어야 했는지.

……시간이란 산을 넘고 또 넘어 정신을 차리고 보니 저는 답을 얻었습니다.

이는 전부 우연히 일어난 것이라는 점입니다.

제가 성적 학대로 겪은 그 비참함도, 베트남 어린이한테서 한쪽 다리를 빼앗아 간 비극도, 또 한순간에 갑자기 어린 목숨을 빼앗은 사건도 모두 우연이라고 말할 수밖에 없습니다. 이 우연이란 것은 얼마나 잔혹한 것일까요……. 우연 앞에서 인간 존재의 왜소함을 느끼게 되고, 다시금 박살이 난 것만 같습니다.

아니, 아니, 애초에 우리가 이 세상에 태어난 것도 우연이 아닐까요? 그리고 어떠한 부모 밑에서 어떤 성별로, 어떤 두뇌나 재능, 혹은 용모를 갖고 태어났는지 등 살아가는 데 가장 중요한 것들은 모두 처음부터 가지고 태어난 것들, 사실상 우연이라고밖에 할 수 없습니다.

언젠가 우리는 반드시 죽습니다. 그런데 반드시 늙은 사람이나 허약한 사람이 먼저 죽는 것은 아닙니다. 남녀노소 모두 '내일 나는 살아 있지 않을 수도 있다'는 생명의 진실을 공유하고 있을 뿐입니다. 결국 죽음도 우연히 찾아오겠지요.

우리가 태어난 것도 죽는 것도 우연입니다. 이 진실은 우리를 휘청거리며 힘이 빠지게 합니다. 그렇지만 여기에는 하늘의 뜻이라고 하는 수밖에 달리 말할 길 없는, 헤아릴 수 없이 깊은 의미가 숨겨져 있습니다. 그러니까 우리가 똑같이 우연에 의해 태어나고 살아가는 생명이라는 점에서, 당신은 나였을지도 모르고 나는 당신이었을 지도 모른다는 점입니다…… 그리고…….

내일은 살아 있지 않을 수도 있다는 것. 지금 살아 있다는 것이 모든 것이라는 점입니다.

이걸 알고 나서, 저는 지나치게 고민하는 것을 멈추었습니다. 그리고 마음을 굳게 먹고 '하루, 오늘 하루를 살자'고 생각하게 됐습니다. 오늘 하루 살 목숨이라면 오늘 가장 좋은 얼굴을 하고서 살아가자고, 심호흡을 하고 이것저것 보고 듣고, 사람들과 정중하게 만나자고. 그리고 '오늘 내가 해야 할 일'은 오키나와 헤노코의 미군 기지를 철폐하기 위해 투쟁하는 연좌농성에 참가하는 일이라 여기고, 저도 참여해 함께 항의하고 있습니다.

전 올해 일흔여섯으로 꽤 괜찮은 나날을 보내고 있어요. 물론 시간을 들여서 조금씩, 조금씩 이렇게 된 것입니다. 스물이든 일흔이든 지금 사는 것, 오늘을 살아가는 것이 전부라는 사실을 알게 된 때부터…….

2015년 밀라노 세계 박람회 때 있었던 일입니다. 선진국들이 앞다퉈 훌륭한 전시관 건물을 만들어 놓았는데, 네덜란드는 풀 위에 서커스 텐트처럼 보이는 것과 포장마차 3대만 달랑 내놓았다고 합니다. 관람하던 사람들은 초원에 누워 햄버거를 먹기도 하고 맥주를 마시면서 있었고요. 당신이 나였을지 모르고 내가 당신이었을지도 모르는 세계에서 초원에 드러누워 서로 기분 좋게 손발을 뻗어 보는 것만 같은 그런 해방된 관계성을, 국가를 뛰어넘어 가져 볼 수 있지 않을까 하고 저는 바라고 있습니다.

유엔의 세계 행복 랭킹에 따르면 일본은 매년 순위가 내려갑니다. 2019년도를 보니 한국 54위 일본은 58위이군요. 아~ 부자 나라가 되기보다는 행복한 사람이 많은 나라면 좋겠어요.

이렇게 한국에서 번역한 이 책이 나오는 것은, 필경 으리으리한 건물보다 초원 위에 있는 텐트나 포장마차를 좋아하는 여러분께서 이 책을 읽어 주실 것이기 때문이 아닐까요. 왜 그런지 그런 생각을 하고 있습니다.

나의 이해하기 힘든 문장과 격투를 벌인 조승미 씨에게, 감사한 마음과 경의를 전합니다. 또 그 불타는 의욕에 맞춰 이렇게 멋진 책을 만들어 주신 두번째테제 출판사에 깊은 감사 드립니다.

그리고 마지막으로 이 책 페이지를 넘기는 당신께, 저는 아까부터 제가 낼 수 있는 가장 좋은 목소리로 "고맙습니다!"라고 외치고 있답니다. 제 목소리가 바다를 건너 당신이 계신 곳까지 전해지기를 바랍니다.

차례

VI 자료

변소로부터의 해방   341

◎ 들어가며
◎ 여성해방운동이란 말은 왜 못나 보이나
◎ 예속 의식은 만들어진다
◎ 변소인 나, 오물인 너, 우리들의 비참한 성
◎ 여자의 반격과 그 투쟁
◎ 아이를 낳지 않는 남자와 낳는 여자
◎ '처녀성'이 침략과 반反혁명을 지탱한다
◎ 성기가 말하는 진실이야말로 진실이다

I

여성해방이란
무엇인가

1. 이제 막 잠에서 깬 호스티스가 뭐가 나빠

만일 갈 곳도 정하지 않고 기차를 탔는데, 내가 탄 기차가 멈추지 않을 거라는 사실을 알게 되면 어떤 마음이 들까?

누가 내게 느긋한 태도로 "여성해방(우먼리브ウーマン・リブ)[1]이 뭐냐?"고 물으면 나도 모르게 "음……" 하며 말문이 막힌다.

사회운동을 하는 이는 왠지 알기 쉽고 재치 있게 말해야 한다는 믿음 같은 게 있는 모양인지, 얼마 전에 나는 "베헤렌ベ平連[2]에서 활동하는 오다 마코토小田実는 말도 아주 쉽게 하고 글도 쓰니 많은 사람들이

1　[옮긴이] 원어는 여성해방운동Women's Liberation Movement의 일본식 약자를 쓴 '우먼리브ウーマン・リブ 운동'이다. 일본에서 '우먼리브 운동'은 1960년대 후반에서 1970년대 전반에 걸친 특정한 시기의 여성해방운동을 가리키는데, 이 책이 담고 있는 사상을 직관적으로 이해하기 위해 '우먼리브 운동'을 '여성해방' 또는 '여성해방운동'이라 번역했다. 일반적으로 여성해방운동이라 할 때는 1960년대 후반부터 1970년대 전반에 걸쳐 구미에서 일어난 제2의 물결 페미니즘second wave feminism을 말한다. 제2의 물결 페미니즘은 '개인적인 것은 정치적인 것'이라는 슬로건 아래 여성의 경험과 의식 속에 행동을 제약하거나 신체를 구속하는 사회 규범이나 가치관이 있음을 고발하고 여성이 억압을 자각하는 것을 중시한다. 한국의 여성운동에서는 주로 진보적 여성운동 진영에서 '여성해방' 개념을 사용해 왔다. 1970년대 크리스천아카데미가 '여성인간선언'(1975년) 여성해방을 목표로 내걸었고, 이효재 선생이 구미의 여성해방운동의 저작과 운동에 대해 쓴 《여성해방의 이론과 현실》(창비, 1979년)에서 '여성해방' 이론이 소개되었다. 1980년대에는 여성해방을 목표로 내건 여성평우회(현 한국여성민우회의 전신)를 필두로 여성의전화, 또하나의문화, 민주화운동청년연합회 여성위원회 등에서 실천적 여성운동의 개념으로 '여성해방'을 말했다.

2　'베트남에 평화를! 시민연합ベトナムに平和を! 市民連合'의 약칭. 베트남 전쟁에 반대하는 시민들로 조직된 일본의 반전운동 단체. 1965년 작가 오다 마코토가 '베트남에 평화를!'이라는 기치를 내걸고 시작한 시위에 시민 1500명이 참가한 후 발족했다. 오다 마코토 외에도 소설가 가이코 다케시開高健, 인류학자 쓰루미 요시유키鶴見良行, 번역가 요시카와 유이치吉川勇一가 간사를 맡았다. 월 1회 정기 시위를 벌였고 일본 전역에서 반전 시위와 토론 집회를 벌였다. 베트남 전쟁이 끝나고 1974년 1월 해산했다.

지지해요. 더 많은 사람들이 여성운동에 참여하길 바란다면 좀 더 쉬운 말을 써야 해요.'라고 쓴 팬레터를 받았다. 나는 이런 편지를 받으면 '봄이 올 때까지 굴에 틀어박혀 있으면 어떨까?' 싶으면서도 '좋아. 곰곰이 생각해 봐야지.' 하는 마음이 든다.

요즘 알 듯 모를 듯한 말 가운데 '주체적으로 듣는다'는 게 있다. 인간이라면 자신이든 타인이든 주체적으로 말하지 '주체적으로 듣는다'는 게 있나 싶다. 듣기만 한다면 주체적이든 뭐든 그건 듣기만 하는 것이지 애초에 주체고 뭐고 할 필요가 없다.

여성해방운동은 '여자 사람'이 하는 거니까 잘 모르겠다고 먼저 운을 떼고 나서, 내게 여성해방이 뭐냐고 묻는 남자들이 무수히 많다. 이런 물음을 듣고 외면하는 내게 남자들은 "이야기를 해 줘야 알죠." 하며 다시 들러붙는다. 여자가 될 수는 없어도 여자에 대해 생각할 수는 있다. 남자가 여자를 생각한다는 것은 자신을 생각하는 것이기도 하다. 가령 남자가 '나는 머리 좋은 여자가 싫다'고 말하는 것이나 오직 나만 위해 있어 줄 여자를 찾으려고 하는 것 말이다.

여자에 대해, 또 남자에 대해 생각하는 것은 인간을, 인간이 살아가는 것을 생각하는 것이다. 그런데도 자기 자신은 어디까지나 그런 물음 바깥에서 존재한다는 듯 "여성해방이 뭔지 가르쳐 달라"며 들러붙는 남자들. 나는 이들에게 이상하다고, 낯 두껍다고 쏘아 주지도 못한 채 생각에 잠긴다. 남자들이 여성해방을 여자의 전매특허라고 간주하고 그런 방관자와 같은 모습을 보이는 이유는 남자들이 자기 자신에 대해 데면데면하고 무관심하기 때문이다. 영혼이 빠져 버린 것 같은 남자한테 대체 내가 왜, 어떻게 알기 쉽게 말해 줘야 한다는 것인가? "스스로 생각해 보라!"고 답하는 수밖에 없다고 생각하면서 나는 고개를 돌린다. 대개 그런 물음을 던지는 남자는 묻고 배우며 자신의 지적

호기심을 채우는 타입이다. 나는 이런 남자의 모습을 볼 때마다 고부 갈등을 모른 척하는 남자의 역사성을 떠올린다. 남자들이 "여성해방이란 게 뭡니까?"라고 넉살을 떨며 묻는 모양새 속에 '어차피 여자는 애 같잖아.'라는 마음이 없다고 하기는 어렵겠지. 그러니 내가 남자들의 물음을 외면하는 것이다.

　남자들의 가치관, 사고방식이라는 건 말하자면, 머릿속에 정리를 할 수 있는 서랍을 많이 갖고 있으면서 필요에 따라 서랍 하나를 꺼내는 것과 같다. 어떤 모임에서 사회자가 "여러분, 오늘은 진짜 속마음을 이야기해 주세요."라고 당부하자 그 자리에 있던 남자들 대부분이 내내 침묵했다는 이야기를 들었다. 나는 그럴 법도 하다 싶어 웃음이 났다. 진짜 속마음을 말한다는 것은 물건 하나를 찾으려고 서랍에 든 모든 것을 꺼내고 뒤져야 하는 것과 비슷하다. 이미 솜씨 좋게 정리 정돈해 둔 속마음을 숨기지 않고 새삼스럽게 낱낱이 이야기할 수는 없는 노릇일 게다. 속마음을 이야기해 달라고 한다면, 남자는 '음' 하고 말문이 막힐 수밖에 없다. 논리적으로 알기 쉽게 이야기해 달라고 할 때 '음' 하고 말문이 막히는 나처럼 말이다.

　언제인가 마감이 임박한 원고를 쓰려고 고심하던 차에 동료가 "다키타 오사무滝田修[3]는 돈도 벌고 사회운동도 하면서 원고도 잘 쓰지 않아?"라고 했다. 나는 "다키타한테는 아내가 있잖아!" 하고 침울한 목소리로 대꾸했다. 동료는 딱히 별 뜻 없이 말했을 테지만, 머리를 싸매고 원고를 쓰던 중에 그런 소리를 들으니 내게는 부정적인 말이 되어 울려 퍼지는 것만 같았다.

　나는 열등감덩어리 같아서 뭘 해도 잘 안 된다는 생각을 항상 하

3　[옮긴이] 1940년생. 1960년대 일본 학생운동(전공투 운동)의 대표적 운동가.

고는 했다. '뭐든 두루 잘하는 사람은 없겠지.' 싶으면서도 과거를 돌이켜보면서 힘없이 고개를 떨구고는 한다.

9년 전에 소위 정규직으로 일한 적이 있었다. 월급도 괜찮았고 무엇보다도 자유로이 쓸 수 있는 시간이 난다는 게 큰 매력이었다. 놀라지 마시라. 나는 여름에는 일을 하다가도 매일 직장 근처에 있는 목욕탕에 가서 쉬고 오후 3시 무렵에 돌아오고는 했다. 물론 아무리 적당히 일할 수 있는 회사라 해도 근무 중에 목욕탕을 다녀오는 조건으로 일하는 회사는 없다. 지금 생각하면 몰래 목욕탕에 다닌 걸 들키지 않은 게 이상할 정도다. 그렇게 일을 제대로 하지 않았는데도 나는 회사에서 일하는 게 괴로웠다. 부모에게 가업을 물려받아 하는 것처럼 편하고 쉬운 건 아니었지만 일 자체는 편했다. 딱히 일하는 게 싫었던 것도 아니다. 일을 관두거나 이직하는 방법도 있었을 텐데, 어디 가서 무슨 일을 하건 비슷할 것이라 여겼다. 그런 예감을 어떻게 떨쳐야 할지 모른 채로 직장을 그만둘 수도 없어 괴로웠다.

그즈음 나는 항상 뭔가에 쫓기는 듯 가슴이 두근거렸다. 이유를 알 수 없는 두근거림과 초조함을 어떻게 해야 할지 모르겠어서 만약 그런 느낌을 피할 방법이 있다면 뭐든 하겠다, 뭐든 할 수 있다 이런 생각을 하고 있었다. 쫓기던 자가 궁지에 몰렸을 때처럼 짜증과 불안으로 편히 몸을 누일 여유조차 없는 느낌이었다. 원인 불명인 불안에서 기인한 이유 없는 반항이 바로 근무 중에 몰래 목욕탕에 가는 것이었다. 사람들 눈을 피해서 목욕탕에 다녔을 때 내게 그 직장은 이방인으로 바라보는 풍경과도 같았다. 여직원들은 여자만 커피나 차를 타 오게끔 하는 데에 화를 내고 반대했는데 난 그런 것도 정말 시시하게 여겼다. 그렇다고 해서 내가 회사가 요구하듯 완벽히 꽃 같은 여직원이 된 것도 아니었다. 이도 저도 다 싫고 이유 없는 불안으로 황야를 헤매는 이방인처럼 나는 내 마음에 휘몰아치는 바람 소리를 들었다. 그 소리 말고는 들리는 게 없었다. 그래서 무력했고, 무관심으로 일관하는 수밖에 없었다.

그런 내가 성실하게 일할 리 없었다. 실업급여를 받을 수 있는 근무 기간 8개월을 채우고서는 난 회사를 그만뒀다. 당시에 나는 상사의 유혹에 마치 기다렸다는 듯 응한 적도 있었는데, 첫 남자였던 그와 사이가 틀어진 끝에 회사를 관둔 것이기도 했다.

나와 회사의 만남은 이런 분위기였는데, 이런 식의 만남은 그 이전에도 이후에도 무수히 많았던 것 같다. 나 자신이 자신에게 '이방인'인 사람은 어디를 가서 누구를, 무엇을 만나건 어차피 공허함 가운데서 살아갈 수밖에 없다. 물론 그렇게 하는 수밖에 달리 방도가 없을 때도 있다. 그런데 다른 사람과 비교해 봐도, 틀림없이 나는 스스로 얼마나 무책임하고 적당히 하는지를 알면서도 구원할 방도가 없는 '엉망인 나'를 껴안고서 여태껏 살아온 것 같다. 동료가 다키타 오사무가 뭐든 잘한다고 이야기할 때 내가 벌컥 화를 낸 이유는 아마 그런 나라서, 무엇 하나 만족할 수 없는 인간인 내가 그 어떤 것에도 만족할 수 있는 인간에게 중압감을 느낀 탓일 게다.

그렇지만 나에게도 스스로를 좀 더 비참하게 느끼고 마는 분노라면, 대꾸하지 않고 속으로 삼켜 버릴 재능은 있다. 내가 말하고 싶은 바는 다키타 오사무 이야기에 대한 나의 분노가 결코 열등감 탓만이 아니고, 좀 더 보편성이 있는 문제라서 화가 났다는 것이다. 물론 이것은 나에게만 보편성이긴 하지만.

'돈만 있으면 누구나 선생님'이라고들 한다. 태어난 자는 먹고살아야만 하는 것이 숙명이다. 먹이를 건네주면 누구든 주인이라는 식의 그런 인생만 허락하는 사회이다. 누더기를 걸쳐도 마음만 비단결 같으면 되는 게 아니라는 게 진실이다. 위를 보거나 아래를 봐서도 안 되고,

자기 분수에 맞는 생의 보람을 찾아서 느껴야 한다. 그러려고 해도 그럴 수 없었던 사람들의 휘어지고 꺾인 원한이 '돈만 있으면 누구나 선생님'이라는 말 가운데 어둡게 머문다. 그런데 이런 말만 가지고 여자의 원한을 다 설명할 수 없다. '돈만 있으면 된다'에 '남자는 누구나 도련님'이라는 말을 더해야 여자의 역사, 그 인생의 어려움을 말할 수가 있다. 그러니까 여자는 먹이를 주면 누구나 주인으로 삼는 구조를 남자와의 관계 속에서 재생산하는 인생으로 존재해 왔다.

　얼마 전에 언니한테 "언니는 계속 그렇게 살 작정이면 남편한테 나 같은 사람 부양해 줘서 고맙다 하고 공손히 대해."라고 했다. 언니의 큰아들[4]이 이제 막 초등학생이 됐는데, 이 녀석이 학교 갈 나이 무렵부터 언니한테 "엄마 죽어!" 하고 악을 써 대는 꼴을 자주 봤다. 언니는 결혼 초부터 남편하고 사이가 좋지 못한 채 지금에 이르렀는데, 남편에 대한 불평을 터뜨리며 분풀이하는 상대가 큰아들이었다. 언니는 큰아들을 그렇게 대하고 나서 후회하고는 했다. 언니에게 큰아들이란 자기에게 악을 쓰는 아이이면서 원망하고 후회하는 대상으로 존재했다. 엊그제 오랜만에 언니 집에 갔는데, 평소처럼 모자는 또 아옹다옹하고 있었다. 그 모습을 보다 못해 내 입에서 비꼬는 말이 나온 것이다. 내가 그렇게 빈정댄 이유에는 '아내로 엄마로' 그 강고한 사회질서에 맞춰 살아가려면 적어도 먹이를 받고서 사육당하고 있는 자신의 비참함

4　[옮긴이] 큰조카로 번역하는 게 맞으나 저자의 의향대로 일부러 고치지 않고 원어 그대로 번역했다. 저자는 가족주의나 가족제도에 딱히 거리를 두려는 의도라기보다는 평소에 일반적인 가족 호칭 대신에 위와 같이 말을 풀어서 쓰고 있다고 설명했다. 이 책에서 형부 대신 '언니의 남편', 아빠 대신 '엄마의 남편'과 같은 용어를 쓰는 것도 같은 이유에서이다. 책 전체에서 저자는 가족을 부르는 말로 기존의 말(어머니, 아버지, 조카)과 기존의 말을 대신하는 새로운 형식의 말(그녀, 그녀의 남편, 언니의 큰아들)을 섞어 쓰고 있다.

과 제대로 마주하고 맞서라는 속뜻이 있었다. 그러니까 언니가 언제까지나 세끼를 먹고 몸을 누일 수 있는 곳에 머물러 있을 작정이라면(물론 언니가 실제로 아무 것도 하지 않으면서 세끼를 얻어먹고 있다는 소리는 아니다), 거기서 찢어지는 아픔을 느낄지언정 당연하게 받아들이고 그 아픔을 스스로 짊어지는 게 어떠냐고 말하고 싶었던 것이다. 물론 이건 피학적인 방식이다. 어떻게 언니와 큰아들에게 관여할 수 있을 것이냐는 물음에 대한 답은 비워 둔 채로 불안하게 떨고 있는 엉망인 나의 상태 때문에 그렇게 비꼬게 된 것이다. 언니가 "사회가 이렇다, 남자가 저렇다."라고 이러쿵저러쿵 불평하면서도 역설적으로 자신의 현재를 '아내'라는 이름으로 긍정하는 모습, 적당히 머물러 있는 여자의 모습을 보이자 나는 참을 수가 없었다.

그런 여자들은 '여자의 분수'에 맞게 살아가야 하는 자기 삶에 한숨을 쉬면서도, 그 한숨 뒤에서 '먹고살 방도가 없으면 물장사라도 하면 되지.'라고 여기는 오만함을 가지고 살아왔다. 그런 직감이 든다. 다른 누구보다 내 자신 속에 그런 오만함이 있었다. 당시 난 이 오만함의 정체가 뭔지 분별해 내려고 막 호스티스를 시작한 참이었다.

주부와 창녀는 얼핏 보면 서로 관련이 없어 보이지만, 사실 이 둘이 같은 무리라는 사실은 잘 알려져 있다. 진한 화장을 한 여자들을 경멸하면서도 무의식중에 한숨 쉬며 '정 먹고살 방도가 없으면 물장사라도 해야지.'라고 생각하는 주부의 숨은 이면에 같은 여자 일족으로서 각인된 억압이 투명하고 확실히 보인다. 화장을 두껍게 한 여자들을 보면 대놓고 고개를 돌리면서도 한편으로는 '그런데 나도 딱히 아주 마음이 내키지 않는 건 아니거든.' 한다. 자화자찬하는 여자의 싫은 면모 속에서 남자를 사이에 두고 서로를 물고 찢어 온 여자들의 역사성, 맨살로 거친 황야에 서 있는 그 모습이 보이는 것이다. 그런데 정작 호스티스가 '정 먹고살 방도가 없으면 주부라도 해야겠다.'라는 말을 할 수 있나? 주부와 창녀가 같은 일족이더라도, 주부가 창녀가 될 수는 있어도 창녀가 주부가 될 수는 없다. 이런 서열로 사회질서가 유지된다.

호스티스로 일할 때 손님한테 "내 아내한테는 절대 호스티스를 시키지 않을 거야."라든가 "너희는 지금 아주 밑바닥 생활을 하고 있어. 그러니까 열심히 해서 돈 모아."라는 말을 들었다.

나는 몇 년 전에 이런 글을 쓴 적이 있다.

여자는 남자에게 '모성의 부드러움=어머니'이거나 '성욕 처리기=변소'라는 두 가지 이미지로 나눠지는 존재이다. 남자의 분리된 의식은 '여자' 전체가 지닌 두 가지 측면을 부드러운 모성, 섹스할 이성으로 추상화하며 각각의 측면에 모순된 감정을 배분한다. 이런 남자의 의식은 단혼제가 매춘제, 노예제와 함께 존재해 온 인류사를 배경으로 일부일처제가 성을 깔보고 성과 정신을 분리하게끔 한 구조로 유지된다. 더욱이 이런 의식 구조 아래에서 사유화된 모자 관계로 인해 남자는 엄마를 두고는 부드러운 모성에 집착하는 한편, 다른 한편으로는 엄마가 아빠와 남녀 관계를 갖고 자신을 낳았다는 사실을 혐오한다. 이런 의식 구조는 남자에게 서로 양립하지 않는 여자에 대한 이중 의식을 심어 준다.

여자를 엄마처럼 아니면 변소라고 보는 의식은 현실에서는 남자가 여자를 결혼 상대 아니면 데리고 놀 상대로 간주하는 것으로 나타난다. 남자한테 결혼 상대로 보여 선택받으려고 하는 여자는 섹스를 듣도 보도 못했고 말하지도 않을 듯 청순하고 귀여운 여자처럼 굴면서, 부드러움과 자연스런 성욕을 한 몸에 다 갖추고 있는 스스로를 배신하고 억압한다.

〈변소로부터의 해방〉[5] 중에서

엄마든 변소든 여자는 남자의 이미지 속에 있다. 여자는 자신을 '세상 어디에도 없을 여자'로 찾아 헤매며 살아갈 숙명을 짊어지고 있다.

들자 하니 생전에 마릴린 먼로는 주변에 있는 누군가가 끊임없이 "예쁘다"는 말을 해 주지 않으면 마치 자신이 존재하지 않는 듯 불안해하며 괴로워했다고 한다. 주변에 있는 누군가는 물론 남성이다.

여자는 만들어진다. 암컷으로 만들어진다. "시집 못 가면 어쩌려고!" 협박하는 듯한 소리를 들으며 한 남자의 품속에서 여자는 여성다움으로 자기 존재를 증명해야 한다. 여자의 삶에서 보람은 남자를 향해 꼬리를 흔드는 데에 있다고 한다. 꼬리 흔들기 방식은 화장하지 않은 맨얼굴부터 진한 화장을 한 것까지 다양한 암컷의 모양새로 나타난다. 남한테서 찾으려는 자신이라는 건 어차피 '세상 어디에도 없을 여자'이다. '지금 여기에 있는 여자'가 삶의 보람을 '세상 어디에도 없을 여자'로 삼는다면 필연적으로 그는 불안과 초조함을 느끼게 된다. 마음이 찢기고 마는 것이다. 교태란 자신을 남의 가치관에 팔아넘기는 것을 말한다. 암컷으로서 꼬리를 흔들고 교태를 부리며 살아오게끔 된 여자의 인생이 끊임없이 존재의 상실감으로 위협받는 것은 그것 때문이다.

"당신은 예쁘다"는 마약 같은 말이 끊기면 금세 자신이 살았는지 죽었는지 분간 못하게 되는 금단 증상이 나온다. 이것이 바로 끊임없이 여자를 남성에게 향하게끔 하는 원흉이다.

이 세상에서 살아가는 여자는 남자 눈 속에 비친 자기 모습에 어떤 때는 기뻐하고 어떤 때는 두려워한다. 암컷으로 살아온 그 역사성에서 벗어나지 못하는 한, 여자는 먼로와 같은 여성으로만 존재한다.

5 [옮긴이] Ⅵ장에 수록한 자료에 저자가 쓴 〈변소로부터의 해방〉 전문이 있다.

단지 암컷으로 잘할지 못할지, 억지로 팔 것인지 솜씨 좋게 비싸게 팔 것인지 하는 차이가 있을 뿐이다. 진한 화장을 하든 맨얼굴이든 남자에게 교태를 부려야 하는 게 바로 여자의 역사성이다.

그런데도 남자들은 '예쁘고 멍청해 보이는' 마릴린 먼로 같은 여자를 찾는다. 주부와 창녀는 먼로 같은 여자의 양끝에 존재한다. 거지가 주인인 것마냥 행세할 때는 누구를 살리건 죽이건 자기 마음대로니까 그런 남자의 마음을 이해 못할 바는 아니다. 그러나 남자한테 '지금 여기에 있는 여자'는 기껏해야 엄마 정도이다. 남자는 자신에게 교태를 부려서 존재를 증명하려 하는 여자가 '세상 어디에도 없을 여자'라는 점을 눈곱만큼도 생각지 못하고 '마릴린 먼로 같은 여자'를 좇는다. '마릴린 먼로 같은 여자'란 남자의 이미지 속에서 사는 모든 여자를 일컫는다. '세상 어디에도 없을 여자'가 되려고 스스로를 잃어가는 모든 여자를 일컫는 말이다.

요즘 미국의 여성해방운동가들은 여자의 오르가슴조차 남자의 페니스 중심 가치관에 따른 것이며, 남자를 향해 꼬리를 흔들게끔 된 여자의 역사성에 의해 만들어진 것이라는 사실을 밝혀내고 있다. 이런 움직임을 두고 "질이냐 클리토리스냐" 논쟁이라고 한다. 미국의 여성해방운동가들은 여자가 오르가슴을 느끼는 데에 질이냐 클리토리스냐 이 둘 중 하나를 고르는 게 문제인 것이 아니라, 여자가 남자의 오르가슴을 가장 우선시하고 나서 자신의 오르가슴을 결정하는 것, 그렇게 해서 여자가 스스로를 남자 중심 가치관에 넘겨 버린 것이 문제라고 주장한다. 그리고 이에 따른 고통과 아픔을 통한 시각을 가지고 마르크스조차 남성이었다는 점과 정면에서 맞서고 있다.

여자들은 쾌락을 주로 남성의 페니스가 느낄 쾌감을 위해 필요로 하는 질에서 느낀다. 그 절정의 순간조차 남성이 결정해 주는 인생을 산다. 살아가는 인간으로서 그 아슬아슬한 존재 증명조차 내주고서, 여자는 남자에게 계속 꼬리를 흔들어 왔다.

원래 개체인 인간은, 남의 배가 찼다고 자신의 배가 차지 않는다. '여자는 질에서 오르가슴을 느낀다'고 하는 남자의 논리에 곧이곧대로 따르려 해도 따를 수 없음에도 자기 성의 진짜 속내를 말하면 불감증이라는 죄목이 붙는다. 여자는 남자의 기쁨을 자신의 기쁨으로 받아들이지 못하는 그 슬픔을 두고, 내 죄라고 탓하게 된다.

물론 모든 여자가 불감증이라는 소리는 아니다. 그 오르가슴이 진짜 내 것인지 아닌지 그게 문제이다. 여자와 남자에게 섹스란 그 관계성이 키운 다정함이 밖으로 드러난 것에 다름 아니다.

> "흥분하는 절정이란 상대방을 어쩔 줄 모르게 만드는 것이기도 하나, 그럼에도 성은 인간의 가장 강한 소통 방식 형태이다. 자신의 몸에서 일어난 흥분과 잘 소통할 수 있는 이가 상대를 잘 만족시킬 수 있고 상대를 잘 이해할 수 있다. 바꿔 말해, 내 몸과 잘 소통할 수 있어야 남을 잘 만족시킬 수 있다. 내 몸과 잘 소통할 수 없다면 상대를 알 수 없다. 이것이 원리이다."
>
> (나카오 하지메中尾ハジメ[6], 〈아사히 저널〉 중에서)

남자의 이미지 속에 나를 넘겨 버리고 '세상 어디에도 없을 여자'와 '지금 여기 살아 있는 여자' 사이에서 갈라지고 찢겨진 나. 내가 나를 배신해야 살 수 있는 여자의 역사에서 여자의 오르가슴 또한 배신당했다고밖에 할 수 없다.

지금껏 여자는 누구 한 사람 본래 응당 그래야 했던 대로 오르가

---

6 [옮긴이] 1945년생. 사회심리학자.

슴을 제대로 맛본 이가 없다. 역사성에서 도망칠 수 있는 여자가 없는 한 그렇다. 질이냐 클리토리스냐 하는 논쟁은 먼저 이 점을 문제 삼은 것이다. 또 '불감증일지도 모른다'는 불안함과 '불감증이어서는 안 된다'는 강박관념 속에서 여자는 그렇지 않아도 불안정한 인생을 더 불안정하게 흔들며 살고 있다. 이것이 문제이다.

중학교 2학년이었을 무렵, 하교 후 집에서 깜빡 낮잠을 자다가 깰 즈음에 엄마가 "나는 말이야, 그 여자의 기쁨이란 걸 느낀 적이 없어."라고 말하는 소리를 들었다. 무슨 대화를 나누던 중 나온 소리였는데 내 귀에는 그 말만 들렸다. 낮게 숨죽인 목소리를 듣고서 그게 엄마의 비밀이라는 것을 눈치챘다. 엄마의 짜증, 불행, 모든 것이 불감증이라는 사실과 연결되어 있었다.

그전까지 막연하게 엄마처럼 되지 않겠다고 생각했던 계획에 급히 하나 더 방향성이 생겼다. 난 엄마처럼은 살지 않겠다는 마음을 불감증으로는 살지 않겠다는 것으로 대체했다. 그게 당시 내 유일한 결심이었다. 나중에 내가 직장 상사의 유혹에 마치 기다렸다는 듯 넘어간 것도 필경 이 당시 결심에 따른 것이다. 내게 불감증인 여자는 절망의 상징이자, 가장 가치 없는 존재로 비춰졌다.

여자들 대부분이 자기 존재를 사회에서 인정받을 수단으로 아이를 낳기 위한 결혼을 추구하는데, 내게 결혼은 좋은 남자와 만남을 뜻했고 그 좋은 남자란 경제적으로 채워 주는 남자가 아니라 어디까지나 성적인 존재였다. 그렇다고 해서 나는 이 남자 저 남자 적극적으로 구하려고 나서지도 않았다. 첫째 이유는 열등감 때문이었다. 끊임없이 여자로서 가치가 없다는 생각이 들어 괴로웠다. 남자의 시선을 느끼면 몸 전체가 어색해지고 삐걱대는 느낌이었다.

내가 느끼는 그런 불편함에는 다른 이유도 있었다. 난 남자의 시선

속에서 수컷인 남성, 노예를 원하는 노예 우두머리의 비참함을 직감했다. 남자들이 하는 시시하기 짝이 없는 말에도 상냥하게 고개를 끄덕이고 미소 짓고 있는 것이 여자가 가장 소중히 여겨야 할 자기 수련 방법이라고 알기는 했으나, 나는 그런 연기를 하는 데에 도저히 열을 낼수 없었다. 그런 방향으로 열심히 한다 한들 비참한 내가 더 비참해질뿐임을 예감했다. 그리고 그런 비참한 나를 밑에 깔고서 자신감을 회복하려는 남자들, 남자 체면을 세우려고 여자에게 오는 남자들이 나 자신보다 더 비참하게 보였다.

엄마의 불감증이 아빠와 사이가 나쁜 탓이라 생각하니, 아무리 봐도 나보다 비참하게 여겨지는 남자들과 자 봤자 거기에 기대할 것이 있을 것 같지 않았다. 그럼에도 나는 불감증 여자가 되지는 않겠다는 생각을 떨칠 수 없었다. 나는 애초부터 포기한 주제에 '혹시나, 어쩌면 또 몰라.' 하면서 어설픈 연기로 무대에 올라 성공하기를 바라는 배우처럼 게걸스럽게 기대를 품었다. 노예 우두머리가 아닌 남자, 언젠가 나타날 것이 틀림없을 그런 남자를 계속 기다렸다. 그러나 주인을 기다리는 노예에게 노예 우두머리가 아닌 상대가 나타날 리 만무했다. 내 편한 대로 바랐던 것이다.

타인과 만난다는 것은 내가 지금껏 어떻게 살아왔는지, 앞으로 어떻게 살고 싶은지 물음을 던지고 또 던지는 가운데 선명하게 답을 찾을 수 있다. 그래서 남과 만나려면, 제일 먼저 자신의 자유나 자립 문제를 물음으로 던져야 한다.

나의 오르가슴에 대한 바람은 남자와 만나는 가운데 나 자신을 선명하게 찾고 싶은 기대였다. 그런데도 가만히 남자를 기다린 나의 모습은 말하자면 앙금을 넣지 않고 만든 빵 같았다.

나는 왜 그런 실패를 했는가? 돌이켜보면 대단할 것도 없다. 나는 그런 삶을 살도록 주입받으며 성장한 것이다. 예를 들어 어렸을 적 읽었던 백설공주나 신데렐라, 잠자는 숲속의 미녀, 키다리 아저씨와 같은 동화에 등장하는 여주인공들은 오직 기다리기만 하면 여자의 행복이 찾아올 것이라고 가르쳐줬다. 이 여주인공들이 과시하는 행복, 이 두 글자에 마음을 뺏겨 행복을 위한 조건을 알아차리지 못한 것이 애초에 실수의 원인이었다. 이러한 행복을 얻으려면 예뻐야 하고, 말수가 적고 순종적이며, 조신하고 신중해야 하고, 부지런하며 인내심이 강해야 한다. 즉 '세상 어디에도 없는 여자'만이 행복을 얻을 수 있다.

> "여자는 음이다. 음은 밤과 같다. 그래서 남자와 비교해 보면 여자는 어리석어서 자연스러운 일도 이해를 못 한다. (중략) 옛날 법에는 여자애를 낳으면 어미를 사흘간 찬 바닥에 두라고 했고, 남자는 하늘과 같고 여자는 땅과 같으니 여자는 만사에 남편을 앞서게 하고 나 자신을 뒤로 하며……."

위는 에도 시대 여대학女大學[7]에 나오는 한 구절이다. 이것을 지금 말로 바꾸면 "여자는 바보 같아야 예뻐 보인다"는 것이다. 예전에는 가부장제여서 "여자는 바보"라고 규정했는데, 일부일처제로 이행하면서 "여자는 바보 같아야 예뻐 보인다"는 완곡한 표현으로 바뀐 것이다. 이런 변화에서 가부장제에서 일부일처제로 이행한 것과 과거 여권 확장 운동의 공을 찾아볼 수 있다.

그런데 여자는 바보라거나 바보인 게 예쁘다는 말에서 숨은 뜻을 찾다 보면 여자가 암컷으로 살아가는 법도와 만나게 된다. 무능한 암컷이 먹고살 기회를 뺏기지 않으려면 남자가 가장 중요하다는 듯, 남자

---

7 [옮긴이] 에도 시대에 나온 여자아이용 훈육서.

에게 꼬리를 흔들면서 살아가는 방법이 가장 편하다는 가르침이 규정되어 있다. 왜 여자가 무능한 것인지는 일절 묻지 않고서, 아니 묻지 못하게 해 두고서, 여자가 이 세상에서 살아가기 어려운 건 부조리하고 어쩔 수 없는 것이라 생각하게끔 해 놓고서, 오도 가도 못하는 인생을 껴안고 헤매는 여자들로 하여금 이 따위 가르침을 지당하게 여기게끔 가르친다. '모난 돌이 정 맞는다'고는 하나, 모나지 않아도 맞는 게 여자다. 왜 맞는지 모른 채 확실히 느끼는 것은 오직 고통뿐, 뭐가 뭔지 도통 모르는 가운데 '여자로 살기를 그만두면 좋을 텐데.' 하는 생각에 잠기며 후회할 뿐이다. 어떻게 여자로 살기를 그만두면 좋을지 그 논의는 빼놓은 채, 후회가 막심할 때에만 당연히 여자가 아니면 좋겠다는 생각을 하게 된다. 이 세상 거의 대부분의 여자들은 여자라는 사실로부터 쭉 도망 다니는 여자이다.

억압을 당하는 자는 나약함이나 어리석음과 같은 부정적인 면으로 이어져 있다고 한다. 그런데 나약함이나 어리석음, 비참함 따위가 나 자신과 딱 들어맞을 때, 서로를 외면하는 사람들의 마음속에는 증오가 싹튼다. 나 자신의 비참함과 어쩔 수 없이 마주하게 된 자가 느끼는 짜증이 그 속에 있다. 여자들끼리 미워하고 갈등하면서 낳은 증오. 그것은 여자인 채 어떻게 '여자로 살기'를 그만두면 좋을지 논의하지 못하고 여자라는 사실로부터 도망 다니는 자가 느끼는 비참함, 바로 여자의 역사성에서 나온다.

바보 역할은 진짜 배우에게도 어렵다는데, 스스로를 바보라고 믿도록 강요당한 자는 바보 역할을 할 수가 없다. 부정의 부정이 긍정이라고는 하나, 살아 있는 인간에 관한 부정의 부정은 전면적인 부정일 뿐이다. 존재의 전면적인 부정이다. 그래서 결코 자신을 바보라고 생각하지 않는 여자만이 '바보 여자'인 척 연기할 수 있다.

소노 아야코曽野綾子[8]는 유명한 베스트셀러《누구를 위해 사랑하는가誰のために愛するか》에서 "무능하다는 것은 편한 것이다. 여자가 편한 길을 고르면 왜 안 되나?"라고 썼다. 옛날부터 여자들은 아내로서 엄마로서 살아갈 방법을 잘 알고서 잘 살고 있고 앞으로도 그럴 것이라며 여자의 삶을 예찬한다.

"여자가 남자한테 먼저 빌면 분위기가 안 좋다. 왕이 손주를 자기 말에 태워 주면 누구라도 흐뭇하게 여길 테지만, 어린 손주를 밀쳐 내고 자기가 말에 탄다면 폭군일 뿐이다. 그래서 나는 남자들에게 말한다. 여자가 바보 같다는 생각이 들면 들수록 여자한테 먼저 빌고, 양보하는 마음을 가지라는 것이다. 이제 남자가 빌면 여자는 '미안해.'라고 하자. 굴욕적이라고 여기지 않고 미안하다고 말할 수 있는 사람이 난 좋다."

나는 이런 문장을 읽고서 놀랐다. 겸허하게 보이는 문장에 오만함이 가득했기 때문이다. 소노 아야코는 자기 빼고 남편을 포함해 모든 남녀를 바보로 보는 게 아닐까? '바보 같은 여자'에게 먼저 사과하는 남자, 그 사과를 받아들이고 다음번에는 '내가 먼저 사과해야지.' 결심하는 여자…… 소노 아야코는 진심으로 여자와 남자가 맑게 갠 가을날 하늘 아래 천하 태평하게 존재한다고 생각하는 것일까? 서로 사과를 주고받는 정도로 남녀 간 문제를 해결할 수 있다고 말하고 싶은 것일까?

여자와 남자의 일상에서 언뜻 보이는 하찮은 감정싸움, 예컨대 서로 짜증을 내는 것 따위는 빙산의 일각이다. 빙산처럼 숨어 있는 문제

---

8 [옮긴이] 1931년생. 소설가이자 수필가로 다수의 베스트셀러를 썼다.《누구를 위해 사랑하는가》는 소노 아야코가 1970년에 쓴 초기 에세이이며, 당시 판매 부수 200만 부를 돌파하며 화제를 모았다.

란 생명력을 가질 가능성을 억지로 차단당한 인간들이 그 풀 길 없는 원한을 역사성으로 감춘 것을 말한다. 내 언니가 남편과 사이가 좋지 않은 것에도 부부가 서로 이해하지 않고 제멋대로 굴어서 그렇다고만 정리할 수 없을 정도로 깊은 뿌리가 있다. 무능한 암컷으로 업신여김을 당해 오면서 그 고통을 '아프다'고 느끼는 여성이 '이런 말도 안 되는 일이 있냐'고 여기게 되어서도, 그 생각을 '자, 그럼 어떻게 살아갈까'로 이어 나가지 못하고 있다. 소노 아야코가 말하는 식으로 편한 여자의 길을 선택할 작정이었는데, 실은 조금도 편하지 않고 하루하루, **내가 사는 것 같지 않다**는 실감만 깊어질 뿐……. 이렇게 여자들이 실제로 느낀 아픔 속에서 여성해방이 태어났다.

5월 여성해방대회 참가를 위한 호소문─당연한 여자에서 여자로

작년 가을에 후쿠오카시에서 여성문제연구회가 실시한 '여고생과 그 엄마의 직업 의식 조사'에 따르면 여고생 가운데 3분의 2가 취직해서 결혼할 때까지만 일하겠다고 답했다. 엄마 세대보다 결혼 지향이 강해졌다.

〈아사히 신문〉 1971년 2월 2일

"여자가 이제 양말처럼 튼튼해졌다"[9]고들 한다. 그러나 여자는 '아내로, 엄마로 사는 게 가장 무난하다는데…….' 하면서 불안해 하는, 손해인지 이득인지 셈도 못할 정도로 뒤틀린 자기 마음을 보면서 가장 잘 알고 있다. 실제로 여자가 튼튼해졌는지 아닌지를 말이다. 그래서 조사를 통해 여자의 의식이 낮다는 결과가 나왔다고 해서, 우리가 여자가 처한 있는 그대로 현실을 새삼 알게 된 것은 아니다.

그런데 항상 드러나는 수치 이상을 읽어 내는 데에 조사의 의미가 있다는 것을 고려해 보자. 그럼 여자들의 의식만 높아지면 여자가 하루하루 살아가기 힘든 현실을 해결할 수 있나? 정색하고 반문하고 싶은 기분조차 들지 않는 가운데 '대체 의식이란 무엇인가?' 하고 신기하게도 다시금 이 물음을 던지게 된다.

1월 23일 '일본유식자부인클럽 전국연합회'[10]에서 '여자는 왜 관리직이 되기 어려운가'라는 주제로 연구 모임을 열었다. 작년부터 떠들썩한 노동기준법 개악 움직임[11]을 적극적으로 추진하는 이 단체의 관리직 지향 여성들은 여자가 출세하기 어려운 이유를 다음과 같이 설명했다.

"최근 노동력이 부족한 만큼 의식만 있다면 여자도 쓰겠다는 기업이 늘었는데 정작 여자 쪽은 의식이 낮다."

〈요미우리 신문〉, 1972년 1월 23일

9 [옮긴이] 1950년대 초 유행한 말로 물자가 궁핍한 2차 세계대전 전후보다 전후에 나일론 혼방으로 구멍이 나지 않게 된 면양말 등의 품질이 좋아졌다는 뜻이다. 여성의 지위 향상에 대한 사회적 반감을 담고 있다. 2차 세계대전 후 패전한 일본은 미국에게 점령당했는데, 냉전 구도 속에서 일본을 반공 기지로 삼으려는 의도로 미국은 일본의 민주화를 꾀하는 점령 정책을 시행했다. 그 일환으로 여자들의 참정권을 허용하는 등의 변화가 일어난 것이 이 말이 나온 배경이다. 이러한 흐름을 비꼰 말이 "전후에 여자와 양말만 강해졌다."이다.

10 [옮긴이] 1951년에 도쿄에서 일하는 여자를 중심으로 지위를 향상하고 친목을 도모할 목표로 설립된 단체. 오늘날 일본BPW연합회National Federation of Business and Professional Women's Clubs of Japan라는 명칭으로 남녀 동일 임금의 날Equal Pay Day 캠페인 등을 벌이고 있다. 전문직여성세계연맹Business and Professional Women, BPW International의 지부이다.

11 [옮긴이] 1970년 기존 노동법에서는 모성 보호 차원에서 여성 노동자들이 생리 휴가를 쓰게 하거나 심야 근무에서 제외하는 것이 가능했는데, 노동법 개악으로 여성 노동자를 과보호하지 말자며 생리 휴가 조항 삭제, 여성의 심야 근무, 잔업, 위험한 물질을 다루는 업무에 제한을 둔 것을 완화한 법안이다. 사용자 단체(일본경제단체연합회)가 제출했다.

실제 여자가 의식이 낮은 게 현실이라 해도, 그것은 역사적인 결과이다. 남자와의 관계 속에서 먹이만 준다면 어떤 놈이건 주인이라고 여기는 식으로 보는, 비열함을 재생산하는 구조에서만 여성 인력을 활용해 왔기 때문이다. 여자의 의식이 천성적으로 낮은 게 결코 아니다. 그래서 의식이 낮은 여자도 관리직이 될 수 있다! 여자의 의식이 낮은 게 확고한 전제라 해도 그렇다. '밥상을 다 차려다 줬는데 왜 숟가락을 안 드니.' 하는 식으로 의식 낮은 여자들을 아무리 안타깝게 여겨 봤자 너와 나는 "그런 게 무슨 상관인데." 하며 등을 돌린다. 남자만큼 여자도 인정받을 수 있게 됐다는 것만으로도, 살아가기 힘든 하루하루를 어떻게든 꾸려 나가기로 한 관리직 지향 여자들은 열의를 내면서 의식이 낮은 우리를 보고 혀를 찬다. 그 모습을 보고 우리는 자신의 힘든 삶을 생각한다.

여자로 사는 어려움, 이것은 여자의 일상을 끊임없이 침식하는 '가치가 없는 나'라는 협박 같은 관념과 함께 존재한다. "인류 및 여성 여러분"이라고 처음 말한 이가 아리스토텔레스라고 하는데, 그 말은 여자는 과학자든 예술가든 음악가든 될 수가 없고, '암컷'만 될 수 있는 구조 속에서 살고 있다는 뜻이다. 그런 역사의 진실을 묻어 버리지 않고 알려 주는 말이다. 물론 남자를 제치고 사회를 자신의 것으로 밝혀 온 여자들이 지금껏 무수히 있었다. 그러나 이는 어디까지나 **여류** 음악가', **여**기자', **여**의사' 등 '여류'로 그 존재를 허락받았던 것에 불과하다. '남자=인간'이라는 등식이 성립하는 사회에서 여자가 개인 주체로 어떻게 나 자신을 찾아야 할지, "여자인 주제에" 하고 매도당하며 암컷으로 살아온 역사성이 우리에게 달라붙어 떨어지지 않는다. 남자는 집 문지방만 넘어서면 사방이 적인지라 엄혹한 세상에서 녹초가 되어 살아간다는데, '사회'에서 자신을 찾고 구하려는 여자들에게는 '사회' 자체가 적이다.

소노 아야코는 저서 《누구를 위해 사랑하는가》에서 "가정생활에서 통치자가 남녀 두 사람이면 곤란하다. 나는 결코 여자들에게 아녀자의 덕을 가지라고 설교하는 게 아니다. 그렇기는 하지만서도 여자는 무능하다고 여겨지는 게 편하기는 하다. 여자가 편한 길을 고르는 게 왜 안 되나?"라면서 여자가 엄마이자 아내로, 즉 가장 적나라한 암컷으로 사는 전통적인 삶의 방식이 실리 있다고 예찬한다.

이 사회는 여자를 암컷으로 활용하려고 이 궁리 저 궁리를 한다. 그 내부 구조와 인간관계 모든 것을 들어 "여자, 너는 어리석고 무가치하다"고 여자의 육신에 주입한다. "이제 포위당했으니 쓸데없이 저항하지 마라"며 24시간 궁지에 몰아넣듯 여자들을 집요하게 협박한다. 거기에 더해 "결혼이 곧 여자의 행복"이고 "아이 낳고 키우는 게 바로 여자의 보람"이라고 그럴싸한 말로 구원의 손길을 내민다. 그럴 때 대부분 여자는 암컷으로 살아가는 길에서 활로를 찾으려고 할 수밖에 없게끔 된다. 그런 것을 두고 여자들의 의식이 낮은 탓으로 돌릴 문제는 결코 아니다.

사람은 이 세상에 살아가는 한, 어떤 식으로든 자신을 긍정할 수 있는 기반을 찾아 살아갈 수밖에 없다. "여자는 어리석다"는 소리에 쫓긴 끝에 여자가 자신을 무가치하다고 여기고 그래도 좋다며 부정적으로 살아가는 방식으로 자신을 찾아가는 것은, 마치 거미가 앞으로 나비가 어디로 날지 미리 알고 거미줄을 치고 기다리는 것과 같은 조종 장치다. 여자가 부정적으로 자신을 찾아 나간다는 것은 여자가 남자의 그림자로 살아간다는 것을 뜻한다. 그림자인 이상, 남자에게 붙어만 있다면, 밥그릇을 뺏기지는 않을 신분인 셈이다. 일가를 먹여살리는 대들보로 추켜세워져서는 처자식을 먹여살리는 것으로 '남자다움'을 증명하느라 허덕이는 남자. 이렇게 헛도는 남자의 모습을 곁눈질하면서 암컷은 정색하고 "난 확실히 무능하다"고 방향을 정한다. 이런 인생은 개와 마찬가지로 편하지 않다. 눈도 귀도 있는 살아 있는 사람이 남의 그림자로 완벽하게 살아갈 수는 없는 노릇이다. 더군다나

오늘날처럼 물가가 올라 세 끼 편히 먹고 내 몸을 편히 누일 곳이 있을 거라는 꿈이 파괴되어 버린 시점에서는, 자신의 생식 기능과 그런 꿈을 맞바꾸기로 무언의 약속을 해 온 암컷의 부정적인 자기 찾기는 이제 오도 가도 못하는 처지가 되어 버렸다. 아무리 계산해 봐도 밑지는 상황이다. 빈번하게 일어나는 여자들의 자식 살해 사건은 남자와 아이를 발판으로 삼고 사는 여자의 삶의 방식을 향해 내 자식의 피로 쓴 파산 선언과 같다.

그렇다면 완벽하게 무능한 여자가 되어 아내이자 엄마로 살라고 노래하는 소노 아야코는 뭔가? 그이는 사실 작가로는 무능하지 않다. 일단 이런 거짓말은 제쳐 두자. 그이가 말했듯 과연 정말 가정생활에 통치자 두 사람이 있는 것일까? 남자도 여자도 통치자일 수는 없다. 정치권력과 관계를 맺고 사리사욕으로 자신의 배를 불리는 자와 그의 노예, 그리고 그러한 노예끼리 서로 찢고 찢기는 분열된 풍경이야말로 우리 여자들을 둘러싼 현실이 아니겠는가?

여자를 암컷으로만 살아가도록 한 사회는 남자도 경주마처럼 살아가도록 한다. 그런데 우리는 이런 사실을 알면서도 남성 중심 사회, 남성 문화에 대한 고발을 멈추지 않는다.

여자가 암컷으로서 그 '여성다움'을 남자에게 향한다면, 남자는 수컷으로서 그 '남성다움'을 사회에게 향한다. 예나 지금이나 남자다움의 논리는 '대의를 위해 나를 버린다'는 식으로 성립한다. 이때 남자는 예를 들자면 기업의 대의, 이윤 추구에 간단히 포박당한다. '남자다움'을 충분히 표현하지 못하고 좌절하며 절망은 할지언정 수컷으로서 기업의 생산성 논리가 깔고 있는 비참함에 정면으로 맞서려 하지는 않는다.

남자는 정면으로 맞서지 않아도 된다. 왜냐하면 남자가 기업의 대의를 위해 몸을 바칠 때, 그 생산성의 논리에 따라 버리게 되는 것은 '나'라는 남자가 아니라 남자에 대해서는 여자, 어른에 대해서는 아이, 젊은이에 대해서는 노인, 일반인에 대해서는 차별을 받는 부락민部落民[12], 일본 본토 사람에 대해서는 오키나와[13] 사람, 팔다리가 다 있는 비장애인에 대해서는 신체장애인이나 원폭 피폭자, 일본인에 대해서는 재일조선인과 중국인, 또 이성애자에 대해서는 동성애자이기 때문이다. '남자=인간'이라는 체제로 성립된 사회에서 인간으로 인정하는 수컷이란 기업의 생산성을 배신하지 않고 왕성하게 일하는 남자이고, 또 부락민도 오키나와인도 재일조선인도 아닌 남자에 한한다. 그래서 선택받은 남자가 자기를 뽑아 준 사회에 충성을 맹세할 때는 약한 자, 도움이 안 되는 자, 버리는 자의 생산성의 논리가 다양한 형태로 물질화되어 나타난다. 병자, 아이, 노인을 무시하고 육교를 세운다. 문명이라는 이름으로 대기오염과 공해, 교통지옥을 불러일으키고 그런 살인을 정당화한다.

그러나 우리 여자들이 피억압자들 속으로 들어가 남성 중심 사회, 남성 문화를 고발할 수는 없다. 여자들은 '암컷'으로 살아가면서 '신의 나라' 일본이라는 대의를 떠받쳐 주려고 '야스쿠니의 어머니', '군국軍國의 아내'로 살았고,[14] 이제는 국민총생산 세계 3위라는 대의를 위해 '마이 홈 신앙'[15]을 가지고 관리직으로 승진하기를 희망하면서 남성 중심 사회를 떠받쳐 주고 있기 때문이다.

여자는 남성 중심 사회를 만드는 데 공범이었다. 여자는 암컷으로서 남자 코끝에 대고 스스로의 성을 흔들며 남자들의 경쟁을 부추겨 끝내 약자,

---

12 [옮긴이] 신분제가 있던 일본 근세에 가축 도살, 사형 집행, 피혁 가공에 종사한다는 이유로 천민 계급으로 차별받아 온 이들.

13 [옮긴이] 오키나와는 동중국해에 있는 일본 본토에서 가장 서쪽에 위치한 섬으로 근대에 일본이 국민국가를 형성하면서 오키나와 섬에 있던 독립 왕국 류큐琉球를 침략해 영토로 삼았다. 일본의 패전 후 미국령이었다가 1972년 일본으로 반환되었다. 재일 미군 기지 등 군용 시설이 오키나와에 집중해 있다.

쓸모없다고 여겨지는 자를 아예 버릴 수 있게 한 사회 구조의 뿌리를 지탱해 왔다.

예나 지금이나 수컷의 가격은 휴지 조각이고, 암컷의 가격은 그보다 더한 휴지 조각이다. 휴지 조각인 비참한 인생들이 "일억총참회一億総懺悔"[16]를 말한 혀끝의 침이 마르기도 전에, 이제는 다시 번영의 길로 가자고 충성 하나로 오로지 달린 결과가 이렇듯 빈 깡통 소리 요란한 약육강식의 문명대국인 것이다. 자국의 여자를 암컷으로 경멸하는 나라는 타국의 여자도 당연히 능욕한다. 메이지 백년간[17] 일본의 수컷이 그 정액으로 더럽힌 조선의 여자들과 동남아시아 여자들의, 하잘것없이 여겨져 쓰러진 그 생명을 생각해 보라. "여자들이여, 편하게 살고 싶으면 무능한 척을 하라"니, 이 따위 말은 입이 찢겨져도 하지 못하는 게 마땅하다.

오늘날 '미혼 엄마'가 나타났다. 풍속이나 일시적 현상이 아닌 틀림없는 사실이다. 암컷으로서가 아니라, 여자로서 인간으로서 같은 무게와 의미를 가질 수 있는 삶을 추구하며, 지금 여자들이 출발선에서 노래를 부른다. 유

---

14 [옮긴이] '신의 나라'란 신 또는 신의 자손인 천황이 다스리고 지켜 주는 나라라는 뜻으로 2차 세계대전, 아시아 태평양 전쟁 때 군국주의 일본의 침략을 정당화하는 선동 구호였다. '야스쿠니의 어머니'란 나라를 위해 전쟁을 하고 목숨을 바칠 아들을 낳아 기르고, 아들이 죽으면 야스쿠니 신사에 그 혼이 모셔지게 될 아들을 자랑스럽게 여기는 어머니를 뜻한다. 야스쿠니 신사는 청일전쟁, 러일전쟁부터 이후 일본이 일으킨 일련의 침략 전쟁에서 죽은 군인들의 영을 위로하는 (국가) 종교 시설이다.

15 [옮긴이] 내 집My Home을 마련해야 행복하다고 보는 믿음. 일본의 고도 경제성장기인 1960년대에 농촌을 벗어나 도시로 인구가 모여들면서 주택 수요가 공급보다 훨씬 많아진 것을 배경으로 형성된 관념.

16 [옮긴이] 패전 후 일본 수상이 한 시정 연설에서 나온 말로 침략 전쟁의 책임은 일본인 전체에 있다는 뜻.

17 [옮긴이] 메이지 백년이란 일본의 근대화를 가리킨다. 일본 남자들이 메이지유신(1868년)으로 근대화를 추진한 이래, 조선과 동남아시아에서 침략 전쟁을 벌이며 여자들을 능욕했다는 뜻.

명한 배우인 미혼모를 말하는 게 아니다. 지금껏 이 세상에서 아내나 엄마로서 암컷의 인생을 사는 그런 방법이 아니고서는 그 존재를 허락받지 못한 여자들이 '미혼모'가 될 길을 찾는다.

'아내로, 엄마로 살 수밖에 없다'고 남이 그렇게 생각하고 스스로도 그렇게 생각하는 여자들. 여자가 자립할 수 있는 길은 여자가 혼자서도 살아갈 수 있는 사회를 만들어 내야 나온다. '암컷'에게 이렇게 저렇게 하라고 할 게 아니다. 여자가 정당하게 자신의 성(=생)과 마주할 수 있는 사회를 만드는 가운데, 우리는 원한만 품고 있는 우리의 자궁을 해방할 수 있는 것이다. 미혼 여성이 업신여김을 받지 않고 출산하고 육아할 수 있는 기구를 만들자. 더불어 중절도 할 수 있고, 성병 검사도 할 수 있는 기구도! 자유와 자립을 확실히 쟁취하기 위해 여자가 결혼하면 바로 퇴직하게 한 제도, 또 여자의 저임금이 남자의 저임금을 보장하는 이런 우습기 짝이 없는 구조를 우리 손으로 박살내자. 아이를 낳을지 낳지 않을지가 여자라면 해야 하는 당연한 고민이 아니라, 삶의 선택에 불과하게 될 것이다. 여자가 암컷이 아니라 여자로 살아가는, 살아갈 수 있는 사회를 만들어야 한다. 할 일이 산더미 같다. 넘칠 정도로 많다. 우리 모두 여자를 깔보는 것으로 성립한 이 사회의 구조를 매일 확실히 밝히면서 각자의 장소에서 각자 다른 방식으로 투쟁하고, 힘을 합쳐 여자에서 여자들로 향해 연대하고, 획득하자.

물론 백 사람이면 백 사람마다 개인사가 있으니 운동으로 우리 한 사람 한 사람이 처한 삶의 모든 어려운 문제를 풀 수 있는 건 아니다. 우리의 **생은** 언제나 현재진행형으로 나아가고 있고 운동도 언제나 넘쳐나게 많은 과제를 안고 나아가고 있으니까. 어쨌거나 만일 우리의 노력이 해도 해도 변하는 것 없이 그저 모색만 하다가 끝나게 될 거라면, 이 세계의 '내일'을 위해 주사위를 던져 볼 필요도 없을 것이다. '세상 어디에도 없을 여자와 남자'가 죄다 썩은 내가 진동하는 가운데 헤매는 꼴밖에 안 될 테니까.

약자들, 도움이 안 되는 것으로 여겨지는 이들이 죽어 나가도 그걸 못 본 척하고 구하지 않고 내버려 뒀으니까, 그런 삶을 살아왔으니까, 이제 우리는 우리 삶을 진짜 사람답게 만들면서 살아갈 수 있다. 이 역설적 진리를 다른 피억압자들과 나누자. 자매들이여, 암컷에서 여자로, 여자에서 여자들로, 역사의 어둠을 헤쳐 내일을 개척해 나가지 않겠는가!

속임수를 쓰지 않는 삶의 방식을 향해, 여자가 진짜 속내를 말할 수 있는 운동을 만들어 나가기 위해 이제 전국 여자들이 이것저것 서로 이야기를 나누는 여성해방대회를 연다. 우리의 생각을 우리의 말로 하면서 서로 희노애락의 감정을 공유도 해 보고 서로 밀쳐 내기도 해 보자. 그러다 보면 우리가 어느 방향으로 가고 뭘 할 것인지, 반드시 그 공통점이 나타날 것이다.

만남의 기쁨을 강한 단결로 드높여 갈 여성해방대회에서 당신의 참가를 기다립니다.

1972년 5월 여성해방대회 준비 진행 간사 일동
1972년 3월 1일 씀

나는 한숨을 많이 쉰다. 일 년 열두 달 뭔가 흐트러진 상태가 되어서는 한숨을 훅 하고 쉬고 있다. 물론 내가 흐트러져 엉망이 된 것에도 나름대로 이유는 있다. 문제는 그 이유가 항상 딱 깔끔히 떨어지는 이유가 아니라, 마치 내 머릿속 서랍 전부를 다 뒤집어놓고 나서 이제 어안이 벙벙해진 것만 같은 그런 것이라는 점이다. 그런데 생각해 보면, 내가 이렇게 멍한 상태인 것도 당연한 게, 남자 하나만 놓고 봐도 여태까지 남자한테서 느낀 굴욕감, 강박관념, 열등감이 다 줄줄 따라오는 것이다. 남자와 겪은 문제는 여자와 겪은 문제이기도 해서 여성운동 문제이기도 하고 내 삶의 문제이기도 하고……. 한번 서랍을 열면 그

다음에는 수습이 안 될 정도로 전부 다 끄집어내고 만다. 훔치러 갔다가 집주인이 오자 후다닥 도망치는 도둑의 범행 현장인 것 같은 그런 꼴을 하고서 나는 종종 한숨을 쉰다.

그런데 아무리 한숨을 쉬더라도 여성해방운동을 떠날 마음이 털끝만큼도 들지 않는 이유는 뭘까? 먹고 자고 하는 것만 해결됐다고 해서 사는 게 다가 아닌 이 세상에서, 할 수만 있다면 힘든 것보다는 편한 게 좋으니까, 그래서 나는 여성해방운동을 한다. 내게 자기 긍정을 가져다줄 유일한 운동이니까.

생각해 보면 여성해방운동은 지금까지 남한테서 여자나 아이 취급 이상의 대우를 받아 온 '일부 선택받은 여자들'에게는 자기 부정의 요소가 강한 운동이다. 반면 여자나 아이 취급을 당하며 멸시를 당해 온 '일부 선택받지 못한 여자들'에게는 자기 긍정의 운동이다. 여자나 아이 취급을 당하지 않으려고, 어떻게든 그런 평가에서 벗어나려고 숨을 헐떡이며 노력해 온 '어중간한 노력파 여자들'에게는 자신의 노력을 부정하게 하는 반면 어중간해서 뽑히지 못하고 남겨진 자신은 긍정하게끔 하는 운동일 것이다.

엘리트 여성, 패배자 여성, 노력파 여성. 이 셋의 차이는 어떤 직업에 종사하든가, 남한테 평가를 좋게 받든가, 남자한테 인기가 있든가 같은 게 다가 아니다. 그런 건 애초에 표면적인 차이다. 문제는 내가 남의 눈에 어떻게 비치느냐가 아니라, '내가 어떤 사람인가' 하는 것이다. 언제나 그렇다. 이런 물음은 그것을 머릿속에서 떠나지 않게 하고서 그렇게 묻는 자신을 이해하고, 나아가 집요하게 파고들어 따지고 묻는 가운데 의미가 있다. 여기에서는 자신한테 그런 벽과 같은 의문을 들게 할 것이 있느냐 없느냐가 문제이다.

누군가 "왜 일하는지 그 답을 알고 싶어서 계속 일하고 있다"고 하는 소리를 듣고서 나는 왜 내가 여성해방운동을 해야 하는지 그것을 생각해 봤다.

앞에 썼듯 엘리트라고 보일 만한 직업으로 일하면서도 나는 정말 어쩔 도리 없는 여자였다. 돈을 버는 게 유일한 목적으로, 왜 일하는지는 생각해 본 적 없었다. 일이나 직장에 아무런 집착도 없이 그저 이방인으로 눈앞의 풍경을 바라만 봤던 내게 왜 일하는지는 물음이 되지 못했다.

그런데 애초에 사람의 일생은 자기 존재의 의미를 계속 묻는 과정이기에 물음을 던질 게 있든 없든, 우리는 각자 살아가는 의미를 찾고자 스스로 계속 물을 수 있다.

여성해방운동과 만나기까지 나는 내 삶의 방식을 밝히기 위해 천착할 물음을 갖지 못한 채 내 자신에게 계속 물음을 던져 왔다. 그 과정에서 엉망인 상태는 반복되기도 확산되기도 했다. 당연히 그 엉망인 상태는 나만 알 수 있는 정도이기는 했는데, 전에는 지금보다 더 심하게 엉망이었다. '선택당하지 못한 여자'는 스스로를 던지고 깊이 파고들 물음이 없어서 이리저리 헤매는 여자, 헛도는 모습이 아주 뛰어난 여자다. '선택당하지 못한 여자' 가운데 한 사람이었던 나는 내면에서 스스로를 무가치하다고 보는 강박관념과 격렬하게 싸우면서 살아왔다.

그런 강박관념이야말로 엉망인 내 상태의 바탕이었다. 엉망인 상태야 지금도 그렇지만 나는 마치 바위가 밀어닥치는 파도로 숨 돌릴 새 없이 침식되고 마는 것처럼 강박을 멈출 길 없이 존재의 상실감에 사로잡혔다. '결국 난 아내로서도 엄마로서도 살 수가 없어. 아내이자 엄마가 된다고 해도 그 삶도 결코 쉽지는 않아 보이니까. 그래서 여성해방운동을 하는 건가!' 하면서 스스로를 더욱 괴롭혔다.

혼자서 좁은 방 천장을 바라보노라면 땅바닥에 항상 '무가치한 나'

가 웅크리고 있었다. 암담했다. 스스로를 탓하고 질책하며 점점 자학적으로 변하는 모습. 그렇게라도 하지 않으면 금방이라도 긴장이 풀어져 엉엉 울어 버릴 것만 같았다. 울면 안일함에 빠져들 것 같아서 냉정함을 되찾으려 하다가 어느 틈엔가 나는 이토록 지나치게 할 수 있나 싶을 정도로 스스로에게 상처를 낼 방법을 체득해 버리고 말았다.

얼마 전에 세계 각국 동물원에서 노이로제에 걸린 동물이 속출하고 있다는 기사를 봤는데 동물들이 갇힌 채로 구경거리가 되는 것에 스트레스를 받고 있다 했다. 오랑우탄이 사람들에게 똥을 던지기도 하고 좀 더 중증인 늑대나 코요테, 사자는 갓 낳은 제 새끼를 잡아먹어 버릴 정도로 증세가 심각하다는 것이었다. '동물들조차 이렇다니.' 하면서 나는 살기 힘들고 아픈 동물들의 모습이 마치 나를 보는 것만 같았다. 절실하게 공감했다.

이 사회가 여자를 암컷으로 무가치하게 살아가게끔 하고, 이를 기반으로 삼고 있으니만큼 '나는 무가치하다'는 생각이 일분일초도 쉴 틈 없이 들어서 마치 내가 그 생각을 받아들일 순서를 기다리는 것만 같았다. 사회는 틈만 나면 '가치 있는 나'라는 생각을 몰아내려고 내 빈틈을 엿보고 있었다. '무가치한' 내가 하극상을 하려는 의지 때문에 나는 쉴 틈 없이 자기 긍정을 해야만 하는 지경에 빠지고 말았고, 그렇게 오늘에 이르렀다. 나의 현재는 언제나 '무가치한' 나와 '무가치하지 않은, 가치가 있는' 내가 숨바꼭질을 하는 것만 같다.

그런 자신이 매일 엉망이 된 상태를 떠올리면 나뿐만 아니라 여성해방운동을 하는 여자들이 참, 세상 사는 재주가 없다는 생각이 절절하게 들면서 탄식이 절로 나온다. 그렇지만 정말로 세상 사는 데 재주가 있는 사람이 있을까. 아니, 없겠지 싶다. 잘 나가는 소노 아야코도 자신을 두고 이렇게 썼다. "나는 긴 시간 불면증을 앓았다. 남편이 신경정신과에 데리고 간 적도 있다. 나는 말을 못하게 됐다. 뭔가 말하려고 하거나 설명하려 하면, 그 전에 말이 열 갈래, 스무 갈래로 갈라지고 그 말을 하는 이유가 또 생각이 나고는 해서, 나는 아예 침묵하기로 한 것이다." 아마도 소노 아야코는 남이 아니라 스스로에게 '넌 암컷으로 살아도 돼, 그것도 행복한 길이야.'라는 메시지를 들려주려고 자기 책을 쓴 것 같다. 그녀 또한 '무가치한 나'와 '무가치하지 않은 나' 사이에서 찢고 찢어지고 있다. 여자면 누구나 그렇듯 그이도 당연히 '이 세상 어디에도 없을 여자'이다.

'이제 막 잠에서 깬 호스티스'라는 말은 칠칠치 못하게 흐트러진 꼴을 한 여자의 모습을 두고 하는 말이다. 현실이 악몽일 때 흐트러지지 않은 꼴로 있을 수 있는 여자는 없다.

존재의 상실감에 괴로워하지 않고 강박관념에 위협당하지 않고 시달리지 않고, 나는 나라고 내 뜻을 관철시키며 살 수 있는 그런 멋진 여자들이 있다면, 그건 남자에게 교태를 부리며 자기 존재를 증명하려는 여자와는 다른 의미로, '세상 어디에도 없을 여자'라 할 것이다. 여자의 역사성과 동떨어져 살 수 있는 여자는 이 세상에 없으므로.

실상 이 사회 전체가 이제 막 잠에서 깬 호스티스처럼 흐트러진 꼴인데 여자들만 싸잡아서 "이제 막 잠에서 깬 호스티스 같다"고 할 수는 없는 노릇이다.

2. 남성다움이 생산성을 지탱한다

여성해방은 곧 남성해방이라는 사람이 있다. 사람은 가랑이 사이에 있는 것 하나를 증표로 여자나 남자로 만들어지고 있으므로, 여성해방이 남성해방이라고 보는 의견에 딱히 이의는 없다. 그런데 남성해방은 무엇을 원점으로 삼고 남성 자신을 밝히려 하는가?

같이 이야기하다 보면 "스스로 남자라는 걸 의식하는 때가 거의 없다"는 남자들이 많다. 그런 소리를 들을 때마다 난 깜짝 놀란다. 일상에서도 그렇고, 남자와 여자는 아무래도 전혀 다른 생물인 듯한 느낌이 들어서다. 더욱이 남자의 본분은 이러하다는 둥 여자의 본분은 저러하다는 둥 도통 이해 못할 이야기를 들먹이며 성차를 강조하는 이들도 있다. 이런 자들이 내세우는 논리와 내가 생각하는 바가 어디가 어떻게 다른지 일일이 찾아내느라 신경을 쓰기도, 찾아서 알려 주기도 귀찮다. '그간 아무래도 남녀가 서로 다르다고 실감한 바를 고집부리고 있으면 뭐 결론이야 나오겠지.' 하며 게으름을 피우다가, 남자들이 아주 대놓고 하는 "나는 남자로 살아왔다고 실감한 적이 없다"는 식의 말을 들으면, 속으로 '놀고 있네.' 하면서 한편으로는 그런 말을 한 남자를 보고 놀라는 것이다.

지난번에 즈시逗子(도쿄에서 남쪽으로 50킬로미터 되는 지역)에서 히피인지 히피 비슷한 사람들인지 잘 모르겠으나, 장발을 하고 수염을 기른 남자들의 모임이 있었다. 모임 프로그램으로 게이 파워를 대표하려고 참의원 선거에 출마했다가 떨어진 도고 다케시東郷健[18]의 강연이 있다고 해서 나도 나가 보았다. 요즘은 모임이 열리는 데에 의미가 있지, 그 내용을 기대하면 안 된다는 것을 뻔히 잘 알면서도, 도쿄에서 즈시까지 왔다 갔다 하느라 차비를 480엔이나 썼다. 본전을 뽑아야겠다는 심정이 든 탓이었을까? 모임 내용이 공허해서 맥이 풀렸다.

내가 그 모임에 간 이유는 남자들이 자신의 성과 어떻게 의식적으로 마주하는지를 알고 싶어서였다. 그런데 모임에서 참가자들이 강연자 도고 다케시한테 시종일관 "항문으로 할 때 아프지 않은 방법이 있다면 가르쳐 주세요."라든가 "여기 있는 사람들 가운데 누구랑 섹스하고 싶나요?"와 같은 물음만 연발할 줄은 꿈에도 몰랐다! 물론 그런 질문이 무조건 시시하다고 생각하지는 않는다. 그런 질문을 하찮게 생각하는 마음은 털끝만큼도 없다. 나 자신도 그런 시시한 물음을 잘 던지기도 하고, 또 답도 알고 싶으니까.

전에 나는 자위에 대해 쓴 노사카 아키유키野坂昭如[19]의 에세이《에로토피아エロトピア》를 읽고 나서 자위든 뭐든 사람이 하나에 통달하기가 여간 만만치 않다고 생각한 적이 있었다. 에세이에서 노사카 아키유키가 서술한 '자위의 길'로 매일 매진하는 모습에 깊은 인상을 받았다. 그래서인지 나는 강연을 들으며 여자에게는 아직 가지 못한 신비라고 할 항문 섹스에 대해 이것저것 알고 싶은 마음이 들었다. 진심이다. 도고 다케시가 알려 준 항문 섹스 때 쓴다는 그 '스무딩 젤'이란 걸 지금도 확실히 외우고 있다.

그런데 착각하면 곤란하다. 내가 노사카 아키유키가 말한 '자위의

18　[옮긴이] 1932~2012년. 게이 인권 운동가. 게이라고 커밍아웃한 후 1971년부터 의원 선거에 세 차례나 출마했으나 낙선했다. 은행원, 게이 바 경영자, 게이 잡지《The Gay》편집장 등 다양한 경력을 지닌 한편으로 에이즈 계몽, 성병 예방 캠페인을 벌였다. 1983년부터 1995년까지 사형제 폐지, 천황제 폐지, 성소수자 인권 등을 내걸고 활동한 정당 잡민당雜民党을 창당해 대표를 지냈다. 저서로《상식을 넘어―게이의 길 70년 常識を越えて―オカマの道、七〇年》(2002년)이 있다.

19　[옮긴이] 1930~2015년. 소설가, 가수 겸 정치인. 일본 패망 후 전쟁고아 이야기를 다룬《반딧불의 묘火垂るの墓》(1967년)를 썼다.

길'에 감동한 것은 결코 그가 그 방면에 지식이 풍부해서가 아니다. 그는 자위하며 자신을 알았고, 자신을 알아 가는 가운데 자위하느라 애써 왔다. 그가 자기 생에 대해서 집착하는 그런 모양새를 두고, 나는 '그를 그답게' 하는 삶의 편린을 본 것 같은 기분이 들었다. 그런 이유로 나는 그의 자위에 대해 감탄한 것이다. 처음부터 끝까지 자위를 통달하는 가운데 얻은 지식하고, 해 보지도 않고 손쉽게 얻은 지식하고는 천지가 개벽할 정도로 차이가 난다.

이렇게 말하면 안 될 법 싶은데, 노사카는 우습게 말해도 진지함이 감돈다. 그에 비해, 강연 참가자의 첫 질문이 아프지 않게 항문으로 하는 법이라니. 물음이 경박하고도 썰렁해서 내 얼굴은 굳어 버렸다. 나이를 먹어서도 나는 상식에서 벗어난 일을 자주 하고, 또 뼛속부터 경솔하지만, 그래도 이런 물음은 참 어리석고 한심하다는 생각이 든다. 내가 그런 물음에 조금이라도 반응을 보이면 그 남자가 더 쾌씸할 것 같다는 생각이 들어 잠시 침묵을 지켰으나, 그래도 왕복 480엔이나 하는 차비가 아까워서 눈물이 나올 지경이라 나는 기어이 안 해도 좋을 말을 하고 말았다. 질문한 남자한테 "대체 무슨 생각으로 그런 걸 묻나요?"라고 말이다. 그러자 질문한 남자가 정색하며 "아무래도 뒤로 하는 건 무섭잖아요." 하고 받아치는 것이다! 그 자리에 있던 사람들이 "맞아." 하며 고개를 끄덕이는 모습을 보고서 난 나도 모르게 "말도 안 되는 소리 말아요! 여자는 남자와 처음 잘 때 아프기도 하고 피도 흘린다고!" 하고 소리를 지르고 말았다. 체격이 작은 나에 비해 몸집이 두 배나 큰 남자들이 "무서워서 그런다"고 하니까 놀라웠다.

물론 내가 놀란 이유가 '남자다운 남자'에 대한 환상이 깨졌기 때문은 아니다. 그런 건 이미 오래 전에 깨졌다. 그런데 그런 환상이 깨졌다고는 해도 그건 어디까지나 내 인식의 범주니까 어쩌면 나의 엉망인 상태에는 '약한 남자들'에 대한 실망이 있는지도 모르겠다. 하지만 사람은 어디까지나 불충분한 현재형 'ING'로만 존재한다. 인간이 의식을 바꾸는 것은 일본은행을 때려 부수기보다 어렵다. 이런 점을 감안하면, 여태 내가 그런 남자다움에 대한 환상을 갖고 있다고 쳐도 어찌 보면 당연한 이야기이다.

강연 모임 이야기로 돌아가자. 나중에 어째서 그토록 화가 났는지 나를 찬찬히 들여다봤다. 그나마 두려움이라는 게 있으니까 인간이 제대로 살 수 있다는 생각이 틀림없이 있었던 것 같다. 물론 나는 내게 모든 고난과 고통을 달라고 기도한 야마나카 시카노스케山中鹿之介[20]가 아니다. 고난을 겪으면 스스로를 단련할 수 있으니 두려움이 좋다고 말할 생각도 애초에 없다. 두려움이 다 좋은 것이라고 보지도 않는다.

우리가 공포를 느끼게 된 경과를 따져 보면, 대부분 좋든 싫든 살면서 갖게 된 공포이다. 예를 들어 전쟁이나 교통사고에 대한 공포는 인간이 만들어 낸 것 즉 인위적인 공포이다. 그렇다면 자연스러운 공포란 무엇인가? 그것은 한 줌의 사람들이 사리사욕을 추구할 목적으로 만들어 낸 이 부자연스런 계급사회를 타파하는 가운데에서만 나올 수 있을 것이다. 그러나 소외된 노동이나 섹스에도 본질에 가까운 기쁨이 남아 있듯, 자연스러운 공포에 가까운 공포가 있기도 하다. 그것은 계급사회가 타도된 날에도 여전히 남아 있을 가능성이 있는 종류의 공포이다.

이런 공포는 처음 항문 섹스를 할 때의 아픔, 처녀막이라 부르든 아니든 그것에 해당하는 것이 찢어질 때의 아픔과도 이어져 있다. 또

---

20 전국시대 무장. 이즈모(出雲, 오늘날 시마네현) 지역의 다이묘(영주) 아마네 요시히사를 주군으로 하여 용맹을 떨쳤고 충신으로 알려졌다. 주군의 집안을 일으키기 위해 스스로를 단련할 수 있도록 내게 모든 고통을 달라고 빌었다는 일화가 전해진다.

출산의 진통이나 병에 대한 공포와도 같은 것이다. 이러한 공포는 먼 옛날 사람들도 역시 느꼈을 텐데, 생각해 보면 그 아득한 시절에는 공포를 느끼며 내적 갈등을 하지 않고서는 단 하루도 살 수 없었을 것임이 틀림없다.

그 옛날에 우리의 먼 조상들은 풀 하나를 놓고 그것이 먹을 수 있는 건지 아닌지 판단해야 할 때, 자신의 전부를 다 걸고 그 풀과 마주해야 했을 것이다. 풀과 대치해야 한다고 할 정도로 우리 조상은 하루하루 삶과 죽음 속에서 위태롭게 균형을 잡고 살았을 것이다. 만약 운이 나빠 독풀이라도 먹는 날이면 목숨을 잃는다. 자기가 먹은 풀의 독성을 입증해 후세에 보탬이 된다 한들, 개똥밭에 굴러도 이승이 좋지, 후손이 아무리 공적을 치하한다 해도 관 속에 누우면 무슨 소용이랴. 내가 있고 세계가 있는 것이며, 내가 있고 미래가 있는 것이니 수지에 맞지 않는다. 이러니 옛사람들은 풀과 마주할 때 자신의 세계, 미래와 마주했던 것이다. 내가 먹을지, 먹고 죽고 말지, 생과 사에 딱 절반씩 걸어야 하는 순간, 틀림없이 우리 조상은 지나온 나날과 살아갈 나날을 집중해서 생각했을 것이다. 그런 순간은 내가 길할지 흉할지 그 결과를 넘어서 존재하는 순간이다. 온 마음을 다했을 순간이다. 인간으로 살아가는 자기 생의 증거를 풀 한 포기를 마주한 자신으로 확인할 수 있었을 것이다.

살기 위해 좋든 싫든 공포와 싸우는 가운데 자기 생명을 지킬 수 있는지 줄곧 물어야 했던 옛사람들을 생각해 본다. 이런 점을 감안해 보면, 공자가 하루에 세 번 자신을 반성하며 산다고 했는데 그런 삶의 방식도 이해할 수 있다. 오늘날보다 공포가 훨씬 더 많은 시대에는 그만큼 자신을 확실히 알 기회도 많았다. 하루에 세 번씩이나 세계를 마주해야 했던 공자의 삶의 방식은 그러한 방식을 공자에게 요구한 배경이 있어서 가능했다. 이렇게 생각해 보면 오늘날 이 시대는 우리에게 어떤 삶의 방식으로 살기를 요구하는가?

아이가 어른이 되는 과정은 언뜻 보면 역사를 응축한 재생산 과정이기는 하지만, 생각해 보자. 우리의 어릴 적 체험 속에서도 풀 한 포기를 놓고 내 자신의 존재를 다하여 씨름해야 했던 옛사람들의 방식이 아주 없지 않다. 예를 들어 처음 바다를 알게 됐을 때 우리는 바다를 어린 생명의 온몸, 온 정신으로 대면했을 것이다. 바닷물을 입에 넣고서 바닷물이 짜다고 알게 되고, 귀로 파도 소리를 듣고, 눈으로, 코로, 팔과 다리로, 모공 하나하나로 바다의 따뜻함과 무시무시함을 느꼈을 것이다. 파도가 덮칠 것 같은 나, 파도에 휩쓸려 가지 않으려고 발끝에 힘을 주는 나, 이 두 가지 자기 모습 속에서 어마어마하게 흔들리는 심장 고동 소리를 듣게 됐을 것이다.

어린아이의 가슴속에 바다는 그 정도로 큰 감동을 주었고, 기억에 새겨졌다. 그러나 어린이에서 학생으로 커 가면서 어느새 바다는 그저 파도가 되풀이해서 치는 곳일 뿐이 된다. 물론 교육이라는 명목으로 정당화하는 인간 관리 공장이 지식을 이것저것 끌어다 모아서 자연을 정복할 법을 가르쳐 준 탓에, 소금의 비율이나 파도가 치는 이유 등과 같은 것들, 바다에 대한 것들을 몽땅 알 수 있다. OX 퀴즈 시험으로는 충분히 겨룰 수 있는 것이 나의 바다라면, 바다에 대해 알고 싶을 때에는 서점에 달려가 책만 보면 될 일이다.

세계에 있는 바다의 바닷물을 전부 핥아 본 것도 아닌데 어느새 당연히 바닷물은 짜다고 여기며, 이런 당연한 논리에 따라 집을 세우고 차를 몰고 공장을 짓는다. 생산성의 논리는 근대 합리주의와 마치 이인삼각 짝처럼 잘 협력하여 인간에게서 자연을 빼앗았다. 지식을 갖는 것이 곧 바다를 아는 것으로 바꿔치기 되면서, 여가 산업과 공해 기업은 각자 다른 속셈을 갖고 바다를 능욕하러 활개 치며 달려갔다.

언니의 큰아들은 올해 초등학교에 들어갔는데 학교에서 교사가 아무렇지도 않게 "공부를 못하면 뒤쳐져."라고 했다고 한다. 바다를 능욕하는 한편으로 책으로만 바다를 아는 아이들을 만든다. 생명이 가진 가능성을 욕보인다.

언젠가 신문에서 권력에 대해서 남녀가 어떻게 다른지 다룬 기사를 읽었다. 체포되어 형사한테 취조를 당할 때 남자와 여자 중 누가 더 묵비권을 관철할지에 관한 것이었다. 끝까지 아무 것도 불지 않기는 쉬운 일이 아닌 것 같다. 다행인지 불행인지 나는 지금껏 경찰에 붙잡힌 적이 없어서 그게 얼마나 힘든 일인지 실감할 수 없다. 그런데 사람들이 하는 이야기를 듣거나 책을 읽어 보면 완전히 침묵한다는 것은 세계를 나 혼자 마주하는 것이나 마찬가지인 듯하다.

'다들 열심히 하니까 나도 열심히 해야지.' 하는 정도로는 완전히 침묵할 수 없다. 그 정도 마음가짐으로는 권력자가 악마처럼 손톱 날을 세우고 어떻게든 불게 하겠다고 달려들면 대적할 수가 없다.

오늘날 우리가 권력에 둘러싸인 상황은 옛사람들이 한 포기 풀을 마주하고서 생과 사의 그 위태로운 균형을 잡아 온 모양새와 닮았다. 느긋하게 잡담하면서도 거미줄을 치고 뭐든 실마리를 찾아내려는 형사와 거미줄에 걸리지 않으려고 저항하는 자가 대결한다. 밤낮으로 숨이 탁탁 막히는 대결이 계속된다. 취조 시간은 두 시간일 수도 세 시간일 수도 있고, 같은 감방에 끄나풀이 있을 수도 있고, 또 간수한테 무심결에 말할 수도 있다. 어쩌면 잠꼬대까지 신경써야 할 수도 있다. 그래서 적은 자기 자신임이 틀림없다.

기사를 구태여 찾아볼 필요도 없이, 끝까지 변절하지 않고 묵비권을 행사하는 비율이 남자의 경우 극히 낮았으며 여자는 매우 높다고 한다. 여자는 피하지방이 두꺼워서 감방 생활에 잘 견딘다는 농담을 들은 적이 있는데, 물론 그런 이유 때문은 아니다. 완전히 묵비권을 행사한다는 것은 아무래도 자기 응고의 밀도와 관련된 것이 아닐까 싶다. 풀 한 포기에도 자신의 모든 것을 걸고 겨뤄야 했던 옛사람들의 모습을 감안해서, 어떤 자가 권력과 긴장 가운데 대치하며 묵비권을 지킬 수 있는지 살펴보자. 문제는 미지의 것에 대한 공포를 어느 정도로 받아들이고 어떻게 갈등할지, 자기 자신을 얼마나 확실히 아느냐에 달렸다.

여자가 남자보다 두려움에 더 잘 견딜 수 있는 성이라고 나는 직감했다. 그것은 여자의 일생이 자궁에 깃든 공포와 암묵적인 약속으로 이뤄지기 때문이다. 몸이 성장하여 가슴이 나오면 그 아픔을 알게 되고, 초경이 시작할 때 피를 보는 것은 남자를 알게 됐을 때 고통으로 이어진다. 중절과 출산을 하게 되면 그때마다 나 자신이 피와 고통을 떠안아야 한다. 항문 섹스 고통만 문제시하는 남자의 성과는 애초에 출발부터 다른 것 같다.

중국식 무통분만 이야기를 들은 적이 있다. 구체적으로 무통분만이란 체조나 호흡법을 통해서 미리 고통을 예상하고 대처하는 것이다. 가장 중요한 것은 출산의 공포를 이겨 내는 마음을 기를 것, 말하자면 자기 자신을 이기는 것으로 고통을 이겨 내는 방식이다. 이내 다가올 공포에 바짝 애가 타면서도 어떻게든 그 두려움을 마주하면서 인간이 자신을 창조해 내는 방법론이다. 이런 건 예로부터 자주 이야기하는 것으로 딱히 무통분만에만 해당하는 이야기는 아니다. 미야모토 무사시宮本武蔵[21]는 무인도 간류巖流島에서 진검 승부로 결투를 벌여 맞수를 이기기 전에 이미 자기 자신을 이겼다고 한다. 이런 자기 응고 방법은

---

21 [옮긴이] 에도 시대 초기의 검술가. 서예 등 문인으로도 이름을 알렸다.

남녀에 차이가 없으며, 모든 분야에서 자신을 단단히 하는 방법을 찾을 수 있다.

장 폴 사르트르는 인간이 자아를 실현하려면 자신을 돌아볼 게 아니라 해방, 특수한 실현과 같은 목적을 자기 외부에서 추구해야 한다고 했다. 이 생각은 매우 옳다. 그러나 이 말에서 누락된 측면이 하나 있는 것 같다. 동양과 서양 문화의 차이와 같은 것을 느끼는데, 예를 들어 중국식 무통분만과 같은 특수한 실현을 위해 자신을 단련하고자 할 때, 그 목적은 자신의 외부와 내부 양쪽에 다 있는 것이 아닐까? 생경한 말이라도 여기서 한번 짚어 보자면, 투쟁을 위해 주체성을 구축할 경우 투쟁을 창조하는 목적과 자신을 창조하는 목적은 같은 무게를 갖고 진행해야 하는 것이다. 내가 창조하는 나, 내가 창조하는 투쟁에 목적을 두고 그것들을 획득하는 과정 가운데 투쟁을 위한 주체성이 결정되는 것이 아닐까 싶다.

자신을 돌아볼 일이 없다면, 외부에서 구하는 목적은 달성할 수 없다. 물론 그 목적이라는 것을 사람의 일생으로 본다면 단지 과정이 일단락되는 것일 뿐인데, 어찌 됐건 나를 단련한다는 것, 나를 넘어선다는 것은 과정이며 목적이다. 여자와 남자의 차이는 나를 넘어서기 위한 매개를 자신으로 둘지, 자신이 아닌 것(남)으로 둘지에서 나온다. 남자는 끊임없이 자신의 존재 증명을 남과 해야 한다는 측면에서는 확산하는 성이다. 그런 이유는 경쟁자를 곁에 두지 않고서는 자신을 단단히 할 수 없는 성으로 존재하기 때문이다.

도쿄대 투쟁 때 '자기 부정의 논리'가 전면적으로 등장했는데[22] 지금 생각해 보면 남자의 발상에서 그런 논리가 나왔다고 짚어지는 맥락이 있다. 그리움과 함께 떠올려 보자면, 나도 한때 '자기 부정'이라는 말의 신선함에 매료되어 이것저것 어떤 각도에서든 나 자신을 부정하려고 애를 써 본 사람이다. 나는 항상 관념 세계보다는 현실에 무게를 둔다. 그래서 내가 자기 부정의 논리에 초점을 맞춘 가장 큰 이유는 무엇보다 우리 집이 바로 도쿄대학 앞에 살았기 때문이다. 당시에 나는 베트남 반전 시위에 나가 "미국은 베트남에서 물러가라"고 외치면서 나름대로 뿌듯함을 느꼈는데, 내가 자기 부정의 논리를 세웠을 때 주요한 핵심은 타민족을 억압하는 민족인 나 자신을 부정적으로 보는 것이었다. 아시아 태평양 전쟁 전후로 일본이 일관되게 베트남, 타이완, 한국, 동남아시아에 군사적·경제적 침략을 하고 있기 때문이다.

도쿄대 학생들에게는 자기 부정의 논리가 자신들이 엘리트로 인생을 산다는 것에 대한 의미를 뿌리부터 다시 파악하려는 것에 있었던 것 같다. 학생들이 내건 '산학 공동 노선 분쇄'나 '제국주의 대학 해체' 슬로건은 그들이 이 사회의 구조와 정면으로 맞서겠다는 강한 의지를 대변하는 것이기도 했다. 학생들은 도쿄대 학생이라는 점만으로도 자신들이 결국 기업 편, 권력 편에 서서 사람들을 관리하고 억압하는 길로 갈 것이라고 봤다.

그 시절 나는 이리 뛰고 저리 뛰며 시민운동이라는 것을 열심히 했다. 나는 시민으로서 어떻게 자신을 부정적으로 볼 것인지, '자기 부정'을 모색하기도 했는데 아무래도 분명치 않았다. '시민'이라는 말 자체가 공허했다. 딱히 나하고는 관련 없는 운동권 용어라는 생각만 들었다. 집 앞을 오가며 만나는 이들은 딱 봐도 한눈에 도쿄대 학생이라

---

22 [옮긴이] 일본의 학생운동(전공투 운동)에서 투쟁의 주체성을 구축하는 이론으로 타자와의 관계 속에서 자신의 가해성, 원죄를 반성하고 자신이 속한 가해자 집단을 해체하는 실천을 해야 한다는 '자기 부정의 논리'가 등장했다. 도쿄대 투쟁은 전공투 운동의 정점이라 할 수 있는데 운동에 참가한 학생들은 자기 부정의 논리로 '도쿄대생인 나=엘리트로 자본가의 이익을 위해 쓰일 나'라고 성찰하며 '도쿄대학 해체' 슬로건을 들었다.

고 알아볼 수 있었는데 아무리 좋은 말로 묘사하려 해도, 그들의 표정은 생생하다고는 할 수 없었다. 머릿속 논리로는 그들의 자기 부정 논리를 잘 알 수 있었으나, 내가 실감한 것은 그 논리가 터무니없이 힘들어 보인다는 점이었다. 어쨌든 나는 모르는 것투성이였다. 지금 생각해 보면 같은 인간으로, 또 시민으로 베트남 반전운동을 한다는 것은 어디까지나 사회운동을 하는 내가 밖으로 내세운 명분과도 같았다. 반면 일상에서 나는 '난 가치가 없는 사람'이라는 강박관념 때문에 두려워했고, 내가 여자라는 것에서 도망치려 해도 다시 원래대로 돌아올 수밖에 없었다. 그때는 그 사이를 왔다 갔다 하던 때라서 '대관절 내가 나에 대해 이 이상 뭘 부정해야 하나!'라는 마음으로 내심 반문하는 게 솔직한 심정이었다.

일본인은 쭉 억압 민족이라고 생각했고 그런 만큼 피에 섞인 낙인은 분명 내 안에도 무겁게 있었다. 그러나 그건 사실 내 속내에서 나온 생각이 아니었다. 스스로 억압 민족임을 그저 인식한 것에 지나지 않았다. 자기 꼬리를 물려고 빙빙 도는 개처럼 나는 하루하루가 살기 힘들었다. 살기 힘들다는 그 느낌으로 인해 내가 내 인식과 확실히 만난 것도 아니었다. 그래서 자기 부정의 논리는 반전운동에 참가할 때 내가 의존하는 표면상의 이유일 뿐이었다. '나는 바보다, 무가치하다'고 여기는 비참한 자가 자기 부정의 논리를 돌고 헤매던 끝에 더 이상 자기 부정을 하려야 할 수 없지 않느냐고 반문하면서 여성해방과 만나게된 것이다.

그렇게 반문한 이유는 자기 부정의 논리가 나 자신에 대한 성실함, 또 내 삶의 방식과 관련된 문제이기도 해서였다. 속내 어디선가 자기 부정을 더 이상 할 수 없는 내가 있는데, 표면상의 자기 부정으로 어물쩍 넘어가려 해도 그게 참 적당히 대충하는 것이라는 생각을 했다!

'제국주의 대학 분쇄' 슬로건에 더해 '가족 제국주의 분쇄'까지 내세웠던 학생들은 도쿄대 투쟁이 끝나자, 이내 이전과 변함없는 양상이 됐다. 각자 남자나 여자를 붙잡아 가정을 만들었다. 그 영리한 좌절상을 보자, 나는 자기 부정의 논리를 더욱 불신하게 됐다. 남겨지고 배신당한 자로서 나는 명분을 더는 믿지 못하게 됐다. 어떤 느낌이 줄곧 있었는데 어느 날 나 자신에게 그게 뭘까 다그쳐 물어보니 새삼 짚이는 게 있었다. '아, 도쿄대 학생은 원래 자기를 긍정할 수 있으니까 그토록 급진적으로 자기를 부정할 논리를 내놓을 수 있었던 것이구나.'

여자는 멍청할수록 예쁘다고들 하는데 실은 그런 여자가 될 수 있는 이는 영리한 여자뿐이다. 마찬가지로 자기 부정의 논리로 스스로를 마주할 수 있는 자는 이 체제로부터 어떤 형태든 자기 긍정을 부여받은 자로 한정된다. 즉 급진성에도 전제 조건이 딸려 있다는 소리이다.

남자와 함께 권투나 프로레슬링을 보다가 왜 남자는 이런 스포츠에 빠져드는지 문득 신기하다 싶던 적이 있다. "훌륭한 사람이 되어야지." 하고 재촉당한 데다가, 사회에서 '남자다움'으로 겨루면서 경주마로 살도록 하는 남자의 역사성으로 인해 남자들은 '가치가 있는 사람이 되어야 한다'는 강박관념에 사로잡히게 되었고, 이는 이제 남자들의 피가 되고 살이 됐다.

"가치가 있는 사람이 되어야 한다"는 말을 뒤집어 보면, 사실 너는 본래 가치가 없고 아무 것도 아니라는 말이다. 즉 노예 우두머리도 어차피 노예라는 거다. 그러나 노예 우두머리가 노예들의 우두머리인 까닭이 있다. 체제든 반체제든 상관없이 어떤 수단으로든 사회가 자신의 가치를 알아주기만 한다면, 남자는 재촉을 당하든 강요를 당하든 자기가 하는 것에 아무 아픔을 느끼지 않아도 된다는 말이다. 여자가 남자에게 교태를 부리며 살아가는 인생이라면 남자는 사회에 교태를 부리며 살아가는 인생으로 존재한다.

앞서 말한 히피 모임에서 강연자 도고 다케시는 남자는 모두 **게이**라고 말했다. 남자에게 꼬리를 흔드는 암컷은 죄다 창녀의 원판으로 존재한다. 마찬가지로 사회를 향해 꼬리를 흔드는 수컷은 죄다 **게이**의 원판으로 존재한다.[23] 여자도 남자도, 그 운명이 정해진 형태로 존재를 증명하려고 한다면, 결국 존재의 상실감 말고는 얻을 것이 없다. 피억압자는 그 존재에 스스로가 스스로를 가르고 찢게끔 하는 그런 억압의 본질을 자기 안에 깃들게 하고서 살아간다. 그러나 여자와 남자는 같은 위치에 있지 않고, 같은 양상을 보이는 피억압자가 아니다. 여자는 가지고 태어난 것만으로 가치가 정해지는 생이며, 남자는 자신을 창조함으로써 가치가 정해지는 생이기 때문이다.

불감증이라는 것이 여자에게 그 존재의 전면 부정을 뜻하더라도, 남자에게 발기부전이라는 것은 숨길 수가 없기 때문에 그만큼 굴욕감이 더한 것으로 여겨진다. 그러나 남자에게 그 굴욕감이란 어디까지나 여자에 대한 체면 문제에 지나지 않는다. 즉 사회가 그 존재를 인정해주는 한, 남자는 거기서 얻은 자기 긍정에 기대어 여자와의 사이에서 잃어버린 남자다움을 되찾을 수 있다. 즉 남자가 사회와 여자를 향해 동시에 그렇게 양다리를 걸치듯 존재를 증명할 방법을 갖고 있다는 점은 남자의 자기 긍정이 이중의 안전장치를 갖고 있다는 뜻이다. 남자가 '발기부전이 왜 나빠?'라는 관점을 갖고 사회에 반기를 들기 어려운 성으로 존재하는 것은 남자가 여자보다 도망칠 곳이 많은 성으로 만들어지기 때문이다.

23 [옮긴이] 여기서 저자가 이야기하는 게이의 원판이란 남자들 간의 호모소셜한(사회적 유대) 욕망을 가진 남자를 뜻한다. 남자들 간의 호모소셜한 욕망이란 서로(남자들끼리의) 성적 욕망은 억압하되 사회의 위계 서열 관계에서는 유대하려는 욕망이다.

그러나 이중으로 남자다움을 증명해야 하는 것 속에 남자가 살기 어려운 점이 있다. 발기부전은 그런 중압감을 반영한다. 더군다나 남자는 자신의 아픔을 아프다고 느끼지 못한다. 그래서 살기 힘들다는 사실을 드러낼 자신의 원점을 발견하지 못하고 헛도는 게 숙명인 인생이다.

수컷으로 살기를 재촉당하며 '가치가 없다'고 여기게끔 한 인생을 사회를 향해 교태를 부리는 '대의'로 짊어지는 한, 남자는 자신의 비참함과 마주할 수가 없다. 사회의 명분에 의해 자신을 죽이고 살아갈 때 남자는 자신의 아픔을, 즉 피억압자로서 자신이 가진 생명의 광채를 죽이는 것이다.

사회의 명분이 요구하는 남자란 생산성의 논리를 배신하지 않을 '강한 남자'이다. 남자는 항상 강해야 한다는 것에 맞춰서 좀 더 강하게 좀 더 빨리 달릴 것을 자기 숙제로 낸다. 남자는 이렇게 자신을 창조해 나가는 중에서만 그 존재가 허용된다. 자신을 창조하는 방식은 늘 사회의 대의를 향해 있다. 그래서 남자가 자신을 창조한다는 것은 자신을 잃어 간다는 것과 같은 뜻이다.

남자들 가운데에서 피가 되고 살이 된 그 역사성으로 인해 반체제 남자들은 체제에 저항하는 편에 서서도 자기 아픔을 원점으로 삼을 수 없는 투쟁만 한다. 그래서 남자는 자기 해방과 같은 이유로 그리 쉽게 대의를 위해 목숨을 바칠 수 있는 것이다. 사회의 대의가 혁명의 대의로 바뀐 것만으로는 남자의 반체제는 체제의 틀을 넘을 수가 없다.

도쿄대 학생이라서 오는 아픔, 출세하는 것에 따르는 아픔이란 경주마로서 좀 더 강하고 좀 더 빨리 달려야 하는 것에서 오는 아픔이고 비참함이다. 어디까지나 체제에 가담한 자인 자신, 도쿄대 학생인 자신만을 문제시하고, 남자인 자신, 억압자인 동시에 피억압자인 자신을 문제시하지 않는 곳에서 '자기 부정의 논리'가 그저 헛도는 것도 당연한 법이다.

그리고 정파를 보자. 권력과의 다툼이 잠깐 소강상태에 들어가면, 그다음에는 내부 정파 다툼을 한다. 수컷으로서 가져야 할 남자의 존재 증명 방식 탓에 필연적으로 폭력 사태[24]로 조직 유지를 꾀하게 된다. 또 남자를 바라보며 자신의 존재를 증명하려는 반체제 운동에 참여한 암컷들에게, 혁명의 대의는 '강한 남자'인 자신과 함께하는 것이라 한다. 그런 모양새 속에서 필연적으로 여자는 남자와 남자 조직에 충성을 맹세하게 된다.

아내는 돈을 벌고 남자는 혁명을 하는 분업 체제가 지금 세상에서 남녀가 존재하는 방식과 대체 어디가 어떻게 다르다는 말인가? 남자가 자신의 아픔을 찾으면서 투쟁하는 것이 아니라면, 여자에게는 항상 암컷으로, 혁명을 향한 남자의 대의를 내조하는 일로 공을 세우는 데 진력을 다하는 길만이 허용된다. 여자가 각목을 들고 싸워도, 설령 폭탄을 갖고 체제와 싸운다 한들 그렇다. 자기 아픔을 가지지 못한 남자 조직에서는 암컷을 어떻게 사용하는 게 가장 효율이 좋은지 그 방식을 더할 수 없이 크게 보여 준다. 그래서 여자 (혁명) 병사의 출현을 허락하는 것일 뿐이다.

24　[옮긴이] 1960~1970년대 일본의 학생운동에서는 치열한 정파 다툼이 자주 벌어졌다. 시위 때 경찰의 진압으로 학생이 사망하는 등 폭력이 일상적으로 나타나자 학생들은 가두시위에서 헬멧을 쓰고 각목을 들기 시작했다. 이러한 정황을 배경으로 신좌익 운동을 하던 학생들과 공산당 계열 학생들의 충돌, 신좌익 정파들 간 '우치게바內ゲバ(내부 폭력)', '우치우치게바內々ゲバ(한 정파 안에서의 살상 사건)' 등의 사건이 일어났다. 우치게바는 1969년 첫 사망자가 나온 이래 1970년 이후 더욱 본격화됐는데, 학생 운동에 대한 지지를 크게 떨어뜨린 요인이었다. 혁명적공산주의동맹 내부 정파 간 계획적 살인 사건, 산악 기지에 틀어박혀 동지 12명에게 자아 비판을 요구하며 린치로 살해한 연합적군파 사건 등이 잘 알려진 우치게바 사건이다. 저자는 V장 신좌익과 여성해방에서 연합적군파 사건에 대해 상세히 다룬다.

여자는 남자 조직에서 내세우는 생산성의 논리가 기업의 생산성 논리가 지닌 비정함과 내실 면에서 차이가 없다는 점을 직시해야 한다. 생식 상품이 되든지, 그것도 아니면 생식의 길조차 끊겨 수컷이 내세우는 혁명을 위해 목숨을 바치든지 하는 모습이 신좌익 운동[25]을 하는 암컷이 지금까지 걸어온 길이 아니었나? 여자의 주체성으로 아이를 낳지 않는 것이 아니라, 아이를 낳으면 남자의 투쟁을 지원할 수 없다고 보는 게 현실이었다. 그것에 굴복해서 아이는 낳지 않겠다고 결론을 내리는 나 자신의 비참함, 투쟁하는 여자들은 암컷으로서만 살아야 하는 그 비참함을 왜 직시하려 하지 않는가?

가장 속임수가 통하지 않는 성의 본 모습—발기부전인 사실조차 남자다움이 걸린 체면 문제로 받아들이는 한, 남자는 자신의 아픔과 제대로 마주하여 자신을 만들어 낼 방법을 가지려야 가질 수 없는 삶으로서 존재한다. 남자가 느끼는 아픔은 노상 배신당하는 '남자다움' 탓에 우는 곡소리 같다. 그래서 남자가 그 아픔을 드러내놓는 방향은 언제나 사회에 다시금 스스로를 인정하게끔 하는 것이다. 이렇듯 남자의 존재 증명 방식이 어디까지나 '대의를 향해 나 자신을 철저히 억제한다'는 식이라면, 남자는 다시금 명분을 위해 자신을 억제할 수밖에 없다. '나는 나'를 추구하면서 영원히 헛도는 수밖에 없는 것이다. 따라서 아픔을 가질 수 없는 남자의 성은 명분을 위해서만 자아를 단단히 하

25 [옮긴이] 신좌익(New Left, 신좌파라고도 한다)은 공산당이나 사회민주당과 같은 기존 좌파를 비판하고 나온 사상, 운동, 조직을 말한다. 일반적으로 일본에서는 학생 운동권 내 반공산당 급진파를 일컫는다. 일본에서 신좌익 운동이 벌어지던 당시 대학에 입학한 여자 비율이 문과에서도 20퍼센트 정도에 불과했음에도 많은 여학생들이 신좌익 운동에 참가했다. 그러나 운동 내부에 남성우월주의는 뿌리가 깊어서 내부의 성차별을 고발하면 소시민적이며 운동을 분열시키는 이적 행위라고 억압했다. 저자는 이와 관련해 V장 신좌익과 여성해방에서 상세히 다룬다.

는 성으로 존재한다.

　남자는 기능성이 뛰어난 많은 서랍을 갖고 있다. 이 서랍은 진짜 자기 마음으로 어떤 일을 바라보지 않는, 즉 아픔 속에서 헤매지 않는 남자의 삶에서 만들어진 것이다. 사회를 향해 꼬리 치며 가장 효율이 좋을 것을 목적으로 만들어 낸 서랍이다. 이 책 서두에 "다키다 오사무는 글을 참 잘 쓰지."라는 말을 듣자마자 내 마음이 동요했다고 썼다. 남자는 명분으로 꽉 채워 놓은 서랍이 있는데, 여자는 서랍을 정리하는 역할임을 알았기 때문이다. 서랍에 못 넣고 삐져나온 부분, 그 볼품없는 일을 몽땅 여자한테 시켜 놓으면, 남자는 시치미 뚝 떼고 항상 '남자답게' 있을 수 있다.

　여자는 정리가 안 될 일만 떠맡는다. 남자는 응당한 이유가 있어서 엉망이 된 여자를 본체만체하고서는 "아무튼 여자는 애 같단 말이야……." 하고 조롱한다. '글 잘 쓰는 남자 운동가'라는 말 속에서 우리는 남자의 이러한 역사성을 어렴풋이나마 알 수 있다. 좌파 남자들이 여자 동지를 두고 겉으로는 "우린 같은 혁명군" 운운하면서도 속으로는 '내 여자'라고 생각하는 의식이 통째로 드러나는 것을 보면, 남자들이 숨씨 좋게 겉 다르고 속 다름을 활용하는 역사성을 알 수 있다. 그렇다. 남자들의 명분은 여자를 남자의 협력자로는 만들어도, 결코 같은 상황에 참여하는 이로는 여기지 않는 장치로 유지된다.

　이 사회의 문명이라는 것은 자연에 대한 공포를 과학 기술로 정복한 역사이다. 경쟁자를 의식해야만 나 자신을 확실히 알 수 있는 남자에게 자연은 때려눕힐 대상일 수는 있어도, 자신의 안에 있는 공포와 겨루게 할 존재는 아니다. 그 자체로 마주하고 소통할 대상이 아니다. 자신 안에 '자연'을 갖지 못한 남자들에게 바다는 해수이고 염분이고 지하자원이다. 바다에 대한 문명적 지식을 가진 이가 오감으로 바다를 아는 이를 깔보는 것, 여기에 자신과 관한 것에 스스로 가까이 다가가 생각하려고 하지 않는 남자의 문화가 들어 있다. 명분을 내세우는 남성 문화가 생산성의 논리를 지탱해 온 것이다. 빈틈없이 꽉 채운 서랍처럼 남자는 자기 몸으로 생산성의 논리를 지탱한다.

침구나 뜸의 대가라는 남자가 인터뷰 기사에 나온 것을 봤다. 기자가 "중국에서는 다양한 의료 분야에서 침을 맞는다는데……." 하자 그 남자는 "그런 것보다는 마취를 이용해서 완전히 통증이 없으면 좋다. 요즘에 마취는 정말 안전하다."라고 했다. 이런 말을 읽고서 나는 '아프지 않게 항문으로 할 방법'을 묻던 남자가 떠올랐다. 내가 왜 그런 질문을 하느냐고 하자 "무서워서 그렇다!"고 정색하던 남자. 아픔을 **없애는** 것을 목적으로 조금이라도 더 아픔이 없게 효율을 추구하며 살아가는 남자의 방식이야말로 병에 걸린 고통 말고는 딱히 자신의 내면에 아픔을 가져 보지 못하는 남자가 고통을 어떻게 파악하는지 보여 주는 것이다.

생각해 보면 "일억총참회" 후에 일본이 걸어온 길도 마취로 통증을 없애는 방식과 닮았다. 아픔과 마주하려 하지 않고 그저 제거하기에 급급하며 효율성을 추구한다. 이렇게 해서 일본은 고도 경제성장을 이룩했다. 1억 일본인 전체가 제정신이 아닐 정도로 혼란스런 오늘날 일본의 상황을 보자. 겉으로는 참회를 한 척하지만, 본심으로는 아픔을 느끼려 하지 않고, 고통보다는 편안함을 추구하며 효율을 제일로 좇아서 나온 당연한 결과이다.

앞서 호흡으로 통증을 받아들이는 중국식 무통분만을 언급한 이유는 단지 한 의료 분야를 알리려던 게 아니다. 이는 인간의 삶의 방식의 문제이며 문화의 문제이다. 내게 중국이라는 나라는 나를 나로 향하게끔 하는 나라이며, 창조하는 가운데 사회의 대의가 나오는 나라이다. 중국식 무통분만에서 수컷에서 남자로, 명분에서 속내로 자신을 추구할 남자의 가능성을 보았다. 좋든 싫든 자궁에 깃든 공포로 여자가 '자연'으로부터 인생을 다시 파악할 수 있는 주체성을 갖게 되면 남자의 가능성도 미래를 담보할 수 있다.

　과학 기술로도 정복하지 못한 것이 여자의 자궁에 깃든 공포이다. 사람이 우주로 가고, 고속열차가 달리는 문명의 전성기에서 여자의 자궁 속 어둠은 혼자 뒤쳐져 남겨졌다. 자궁이 한 사람의 남자애를 낳는 기계로 계속 남아 있는 한, 그것은 아이를 밴 물체에 불과하다. 물체라서 생각을 할 수 없다. 여자의 자궁은 어디까지나 진공의 어둠에 지나지 않는다.

　나 자신에게 가까이 다가가 철두철미하게 생각을 응고한 산물로 상상력이 있을 때, 상상력의 극치는 에로스로 꽃필 것이다. 상상력을 관리하고 억압하는 것은 에로스를 관리하고 억압하는 것이다.

　즉 궁극적으로 권력자는 우리의 에로스를 성기 에로스로 추락시킬 목표를 갖고 있다고 봐도 좋다. 여자에게서 경제적 자립을 빼앗고, 가족을 바탕으로 수컷 암컷이 한 쌍이 되어야 살 수 있는 구조를 만들어 낸 권력의 목적은 바로 우리의 에로스를 성기 중심 에로스로 뭉개는 것이다. 말하자면, 경제적 억압은 그 수단에 불과하다. 성기 중심 에로스란 여자와 남자를 암컷 수컷으로 삼아 성기로 결합시키는 것이며, 그런 결합에서 뭔가 의미를 찾고 기쁨을 느끼게 하려는 획책이다. 여자와 남자의 관계를 성기 에로스로 떨어뜨리는 사회가 포르노그래피로 성립한 사회이다.

　애초에 이 세상을 포르노로 만들어 놓고서는 그때마다 팬티를 입었는지 안 입었는지[26]를 문제시하니 예술인지 외설인지 논쟁을 벌인다 한들 사람들의 눈에는 고발하는 쪽 검사가 가장 외설적으로 비춰지는 것이다. 그런데 그 거리낌 없는 추악함이야말로 권력이라는 것의 정체이다. 포르노의 총감독이면서 동시에 포르노를 고발할 수 있는 권력, 그 기만성은 바로 결혼이라는 절차를 밟아야만 암컷과 수컷의 성적 결합을 허락한다. 결혼은 이러한 기만성과 표리일체를 이루는 것이다. 결혼은 권력이 보증한 '포르노'이고, 포르노를 상영할 현장을 덮칠 필요가 없게끔 한 절차에 다름 아니다.

여자에게 결혼이란, 또 결혼식이란, 아내로 엄마로 암컷의 생을 살아 내기 위한 결의를 세상에 알리는 창구이다. 생각건대 공인된 포르노인 결혼은 거리에서 남녀 간 성행위 퍼포먼스를 하는 것과 비슷하다. 더욱 우스운 것은 거리를 지나며 그 퍼포먼스를 본 사람들이 누구도 성행위를 보지 않았다고 '벌거벗은 임금님 이야기'와 비슷하게 입 모아 거짓말을 하는 꼴이다. 이렇게 결혼 포르노가 상영되어 왔다. 그러니까 모두가 결혼이 포르노인 것을 알고 있는데도, 포르노라고 외친다면 이 세상의 중심 뼈대에 금이 갈 것을 모두가 알고 있기에, 이 공인된 포르노 '결혼'이 계속 상영될 수 있다는 소리이다. 이런 속임수를 숨기려고 '예술이냐 외설이냐' 왈가왈부한다. 마치 결혼 이상으로 외설적인 것이 있는 것처럼 여기게 하고서 체제를 정비한다.

성에 대한 다양한 금기는 공인된 포르노인 결혼에 신성함의 베일을 씌우는 노릇을 하고, 정숙한 아내는 사회 내부에서 공인된 포르노의 기만성을 은폐하는 역할을 받아들인다. 현모양처란 낮에는 요조숙녀로 정숙하게 있다가도 밤에는 창녀인 척하는 연기가 뛰어난 포르노 배우의 다른 이름이다. 암컷으로 여자가 느끼는 비참함도, 또 암컷으로

26　[옮긴이] 일본에서는 합법 성인 영상물에서 성기를 그대로 화면에 노출시키면 불법으로 규제를 받는다.

가담하고 있는 공범성도 결국 여기에 다 있다. 포르노 배우가 아무리 노력한다 한들 주연상을 받을 수는 없다. 포르노 배우는 엄마 역할로 주인공을 해야지 비로소 세상에 알려지는 존재이기 때문이다. 즉 남자에 대해서는 섹스로 아이에 대해서는 젖으로 살아가는 데에 암컷이 암컷인 연유가 있는 것이다. 생식 상품인 암컷이 결국 도달하는 곳은 모성이 가득한 극성 엄마, 캐러멜 엄마[27]이다. 그래서 엄마가 아이에게 온 힘을 다해 서비스하는 것도 사실 이상하지는 않다.

아이를 낳는 기계인 여자의 자궁은 물체이다. 물체는 생각을 할 수 없고 물체로 존재하는 자궁에는 상상력, 즉 공포가 잉태될 여지도 없다. 암컷으로서 여자는 자아를 응고하게 해 줄 원점을 잃어버린 성으로 계속 헤맨다.

자주 들리는 이야기가 여자는 창조력이 부족하다는 소리이다. 물체인 자궁으로 여겨져 업신여김을 당하기 때문에, 여자는 아픔을 아픔으로 느끼면서도 자신의 아픔을 출발점으로 삼고 자신에게 가까이 다가가 생각할 수도 없는 채로 확산할 수밖에 없었다. 여자의 성이 아픔을 아픔으로 느끼며 흩어지면, 아픔을 느끼지 않는 남자의 성과 달리, 말할 나위 없이 그 진폭은 훨씬 크다. 여자를 살기 힘들게 하는 출발점이 거기에 있다. 더군다나 남자는 아픔을 느끼지 않을 자신의 생을 전제로 깔

27　[옮긴이] 1960년대 베트남 반전 시위에서 시작하여 학비 인상 반대를 비롯한 대학 개혁을 요구하고 일본 각지의 대학에서 들불처럼 번져 나가던 학생운동(전공투)을 배경으로 도쿄대학에서는 학생들이 학내에 바리케이드를 치고 경찰과 공방을 벌이며 치열하게 대치하다가 진압되었다. 도쿄대학에서 점거 시위를 하던 학생들은 대학 서열에 반대하고 엘리트주의를 타파한다는 의미로 '도쿄대학 해체'를 투쟁 슬로건으로 내세웠는데, 이런 모습이 보도되자 중년의 여성들이 도쿄대학 문 앞에 나타나 학생들에게 캐러멜을 나눠 주며 진정하라면서 운동을 그만하고 학업에 전념하라고 했다. 학생들은 이 여성들을 야유하며 '캐러멜 엄마'라 불렀고, 이후 자식을 과보호하는 엄마를 일컫는 말로 쓰이고 있다.

고, 명분을 가지고 효율성 좋게 살아갈 기술을 자신 내부에서 만들어 왔다. 그래서 글을 잘 쓰는 남자 운동가와 글을 잘 쓰지 못하는 나를 두고, 단지 능력이나 주체성의 차이만으로 절대 논할 수 없는 것이다.

제 자식을 죽인 여자, 그 여자는 자궁 안 진공의 어둠 속에서 말라 비틀어지는 수밖에 없다. 여자가 원한을 품고서 제 자식의 피로 권리 회복을 울부짖고 있다. 막다른 골목까지 온 인생이 광기와 착란 속에서 '모성애 신화'의 기만을 가장 적나라하게 드러내고 있다. 남자 한 사람에 의해서 경제적으로 정신적으로 성적으로 충족되는 것이 곧 여자의 행복이라고 보는 현실, 치솟는 물가를 따라잡으려고 월급 한 푼 없이 집안일을 하는 현실 속에서 여자는 그 기만적인 베일을 잡아뗄 수밖에 없다. 이것을 가장 분명하고 강렬하게 드러낸 이가 바로 제 자식을 죽인 여자인 것이다.

여자의 생명, 그 뿌리를 간직한 자궁이 지금 부활하고 있다. 수컷을 바라보며 다른 암컷과 경쟁하여 교태를 부리는 가운데서만 살 수밖에 없던 여자가 자신의 역사성에서 자신을 해방하려 하는 것이다. 지금 그런 여자가 있다.

암컷의 제 새끼 죽이기, 이런 피억압자의 극한의 자기 표현은 여성해방운동과 동시에 일어나고 있다. 그 배경에 여자라는 성의 변증법이 있다. 부정적인 자궁에서 긍정적인 자궁으로 이르는 길은 암컷에서 여자로, 여자에서 여자들로 이어질 길이다.

문명에서 혼자 뒤처져 남겨진 탓에 여자는 자궁에 깃든 그 두려움에 따라 자신을 재현한다. 한 포기 풀과 대치하면서 자신의 삶과 죽음의 의미를 탐구해 온 옛사람들의 모습, 자신을 단단히 응고하는 모습이 재현된다. 아픔을 가지지 못한 삶의 창조성은 생산성의 논리로 이어진다. 아픔을 아프다고 느끼는 삶의 창조성은 나를 해방하기 위한 창조성이다. 나에게 의미가 있는 것을 추구하는 가운데 모든 사람들에게 의미가 있는 세계를 만들어 낼 수 있는 그런 창조성이다.

억압이 있으니 예술은 성립한다. 자기 자신의 생을 두고 부재 증명만 하지 말자. 온 마음을 다해 자신에게 묻다 보면 스스로 가진 생명의 광채를 한꺼번에 드러내고 생명을 불사를 수 있다. 그런 과정에서 불안, 초조, 고독에 몸부림치며 뒹구는 인간의 가장 인간다운 면을 응축하여 표현한 것으로 예술이 태어난다. 그래서 여자는 여자를 무가치하게 하는 사회에서 존재의 광채로 자기 생을 예술로 만들 수 있는 것이다!

3. 알아줬으면 하는 마음은 걸인의 마음

진짜 속내, 속내 하면서 나도 자주 쓰지만, 인간이 자신의 속내를 어느 정도 알아차릴 수 있는가 하는 생각에 잠길 때가 있다. 이런 나에게도 가끔이긴 하나 강연 의뢰가 들어올 때가 있다. 반신반의하며 나가 보면, 대개의 경우 좋지 않은 결과로 끝나고 만다. 내가 강박관념인지 강박관념이 나인지 모를 때가 있어서인지, 한창 이야기를 하고 있다가 이제 말을 멈추면 결국 아무 것도 이야기 못하고 끝나는 게 아닌가 싶어 불안한 마음이 든다. 그러면 나는 대체 언제 어디서 이야기를 일단락해야 할지 모르겠어서 마음속 이 서랍, 저 서랍을 뒤지다가 결국 힘이 다 빠진다. 예정된 강연 시간을 거의 독차지하다시피 하는 추태를 보이다가 사회자가 나서서 "오늘 이야기는 다음 기회에 다시 할까요." 하며 마무리하는 것을 보면 미안함으로 절망감이 드는 것이다. 더욱이 나중에 강연을 들은 이가 내게 와서 "다나카 미쓰 씨는 참 말을 잘해요." 하는 소리를 들으면, '아, 중간에 이야기를 멈췄으면 좋았을 텐데.' 하면서 나 자신이 꼴도 보기 싫어진다.

물론 내가 아무 이유도 없이 이야기를 늘어놓는 건 아니다. 예를 들어 강연에 온 이들에게 '그래 봤자, 여자지. 여자는 아내와 엄마로 사는 게 가장 좋아.'라는 식으로 내 이야기를 우습게 여기는 마음이 30퍼센트가량 보인다 싶을 경우, 그렇게 생각하는 사람들이 몇 명만 있어도 분위기를 좌지우지하게 되므로, 나는 그런 분위기에 휩쓸리지 않으려고 억척스럽게 돼서 물고 늘어지게 된다.

그렇게 강연이 끝나 버리면 이야기가 꼬였어도 진짜 내 속내를 말했는지, 말할 수 있었는지가 내게 유일한 위로가 된다. 그런데 진짜 속마음을 이야기했어도 시간이 지나면 점차 그 이야기도 신선하지 않게 되고, 어쩌면 진짜 속마음이라고 할 만한 것은 강연 당시에 내가 엉망으로 늘어놓아 꼬여 버린 이야기 말고 없다는 생각도 얼핏 든다.

여성해방 엠티 때 산 정상에 가서 여자들끼리 누드 대회를 벌이는 행사가 있었다. 그때 찍은 사진을 보면 지금도 마음이 묘하다. 실은 나는 누드 대회를 벌이고 알몸이 되고 싶은 생각이 도무지 들지 않았다. 목욕탕에 가서 거울에 비친 빈약한 내 몸을 볼 적마다 두려운 마음이 드는데, 야외에서 그것도 대낮에 남들이 본다고 생각을 하니 벌거벗는 게 딱히 마음이 내키지 않았다. 더군다나 그때 나는 만성 방광염을 앓고 있어서 의사에게 몸을 차게 하면 안 된다고 조언을 들을 정도였던지라 건강이 안 좋아질까 두려운 생각을 가지기에도 충분했다. 그래도 나는 참가했다. 여성해방운동을 하는 이들이 내게 그렇게 하라고 했기 때문은 아니었다. 빈약한 몸이 부끄러운 생각이 들어서 얼굴을 가려야 한다는 마음이 들어서였을까? 어찌 됐건 정말로 벗고 싶지 않은데 벗는 건 또 아니었고, 무슨 바람이 불어서인지는 모르겠으나 그럭저럭 참가하게 된 것 같다.

그때 찍은 사진을 보면, 나 혼자만 벗은 알몸에 선글라스를 끼고 있다. 옷을 다 벗기 전부터 선글라스를 끼긴 했는데, 갑자기 왜 그랬는지 사진 찍을 때 선글라스가 얼굴에 꽉 끼어서 뗄 수가 없었다. 벗은 몸에 선글라스를 끼고 있는 건 아무리 봐도 볼품이 없다 싶어서 도중에 몇 번이고 선글라스를 벗으려고 했지만, 결국 마지막까지 나는 그 선글라스를 낀 채로 있었다……. 몸은 다 벗기는 했으나 마지막까지 어째서인지 벗을 수 없던 선글라스를 두고, 내 진짜 속마음이 보이는 것만 같아서 그때 사진을 볼 때마다 멋쩍다.

엉망인 상태란 존재 그 자체가 말하는 진짜 속내이고, 종종 가장 분명한 진짜 내 마음이기도 하다. 나 자신과 제대로 마주하지 않고서는 남과 만날 수 없는데, 자신과 마주해 자신을 만난다는 것은 자신의 엉망인 상태와 만나는 게 아닐런지. '나는 나'라고 할 때 전자의 나는 엉망인 상태 그 자체를 가리킨다. 후자의 나는 진짜 속마음을 바탕으로 사회를 알고, 인간을 알고, 나 자신을 알아 가는 과정에 있는 나일 것이다.

NEW 변소로부터의 해방

계급사회 아래에서 여성은 누구나 태어날 때부터 하나의 사유재산을 가지고 있다. 처녀성이란 사유재산을. 이것을 솜씨 좋게 이용하여 비싸게 파는 것으로 여자의 인생은 결정된다.

또 처녀성에는 선천적, 후천적 순위가 있다. 집안, 재산, 용모, 교육의 정도에 따라 처녀성의 상품 가치가 대폭 다르다. 그러니까 왕세자비의 처녀성과 당신의 처녀성은 반짝반짝 빛나는 큰 다이아몬드와 모조 진주 정도로 차이가 난다. 그리고 더 기묘한 것은 처녀성의 상품 가치에서 실제 처녀인지 아닌지를 따지는 것이 사실 아무런 의미가 없다는 점이다. 중요한 것은 여자가 얼마나 '처녀답게 구는가' 하는 것이다. 설사 처녀가 아니더라도 순백의 웨딩드레스를 입고 청초한 신부처럼 행동거지를 할 수 있을 정도로 뻔뻔하다면 모든 것은 평탄하게 흘러갈 것이다. 청순한 여배우가 청순한 이유는 무엇보다 그 '처녀다운' 모습 때문이다.

그런데 몹시 기이한 것은 결혼한 후에도 여자한테 이런 처녀다움을 요구하는 것이다. 마치 군대인 자위대를 군대가 아니라고 부인하는 것처럼, 처녀인 척하는 유부녀를 요구하는 것은 정말 기만적이지 않은가?! 어릴쩍일 때부터 여자한테 '여자답게 하라'고 요구한다. 이 한마디는 실은 여자한테 쭉 '처녀인 척하라'는 말과 같다.

결국 처녀답게 구는지, 굴지 않는지가 남자와 사회에 반기를 들 것인지 아닌지를 정하는 갈림길이다. 즉 여성해방운동이란 여성이 처녀다움을 반납하고서, 다정함과 다정함을 신체적으로 표현하는 SEX를 가진 총체적 여성으로서, 처녀다움의 기준으로 여성의 우열을 정하려고 하는 남성과 사회를 부수고, 이를 압박하는 여성의 투쟁으로 전개하는 것이다. 그리고 처녀다움을 해체한 우리는 투쟁의 바탕에 일부일처제와 가家제도[28]의 해체를 놓고, 계급투쟁을 전개한다!!

베토벤의 운명 교향곡처럼 멋진 이런 소리를 하기는 쉽다. 그런데 우리는 '결혼이 곧 여자의 행복'이라며, 이토록 철저히 해야 하나 싶을 정도로 '여성스러움'에 관한 특훈을 받았고 그것을 받아들여 왔다. 마르크스, 엥겔스, 보부아르 등의 가르침을 받아 대뇌 주름을 몇 가닥 늘렸다 한들 우리의 의식 구조 핵심에 주입당한 '여자는 시집가야 한다'는, 협박하는 듯한 관념에서 전면적 자기 해방을 쟁취하기란 불가능하다. 앞으로 우리는 주름 속에 얼굴이 들어가 있는 것처럼 나이가 들어서도 '여자가 우아하게 관에 들어가는 방법'과 같은 제목이 붙은 책을 읽어야 할까?

'그렇게 여자답게 안 하면 시집 못 가' 따위와 같은 진부하고 닳고 닳은 꼬리를 달고서도 '처녀다움'에 반기를 드는, 모순에 가득 찬 존재가 '지금 여기에 있는 여자'이다. 또 '지금 여기에 있는 여자'의 성과 생식을 따져 묻고 밝히는 가운데에서만 여자를 인간으로 보편화할 수 있다. 그렇기에 여자의 투쟁은 자신의 볼품없는 모양새를 직시하며, 자신이 급진적이면서도 뭔가 얼빠진 짓도 한다는 것을 직시하면서 나를 이렇게 만든 적을 압박하는 싸움이다. 말 그대로 엉망인 채로, 엉망진창인 채로 적을 압박하는 수밖에 달리 방법이 없다.

28 [옮긴이] 일본에 있던 일종의 호주제. 직계 장남이 호주가 되어 가업이나 가산을 관리하고 가족을 통솔하며 재산을 단독으로 상속하는 등 호주권과 상속권을 부여받는다.

지적인 여자가 지적인 영역에서 위로를 받고서 약간의 나르시시즘 양념을 뿌려 자기 구미에 맞게 내놓은 기존 여성운동의 논리와 남자의 의식과 그 논리 구조에 공손히 무릎을 꿇고 따르면서 여자임을 초월해 남자처럼 되자, 남자처럼 되어서 혁명하는 여자가 되자고 하는 운동의 논리는 같다. 지적인 동시에 육체적인 '지금 여기에 있는 여자'는 이렇게 속이 훤히 들여다보이는 뻔한 논리를 자신의 살과 뼈를 통해 총체적으로 부정하고 비판해야 한다.

위 글은 내가 2년 전에 쓴 글에서 발췌한 것인데 다시 읽어도 위세가 참 당당하다. '지금 여기에 있는 여자'로부터 여성해방을 향해 출발하겠다는 것을 '엉망인 상태'와 연결한 이유는 다음과 같다. 인간이란 모순 덩어리인데, 그 모순을 하나하나 다 들여다본다는 건 당치 않다. 정색을 하고 달려들어 진지하게 압박하는 것도 나의 무기라는 생각을 갖고, 해결하기 쉬운 모순부터 들여다보면 된다. 타래를 푸는 데 손끝만 야무지다면야, 적에게 달려들어 끝까지 압박하는 것에 모순이 있을 리 없다. 당연히 모순에 종지부를 찍어야 하기 때문에 찍는 것이다.

억압의 원인을 밝히는 것은 말할 나위 없이 중요하나, 더 중요한 문제는 억압을 알았다 한들 우리가 '만들어진 현재', '만들어진 자신'으로부터 출발할 수밖에 없다는 점이다. 여성해방운동을 하고서 얼마 되지 않을 무렵, 모임에 좋아하는 남자가 들어오는 기색이 보이자 책상다리로 앉아 있다가 갑자기 다소곳하게 자세를 고쳐 정좌로 앉은 적이 있었다. 책상다리는 혁명이고 정좌는 반동이라고 나를 탓하는 것이 아니다. 편하게 하고 있던 책상다리를 정좌로 고쳐 앉은 배경에 그 남자한테 여성스럽게 보이고 싶다는 내 마음이 분명 있었다.

그때 만약 스스로에게 의식적으로 '책상다리를 할 거냐, 정좌를 할 거냐'고 물었다면 나는 책상다리도 괜찮다고 답했을 것이다. 그런데 그건 진짜 마음은 아니었다. 그때 내 마음은 책상다리를 정좌로 바꾼 그 '엉망인 상태' 속에 있었다.

말하자면, 평소에 나는 인간이 스스로를 의식적으로 파악할 수 있는 부분은 빙산의 일각에 불과하다고 생각하고는 한다. 더군다나 종종 진짜 속내가 아니라, 내가 겉으로 피상적으로 내세운 마음이 나인 것 같을 때가 자주 있다. 우리 속내 대부분은 무의식 속에 감춰져 있어서, 인간은 무의식으로 되어 있다고 해도 좋을 정도이다. 여자의 경우 그 무의식을 형성하는 핵심에 '여자다움'이 있다. 즉 '여자는 여자답게'라는 논리는 본래 표면에 내세우는 말인데도, 그렇게 밖으로 내세우는 말이 여자 속에 깊이 들어가 피가 되고 살이 되어 '무의식'과 같은 의식을 형성하게 된 것이다. 책상다리로 있다가 정좌로 바꾼 그렇게 '엉망인 상태'에 있는 나의 속내는 여자다움을 부정하는 나, 남자는 여성스러운 여자를 좋아한다는 옛날부터 주입당한 고정관념을 없애기 어려운 나, 이러한 두 가지 내가 만든 현재 모습이다.

작년 가을, 와세다대학 축제 때 한 여자가 생경한 말로 아직 여성해방운동은 운동으로서 명확한 방향을 갖고 있지 못하다는 의견을 내면서 질책을 했다. 그런 의견을 듣자니, 어딘가 학생운동 정파에 속했을 것 같은 사람이라는 생각이 들었다. 우리의 여성해방운동에 대한 비판과 그 여자의 손가락에 빛나는 매니큐어 사이에서 모순을 느끼고, 우리 여성해방운동파 중 한 명이 그 여자에게 반문하며 캐물었다. 그렇게 대화가 오가는 모습을 보고 있노라니 혁명 용어를 풍부히 갖고 있는 그 여자가 집에 돌아가 혼자 매니큐어를 바르는 모습이 떠올랐다. 그러자 안도의 한숨이 나올 것 같았다. '지금 여기에 있는 여자'가 살기 어려운 현실은 굳이 그 여자한테 묻지 않아도 손가락의 분홍빛 매니큐어에 드러나 있었다.

그 여자가 매니큐어를 바른 게 잘못이라는 소리가 아니다. 여자가 쏟아 낸 그 교과서 같은 해방 이론의 말이 매니큐어로 상징되는 그 여자의 마음속에서 성찰해서 나온 말이 아닌 게 문제였다. 표면적 이치에 자신을 종속시킨 그 모습이 잘못이었다. '지금 여기에 있는 여자'에서 출발한다는 것은 자신 내부에 매니큐어와 혁명 이론을 함께 있도록 한 자신을 응시하는 것에서 출발한다.

한 인간 속에는 서로 모순하는 속내가 항상 함께 있고, 그 두 가지 모습을 합한 것이 '여기에 있는 여자'의 존재이다. 여자에서 여자들로 향하겠다는 연대의 마음도 진짜 마음이고, 툭하면 여자들을 외면하고 싶은 것도 속내이다. 여성해방은 언제나 이 두 가지 속내에서 출발한다. 그 두 가지 사이에 있으면서 '엉망인 상태'로 출발한다. '여기에 있는 여자'는 두 가지 속내 사이에서 흐트러진 현재 모습 가운데, 바로 여자가 살아가기 힘든 역사 속에서 다양하게 휘어지고 꺾이고 만다. 그렇게 본래 여자의 모습과 달라질 수밖에 없었다. 분명 살아 있는 여자는 온기를 품고 있다. 엉망이고 볼품없는 여자의 모습이야말로 '여기에 있는 여자'가 틀림없이 지금까지 살았고 살고 있다는 증거이다.

"침대 속까지 베트남 전쟁이 들어왔다." 이 말은 아마 고다르Jean-Luc Godard 감독의 영화에서 나온 말일 텐데, 그런 재치 있는 말을 알게 되고 나서, 현 시대를 표현하는 본질적인 말을 찾던 시기가 내게도 한때 있었다. 그런데 그런 말로 현상을 인식하는 것은 가능하지만, 아무리 봐도 딱 들어맞는 것 같지는 않았다. 아무래도 좀 부족한 느낌이었다. 이렇게 너무 세련된 표현을 보면, 내 마음속 '지금 여기에 있는 여자'가 걸렸다. 나는 혼자서 살짝 중얼거렸다. '남자와 잘 때에는, 베트남전이든 오키나와든 억압 민족이든 나발이든 내 알 바 아니다!'

'지금 여기에 있는 여자'로서 나는 속내에서는 내 오르가슴과 베트남을 같은 시간에 공유할 수 없었다. 그러나 그렇다고 해서 내가 하는 베트남 반전운동이 거짓은 아니라고 생각했다. 물론 베트남 반전운동 가운데 등장한 "인간의 삶이란 무엇인가?"라는 물음의 연장선상에서 여성해방운동이 태어난 이상, 여자와 남자의 관계 속에도 분명 베트남이 영향을 주고 있을 것이라는 점은 새삼 생각해 봐도 사실이었다. 하지만 "침대 속까지 베트남 전쟁이 들어왔다." 같은 말을 들으면 마치 한 세트처럼 '남자와 잘 때에는 베트남이고 나발이고 내 알 바 아니지.' 하는 생각이 들기 시작해 내가 베트남전을 어떻게 보는지 그 속내를 드러내게끔 했다.

그런데 예전에 집회에 가면 자기는 24시간 내내 반전과 평화를 생각한다는 표정을 지은 사람들이 줄지어 있었다. 그래서 나도 피상적인 속내를 택해 침대 속에서도 베트남 전쟁을 운운하는 사람과 가까워졌고, 심각한 표정을 짓고서 그 대열에 끼었다. 하지만 그런 나의 모습에 줄곧 불편함을 느꼈고, 여성해방운동을 만나고서 겨우 '지금 여기 있는 여자'로서 베트남과 만날 수 있게 됐다.

꼴불견이며 당치도 않은 모순투성이인 나로부터 출발하는 일은 즐거운 일이다. 반면, 그런 자신을 말로 다 표현하는 작업은 힘들다. 베트남전을 반대하는 마음을 공유할 수는 있어도 자기 오르가슴을 공유할 수는 없으니까. 인간들이 각자 모순되는 두 가지 속내로 이어져 있다는 것은 뭘 뜻할까?

거울 앞에 앉아서 립스틱을 바르는 나에게 '여성해방운동을 하면서 화장을 하다니.' 하며 비난하는 것 같은 말이 난데없이 들린다. 남자가 야유하는 시선뿐만 아니라 여자가 차갑게 째려보는 시선이 내 등에 쫙 달라붙는다. 여성해방운동을 하면 청바지에 노브라, 맨얼굴이라는 이미지가 어느새 만들어져 통용되니 립스틱 바르고 눈썹만 그려도 그

때마다 나는 마치 '세상을 향해 거짓말을 하는 것 같은' 스스로를 의식하게 됐다.

대체 누가 만든 이미지인가 싶어 찾아보니, 아무래도 '맨얼굴=혁명적'이라는 고릿적 단순한 이론이 지금껏 그럴싸하게 퍼진 것 같다. 맨얼굴이라도 그걸 충분히 자기 긍정의 기반으로 삼을 수 있는 젊은 여자들이 자신의 맨얼굴에 대한 자신감의 연장선상에서 '맨얼굴=혁명적'이라는 논리를 갖고 와서 그 부분에서만 자신의 혁명성을 과시하려 한다. 더군다나 그런 여자들의 비난 섞인 눈초리에서 '나는 화장하면 좀 더 예쁘거든.' 하고 생각하는 모습을 찾아볼 수 있다. 나는 그렇게 자신은 문제시하지 않는 모습이 참 싫다.

그런 건 눈에 띄지 않는 작은 억압이다. 대놓고는 아무도 뭐라고 하지 않는다. 왠지 모르게 그렇게 생각한다. 그런데 그 '왠지 모르게'가 심상치 않다. '왠지 모르게' 하다 보면, '왠지 모르게' 서로 통하고, '왠지 모르게' 서로에게 너그럽지 못하고 쩨쩨한 동료 의식을 부채질한다. '왠지 모르지만 두껍게 화장한 여자는 할 수 없는 게 혁명적인 여성해방운동이야!'라는 논리가 만들어진다. 나는 그런 억압을 농담 반 진담 반으로 걱정하고 있는데, 내 마음속 깊은 곳에서는 사실 두꺼운 화장도 남자에게 꼬리를 흔드는 것이고 맨얼굴도 마찬가지라고, 여자의 역사성을 감안하면서 그러는 것이다. 그래서 '맨얼굴로 시작하든 두꺼운 화장으로 시작하든 어차피 큰 차이가 없지 않나?' 하고 정색을 하고 되묻게 된다.

아저씨는 산으로 풀 베러 가고, 아줌마는 냇가로 빨래하러 가고 하는 식의 남녀의 고정화된 분업이야말로 성차별을 낳고 키우는 원흉이다. 성별 분업은 '남자는 산으로 여자는 냇가로 **가야 한다**'고 강제성을 만들어서 유지하는 것이다. 산으로 간다는 뜻은 사회로 나간다는 것,

냇가로 간다는 뜻은 집에 있는다는 것이다. 즉 남자가 살아갈 곳은 '사회'이고 여자가 살아갈 곳은 '남자'이며, 각자 그 존재를 증명하는 논리가 남녀의 고정화된 분업을 통해 만들어졌다. 그것이 긴 역사 속에서 공들여서 교묘하게 구조화되어 왔다. 남자 노예는 노동력 상품으로 여자 노예는 생식 상품으로, 각자 효율 좋게 잘 쓰이기 위해 남자와 여자의 존재를 증명하는 방식의 차이를 만든 것이다.

'남자다움', '여자다움'은 남자와 여자가 각기 지켜야 할 본분이고, 그게 자연스럽다고 하는 사람들이 있다. 말 같지 않은 소리다. 살아 있는 인간이라면 누구나 냇가에도 가고 싶고 산에도 가고 싶다. 그런 두 가지 마음이 있어서, 인간이 자연스러운 것이다. 그런데도 산에 가야 하는 남자는, 그것도 여자보다 한 걸음 앞서서 걸어야 **하고**, 냇가에 가야 하는 여자는 남자보다 한 걸음 뒤쳐져 걸어야 **한다**. '남자다움, 여자다움'은 사람이 지켜야 할 자연스런 본분이 아니다. 그 부자연스러움이 강박관념으로 변해 남자와 여자는 각자 강제로 '훌륭한 남자', '바보 같은 여자' 역할을 해야 한다. '훌륭한 남자'가 되어야 할 남자는 끊임없이 체면 차리기에 시달리고 '바보같은 여자'가 되어야 할 여자는 끊임없이 존재의 상실감에 시달린다.

그러나 남자나 여자나 둘 다 강제성에 시달리며 사는 인생이라고 해도, 여자가 훨씬 불리하다. 여자의 열등함을 증명한답시고 심심치 않게 하는 말이 "여자 중에는 예술가가 적다"는 소리다. 그런데 남자는 뭔가를 만듦으로써 인정을 받는 인생을 살고, 여자는 타고난 것으로 가치매김을 당하는 인생이다. 이 차이를 고려하지 않고서 여자의 열등함을 논할 수 없다. "백치미, 바보 같은 여자가 더 이쁘다."라고 할 때도, 여자가 진짜로 백치여서는 안 되고 남자보다 덜 영리하되, 아이를 낳아 좋은 머리를 유전으로 물려줄 정도로는 영리해야 한다. 현모양처라는 말이 그런 뜻이다. 즉 여자는 정도껏 바보 같아야 하고 정도껏 영리해야 한다는 것이다. 원래 인간은 정도껏 바보 같고 정도껏 영리하니까 원래 아름다운 용모를 갖고 있는 여자가 필연적으로 더 대우를 받는다. 아이는 바보도 아니고 천재도 아닌 그냥 '아이'로 태어난다.

여자가 화장에 열을 내는 것은 그것이 노력하지 않고도 출세하는 길로 이어지기 때문이다. '여자는 여자답게'라는 말은 여자라는 존재가 그 용모를 손질하고 윤을 낸다면, 머리는 태어났을 때 붙어 있는 머리카락 정도만 있어도 괜찮다는 뜻이다. 종종 "남자는 사실 예쁜 여자보다 착하고 귀여운 여자를 좋아한다"는 말을 듣곤 한다. 그런 말을 믿고 **귀여운** 여자가 되려면 바보 같은 척하면서 남자 체면을 지켜 줘야 한다. 남자가 찾는 여자의 주요한 부분이니까. 앞서 썼지만 자신을 바보라고 생각하지 않는 여자만 '바보 같은 척'을 할 수 있다. 그러니까 그런 연기는 남자를 멸시하고서 이를 그대로 뒤집을 수 있어야 할 수 있는 것이다. '바보 같은 척'을 할 수 있는 여자는 남자 눈에 비친 자신을 긍정할 수 있는 여자이다.

호스티스로 일할 때, 호스티스로서 갖춰야 할 첫 번째 소양이 남자에게 어떻게 교태를 부릴지가 아니라, 여자 동료들끼리 어떻게 경쟁하는지 그 방법을 알아야 한다는 것임을 알게 됐다. 호스티스가 화장을 진하게 하는 이유는 남자보다 여자를 의식해서이다. 그러니까 남자 눈에 비친 자신을 긍정하려면 '다른 여자보다 내가 절대로 예쁘다'고 확신해야 한다. 그런 확신이 있어야 남자에게 '바보 같은 여자'인 척 연기할 수 있고, 또 그런 연기도 당당하게 할 수 있다. 남자를 얻는 길은 여자와 경쟁하는 길이라는 소리다.

증거를 들자면 호스티스로 가장 잘나가고 손님한테 인기 순위가 톱인 여자는 절대적으로 자신을 긍정하고 있으므로, 다른 여자들과 시기나 미움으로 갈등할 일이 거의 없다. 더 못 나가면 못 나갈수록, 인기 순위가 하위로 내려가면 내려갈수록 여자들끼리 으르렁댄다. 이를테면 '부자는 싸울 일이 없다'는 식인데, 가장 잘 나가는 호스티스의 안정된 모습은 그 예쁜 용모를 더 돋보이게 하나, 못 나가는 호스티스의 음울함과 비참함은 더 깊어진다.

세상의 평판과 달리 여성해방운동에 참여하는 여자들은 용모가 평범하다. 타고난 용모로 여자들을 차별하고 분열하게끔 하는 이 사회를 보면서 이 사회가 여자들에게 가하는 억압의 본질을 깨닫는다. 또우리 운동이 '용모가 못났다'고 여겨지는 여자들에게 도달한다는 목표점에 아직 이르지 못했음을 새삼 알게 된다.

호스티스를 생업으로 하면서 나는 말을 못하게 됐다. 있는 힘껏 서랍을 열었는데 조금만 더 손에 힘을 주면 서랍이 와르르 쏟아질 것만 같은 모양새였다. 그렇게 위태롭게 나는 표류했다. 개인사 때문에 필연적으로 거기에 **있을** 수밖에 없는 이들은 자신을 잠시 둘 것으로 설정한 이들이 걸치고 있는 가벼운 차림새를 꿰뚫어볼 수 있다. 그렇다고해서 새삼 호스티스를 포기할 정도로 나는 어수룩하지도 않았지만, 호스티스로 일하며 단지 노예 같다든지 짐승(암컷) 대우를 받고 있는 것같다는 식의 말로는 부족할 정도였다. '그야말로 내 성기를 내내 **드러낸 채**로 돈을 버는 것 같다'고, 그렇게 굴욕감을 느꼈다. 나는 계속 비명을 질러댔다.

'정 먹고살기 힘들면 물장사라도 하면 되지.' 하고 호언장담하면서도 결코 물장사에 뛰어들지 않고 주부라는 이름으로 살아가는 암컷의그 동물적 직감이 옳다고 나는 새삼 절절히 느꼈다. 주부와 호스티스는 암컷으로 성기를 **드러낸 채** 살아가야 하는 모양새는 다를 바 없지만, 그래도 쭉 아무 것도 걸치지 않은 채 있을지 아니면 베일 한 장이라도 걸칠 수 있는지, 그 차이는 컸다. 그런데 내가 무엇보다 괴로웠던 것은 "호스티스를 사흘 하면 이제 못 그만둔다"면서 그만큼 편하게 돈을 벌 수 있다고 하는 식의 말의 이면에서, 실은 암컷들이 서로를 발기발기 찢고 찢기는 가운데 살아가면서 흘리는 피를 똑똑히 본 것이었다. 나는 남자가 아닌 호스티스들에게 서비스를 했다. 나는 부탁받은 것도 아닌데 정리나 청소에 열을 냈고, 나서서 더러운 화장실을 치웠다. 왠지 내가 거기에 있는 것 자체가 미안한 마음이었다. 나는 긴장한 탓에 몸이 뻣뻣해져 주저앉을 정도였다. 나는 안절부절 못하면서도 그녀들이 내게 보이는 반감마저 다 끌어안고 싶을 정도로 마음의 여유를 느꼈는데, 그런 마음이 어딘가 거짓말 같기도 했다. 뭔가 이상하다 싶으면서도 스스로 막을 열었으니 아무리 어색해도 계속 연기하는 수밖에 없었다. 애초에 관객에게 박수받을 거라 기대는 하지 않았지만, 만약 호스티스를 갑자기 그만둔다면 그 자리에서 털썩 쓰러질 것만 같았다. 그래서 나는 호스티스를 계속했을 뿐이다.

나는 내 뒷모습에서 요령 없는 호스티스가 분가루가 주름을 파고드는 가운데 변두리로 또 그보다 더한 변두리로 흘러 들어가는 모습을 보는 것 같았다. 나 한 사람 살기도 힘든데 남의 어려움마저 떠안고 사는, 마냥 사람 좋은 호스티스는 남자 한 사람 낚지 못했다. 호스티스로 일한 햇수가 늘면 늘수록 빚이 늘어나고 상처를 입은 후에는 젊은 호스티스에게 비웃음을 당하며 살아간다.

나는 이미 그런 비웃음 소리를 들었다. 나는 손님을 피해 달아나서 숨은 화장실 거울 속에서 호스티스도 되지 못하고, 주부도 되지 못하는 쓸모없는 암컷, 그런 암컷의 모습을 봤다.

지금 아픈 사람에게는 다른 사람을 껴안아 줄 여유가 당연히 없다. 나는 내가 다른 호스티스들에게 여유로운 모습을 보여 준 까닭을 그간 내가 중산층으로 살며 취한 그 가벼운 삶에서 찾고자 했다. 하지만 전에 어떠했든, 삶이란 언제나 현재가 문제다. 중산층으로 태어나 죽지도 살지도 못하고 목적 없이 살던 한 여자가 이제 겨우 여자들을 반쯤 죽여 놓는 그 아픔을 아프다고 느낄 수 있게 된 후에야 여성해방을 만난 것이다. 다른 호스티스가 자기 인생사에서 어떤 필연성으로 인해 유흥업소에 자기 몸을 둔 것처럼, 나는 나대로 내 개인사의 필연성으로 여성해방을 만났다.

물론 그런 필연성이 같은 상태에서 나온 것은 아니다. 그러나 호스티스라는 직업을 선택할 수 있는 나와, 선택이고 자시고 할 수 없이 호스티스를 하는 여자들을 비교해 내 삶의 경박함이 잘못됐다고 하고 싶지는 않다. 내가 호스티스를 선택할 수 있었던 만큼 중산층 가정에서 태어난 점도 우연이라고밖에 할 수 없다. 그래서 내가 엉망이 된 상태로 호스티스를 하는 모습을 우연히 그런 것일 뿐이라고 부정한다면 나 자신의 존재 자체를 부정하는 꼴이다. 나는 애초에 중산층이 얼마나 경박하고 얼마나 안일한지 충분히 알고 있었기에 그런 중산층의 삶의 가벼움에 대해 진지하게 물으며 앞으로 나아가려고 한다. '지금 여기에 있는 여자'인 내 스스로의 모습을 부정한다면 나를 나아갈 수 있도록 하는 행운의 기회는 없다.

다른 호스티스를 안아 주고 싶은 나의 여유로운 모습은 실은 내가 패배자인 것을 위장한 것에 지나지 않았다. 호스티스 일이라는 게 다른 여자와 나를 쉼 없이 비교하고 그런 비교를 통해 확고히 자신을 긍정해야 할 수 있는 직업인데도, 나는 처음부터 백기를 들고 등장한 것이다. 그것은 두 가지 속내가 있었기 때문이다. 첫째 여성해방운동을 하면서 여자끼리 서로 찢고 찢기는 데서 오는 아픔, 그 비참함을 알았기 때문이다. 또 하나의 이유는 옛날부터 내가 다른 여자와 경쟁하는 것에 두려움을 느꼈기 때문이다. 내가 경쟁할 여자는 나보다 예쁜 여자였다. 그런 여자를 지나갈 때 보면 나는 항상 싸우기도 전에 꼬리를 내린 개처럼 살금살금 도망갔다. 구석에 숨어서 미워하거나 겁을 냈고, 꼼짝 않고 그런 마음을 견디면서 그저 예쁜 여자가 빨리 내 곁을 지나가기만 기다렸다.

여성해방운동 집회에서 얼굴에 멍처럼 보이는 반점이 난 한 여자가 "앞으로는 화장을 지우고 맨얼굴로 살겠어요."라고 발언하자 나는 씩씩함이랄까 그 열심인 모습에 압도되면서도 나도 모르게 "그러지 마요!"라고 외치고 싶은 심정이 되었다. 그녀가 이제 맨얼굴로 다니겠다는 것은 내내 얼굴만 생각하면서 응달에 있는 콩나물처럼 지냈던 생활과 결별하고, 백일하에 자신의 얼굴을 드러내고 새로운 세계와 나를 찾겠다는 그 의지를 담은 말일 터이다. 반점 때문에 어릴 적 학예회 때 마법사 역할을 맡아야 했던 일, 그런 경험을 몇 차례나 한 그녀가 화장을 지우고 맨얼굴로 다니는 순간이 혁명이다. "그러지 마요!"라고 외치고 싶었던 것은 나만 뒤처져 남을 것만 같은 예감, 두려움 때문이었다.

만약 내가 남자인데 안아 보고 싶은 마음이 들지 않는 여자를 길에서 만난다면, 무의식중에 그 여자를 외면할 것 같다. 그러면서 내가 그 여자가 아니라서 다행이라 생각한다. 그러나 정작 내가 그 여자를 보고 눈길을 돌리는 순간, 낯선 누군가가 나를 보고 시선을 돌리는 모습이 보인다. 예쁜 여자를 보고 위협당한 듯 느끼는 이 패배자 여자는 자기와 비등비등한 여자를 만나면 안도하고, 자기보다 불리한 여자를 만나면 눈길을 돌린다. 외면하면서도 내가 외면한 여자의 모습 가운데에서 나를 본다. "이제 점은 신경 안 쓰고, 맨얼굴로 다닐 거예요."라고 말하는 여자의 발언에 위협당한 듯 느낀 나는 내 분신이 또 다른 나를 해방해 나가는 모습을 보면서 뒤처져 남겨질 자신을 예감한다. 사람들에게서 외면당하기만 할 뿐 이제 내가 외면할 대상을 잃어버릴까 봐 두려워하는 것이다.

여자에 대한 애정과 두려움—남자를 사이에 두고 서로 미워해 온 여자들의 삶의 어려움을 두고 공감하면서도, 나 자신은 될 수 있으면 그런 역사성과 역사성에 바탕을 둔 현재와 결별하고 상처받지 않고 깔끔하게 살고 싶다는 생각을 한다. 이런 두 가지 속내가 있어서 나는 호스티스 생활이 얼마나 괴로운 것인지 탄식하면서도 다른 호스티스들을 끌어안고 싶어 하는 거짓부렁 같은 모습에 이르게 되었던 것이다.

나는 여성해방운동을 하면 여자에서 여자들로 연대하는 식으로 존재를 증명할 수 있을 것 같았고, 그런 예감이 들어 기뻤고, 그 기쁨으로 할 수만 있다면 평온하게 살고 싶다고 기대했다. 그런 나의 안일하고 어설픈 생각이 바로 내가 엉망인 까닭이었다. 너무나 오랜 세월 여자들이 서로 갈등하게끔 만든 역사가 있었기에, 같은 목적을 갖고 서로 신뢰할 수 있는 여자끼리면 또 몰라도, 한 걸음 더 세상 밖으로 내디더 보았을 때 여자끼리 관계는 당연히 황폐하고 서늘했다. 그런 황량한 관계를 예상했기에 나는 호스티스 생활을 할 적에 얼른 꼬리를 내리고서 다른 호스티스에게 봉사하는 역할을 한 것이다. 그런데 내가 머릿속으로 계산해서 그런 역할을 한 것은 결코 아니다. 암컷에서 여자로, 또 여자에서 여자들로 향하는 가운데 나 자신을 찾을 가능성이 있음을 알게 됐기 때문에, 괴로움이 한층 더한 호스티스 생업으로 나를 몰았다. 나의 엉망인 모습은 그렇게 궁지에 몰린 끝에 나온 우스꽝스럽고도 필사적인 몸짓이었다. 누군가가 날 벽에 바짝 붙여 놓고서 때리는데, 옆으로 고개를 돌리는 것만 할 수 있는 정도로 궁지에 몰려서 오로지 '이제 난 고개를 돌리면 끝'이라는 그런 생각만 든다고 치자. 그런 생각으로 난 호스티스에게 서비스를 하는 호스티스인 자신을 낳았다.

물론 '먹고살기 힘들면 물장사하면 되지.' 하며 내 속에 둥지를 튼 오만함의 정체를 분간하려고 시작한 일이기도 했다. 노예로서 '아직 암컷으로 살아갈 수 있다. 고생하지 않고 꿀을 빨고 싶다.' 하면서 살아온 자의 그 구제할 길 없는 어리석음이 당연히 초래한 결과였다. 나는 긍정도 부정도 하지 않고서 마구 매 맞은 자가 느끼는 그런 아픔 속에서 내 자신의 '현재'를 알게 됐다.

나는 다시금 호스티스를 하려고 한다. '먹고살기 힘들면 물장사라도 해야지.' 하고 생각하는 그 안일함을 날려 버린 후에는 대체 무엇이 보일까? 이제는 다른 호스티스한테 한 번 세차게 얻어맞아도 되갚음하는 내가 되고 싶다. 상대가 살아가는 모습을 내가 살아가는 모습으로 마주하는 길 말고 달리 제대로 만날 방법은 없으니까.

도쿄대학에서 투쟁이 한창일 때 '연대를 구하되 고립을 두려워하지 마라'는 멋진 슬로건이 등장했다. 이 말을 내 식으로 고쳐 보면 '남이 나를 알아줬으면 싶은 마음은 걸인의 마음'이라는 것이다. 모순된 두 가지 속내를 가진 채 그 속에서 엉망인 채로 살아갈 수밖에 없는 우리 여자들. 여자끼리 있다고 해서 여자들만 같이한다고 해서 처음부터 평온할 것을 목표로 삼지는 말자. 그렇게 될 수가 없다.

'만남'이란 먼저 자기 자신과 만나야 하는 문제이므로, 자기 자신조차 어째서 자기가 그렇게 된 것인지 모르는 그 엉망인 상태를 스스로 정면으로 마주해야 한다. 내 진짜 속내를 알아가는 가운데 나 자신의 '현재'를, 스스로의 삶의 방식을 선명하게 할 수 있을 테니까. 걸핏하면 남을 믿고 남에게 기대서 편히 꿀을 빨고 싶어 하는 노예의 그림자가 스치는 당신과 나이기에, 서로에게 그 모습을 일러 줄 수 있지 않겠는가? '알아줬으면 하는 마음은 걸인의 마음'이라고. 여자가 여자들로 향할 만남은 여기서 시작한다.

소변이 급해 신주쿠역 근처 빌딩 화장실에 뛰어 들어간 적이 있었다. 한 여자가 화장실에서 청소하던 아주머니한테 "휴지가 떨어졌는데 새로 넣을 휴지가 있나요?"라고 물었다. 아주머니는 답하지 않고서 목소리를 높여 자기와 같이 있던 동료들한테 말하기 시작했다. "아니, 젊은 여자가 휴지 한 장 안 넣고 다니다니, 안 창피하나?" 그러고 나서 아무래도 요새는 칠칠치 못한 여자들이 많다고 장황하게 들먹였다. 아무리 여자답게 행동해도 무시할 것 같은 늙은 암컷은 젊은 여자를 들볶는 데서 음울하고 사소한 기쁨을 찾는다. 난 듣기가 참 괴로워 수도꼭지를 틀면서 "누구든 휴지를 깜빡할 때가 있어요. 그렇게 심하게 말할 필요는 없잖아요."라고 반론했다. 아주머니는 "그렇게 말하면 시집을 못 가."라고 협박조로 날 핀잔했다.

이렇듯 일상에서 일어나는 작은 일로 여자는 위협을 받는다. 종종 "난 살면서 딱히 내가 여자라서 불편하다거나 불리하다고 느낀 적 없어요."라고 말하는 여자들이 있다. 외부에서 여자라면 **냇가에 빨래하러 가야 한다고** 강요하여 '여자다움'이 여자의 무의식 영역을 조작한다. 여자들 가운데서도 어느새 자기도 모르게 제 발로 냇가로 **가 버린** 여자들을 만들어 내기 때문에 성차별과 같은 마법을 풀기가 어렵다. 의식 영역에서는 여성해방에 찬성하는데, 무의식 영역에서는 여성해방에 반기를 들기 때문에 두 가지 속내 사이에서 엉망진창이 된 '지금 여기에 있는 여자'가 있다. 싫어도 우리는 신문을 읽는 여자보다는 휴지를 갖고 다니는 것을 깜빡하지 않는 여자가 더 잘 팔린다는 인식을 갖고 있다. 주로 인간관계를 통해 나비가 날아갈 길을 훼방 놓는 거미줄을 친다. 직장에서, 학교에서, 목욕탕에서, 전철에서…… 그리고 화장실에서 일어난 사건처럼 "여자는 휴지를 갖고 다녀야지." 하는 논리가 여자 속에서 피가 되고 살이 되었다. 자기도 모르는 새 부자연스러운 모습이 피가 되고 살이 되어, 여자는 그런 논리로 살아가게 된다. 그리고 표면적 논리를 내세우는 여자의 마음과 지금 여기에 살아 있는 여자의 마음이 상극으로 끊임없이 갈등을 일으키고, 그 균열에서 강박관념이 나온다.

중년이 지난 청소부가 힐난하자, 순간 화장실이 쥐 죽은 듯 조용했다. 그런 사건 가운데 "휴지를 깜빡하는 날도 있다"고 말하는 '지금 여기 살아 있는' 여자의 속내와 '화장실에 갈 때 휴지를 깜빡하는 건 여자 행실에 어긋나며 여자는 여자답게 살아야 한다'는 논리에서 나온 여자의 속내로 생긴 균열을 바라본다. 또 내 모습이 혹여 비난당하지 않을까 떨고 있는 여자들의 침묵을 본다.

여자가 입말을 할 때, 즉 속내에서 나온 자신을 말할 때, 말과 말 사이에서 빠져 없어진 것이 있다. 바로 화장실 사건에서 일어난 것과 같은 침묵이다. 그곳에는 '여기에 있는 여자'의 현재 전부가 있다. 그렇다면 여자의 입말은 말과 말 사이에서 빠져 버린 것을 표현하고자 하는 말이 될 것이며, 그것은 항상 살아 있는 '지금 여기에 있는 여자'의 삶의 어려움, 그 아픔에서 출발할 수밖에 없다. 여자의 말은 지금 아파하고 있는 이의 말에서 출발한다.

신좌익 운동의 한 정파 소속으로 학생운동을 하던 남자한테 전화를 했다. 일 년 만에 전화를 건 터라 어쩌면 남자가 전에 살던 부모 집에서 독립했기 때문에 통화할 수 없을지도 모르겠다고 각오를 했는데, 그 남자는 여태 부모 집에 살고 있었다. 난 좀 놀랐다. 그 남자가 여태 부모 집에 기생해서 살고 있다는 것을 알아서였다. 세끼를 공짜로 주니까 있기 편한 것이다. 놀란 마음을 그대로 드러내며 난 그 남자한테 "전에 운동을 하는 대학생들은 대학생이라고 우대를 받으니 믿을 수가 없다던 사람이 있었지. 그런 말을 들어도 하는 수 없지 않아?"라고 물었다. 원래 흥분을 잘하는 그 남자는 "뭐? 그럼 넌 학생하고 노동자 연대를 어떻게 할 생각인데?"라고 했다. 참 생각이 다르다는 생각이 들어서 순간 나는 어안이 벙벙했다. 그런 일이 있기 얼마 전에도 다른 남자한테 비슷한 물음을 던진 적이 있었다. 그 남자도 "난 이제 학생이 아니라서 우대를 받지 않아!"라고 위압적으로 나와서 나도 모르게 그 남자의 얼굴을 빤히 쳐다봤다. 또 어떤 남자한테 한 말인지 잊어버렸지만 언젠가 나는 "남자는 말이야, 내세울 논리가 많아서 약삭빠르게 핑계 댈 수가 있겠다. 그런 식으로 자기 자신을 찾으려고 한다면 광기 같은 게 나올 리가 없겠다."라고 한 적이 있었다. 그 말을 들은 남자가 쇼펜하우어가 이렇게 말했다, 저렇게 말했다 하면서 한바탕하더니 결국 "니체처럼 이야기를 한다면, 네가 남자들한테서는 광기가 나올 수가 없다고 운운한 그런 주장은 부정할 수 있어."라고 하는 바람에 말문이 막히고 말았다.

나는 학생 우대와 반체제 운동의 관련성이 투쟁 즉 삶의 방식을 어떻게 할 것인가 하는 문제로 이어진다고 봤기 때문에 질문한 것이었다. 니체를 들먹이는 남자를 포함해 남자라는 생물이 어떤 문제를 자신의 문제로 끌어와서 이야기하려고 하지 않는 이유는 남자가 갖게 된 말과 깊은 연관이 있다. 아픔을 아프다고 느끼거나 알 수 없는 남자가 하는 말은 피상적인 말이고, 나 자신에 대한 말이 아니라 자신의 체면을 지키는 말이며, 남을 가르칠 것을 목적으로 하는 계몽하는 말이다. 그런 까닭에 남자의 말은 남을 지배하는 것을 가능하게 하는 말이기도 하다.

아픔을 갖지 못한 남자의 속내, 또는 속내라고 하는 것들은 항상 '애인(첩)을 두는 게 남자의 능력'이라는 논리의 연장선에서 헤매고 있다. 남자의 속내는 사회에서 자기 자신을 찾으려고 해 봤지만 찾지 못한 낙오자의 푸념에 가까워서 아주 뻔뻔하거나 꼴불견이다. 그래서 남자는 아무래도 남에게 자기 진짜 속내를 보이기를 꺼리게 되고, 자신을 표면적인 논리로 만들 것을 목표로 삼게 된다. 즉 사회가 인정만 해 준다면야 한 마리 경주마로 채찍질당하며 살아도 자신의 아픔 따위는 아무런 문제가 되지 않는다. 그래서 낙오자가 된 아픔도 기껏해야 체면 문제 정도로만 여기고 마는 것이다.

남자의 속내를 참고 들어 주기가 어려운 이유는 그게 남자다움의 기준에서 벗어나서가 아니라, 남자답게 되고 싶은데 될 수 없는 남자의 그저 그런 푸념이기 때문이다. 이런 남자의 모습은 다른 여자들과 경쟁하는 가운데 자신을 찾으려는 여자의 모습, 또 남자에게 자신의 여자다움을 인정받지 못하는 데서 오는 불만을 그대로 뒤집어 "지금 사회가 이렇고 남자가 저렇고 하는 게 불만이라서 여성운동을 하기는 하고 있지만, 좋은 남자가 나타나면 그때에는 운동을 그만두겠다"고 하는 여자들의 모습과 닮았다.

불만이라 이름 붙인 것들에서 느끼는 비참함은 출구가 없이 헛돌기만 하는 비참함이다. 그런데 암컷은 남자라는 구체적 존재를 향해 자신을 증명해야 하므로 남자의 비참함을 통해 사회와 나 자신의 비참함을 알 수 있다. 반면 사회라는 총체적이고 추상적인 대상에 자신을 증명해야 하는 수컷은 사회의 비참함도 자신의 비참함도 알 수가 없다. 그래서 출구 없이 헛도는 수컷은 암컷보다 참담하다.

앙드레 모로아André Maurois는 남자가 엉망인 모습, 즉 남자의 진짜 속내를 이런 미사여구로 정리했다. "모든 위대한 연애에는 모성애가 있다. 여자다운 여자가 남자의 강함을 사랑하는 이유는 남자가 약하다는 것을 알아서이다." 앙드레 모로아가 한 말은, 어둠 속에 있는 자가 빛 속에 있는 자보다 만사를 잘 알기 때문에 여자가 빛을 쬐고 있는 것처럼 보이지만 실제로는 헛돌고 있는 남자의 고뇌를 안아 주고 위로해 줬으면 한다는 것이다.

그러나 문제는 남자가 아니라, 여자라는 성의 주체인 우리이다. 항상 그렇다. 나는 맨얼굴을 뽐내는 여성해방운동가들한테서 자신의 지성과 교양을 모성애로 뭉뚱그려서 남자를 위해 헌신하는 고급 노예의 모습을 발견하고는 한다. 이제 세상이 복잡해져서 전처럼 여자가 남자의 분부대로 "예." 하면서 따르는 건 더 이상 유행이 아니다. 전보다 좀 더 건방지고 건방지게 된 만큼 경제적으로 자립해 있으면서 남자의 약함을 알고 그것을 채워 줄 만큼 현명한 여자가 요즘 기대되고 선망받는 여성상이 됐다. 그러니까 여성해방운동을 해도 남자한테 제법 인기가 있을 이유가 있게 됐다. 그러나 남자의 서랍에서 밀려나온 것을 받아들여 주는 한, 여자는 진한 화장을 하든지 맨얼굴을 하든지 남자를 향한 교태의 역사에서 벗어나려려야 벗어날 수가 없다. 뿐만 아니다. 맨얼굴을 한 여자가 뽐낼 수 있는 것은 진한 화장을 한 여자에 대한 경멸의 시선이 있기 때문이다.

마르크스든 로자 룩셈부르크[29]든, 좋은 남자가 나타날 때까지 임시방편으로 공부하는 것이면서도 그런 속내는 교묘히 감춰둔다. 겉으로는 남자에게 교태 부리지 않을 맨얼굴을 한 여자를 내세우나 실제로는 남자를 향해 교태를 부리는 역사성을 재생산하는 '말을 가진 여자'의 연장선에 우리 여성해방운동이, 여자가 있다. 그런 만큼 맨얼굴을 했다는 단지 그것만으로 얄팍한 긍지를 갖고서 여성해방운동을 한다고 뽐

---

29 1871~1919년. 폴란드 출생의 사회주의자로 독일공산당 창립자. 1870년 폴란드의 유대인 가정에서 태어나 소녀 시절부터 사회주의 운동에 참가했다. 취리히로 망명했다가 베를린에 살았다. 좌파 지도자로 활약했고 1918년 독일공산당을 창립했으나 이듬해 1919년 체포되어 살해당했다.

내지 말자. 남자한테 사랑받고 싶다는 생각을 우리 속에 없애지 못한 채 늘 가지고 있지 않은가. 남자를 제대로 만나고 싶은 것인지 남자한테 사랑받고 싶은 것인지 그 경계가 항상 구별이 안 되게 섞여 있다.

걸핏하면 "여성해방이 뭐냐?"고 묻는 남자들이 있는데, 남자들이 스스로 알았으면 하는 마음이 끓어오른다. 그렇기 때문에 나 자신은 그 질문을 외면할 수밖에 없다. 남자에게 평가받는 것이 가장 큰 자랑거리가 되어 버린 여자들의 역사성이, 입을 벌려 남자의 물음에 답하려는 모습이 내 속에도 보여서 나도 모르게 말문이 막히는 것이다. 내 안에서 혼자서 꿀을 빨고 싶어 하는 나를 보기 때문인데, 나는 한 번 남자를 외면하고서 출발할 수밖에 없었다. 남자를 외면하고, 말문이 막힌 채로 있는 나의 그런 '엉망인 상태'가 바로 내 현재이며, 내 '진짜 속내'이다. 즉 나는 그렇게 답하지 않는 상태로 여성해방이 여성해방인 까닭을 남자에게 알리고, 알릴 수밖에 없는 사람, '지금 여기에 있는 여자'인 것이다.

지금 바로 아픈 사람이 애초에 알기 쉽게 남에게 말해 줄 여유 따위는 없다. 하지만 이런 엉망인 상태야말로 우리의 말이며 우리의 생명 그 자체이다. 알아줄 사람은 알아줄 것이다. 그렇게밖에 말할 수가 없는 게 바로 우리의 말이다. 아픔을 원점으로 삼은 속내라는 존재가 하는 말이다. 우리의 '엉망인 상태'를 두고서 말해 달라고 요구하는 이에게 어차피 뭘 말해 준다 한들 통할 리 없다. 소통이란 말이 아니라 존재와 존재가 그 살아가는 모습을 통해 만나는 것이다. 영혼을 통하는 것이다.

'알기 쉬운 말'과 '제대로 만난다'는 것은 전혀 별개이다. 자기 속내를 딴 데다 두고 어디까지나 스스로 노예 우두머리로 있으려고 그 자리를 유지하면서 "여성해방이 뭡니까?"라고 묻는 남자들에게 나는 "알아줬으면 하는 마음은 걸인의 마음"이라고 중얼거린다. 그러고 나서 내 자신의 어둠은 내 자신의 것, 그 어둠 한가운데를 오직 달리고 달리는 중에 자매들이여, 우리는 먼저 나 자신과 만나야 한다, 여자의 진짜 속내를 두고 도망치는 '지금 여기에 있는 여자'를 만나야 한다라고 말한다.

진짜 나와 만나고 싶은 마음이란 여자에서 여자들에게로, 그러니까 한 여자가 여자들을 만나 연대하면서 여자인 나 자신을 찾으려는 마음이다. 또 여자로서 수컷이 아닌 '남자'를 만나고 싶은 마음이다. 그 마음 전부를 담아서 우리는 '알아줬으면 하는 마음은 걸인의 마음'이라고 쓴 민중의 깃발을 든다. 우리는 기도하는 마음으로 그 깃발이 펄럭이기를 응시한다. 여자와 남자, 베트남, 피차별 부락민, 오키나와, 피폭자들……. 그리고 그들과 만나고 싶은 나와 우리가 여기에 있다.

그냥 사는 것만으로도 어려운 세상이다. 맨얼굴이 조금이라도 자기 긍정의 기반이 된다면 맨얼굴로 다니면 된다. 맨얼굴로 다니는 게 좀 더 살기 힘들다고 느껴지면 화장을 하면 된다. 화장을 하는 것 정도로 없어질 삶의 어려움은 어디에도 없을 것이라는 점만 알면 된다. 그래도 화장하는 게 맨얼굴보다 산뜻한 기분이 든다면 하면 된다. '알아줬으면 하는 마음은 걸인의 마음'이라는 깃발만 분명하게 들고 나갈 수 있다면, 그 속에 여성해방의 생명이 있다. 맨얼굴이든 화장이든 그런 건 아무래도 그만이다. 맨얼굴인 내가 혹은 화장하는 내가 '지금 여기에 있는 여자'의 모순이고, 맨얼굴도 두꺼운 화장도 교태라는 여자의 역사성을 아는 게 중요하다.

내가 몸에 짊어질 수밖에 없는 여자의 역사성, 그 어둠을 확실히 내 것으로 등에 업고서, '알아줬으면 하는 마음은 걸인의 마음'이라고 하며 스스로를 내치고, 여자를 내치고, 남자를 내치고, 세상을 내치자.

그리고 거기서 다시 자신을, 여자를, 남자를 되찾아 오자! 나를, 여자를, 남자를 제대로 만날 수 있어야 하지 않겠는가!

　　남의 말을 듣는 주체로, 내 자신이 어떤지 따져 보지도 않고 남에게 오직 '알아듣기 쉽게, 이해하기 쉽게 말해 달라'고 요구하는 마음. 그 이면에는 운동가라면 무릇 한겨울에도 부채를 들고서 남의 마음에 불씨를 지피는 게 당연하다고 보는 상식 같은 게 있다. 내가 남에게 계몽당하여 움직이는 것과 체제의 가치관을 위해 자신을 바치는 것 둘 다 도긴개긴이다. 스스로에게서 그 가능성을 찾으려 하지 않는 이는 피상적인 논리를 위해 아주 쉽게 자신을 팔아넘기게 될 것이다. 남에게 확실히 알려 줘야겠다고 하는 마음도 걸인의 마음이니까.

II

개인사

처음부터 **왜** 그랬는지 모른다.

그렇게 되어 있을 뿐이다.

그렇다면, 그것을

그대로 믿는다면, **왜** 처음부터 그렇게 되어 있던 것인지

어렴풋하게나마 이해할 수 있을지도 모른다.

로렌스 반 데르 포스트Laurens Jan van der Post
《수렵민의 마음The Heart of the Hunter》[1]

1. 나의 원체험原体験[2]

원풍경原風景이라는 말을 최근에 알게 됐다. 원풍경이란 자기 삶의
방식이 처음 출발했을 때와 관련이 깊은 이미지라 한다. 몇 년 전부터
내가 스스로를 생각할 때 언제나 떠오르는 풍경이 있다. 한겨울 귀가
얼 것만 같은 추위 속에서 걷던 중에 올려다본 나무와 나뭇가지. 찬 공

---

1   [옮긴이] 1906~1996년. 남아프리카공화국의 작가. 《수렵민의 마음》(1961년)은 로
렌스 반 데르 포스트가 칼 융에게 바친 작품이다. 아프리카 최초의 부족으로 수렵채
집 생활을 하기 때문에 야만적이라고 여겨지지만, 사냥이나 채집 활동으로 그날 먹을
만큼의 양 이상을 들고 오는 법이 없고, 짐승들을 절대 유희용 사냥 대상으로는 삼지
않는다는 불문율을 지키며 자연으로부터 부를 독점하지 않고 살아가는 부시맨의 정
신성을 주제로 했다.

    일본 최초로 아동에 대한 성적 학대 경험담을 다룬 Ⅱ장 개인사에서 서술에 들어가
기에 앞서 왜 이 구절을 넣었는지 옮긴이가 묻자, 저자는 당시에도 무수히 많던 성폭
력 피해자들과 자신의 물음을 공유하고 싶었고, 또 성폭력 피해 또는 감당하기 어려
운 인생의 여러 가지 문제를 겪는 이들에게서 떨치려야 떨칠 수 없는 물음 '왜 유독 내
게만 이런 일이 벌어졌을까, 왜 내 머리 위로만 바위가 굴러 떨어졌을까.' 하고 자신에
게 일어난 일의 의미를 묻는 것에 대해 깊이 생각해 보려는 의도로 이 구절을 넣었다
고 설명했다.

2   [옮긴이] 자신의 삶의 방식이나 사상을 형성하는 데 큰 영향을 미친 체험.

기 속에 더없이 맑게 갠 푸른 하늘 아래 앙상한 낙엽수를 쳐다보니 마치 그림자극에 등장하는 나무 같았다. 간결하고도 거미줄처럼 정밀하게 조형된 이미지. 그 나무를 떠올릴 때마다 나는 왠지 '그것만 아니게 해 주세요, 제발 그것만⋯⋯.' 하며 기도하는 심정이 된다.

왜 기도하는 심정인지 남에게 일일이 말할 필요성도 느끼지 못하면서 그저 숨죽이며 꼼짝하지 않고 그 일만 골똘히 생각하는 것이다.

스물한 살 때 도쿄대학 안에 있는 비뇨기과에 갔다가 내가 매독 항체 양성 반응이라는 사실을 알게 됐다. 불길한 그 병명을 듣자마자 하마터면 난 쓰러질 뻔했다. 다행히 겨우 쓰러지지 않고 버티고 서 있기는 했다. 부모 형제한테도 비밀로 하고 매독을 치료하러 꼬박 2년이나 병원을 다녔다.

내 원풍경 속 나무는 도쿄대학 구내에 위치한 비뇨기과로 가는 길목에 있다. 철마다 다른 나무 가운데 유독 겨울 낙엽수가 꼭 내 마음속 이미지를 숨김없이 반영하는 것만 같아서, 난 나무를 향해 기도했다. 나는 죄인이고 태어나지 말았어야 하는 게 맞지만 그래도, 아무리 더럽혀진 인생이라 해도, 난 내게 세상에 단 하나뿐인 생명이라고. 나 말고 내 생명을 소중히 여길 이는 없다고. 생명을 위해 기도했었다.

살아 있는 한 희망이 있다고들 하는데 그 뜻은 사람은 바라는 것을 포기하고서는 살 수 없다는 뜻일 게다. 사람은 자신에게 집착하며 인생을 살기 마련이다. 이도 저도 못하는 그런 심정으로 버려진 내 생명을 꼭 껴안고서 나는 마냥 서 있을 수밖에 없었다. 기도하는 수밖에 없었다. '그것만은 아니게⋯⋯ 그것만은⋯⋯.' 주변 전체가 컴컴했다.

초등학교 2학년 때 가게 직원한테 성적 학대[3]를 당했다. 당시 우리 집은 생선 가게를 경영했는데 집에서는 더부살이로 일하는 남자 직원 두 사람을 고용했다. 인적이 드문 묘지로 나를 데려간 그 남자 직원은 체격이 좋고 피부는 까무잡잡했고 두터운 입술이 항상 번들거리는 사람이었다. 마을 축제 가장행렬에서 팬티 한 장 걸친 원시인 차림으로 나가서 상을 받았다. 밤에 가장행렬에서 경품으로 받은 수박을 들고 집으로 돌아왔던 게 지금도 또렷이 기억난다. 잔꾀를 부리지는 않았고 쾌활하며 애들을 좋아했다. 내가 학교에 지각할 것 같으면 자전거 뒤에 나를 태우고 자주 학교에 바래다주고는 했다.

신문이나 잡지에 나오는 상담 코너를 보면 "어릴 적에 입은 상처는 돌에 걸려 넘어진 것이라 여기고 빨리 회복하세요."라는 그럴싸한 답이 나온다. 그렇지만 내가 입은 상처는 돌에 걸려 넘어진 것과 비교할 수조차 없는 것이었다. 마음으로 받은 상처, 고통은 평생 지워지지 않을 것이다. 하지만 그렇다고 해서 내가 겪은 일이 아주 비참한 일이라고 강조하고 싶은 건 아니다. '아이들은 천사'라는 피상적 논리에 따라서 내 어린 시절을 이야기하기에는 여덟 살 나는 너무 '여자다웠으니까.'

여자라는 증거를 가랑이 사이에서 확인한 그날부터 여자는 암컷으로 만들어진다. 여덟 살 어린아이라 해도 남자에게 자신을 드러내는 기술을 이미 알고 있었다. 나는 재갈 물리고 보쌈 당해서 묘지에 끌려간 게 아니다. 이미 집 근처에 사는 또래 남자애와 배가 아픈 놀이를 해본 적 있었던 내가 그 남자 직원과 비밀스런 기쁨을 느끼지 않았다고 말한다면 거짓말일 것이다. 그렇다고는 해도 난 여덟 살 아이였다. 비밀스런 기쁨이 옅어지면서 잠시나마 그 남자 직원이 괘씸하다는 생각을 했다. 지금 생각하면 그 느낌은 불감증에 걸린 서른 살 여자의 섹스에 깃든 권태감과 비슷한 것 같기도 하다.

3 [옮긴이] 저자가 이 책을 쓴 시절(1972년)에는 성적 학대, 성폭력과 같은 개념이 성립하지 않았기에 원문에는 '장난'이라고 되어 있다.

여덟 살짜리 인생에 새겨진 그 비참함은 여덟 살 아이가 욕정의 배출구가 됐다는 사실에 있는 게 아니다. 남자와 그런 관계 속에서 내가 생기를 잃어버리고 텅 빈 마음이 향할 길을 찾아 헤매면서 그 모든 것을 다 겪어 내야 했다는 것이 비참한 것이다. 사악한 망상에 사로잡혀 헐떡이는 남자의 날숨소리를 들으며 무의식중에 나는 나와 남자를 물끄러미 지켜보는, 또 한 명의 나를 낳아 키우고 말았다.[4] 묘지 한 켠 우거진 수풀 속에서 드러눕혀진 내 위에는 아무런 감흥도 주지 않을 하늘만 쓸데없이 파랗게 펼쳐져 있었던가……

철들 무렵부터 나는 붙임성이 좋은 아이였다. 원래 아이들이 다 그런 것일 수도 있으나 내가 나긋나긋한 이유를 꼽으라면 그건 아마 부모님 사이가 나쁜 탓일 것 같다. 부모님은 두 분 다 가난한 집에서 태어났고, 결혼하면서 가게를 하는 집에 대를 잇는 부부 양자로 들어갔다. 우리 집 가게 이름 '국화 생선'은 엄마 쪽 먼 친척뻘 되는 사람의 가게 이름에서 따온 것이다. 양할아버지는 내가 네다섯 살일 때 돌아가셨고 양할머니가 나와 형제들을 귀여워해 주시며 키웠다.

지금도 그렇지만 우리 엄마는 활기찬 장사집 안주인이라는 말이 딱 들어맞는 사람으로 서민 마을에 사는 정 많은 동네 아줌마였다. 초등학교만 나와서 글자를 제대로 못 쓰는데도 신문을 열심히 읽었다. 3면에 있는 논평까지 읽는 탓인지 사회문제도 잘 알고 있었고 그에 대해서도 한숨만 쉬는 게 아니라 자기 의견을 가지고 있었다. 20세기 초에 태어난 여자치고는 꽤 열린 분이시다. 그런데 남자에게도 지지 않을 만큼 콧대도 상당히 세서 다정한 면모보다 강한 자존심만 눈에 띄

---

4 [옮긴이] 저자는 성폭력 사건의 트라우마로 나타나는 피해자의 의식과 몸이 분리되는 일시적 해리 증상을 이야기하고 있다.

는 게 손해라면 손해였다.

초등학교 졸업 전에 친엄마가 돌아가셔서 마음 안 맞는 계모 밑에서 자랐는데, 장녀인 탓에 상당히 힘들게 일도 많이 했다고 한다. 엄마가 콧대가 센 이유는 그렇게 하지 않으면 살 수가 없어서, 그러니까 처세술이기도 했던 것이다. 계모한테는 엄마보다 한두 살 어린 딸이 있었는데 계모가 그 이복동생한테는 비단옷을 사 주면서 엄마한테는 "넌 더 크니까 옷감이 많이 들어가서 안 되겠다."라고 하면서 얇디 얇은 인견을 사 입혔고, 식사 때 주는 반찬도 달랐다고 한다. 세상에서 흔히 말하는 계모 체험을 엄마도 하면서 자란 것 같다.

엄마가 학교에 다닐 때 예쁜 신발을 신고 온 애가 있었다. 엄마가 신발장에 가서 몰래 그 신발을 꺼내 보고 있었는데 갑자기 수업 종이 쳐서 놀라서 자기도 모르게 호주머니 속에 쏙 넣고 말았다고 한다. 신발을 신고 왔던 아이가 신발이 없어졌다고 해서 난리가 났는데 결국 선생님한테 도둑 취급을 받고서 정말 싫었다는 이야기도 들었다.

덤벼드는 사람한테는 죽자 사자 맞서지만 눈물에는 정말로 물러터진 성격이라 가난한 집안에서 의붓자식으로 살아온 그 성장 배경을 짐작할 수 있다. 그녀의 남편은 세상에 있는 듯 없는 듯한 기준으로 보면, 큰 결점도 없고 그렇다고 해서 장점도 없는 남자로 집안 식구 빼고 타인에게만 좋은, 그래서 딱 그만큼만 득을 보고 사는 타입이었다.

엄마와 아빠를 생각하면 나는 언제나 상징적인 장면이 떠오른다. 둘은 매일같이 말다툼을 했는데 어느 날에는 결국 화가 머리끝까지 난 아빠가 회칼을 들고서 도망치는 엄마를 쫓아가면서 집 앞 동네를 뛰어다니는 절정을 맞이하고 말았다. 엄마가 맨발로 우리 가게 건너편에 있는 쌀가게에 뛰어들자 곧 아버지가 뒤쫓아 들어갔는데 거기서 쌀가게 집주인이 아이고 그러지 말라고 말려서 다시 언제 그랬냐는 듯 서로 엄청 싫어하는 모습으로 결론이 났다. 회칼을 든 아빠와 도망치는 엄마를 직접 본 것은 아니다. 안 봐서 그런지 오히려 더 강렬하고 생생한 기억으로 남아 있다.

이 기억이 내 안에서 언제나 신선한 이유는 두 사람 사이에 성적인 갈등이 있었음을 알 수 있기 때문이다.

엄마가 불감증이란 사실은 앞에서 썼는데, 언제부터인지 나는 아버지의 폭력이 어디에도 없을 자기 자신, 즉 '강한 남자'인 자신을 자기 아내와 자식들에게 똑똑히 내보이고 각인시키기 위한 수단으로, 궁지에 몰려 하는 것이라고 여기게 됐다. 그는 무슨 일만 생기면 바로 매를 드는 성격으로 예를 들어 밤에 올라온 술상에 있는 생선회 안주를 자기 자식이 하나라도 먹으려고 달려들면 술 취한 벌건 얼굴로 매를 때리는 형국이었다. 아빠는 몸이 크고 무서운 어린아이 같았고, 왜 그런지 그 어린아이가 항상 상석에 앉아 있구나 하는 느낌이었다. 그런데 폭력은 대개 자기 자식들이 아니라 엄마를 향했다. 엄마는 머리도 힘도 출중한 남자, 그런 남자다운 남자를 바랐는데 이 남편은 기개란 것도 없이 항상 양어머니가 시키는 대로만 할 뿐이었다. 그래서 엄마의 시선은 언제나 평범한 남자인 남편을 넘어서 저편을 떠돌았다. 쉰 중반이 된 지금도 엄마는 존 웨인을 사모하는 마음을 잃지 않은 여자다.

'세상 어디에도 없을 남자'를 계속 찾는 것으로 그녀는 자기 앞에 살아 있는 남자인 남편을 부정했다. 그런데 인간의 속내에는 항상 두 가지가 있는 법이라 '어디에도 없을 남자'를 찾으려는 마음과 '지금 여기 있는' 남자와 제대로 만나고픈 마음이 엄마에게도 있었다. 엄마가 그 두 속내 사이에서 방황하고 있던 것일 수도 있겠다. 다만 엄마는 삼십대일 때 걸핏하면 신경질적이었고, 그런 배경에는 아마도 채워지지 않는 자신의 성이 틀림없이 있었을 것이다. 그런 탓에 그녀가 '세상 어디에도 없을 남자'를 더 찾으려 했던 것일 게다. 또 지금 생각하면 아빠의 폭력은 자신의 존재를 부정하는 아내에게 제일 심하게 집착하고 있는 자신에 대한 짜증을 표현한 것이었을 듯하다. 그런 폭력은 아내가 자신을 더욱 멀리하게끔 만들었고 그런 악순환 속에서 둘은 증오라는 이름의 사랑을 키워 갔다.

나는 평소에 자주 '제대로 만나는 것'이라는 말을 쓰는데, 그건 아마도 20여 년 전에 정신없는 차림새로 도망가는 엄마와 엄마 뒤를 바로 쫓아가던 아빠가 있는 그 풍경 가운데, 서로 왕래할 회로를 갖지 못한 여자와 남자, 그 생명들의 비애를 봤기 때문이다.

소노 아야코의 책 《누구를 위해 사랑하는가》에는 "어린아이가 처음부터 혁명 의식을 갖고 있지는 않다. 아이들은 대부분 보수적이고 통속적이다."라고 쓰여 있지만, 그렇지 않다. 애초에 어린이는 어린이로 사는 것일 뿐 혁명적이지도 보수적이지도 않다. 어린이가 보수적이고 통속적이라면 백지 같은 마음으로 어른 사회를 따라하느라 그런 것이다. 이 사회가 보수적이고 통속적인 것이다.

그런데 현실은 항상 이미 만들어진 역사의 결과로부터 출발한다. 엄마답지 않은 엄마, 아빠답지 않은 아빠, 가정 같지 않은 가정 속에서 어린 시절 나는 마음이 굶주렸다. 엄마 아빠가 항상 주연배우이고, 아이들은 잊혀진 관객 같았으니까. 나는 엄마다운 엄마, 아빠다운 아빠를 원했다.

친척 아주머니한테 무리하게 부탁해서 그 댁에서 얼마간 지내다 온 적이 있었다. 간 건 좋았는데, 사촌이 남자애들밖에 없어서 아무도 말을 걸어 주지 않아 혼자 쓸쓸하게 이틀을 보낸 기억이 난다. 그 무렵 나는 따뜻한 사람 냄새를 찾아 돌아다니는 길 잃은 강아지 새끼 같았다. I장에서 언급한 사건, 히피 모임에 갔을 때 모임에 온 남자가 항문 섹스를 아프지 않게 할 방법 따위를 물어봐서 기분을 잡쳤던 이야기를 했는데, 딱 하나 그 모임에서 감동한 것이 있었다. 그 모임 사람들이 결코 넓다고는 할 수 없는 방 안에서 서로 어깨를 맞대고 앉아서 그것만으로도 기뻐하면서 킥킥대고 있었던 것이다……. '아, 이 사람들은 애초에 이야기 내용이 어떻든 아무래도 상관없고, 이런 분위기 속에서 서로 몸을 맞대고 모였다는 것만으로 만족하는구나.' 하는 생각이 들었다. 난 고개를 끄덕였다.

남의 마음에 있는 것 중에 피상적인 논리를 빼고 공감할 수 있는 것은 정에 굶주려 사람을 그리워하는 마음이다. 그게 '여덟 살 여자'를 남자와 정사하게끔 만든 요인이기도 했고 또 그 비밀스런 행위를 엄마에게 털어놓은 요인이기도 했다. 바빠서 시간이 없는 엄마가 보기 드물게 어느 날 나를 무릎 위에 앉히고 머리를 쓰다듬어 줬을 때 나는 엄마를 놀라고 기쁘게 해 주고 싶다는 충동에 휩싸였다. 남자 직원이랑 비밀로 하기로 했지만 엄마한테 귓속말로 나의 즐거운 비밀을 알린 것이다. 사태는 급변했다. 지금 생각해 봐도 참 극적이다. 엄마는 바로 남자 직원을 불렀다. 남자 직원의 아버지도 불렀다. 저지른 일을 낱낱이 고하고 규탄하는 회의가 소집된 것이다.

나를 그 회의에 있지 못하게 했기 때문에 저만치 가서 앉아 있었다. 떨어진 곳에 앉아 있다가 엄마가 나를 향해 "그래서 했다고 했지?"라고 묻는 소리가 들리면 "그렇다"고 답했다. 나한테서 이야기를 들은 대로 엄마가 따지며 물었고 나는 그것을 그렇다고 말하는 역할을 했다. 그러던 중 낮은 목소리로 "보지"라는 말이 들렸다. 희미한 웃음소리와 함께 들리는 그 말 때문에 나는 내가 '죄'를 지었고 '더렵혀졌다'고 느꼈다. 그리고 옆방에서 어른들 소리를 엿듣고 있던 형제들이 어른들 말을 흉내 내며 속삭이듯 애매한 웃음을 참고서 서로를 쿡쿡 찌르는 모습이, 고개를 떨군 내 눈 속에 보였다.

그러나 나는 어디까지나 내가 저지른 죄상이 무엇인지 전혀 추측조차 못하는 죄인이었다. 나는 열심히 어떻게 된 일인지 이해하려 했다. 엄마가 자꾸 묻는 바람에 벽에 딱 붙어서. 그런데 뇌리에는 "다른 사람들한테 말하면 안 돼!" 하고 무서운 표정을 한 엄마의 말만 남아 있었다. 안데르센의 세계는 안개처럼 흩어져 없어졌고, '여덟 살 여자'는 '여덟 살 이방인'이 되어 여행을 떠나는 수밖에 없었다.

비밀스런 짓을 한 상대 남자 직원은 어느 정도 규탄이 끝나고 잦아들자, 내 부모에게 무죄를 받고 무사히 석방되고 말았다. 그는 우리 집의 '생산성의 논리'에 따라 결코 없어서는 안 될 노동력 상품이었다. '남자=인간'이라는 등식으로 성립한 사회는 우리 집에서도 하나의 체제로 작동하고 있었다.

나는 참으로 쓸쓸하고 참으로 외로웠다. '부모 형제라 해도 혼자서 태어나고 혼자서 죽는 게, 서로 다른 개체인 게 인간이구나…….' 알고 싶어서 알게 된 진실은 아니었다. 책장을 넘길 때 잘못 넘겨 원치 않는 페이지가 나온 것만 같았다. 내 배가 아프다는 것은 남의 배가 아프다는 것과는 아주 다른 뜻이다. '내 배 아파 낳은 자식'이라는 말을 쓰기는 하지만 이 말은 자식과는 상관없이 어디까지나 부모의 자기애에서 나온 말이다. 이것이 내가 태어나 처음으로 인식한 것이다.

뿌리를 찾아보면 부모 자식 간도 사실은 남이라는 인식. 그것은 아이가 자라면서 언젠가 당연히 가져야 할 인식이라 할 수 있겠지만 여덟 살 아이가 그런 점을 알기에는 좀 이른 편이라고 해야 할지, 누구도 알지 못할 것이다. 그러나 그런 인식으로 내가 발견한 것은 엄마에게 버림받았다는 비참한 생각이었다. 아이가 살아가기 위해서는 부모를 의지해야 하는 게 지금 세상의 구조이다. 그런 구조가 '모성애 신화'로 강고하게 질서가 잡혀 있었기 때문에 나는 내 고통을 통해 얻은 유일한 인식으로 인해, 당연하게도 마음이 휘어지고 꺾여 버리고 말았다. 나는 '모성애 신화'로부터 **부정당한 아이**였다.

여덟 살 아이가 엄마에게 버림받았다고 느끼는 게 얼마나 공포스러운 것인지, 이는 마치 이 세상과 **삶**으로부터 버림받은 것과 같았다. 더군다나 마땅히 그런 공포심을 나와 공유해야만 하는 상대방은 다음 달에도 그다음 해에도 우리 집이 필요로 하는 우수한 직원이었다. 그 사람은 아무 일도 없었던 듯 천연덕스럽게 계속 일했다. 그리고 지금도 추석이나 설에 처자식을 데리고 과자를 사 들고 우리 집에 오고, 의리가 좋은 사람이라는 소리를 듣고는 한다.

세월이 흐르면서, 나는 모성애 신화뿐 아니라 순결 신화에서도 부정당한 것임을 알게 되었다. 나만 비참하다…… 땅바닥에 꺼질 것만 같은 느낌으로 내린 최종 결론이 바로 이것이었다. '여덟 살 이방인'으로 여행을 떠나야 했던 내가 '여덟 살 여자'에게 건네는 쓸쓸하고 외로운 작별 인사였다.

'이방인'으로 헤매는 것은 먼저 자기 자신에게서 도망치는 것에서 시작됐다. 다른 여자들이 아직 진열대에 오르지도, 정찰가가 붙지도 않았는데 혼자만 어린 나이에 진열대에 그것도 할인가로 올라 있다니, 할인 가격 딱지가 붙은 여자가 그래도 살아가려고 할 때 본인이 아니라 다른 데서 자기 영혼을 찾는 건 필연적이지 않은가? 그러나 **지금** 아픈 사람은 어차피 완벽한 이방인이 될 수도 없다. 아픔에서 도망치려고 해도 다 도망칠 수 있는 것은 아니고, 아프다고 계속 말한다 한들 아픔을 완벽히 다 말할 수 있는 것도 아니다. 그런 모습은 자기 꼬리를 깨물기 위해 헛도는 개와 닮았다. 하지만 난 개가 아니라 여자였다. 여자라는 것에서 줄곧 도망치면서도, 동시에 여자로 회귀할 수밖에 없는 여자가 나였다.

고등학교 졸업 즈음 같은 반 친구들이 취업을 한다든지 진학을 한다든지 분투하며 미래의 행복을 잡겠다고 하는데, 나는 혼자 그런 떠들썩한 움직임에서 동떨어져 있었다. 친구들이 추구하는 미래의 행복의 끝이 나와는 별개라고 여겼는데 유달리 고상한 척하거나, 나만의 계획이 따로 있어서 그런 것도 아니었다. 막 울고 싶은 마음으로 "지금 난 그럴 때가 아니야."라고 중얼거렸다. 나 혼자만 뒤처질 거라는 두려움을 뒤로 하고 친구들이 탄 버스를 쫓아가려고 해도 내가 들고 있는 잡동사니가 너무 많았다.

같이 텔레비전을 보다가 "옆집 딸도 이제 진짜 얌전한 아가씨가 됐더라고." 하고 엄마가 대놓고 하는 말을 들으면 무시하며 채널을 돌리면서 "내가 지금 그럴 때가 아니거든." 하고 대꾸하고는 했다. 취직해 일을 해도, 동화를 읽는 모임에 들어가도, 또 남자와 어깨를 나란히 하고 길을 걷는 와중에도 뭔가에 쫓기는 모양새로 "지금 그럴 때가 아니거든." 하고 나는 연거푸 되뇌었다. 그렇게 중얼대는 건 나만을 위한 주문 같았다. "난 그럴 때가 아니야." 하면 "언젠가", "언젠가" 하는 목소리가 들려왔고 대체 "언젠가"라는 말이 왜 들리는지 의아하게 생각하지도 않았다. 나는 오직 기도하는 마음으로 "언젠가", "언젠가" 하는 목소리가 들려오는 쪽으로 손을 내밀기만 했다. 손을 내밀고 또 내밀어도 잡히는 건 어둠뿐······. 그래도 난 계속 손을 내밀기로 했다. 내 존재를 증명할 가능성이 유일하게 거기 있을 것이라고 믿었다.

시시하거나 슬프게 하는 일, 기분을 상하게 하는 일이 생기면 느낀 감정을 그대로 표정에 드러내는 사람들이 참 신기했다. 소설 속 이야기, 남의 이야기에서 '절망'이라는 것을 알게 된 사람이 참 신기했다. 다른 사람한테 일어난 일을 보고서도 울 수 있는 사람이 참 신기했다. 희로애락 중에 분노와 슬픔만 깊이 들이삼켰다. 나는 낮에는 항상 외향적이었다.

그리고 밤이 되면 자다가 내가 우는 소리에 잠을 깨고서는 왜 울었는지 머리를 쥐어짜도 떠오르는 것은 밤의 어둠뿐인⋯⋯. 생각해 보면 나는 지금껏 그 밤의 어둠 저편에서 "언젠가", "언젠가" 하면서, 난 희망이 있다고, 잠시 숨을 멈추고 생각했고, 그렇게 해서 **지금껏** 살았다.

지금도 내 피에는 미약하게나마 매독 양성 반응이 나타난다. 너무 어릴 때 감염돼서 화상 자국처럼 내 핏속에 흔적을 남겨서 그런 것 같다고 들었다. 그게 그 남자 직원하고 있었던 일 때문인지 지금은 딱히 알고 싶지도 않다. 왜냐하면 그밖에도 내가 '저지른 실수'가 있기 때문이다. 부처님 오신 날에 꽃 축제가 열린 절에 갔다가 거기 있는 스님한테 강제로 입맞춤을 당했다든지, 학생으로 보이는 남자가 산에 가서 도토리를 주워 주겠다고 하는 걸 믿고 따라갔다가 병원 놀이를 하자는 그 남자한테 가게 남자 직원한테 당한 것보다는 좀 덜하게 당했다든지⋯⋯.

I장에서 밝혔듯 '나는 무가치하다'는 강박관념은 여덟 살, 스물한 살 때 두 차례에 걸쳐 맛본 비참한 경험 탓이다. 그러나 어차피 이 세상이 여자를 어리석고 무가치하다고 업신여기는 것이 여자의 존립 기반인 한, 내게는 남과 달리 아주 조금 더 짙은 어둠이 있는 것일 뿐이다. 그게 대체 어쨌다는 것인가?

나의 어둠은 나의 것. 그래서 우리는 공유할 수 없는 어둠의 무게로 인해 공유할 수 **없는** 어둠을 공유해 **나갈 수밖에** 없다. 남을 원망하거나 자기 슬픔을 키워 봤자 돌아올 것 없는 무익한 일이 아닐는지.

그때도 난 참아야 한다고 생각해서 참았습니다. 지금도 **그때**와 같은 생각으로 참고 있을 뿐입니다.

다케다 다이준武田泰淳[5]의《반짝이끼ひかりごけ》

---

5 [옮긴이] 1912~1976년. 반전운동으로 체포당한 뒤 입대했고 이후 전쟁 체험을 바탕으로 소설을 쓰고 중국 문학을 연구했다.《반짝이끼》(1964년, 국역 문학과지성사 2017년)는 다케다 다이준이 1943년 홋카이도에서 발생한 조난 사고에서 선장이 동료의 인육을 먹고 혼자 살아남은 사건을 소재로 쓴 소설이다. 다케다 다이준은 주로 이단아나 소수자들이 삶과 죽음의 경계에 서서 인간의 삶에 대해 질문하는 소설을 썼다.

2. 어둠 속에 보이는 것

언제부터인지 모르겠지만, 나는 약하고 어리석고 볼품없는 것과 같은 부정적인 인간성 속에 인간 존재의 본질이 감춰져 있다고 확신하게 됐다. 초등학교 2학년 이후로 어느새 이 세상은 빛과 어둠으로 되어 있고 난 어둠 쪽에 놓인 사람이라는 것을 자각하게 됐는데 아마 원점이 그때일 것이다. 돌이켜봐도 나는 여러 가지 일들을 겪으며 빛과 어둠의 갈림길을 본 것 같다. 빛 쪽에 있으면 어둠이 보이지 않으니 그 갈림길이 보였다는 것은 바로 내가 어둠 쪽에서 살아왔기 때문이었을 것이다.

어느 날 집에서 점심 때 식구들끼리 빵에 잼을 발라 먹고 있었는데, 내 또래 남자아이가 마당에 들어왔다. 물건을 갖고 다니며 팔던 그 아이는 우리 집에 들어와서는 우리가 빵을 먹는 모습만 넋 놓고 쳐다볼 뿐 아무 말도 하지 않았다. 당시 우에노역 지하도에는 집도 없고 오갈 데도 없이 떠돌던 이들이 밤이고 낮이고 많이 모여 있었는데, 심심치 않게 이런 '부랑인들'을 잡아들이던 시절이기도 했다. 라디오에서는 〈사람을 찾습니다〉[6]라는 프로그램을 오전 오후 하루에 두 차례 틀던 시절이었다. 여기저기에 전쟁의 흔적이 남아 있었다.

그 아이는 땟국이 꾀죄죄하게 흘렀다. 광채를 잃은 눈동자를 보고 3~4초간 어색한 침묵이 흘렀다. 난 그 아이에게 내가 갖고 있던 빵을 주고 싶었다. 그런데 어떻게 주면 좋을지도 모르겠고 어른들 중에서

---

6 [옮긴이] 1946년에서 1962년까지 방송된 일본의 공영방송 NHK 라디오 프로그램. 1945년 패망 후 만주, 중국 등에서 살던 일본인들은 급히 돌아오는 바람에 가족이나 이웃 등과 흩어진 경우가 종종 있었다. 〈사람을 찾습니다〉는 이들을 만나게 해 주는 라디오 프로그램이었다.

누군가가 나처럼 빵을 주고 싶어 할 거라고 생각해서 잠자코 있었다. 그래서 그 아이가 품에 들고 있던 상자에 든 고무줄 하나 사지 않고, 빵 부스러기 한 조각 주지 못한 채로 그 아이가 우리 집에서 내쫓겼을 때 믿을 수가 없었다. 엄마는 뒤가 켕기는지 "그 애, 분명 빵이 먹고 싶었을 거야."라고 하면서 어색한 분위기를 깨려고 했다. 그 목소리가 묘하게 천박하게 들렸고 나는 엄마가 밉다는 생각이 들었다.

내가 여덟 살이었을 때 내 주변에는 많은 일이 일어났다. 남자 직원과의 일, 부모님이 칼을 들고 설친 일에 더해 또 한 가지, 큰언니가 죽었다. 당시 열일곱이던 큰언니는 딱 사흘 아프고 나서 죽고 말았다. 정말 어이없는 죽음이었다. 큰언니가 앓던 병명조차 이제 기억나지 않는데 아마 급성 뭐라고 했던 것 같다. 큰언니의 유품을 정리하자 다카라즈카宝塚[7] 브로마이드가 많이 나왔다. 언니가 다카라즈카 스타 배우에게 순정을 품었다는 사실을 식구들은 처음으로 알게 됐다. 아니, 큰언니를 예뻐하시던 양할머니는 언니가 다카라즈카 스타를 좋아한다는 것을 알고 있어서 엄마 눈에 띄지 않도록 감췄던 것 같다. 유품으로 받은 브로마이드를 보면서 '큰언니도 외로운 사람이었구나.' 했다. 인간의 삶과 죽음이 묘하게 덧없이 느껴졌다.

그 후 양할머니는 밤낮으로 불경을 읽고 여기저기 절로 법회 말씀을 들으러 다니게 됐다. 꽃도 벌레도 생명이다, 이 세상에 살아 있는 모든 것에 대해 마음을 다해 자비를 베풀어야 한다. 양할머니는 자주 그

---

7 [옮긴이] 여성으로만 구성된 가극단으로 공연하는 극에 나오는 남성 역할도 여성 역할도 전부 여성이 맡는다. 1919년부터 음악학교가 생기면서 전문 가극단으로 발전했는데 한동안 침체되어 있다가 1974년 만화 《베르사이유의 장미》를 원작으로 한 뮤지컬 등이 크게 히트한 이래 인기를 얻어 오늘날까지 이어지고 있다. 그러나 저자의 유년 시절 무렵인 1950년대에만 해도 다카라즈카 가극단은 하위 문화로 여겨져 다카라즈카 배우를 좋아한다고 하면 손가락질을 당하는 분위기가 있었다.

런 말씀을 하셨다. 꽃을 꺾으려 하면 항상 그 가르침이 생각나서 꽃 꺾기를 망설이고는 했다. 양할머니는 정말 터무니없을 정도로 다정한 면이 있으신 분이셨는데, 스가모에 있는 한 사찰에 지장보살을 보러 갔다가 돌아오는 길에 내가 손가락에 끼워서 노는 골무 인형을 사 달라고 조르니까 사 준 적이 있었다. 거기까지는 좋았다. 그런데 골무 인형을 사느라 집에 돌아오는 차비까지 다 써 버려서 늙은 할머니와 어린 손녀가 결코 가깝다고 할 수 없는 집까지 걸어서 돌아와야 했던 적도 있었다. 어린아이 마음에도 이렇게 많이 걸어야 할 거였으면 할머니 나 좀 말려 주지 하는 말이 튀어나올 뻔했다.

중학생이 되기 전까지 나는 양할머니와 같은 방에서 한 이불을 썼다. 그 투박한 가슴, 이불에서 나는 할머니 냄새가 지금도 기억난다. 옛날에 게이샤 요정에 더부살이하는 하녀로 들어갔다가 거기서 만난 남자한테 넘어가 애를 가진 적이 있었다고 엄마가 흘리는 말을 듣기는 했는데, 양할머니는 남편하고는 애가 없었다. 남편은 '키쿠지로'라고 배우 같은 이름으로 인물도 이름처럼 반반했는데, 우락부락하게 생기고 몸집이 큰 양할머니가 불만이라서 여기저기서 끊임없이 바람을 피웠다고 한다. 양할머니는 일로 바쁜 엄마 대신 나와 내 형제들을 키워주셨는데 내가 스물두 살 때 일흔여덟 나이로 돌아가셨다.

아빠는 양할머니가 돌아가시기 십 년 전부터 괴롭혔다. 뇌출혈로 한 번 쓰러진 후 반신불수가 된 양할머니가 식사 때 밥이나 반찬을 뚝뚝 흘리는 모습을 정말 싫어해서 양할머니와 같이 밥을 먹으려 들지 않았다. 나중에는 양할머니가 텔레비전을 보려고 거실로 잠깐 나오려 하면 금세 대놓고 언짢은 표정을 지었다. 아빠의 그 비정함, 오만함은 마치 자기가 죽고 살게 할 권리를 갖고 있다는 듯 남의 삶을 쥐락펴락 하는 것 같았다.

앞에서도 썼지만 아빠는 식구들에게 늘 존재감이 별로 없었다. 장사도 못하고 눈치도 없는 그는 자기보다 뛰어난 아내 품에서 겨우 세상에 내보여야 할 남자의 위엄을 내보일 수 있었다. 그런데도 집에서는 이따금 폭력을 썼는데 폭력을 안 쓰면 자신을 증명할 수 없는 남자였다. 그런 그 앞에서 해가 갈수록 정신이 흐릿해지고 흐트러진 차림새로 나타나는 양할머니의 존재란 흡사 아이들이 갖고 놀다가 죽이는 개구리나 도마뱀이나 마찬가지였다. "옛날에 할머니한테 괴롭힘을 당해서 그 복수를 한단다."라고 엄마는 그가 한 말을 전했다. 아빠는 언제까지나 유치한 남자였다.

그런데 나는 그 말을 전하는 엄마의 말본새도 싫었다. 아빠에 대해 불평을 하면서 자신의 정당함을 증명하는 게 그녀의 버릇이라 그랬다. 집 뒤편에 있는 추운 방 하나에서 화로 하나 갖다 놓고 등을 구부려 묵묵히 화롯불을 피우던 할머니. 해안 어항에서 생선을 사서 담아 온 상자를 가게에서 쓰고 버리면 그걸 주워서 목욕물을 덥히는 불을 피웠다. 그걸 이 집에서 유일하게 자기가 할 수 있는 역할이라고 여겼는데, 늘 목욕물을 너무 뜨겁게 덥혀서는 엄마에게 핀잔을 듣고는 했다. 남편의 비정함 운운하면서도 엄마는 뒤에서 할머니가 식탐이 많다고, 나이 들어도 식욕은 안 떨어진다고 하면서 말을 돌려 가며 흉을 봤다.

할머니가 돌아가셨을 때 나는 깊이 후회했다. 생전에 할머니가 아주 비참한 일상을 살던 것을 보았음에도 못 본 척했을 뿐이었던 나, 엄마처럼 할머니를 싫게 여긴 적도 있던 나를 참 용서하기가 힘들었다. 관에 매달려 그저 울기만 하는 나를 보고서 할머니 남동생이 "네가 할머니 생각을 많이 하는구나, 고맙다." 하면서 돈 3천 엔을 줬다. 그런 것이 우습기 짝이 없었다. 나는 그저 죄책감에 휩싸여 운 것이었으니까.

고등학교에 들어갈 즈음부터 엄마하고 사이가 부쩍 나빠졌다. 그 무렵 집에서는 나하고 나이가 같은 여자애를 집에서 같이 사는 가정부로 들였다. 그 애는 피부가 하얀 미인으로 나는 그 애 존재 자체에서 압박감을 느꼈다. 엄마는 자신이 계모 손에 힘들게 자란 것을 생각하고, 또 그 여자애 나이가 나랑 같다는 이유로 무슨 일이건 그 애 편을 들었다. 내가 엄마한테 야단을 맞으면 그 애는 옅은 웃음을 지으며 야단을 맞는 바로 옆에서 집안일을 했다. 그 애를 싫어하는 마음은 날이 갈수록 증오심으로 변했다. 그것은 엄마에 대한 증오심이기도 했다. 나는 줄곧 엄마한테 버림받고서 원망하는 마음을 깊이 간직하고 있었다.

기쁨에 비하면 증오심은 복잡하다. 내가 그 애를 미워한 이유로는 내 체면 문제도 있었다. 딱히 그녀한테 내가 뭐라고 한 건 아니지만, 나는 어디까지나 그녀를 집에서 고용한 사람이라고 여겼다. 하인은 주인보다 열등해야 한다는 게 불문율이다. 나는 내가 정말 못생겼다고 생각했기 때문에 그녀의 피부가 하얀 것만으로도 비위가 상했다. 그리고 무엇보다도 나는 더럽혀진 여자라는 이유가 있었다.

사회는 성을 금기시하는데, 특히 여자의 성에 대한 금기로 꽉 차 있었다. 알면 알수록 그랬다.

호스티스를 할 때 일이다. 어떤 손님한테 내가 세 살 된 조카와 같이 자는데 조카가 안 자고 자꾸 칭얼대서 그 이유를 물어보니 조카가 "이모 이렇게 해 보니까 고추 끝이 팔딱팔딱해서 정말 기분이 좋아."라고 답해 속을 태웠다고 했다. 그러자 그런 일은 절대로 있을 수가 없다며 내가 이야기를 해 준 손님뿐만 아니라 옆에 있던 다른 호스티스들마저 다 나서서 나를 꾸짖는 것이었다.

언젠가 읽은 책 중에 이런 이야기가 있었다. 얕은 잠을 잘 때는 자고 있어도 눈을 떴을 때와 마찬가지로 뇌파가 활동하는데 그런 걸 역설수면이라고 한다. 남자의 경우 역설수면일 때 발기가 일어나는데,

하룻밤에 몇 차례나 역설수면에 들어가는 유아기에는 발기 횟수도 많다고 한다. 이런 사실과 조카가 어떤 관련이 있는지 아니면 없는지도 모르겠지만, 주의 깊게 관찰해 보면 아이의 성욕이나 발기 유무는 금방 알 수 있는 것으로 굳이 의학 서적을 펼쳐 보지 않아도 된다. 무엇보다 편견 없이 자신의 성장 과정을 세세히 떠올려 본다면 금방 알 수 있지 않은가. 이렇게 이야기를 해 줬는데 손님도 다른 호스티스들도 세 살 아이가 성욕으로 기분 좋은 일은 결단코 있을 수 없는 일이라고 끈질기게 주장하는 것이었다. 결국 나는 "네가 조카를 기분 좋게 해 준 거 아냐?"라는 소리까지 듣고 나서 입을 다무는 수밖에 없었다. 어쨌든 사람들은 '어린이는 천사'라고 해 두고 싶은 것 같다.

손님은 그렇다 쳐도 호스티스들이 그런 금기에 얽매어 있는 것을 보자니 이 세상을 에워싼 성에 대한 터부를 풀기가 얼마나 어려울지 한숨이 나올 정도다. 호스티스는 암컷이라서 성립하는 장사, 말하자면 성기를 드러내놓은 채 일용할 양식을 얻는 것이나 마찬가지인데 기를 쓰고 덤벼들며 애들이 순결해야 한다고 주장하는 것을 보자니 그런 생각이 든 것이다.

아이가 순결해야 한다는 그런 관념의 연장선에 여자가 순결해야 한다는 관념이 있고, 여자의 순결에 가격표가 붙는 것을 호스티스들은 목도한다. "넌 호스티스 같지 않네."라는 말은 칭찬이어도 "넌 주부 같지 않네."라는 말은 칭찬이 아니다. 호스티스조차 처녀다움을 요구당하는 이 사회에서 여자들은 사회가 뽑은 순위표에 따라 줄을 선다.

어찌됐건 부모 형제 입에서 '보지'라는 말이 소리 죽인 웃음과 함께 나왔을 때 나는 이 사회의 장치가 드러낸 밑바닥의 밑바닥을 보고 말았다. 여자들은 성기를 드러낸 채로 살 수밖에 없는데, 여자들을 성기가 담당할 기능으로 나누고서 서로 적대하게끔 한다. 그러면서도 '보지'라는 말을 밖으로 드러내지는 못하게 한다. '여덟 살 여자'는 자기 몸에 새겨진 주홍글씨[8]를 통해 세상이 여자를 이렇게 다룬다는 것을 깨달았다.

그러나 너무 일찍 알아챈 그 진실은 무겁기만 할 뿐이었다. 난 할 수만 있다면 그 무거운 진실을 어디론가 치워 버리고 싶었다. 어디를 가건 순결한 여자들만 있었다. 나는 내게 일어난 일이 내가 저지른 과오 탓이라 여겨 그 과오를 저주하고 미워할 뿐이었다.

왜 나만 돌에 차여 넘어지고 말았는가? 이 사람, 저 사람 다 아무 일 없이 걷고 있지 않은가! 엄마로부터, 사회로부터, 버림받았다는 생각을 하면서 '왜 나만 넘어졌나?' 이런 물음에 집착하면서 내 인생의 얼마 안 되는 의미를 찾으려고 했다. 그러나 해도 해도 답은 없었다. 나는 '부조리함'이라는 말이 있다는 것을 몰랐지만, 체험을 통해 부조리함이 뭘 의미하는지 알게 됐다.

'여자는 순결해야 한다'는 관념이 나를 숨 막힐 정도로 위협하고 에워싸도, 나는 왜 여자가 순결해야 하는지 전혀 알 수 없었다. 이유를 전혀 알 수 없으니 위협은 위협이 될 수 있는 것이다. 그런 위협으로 인해 나는 죄악을 저지른 자, 더럽혀진 자가 되어 뒷걸음칠 곳도 없이 이십 년 가까이 살았으니까.

고쳐 말하자면, 나는 본디 내가 책임을 질 수 없는 일에 대해 책임을 져야 할 자로, 궁지에 몰린 듯 살아온 것이다. 내가 내 삶의 부조리함을 생각하지 않을 수 없게 된 것은 그 탓이었다. 부조리하다고 포기해 버리면, 아픔을 아프다고 느끼지 않아도 됐을 것인가…….

---

8 미국의 작가 너새니얼 호손의 소설 《주홍글씨》에 나와 쓰이는 말. 낙인, 오명을 뜻한다. 주홍글씨는 간통을 저지른 자의 가슴에 간통을 의미하는 A(adultery, 간통이라는 뜻) 글자를 주홍색으로 크게 새겨 벌하던 것을 말한다.

그러나 '여자라는 것'으로 입게 된 고통인 이상, 그 아픔을 부조리하다고 보는 것은 내가 '여자라는 것'으로 살아가는 일의 부조리함을 생각하는 것이기도 했다. 또 그런 고통을 느끼고 싶지 않아도 스스로가 '여자라는 것' 때문에 머리로 외워서 아는 것도 아니라서, '여자라는 것'으로 입은 고통을 잊어버릴 방도가 없었다. 도망칠 곳이 없는데 도망치면 원래 있던 곳으로 돌아올 수밖에 없다. '여자라는 것'에서 계속 도망치려 해도 언제나 나는 '여자라는 것'으로 돌아와야 했다.

"내가 존재하지 않는 느낌이에요. 남자들이 내 몸을 요구하면 잠시나마 내가 존재하고 있는 것과 같은 느낌이 들긴 하지만."

영화 〈콜걸〉[9]에서 제인 폰다Jane Fonda가 맡은 주인공의 대사이다. 주인공은 배우가 되고 싶어 하나 될 수 없어서 괴로워하는데 그 괴로움을 매춘 행위로 달랜다. **지금** 아픈 사람들이 헛도는 꼴은 왜 이토록 비슷한가? **스스로를** 포기하면서도 **살기를** 포기하지 않는 이들이 공회전하는 모습을 보라!

남자는 사회로, 여자는 남자로, 자신을 팔아넘기며 살아가는 게 숙명인 이 세상에서 필연적으로 사람들은 자신의 삶에 알리바이를 꾸미듯 살아가게 된다. '가난한 집에 애만 많다'는 속담이 있다. 일반적으로 가난한 사람들은 즐거울 일이 없으니 돈이 들지 않는 쾌락에 빠져 애를 많이 낳는다는 뜻으로 해석하지만, 이런 해석은 부정확하다. 성은 살아 있는 인간이 자신을 아슬아슬하게 긍정하는 수단이기도 하다. 남의 평가로 자기 긍정을 얻지 못할 경우에는 사람의 따뜻한 살 내음에서 마지막 기댈 곳을 찾는다. 도쿄대 투쟁이 끝나고서 투쟁 참가자들은 좌절하기 시작했는데, 이때 투쟁에 참가한 남녀가 모두들 서로 짝을

---

9 [옮긴이] 1971년 미국에서 개봉한 영화.

찾아 결혼을 한 것도 이유 없이 벌어진 일이 아니다. 그러나 그 오르가슴조차 남자의 페니스 중심 가치관에 넘기게끔 된 여자의 성은 살아가는 자로서의 인간이 지닌 그 아슬아슬한 존재 증명 수단마저 잃어버린 채 살아가는 생으로서 존재하는 것이다.

여자의 부재 증명은 멈출 길이 없다. 즉 여자는 본질적으로 남자보다 속임수 없이 살아가야 하는 인생인 것이다. 이 세상의 차별 구조는 빛과 어둠의 관계로 나타난다. 남자와 여자로 보면 남자는 빛, 여자는 어둠이다. 즉 살아가기 힘든 것을 좀 더 얼버무리며 살아갈 수 있는 자가 빛이고 그만큼 잘 얼버무리지 못하는 자가 어둠이다. 그리고 여자들 안에도 빛과 어둠으로 나뉜다. 남자의 눈 속에서 스스로를 긍정할 수 있는 빛에 있는 여자들과 그럴 수 없어서 어둠에 있는 여자들이 그렇다.

여성해방운동을 시작한 지 얼마 되지 않았을 무렵 옛 친구를 만난 적이 있다. 친구는 "이번에는 오래 할 수 있겠어?"라고 내 기색을 살피며 물었다. 친구가 굳이 언급하지 않아도 난 뭐든 오래 하지 못하는 여자였다. 유치원, 미술학원, 발레, 교회, 영어회화, 타이핑 학원. 차례로 해 봤는데 다 도중에 그만뒀다. 그나마 한 곳에서 길게 일한 게 8개월이었다. 남처럼 **착실**하게 살 수 없어서 나는 열등감을 느꼈다. 아무리 결심을 굳게 한다 한들 인간이 결심만으로 살 수 없다는 진리를 알아 버렸기에 뭐 하나 오래가지 못했다. 그렇지만 항아리 바닥에 금이 간 것을 보고도 그 독에 열심히 물을 부을 자가 이 세상에 있겠는가? 내가 찾으려는 것이 무엇인지 몰라도 자신이 그 방향으로 갔을 때 자기가 찾는 게 있을지 없을지 정도는 알 법한 게 인간이다. 스스로의 어둠으로 이 세상의 모든 뻔한 거짓말을 알아 버린 자는 인생을 헤매는 가운데 '새로운 생'을 찾아가는 수밖에 없다. 그리고 새 인생을 찾는 꼴이 그렇게 헛도는 모습으로 나타나는 인간은 먹지 않으면 살 수 없다는 사실에 짓눌리면서도 그 생명의 불꽃을 뿜으며 계속 나아가려는 인간 존재의 본질을 밝혀 준다.

속세의 이치를 지키지는 못해.
타고 나기를 여성해방에 미쳐 태어났어. 엄마, 나 말리지 마.
그 원한을 앙갚음하려고 나 이제 싸우러 나가.

지금이니까 이런 우스꽝스런 노래 가사를 쓸 수 있게 됐지만, 전에 나와 엄마 사이는 어찌할 도리가 없을 정도로 나빴다. 같이 목욕하다가도 서로 욱해서 싸우고 화가 나서 얼굴이 시뻘겋게 되어 목욕 도중에 나와 버리고는, 어떻게 된 것인지 다음 날에는 또 같이 목욕을 하고……. 그런 기묘한 착란을 되풀이하다가 고등학교 2학년 때 나는 가출을 했다. 그 후 학교를 중퇴하고 더부살이 가정부로 일했다. 전부 엄마를 의식해서 한 반항이었다. 곧 나는 일상에서도 엄마를 의식적으로 무시하기 시작했다. 고등학교를 졸업하던 때도 회사에 들어간 때도 부모한테 상의 한마디 하지 않았다. 병원에 다닐 때에도.

딱 8개월 일한 회사를 관둔 후 나는 1년간 히비야一比谷(도쿄도 지요다구에 있는 동네)에 있는 도서관에 다니기 시작했다. 집에는 회사에 계속 다닌다고 하고서 아르바이트를 하며 생활했다. 그 무렵에는 언제나 일어나면 몸이 이상하게 무겁고 심하게 피곤했다. 손톱도 안 깎고 구두도 안 닦았다. 외견에 관심을 잃어버렸다. 아르바이트를 해도 자주 멍하니 있고는 해서 금방 잘렸다. 비참하다고 느끼는 것만이 유일하게 내가 살아 있다는 점을 증명해 주는 것 같은 나날이었다.

도서관에 가도 딱히 읽고 싶지 않은 책을 읽고 있는 게 괴로웠다.

목덜미가 딱딱했다. 아파서 밤에 잠을 못 자고 한밤중에 일어나 자주 울었다. 우는 이유는 딱히 없었는데, 울고 난 후에도 상한 기분이 전혀 나아지지 않았다. 그런 방식으로 울었다. 지금 생각해 봐도 싸늘하고 어두운 나날들이다. 그러던 차에 내가 매독 양성 반응이라는 것을 알게 됐다. 왜 그런지 어느 날 갑자기 '내 피가 더러운 게 아닐까?' 하는 강박관념이 들어서 검사를 받으러 갔더니 그 예감이 적중한 것이었다. 믿을 수 없는 이야기겠지만 사실이다. 그때 내 죄는 확실해졌다.

자기 안에서 진짜 절망을 본 자들은 그 절망에 대해 결코 말하지 않는다. 스스로 사형 선고를 내리는 것과 같은 일을 무의식중에 피하려고 하기 때문이다. 도쿄대 구내에 늘어선 나무를 올려다보며 '제발 그것만은 아니게 해 주세요.' '제발요.' 하고 기도하던 나의 심정은 오욕 속에서도 생명의 가능성을 찾을 수 있을 거라는 오직 그 믿음이었다. 나는 살고 싶었다⋯⋯.

스물셋, 스물넷에 나는 선을 두 번 봤다. 다자이 오사무太宰治[10]는 살아갈 수 있는 힘을 두고 '보기 싫은 영화를 끝까지 계속 볼 용기'라 했는데 여자는 스물다섯 살이 될 때까지 그 마음속에 혹시나 어쩌면 또 몰라 하면서 기대를 떨치지 못하고 살았다. 그런 기대로 살 수 있었던 것 같다. 그런데 내가 혹시나 기대했던 것은 마음 바닥에 좀 들러붙은 정도로 조금만 그랬다.

언제부터인지 나는 내가 아이를 낳을 수 없는 여자라고 여기게 됐다. 의사가 아이를 낳는 데 아무 지장이 없다고 확실히 말해 줘도 더럽혀진 피를 가진 자가 어느새 느끼게 된 두려움이 사라지지 않았다. 완

10　[옮긴이] 1909~1948년. 소설가. 그가 죽기 직전에 발표한 자전적인 소설 《인간실격人間失格》은 오늘날까지 베스트셀러이다.

치를 하고서도 끈질기게 병원에 검사받으러 다녔다. 병원에서 그 정도로 걱정이 되면 이제 정신과에 가 보라는 말을 할 정도였다.

내가 결혼을, 그것도 선을 봐서 하는 결혼을 할 수 있을지에 관해서는 누구보다도 스스로 잘 알고 있었다. 그건 이중의 속임수였으니까. 남을 속일 수는 있어도 자신은 속일 수가 없다. 두 번 선을 보고 두 번 다 내가 거절했다.

> 개인적인 체험이라도 혼자서 그 체험을 한 동굴 속으로 계속 내려갈 수 있다면, 머지않아 인간 전체와 관련된 진실을 볼 수 있는 길을 열 방법을 알게 된다. 그런 체험이 있을 것이다.
>
> 오에 겐자부로大江健三郎[11]《개인적 체험個人的な体験》

어느 날 집 근처에 살던 베트남 청년이 우연히 우리 집에 베트남 구호기금을 받으러 왔다. 뗏 공격[12]이라고 불린 전쟁이 일어난 무렵이었다. 나는 태어나서 처음으로 나 말고 다른 사람을 생각해 볼 기회를 거기서 잡았다. 그리고 베트남 전쟁고아를 돕는 활동에 참가하게 됐다. 반전이 뭔지도 모르고 반전과 아무 인연 없이 불쌍한 아이들이 거기에 있다고 보고 시작한 일이었다. 하지만 결코 동정 따위에서 시작한 것은 아니었다. 남을 동정할 정도의 여유를 내가 갖고 있지 못했다.

---

11 [옮긴이] 1935년생. 인간의 내면세계를 응시하는 사회 비판적 작품을 주로 썼으며 1994년 노벨문학상을 수상한 일본 현대 문학의 거장이다.《개인적 체험》(1964년)은 오에 겐자부로가 자신의 실제 체험을 바탕으로 쓴 소설로, 중증 장애아를 낳게 된 아버지가 아이를 받아들이며 내적으로 성장하는 경험을 그린 대표작이다.

12 1968년 북베트남인민군과 남베트남민족해방전선은 남베트남 정부, 미국과 맺은 뗏(Tet, 베트남 구정) 휴전 협약을 깨고 기습 공격을 단행한다. [옮긴이] 보통 '뗏 공세'라고 하나 저자는 베트남 민중의 시각에서 '뗏 공격'이라 표현했다.

지금 아픈 내가 **지금** 아픈 아이들을 알게 됐다. 베트남 전쟁고아는 바로 나였다.

우연히 시작한 것이기는 했으나 내 마음속에 나름대로 베트남 구호 활동에 호응하게 된 계기가 있었다. 하나는 하네다 투쟁[13]에서 죽은 야마자키 히로아키山崎博昭[14]를 알게 됐던 것이다. 정확히 기억나지 않지만 야마자키가 일기에 "우리의 생은 죄를 씻는 데에 의미가 있다."라고 쓴 것을 읽었을 때 나는 야마자키와 만났다.

그 무렵 내가 유일하게 의지하던 말은 옛 스님 신란親鸞의 가르침 '선인도 왕생하는데 하물며 악인이랴 못할까.'였다. 정확한 뜻은 몰랐지만 한 친구를 선인으로, 나를 악인으로 놓고 내 식대로 해석했다. 그 친구는 중학교 2학년 때 같은 반 학생이었는데 뭐든 어른스럽고 친절하고 밝았다. 자주 서로의 집을 오가며 친구 가족과도 친해졌다. 나는 내가 생각하는 모든 것을 그녀에게 털어놨고 그녀 또한 그랬다. 그런 만남이 6~7년은 이어졌는데 어느 날 그녀가 갑자기 결혼한다고 했다. 정말로 아닌 밤에 홍두깨였다! 직전까지 아무런 기색도 비치지 않았던 그녀였다. 꽝 하고 누가 내 머리를 내려치는 것만 같았다.

13 하네다 투쟁羽田鬪爭은 미일안전보장조약을 바탕으로 일본의 미군 기지를 베트남 전 후방 기지로 사용하게 위해 당시 수상 사토 에이사쿠가 베트남과 미국을 방문하는 것을 저지하기 위해 벌인 운동이다. 사토 에이사쿠가 하네다 공항을 통해 출국하려는 것을 막으려 했기 때문에 하네다 투쟁이라고 한다. 1967년 10월 제1차 투쟁, 같은 해 11월 제2차 투쟁이 있었다.

14 [옮긴이] 1948~1967년. 학생운동가로 교토대학에 다니던 중 도쿄로 상경하여 하네다 제1차 투쟁에 참가했다가 열여덟 나이에 경찰 기동대의 진압으로 사망했다. 사망 후 발견된 그의 가방에는 무거운 책 10권과 '순수이성비판'이라고 제목을 붙인 일기(노트)가 들어 있었다. 일기에는 언젠가 도스토옙스키의 작품과 같은 소설을 쓰고 싶다는 내용이 적혀 있었다. 이런 점들이 알려지면서 그의 죽음을 슬퍼하는 학생들이 많았다. 그의 죽음을 기려 하네다 제1차 투쟁은 '10·8 하네다 투쟁'이라고도 부른다.

나이가 찼으니 결혼하는 거야 이상하게 여기지 않았지만 지금껏 아무 것도 숨김이 없는 사이라고 혼자 착각했던 것만큼 충격이 컸다. 못난 내 꼴을 다시금 느꼈다. 스물셋이나 됐는데 여태 '지금은 그럴 때가 아니야.'만 반복할 뿐이었으니까. 언제나 어찌할 바를 모르는 채로 떨면서 이것도 아니고 저것도 아니라고 헤매던 내게 "이번에는 오래 갈 것 같아?"라고 부드럽게 묻던 그녀. 그녀는 항상 온화했고 그런 길을 걸어온 사람이었다. 우리는 서로 자신에게 없는 것을 보고 끌린 것인데 그만큼 서로에게 반발하기도 했다. 나는 그녀의 안정된 모습이 신기했고 그녀는 내 불안정한 모습을 신기해했다. '내가 좋아서 불안정한 길을 선택한 것도 아닌데.' 하고 내 불운을 탄식하면서도 나는 그녀가 부러웠다. 하지만 남을 부러워하는 것이 얼마나 어리석은지는 잘 알았다. 내게 익숙한 불운을 짊어지고 사는 수밖에 없었다.

만약 그녀처럼 딱히 이렇다 할 불운도 없이 모두에게 그 생명을 축복받으며 사는 사람만이 신에게 가까이 갈 수 있다고 치자. (물론 그녀는 정말 좋은 사람이다.) 그렇다면 외면하고 싶은 내 자신을 짊어지고 살아야 하는 나는 절대로 신에게 다가갈 수 없을 것이다. 내게 일어난 일이 뭔가 불공평하다고 느끼면서도 나는 신란 스님의 가르침에 의탁해서 승화하려고 했다. '지금 그럴 때가 아니야.'라고 중얼거리면서도 나는 나름대로 해석한 그 가르침을 기도하듯 마음에 간직하고 살아왔다.

신에게 가까이 간다는 것은 행복해질 수 있다는 것이다. 물론 이 행복이란 '결혼이 바로 여자의 행복' 따위의 말에서 나온 행복하고는 다른 뜻이다. 괴로운 자는 잘 살아 내야 한다. 그렇지 못하면 이 세상은 거짓이다. 하나님이든 부처님이든 대관절 있기나 한가! 내가 말하는 행복이란 이런 뜻이었다.

고故 야마자키 히로아키가 "우리의 생은 죄를 씻는 데에 의미가 있다"는 말을 했다고 알게 됐을 때 내게 죄를 씻는다는 이미지란 정말 날 것 그대로의 의미였다. 죄를 씻는다는 것은 살아 내야 한다는 것, 살면서 천국과 지옥을 맛보는 것을 뜻했다. 야마자키의 말을 나름대로 내 안에서 받아들였을 때 나는 처음으로 그의 죽음의 의미를 생각해 볼 수 있었다.

그전까지는 '운동'이라는 건 뭔가 특별한 사람들이 하는 거라고 안이하게 여겼는데, 그의 죽음을 통해 그게 틀렸다는 것을 배웠다. 신문은 연일 하네다 투쟁을 보도했다. 그의 죽음을 뒤늦게 알게 되어 부끄러웠다. 인연이라는 것은 우연히 찾아온다는데, 그 후로도 운동에 대해 생각해 볼 일이 계속 일어났다.

깜빡했는데 그즈음 우리 집은 생선 가게를 접고 전통식 식당을 시작했다. 중학교 2학년 때 엄마가 용단을 내려 장사를 바꿨다. 그렇게 한 것이 성공했고 가세가 좋아졌다.

그런데 야마자키와의 만남이 있고 나서 두세 달 지났을 때 재일 조선인 여자 한 사람이 내 앞에 나타났다. 파트타임으로 우리 집 식당에 고용된 사람으로, 당시 그녀는 사세보 투쟁[15]에 참가했다. 나와 그녀는 급속도로 친해졌고 그녀에게 투쟁 이야기를 많이 들었다. 태어나서 처음으로 살아 있는 사람을 만난 것 같은 느낌이었다. 얼마 지나지 않아 그녀는 우리 식당을 관뒀는데 그러고 나서 연락이 한동안 끊겼다. 그러던 어느 날 홀연 그녀가 나를 찾아왔다. 그날 밤은 새벽까지 둘이서 이야기를 나누고 한숨 잠이 들었다. 밖에 눈이 내리고 있었다. 잠결에 그녀가 일어나 나가는 모습을 봤다. 나는 그녀가 항상 신고 다니는

---

15 [옮긴이] 나가사키현 사세보佐世保 항에서 일어난 투쟁. 1968년 1월 미 해군의 원자력 항공모함이 사세보 미군 기지로 들어오는 것을 막으려고 반핵, 반전을 외치는 시민, 현지 주민들이 반대 운동을 벌였다.

너덜너덜한 운동화가 떠올랐다. 눈 속에 그 신발로 나가면 젖을 텐데 하고 말하고 싶었지만 일어나지 않았다. 비몽사몽간에 그녀가 가 버린 것을 알았다. 잠에서 깨자 나는 깊은 자기혐오에 빠졌다. 만약 그녀가 내 친구였다면 눈 속에 그 너덜너덜한 신발로 돌아가게 했을까? 나는 무의식에 있는 내 속의 차별의식을 봤다. 그녀에 비해 내가 빛 속에 있는 인간임을 알았다. 그녀는 지금 어디에 있을까? 이후 그녀를 만난 적은 없다.

베트남 전쟁고아는 나라는 생각에 이끌려 구호 활동에 참가한 배경에는 앞서 쓴 두 가지 부끄러운 체험이 있었기 때문이다. 그런데 당시에 난 베트남전에 대해 거의 몰랐다. 신문에서 매일같이 톱기사로 베트남전 뉴스를 실었는데도, 나는 모른 척하는 무관심파였다. 그래서 구호 활동에 그렇게 열심이었던 것이다.

당시 아사히신문 도쿄판에는 독자의 목소리라는 코너가 있었는데, 나는 거기에 글을 써서 보내 나와 함께할 이들을 찾았다. 베트남 전쟁고아에게 사랑의 손길을 보내자는 취지로 글을 써서 실었다. 그 글을 읽고 나온 사람들이 대략 80명이었다. 그 사람들과 처음 만난 회의에서는 큰 혼란이 있었다. 당시는 이미 '베헤렌(베트남에 평화를, 시민연합)'과 같은 단체도 활동하던 때라서, 첫 회의에 나온 사람들은 나처럼 뒤늦게 알고서 참가한 이들이었다. 개중에는 전학련(전일본학생자치회총연합) 소속인 이도 있었고, 남베트남 정부를 지원하는 이들, 혁명파도 있어서 모두가 섞인 이상한 회의였다. 그런데 아마 그중에 내가 제일 이상했을 것이다. 남베트남도 북베트남도 지지하지 않았고 그런 건 아무래도 상관없고, 어찌 됐건 베트남의 전쟁고아들에게 소독약 한 병, 빵 조각이라도 보내겠다는 일념, 그것이 내가 베트남을 두고 생각한 것 전부였다.

그전까지는 정치하고는 담을 쌓고 살았기 때문에, 베트남 전쟁고 아들 속에서 내가 짊어진 부조리함을 본 이상, 내게 이러한 행위들은 결기를 의미했다. 베트남전이 미국의 제국주의적 침략이라는 것은 알 았지만, 같은 베트남 안에서도 불에 탄 마을이 있고 그렇지 않은 마을 이 있고, 엄마가 죽은 아이도 있고 그렇지 않은 아이도 있다는 게, 한쪽 다리를 잃어버린 아이도 있고 그렇지 않은 아이도 있다는 게 마음에 걸렸다. 나는 당시에 문제의식을 대상화하여 보는 높은 수준의 사고 방법을 갖고 있지 못했기에 '왜 나만 이렇게 비참한가!' 하는 물음에 전 면적으로 달라붙어서 내 자신의 연장선상에서 베트남의 전쟁고아들 을 본 것이다.

그런데 지금 생각해 봐도 그런 식으로 사고하는 것이 반드시 틀렸 다고만은 할 수 없다. 미시적이기는 했지만 틀리지는 않았다. 아무리 머리로 미국의 제국주의와 싸우는 피억압 인민들이 있다고 확실히 알 고 있다 한들, 한쪽 다리를 잃어버린 사람은 잃어버린 한쪽 다리에서 모든 것을 출발하는 것이지, 논리로는 잃어버린 자기 다리를 대체할 수 없는 것이다. **지금** 아픈 사람은 항상 미시적일 수밖에 없다. 그래서 거 시적 대상황과 미시적 소상황을 합쳐 문제시해야 한다. 왜냐하면 인간 은 살아 있을 때가 가장 좋은 법이니까. 아무리 꽃을 피우는 방식이 달 라도 그렇다.

같이 구호 운동을 할 이들이 좌파인지 우파인지 하는 문제는 나중 문제라고 보고 우선 구호 모임을 발족했다. 모임명은 '베트남 전쟁고아 를 생각하는 시민의 마음 모임'이었다. 모임에서 나는 자주 '기회주의 자'라든지 '계급적이지 못하다'고 비판당했지만, 내 첫출발을 생각해 보 면 난 혁명적 진보라고 자화자찬하고 싶을 정도였다. 그 모임은 첫 번 째 활동으로 꽃 모금 운동이라는 걸 벌였다. 전쟁고아를 돕기 위해 돈

을 내면 카네이션 한 송이를 주는 활동에 이어서 영화를 보는 모임을
열기도 했고, 수제 인형을 모아서 베트남의 고아원에 보내기도 했다.

　밤낮으로 나는 베트남, 베트남을 외쳤다. 그간 쌓이고 쌓인 울분을
한꺼번에 분출했다. 그런 마음은 격류가 되어 '나의 베트남'으로 흘러
들어갔다. 당시 나는 스물세 살을 막 넘긴 참이었다.

3. 여성해방과의 만남

아무리 오욕 가운데 있다 해도 인간은 역시 인간이다. 인간의 혼은 빛을 찾아 끊임없이 떠돌다가 한줄기 빛 같은 것을 발견하게 되면 어떻게든 거기에 가까이 가려고 몸부림을 친다.

마스다 사요增田小夜, 《게이샤—반평생의 고투芸者—苦鬪の半生涯》[16]

일 년간 부지런히 베트남 구호 활동을 했다. 그러던 중에 베트남전이 시작된 연유를 알게 됐고, 일본이 제조한 무기나 트럭이 베트남 전장에서 사용되고 있고 그 무기가 아이들을 살상한다는 사실도 알게 됐다. 일본의 고도 경제성장이 베트남 아이들의 피를 희생양으로 삼고 있음을 알았다. 게다가 메이지 시대 백년은 침략의 세월이었고, 아시아 태평양 전쟁 전후로 쭉 일본 민족이 타민족을 억압해 온 역사를 알게 됐다.

돌이켜 보니 대낮에 우리 집에 고무줄을 팔러 와서는 식구들이 먹던 빵을 넋을 잃고 물끄러미 쳐다보던 그 남자애를 본 게 1950년이다. 한국전쟁 특수로 일본이 한창 부흥하던 때다. 그 당시 기억의 한 토막 한 토막은 전부 일본과 일본이 억압한 타국민과의 관계 그 자체였고, 껍데기만 대국인 일본이라는 나라의 내부를 실질적으로 떠받치고 있는 비참한 이들의 이야기였다.

한 손으로는 사람을 죽이고서 다른 한 손으로는 그럴싸하게 사랑을 베푼다면서 도움의 손길을 내미는 구호 활동의 기만성을 알 만큼

---

16   [옮긴이] 가난한 소작농의 딸로 태어나 지주 집에서 아이를 돌보다가 게이샤로 팔려간 여성 마스다 사요(1925~2008년)가 1958년 출간한 자서전이다. 글을 모르는 마스다 사요가 말한 것을 대필한 책으로 알려졌다.

알게 된 후, 우리는 구호 활동에서 탈피해 반전 활동에 초점을 맞추게 됐다. 베트남 구호 활동만 해서는 안 되겠다 싶어서 모임 이름도 '반전 AKANVIE'[17]라 붙였다. 운동 선전지를 쓰고 같이 공부를 하고 모임을 열고 데모하러 나가느라 정신없는 나날을 보냈다. 당시는 베트남 전쟁 반대 분위기가 국제적으로 높아졌는데, 일본에서도 학생운동을 중심으로 시민, 노동자들의 반전 그룹이 차례로 만들어졌다. 신좌익[18]도 운동의 '시민권'을 획득해 인정받기 시작했다.

1969년 1월 18일 도쿄대학 야스다 강당을 점거하고 농성 중이던 학생들을 체포하는 강제 진압이 일어났다.[19] 그날 밤 나는 밤새 친구와 기동대가 빙 둘러싼 도쿄대 주변을 배회했고 이튿날 오차노미즈에서 벌어진 투쟁[20]에 참가했다. 현기증을 느끼면서도 나는 지금 내가 역사의 모든 것을 묻는 투쟁을 벌이고 있다는 직감이 들었다.

17 [옮긴이] 아칸AKAN은 일본어 방언으로 안 되겠다는 뜻이다.

18 [옮긴이] 일본공산당의 온건 노선에 반대한 젊은이들이 기존 좌파가 아니라 새로운 좌파라고 이름을 붙이고 급진적인 혁명을 지향하며 주로 학생, 젊은 노동자들과 함께 운동을 펼쳤으며 1960년대, 1970년대 두 차례의 안보 투쟁, 베트남 반전운동 등을 통해 세력을 넓혔다. 신좌익의 큰 두 당파로는 혁명적공산주의자연맹과 마르크스주의학생동맹 중핵파가 있으며 전성기에 중핵파와 혁명적마르크스주의파에 참가한 이들은 수만 명에 달할 정도였으나 권력의 탄압, 노선을 둘러싼 당파 싸움, 무장 투쟁에 따른 대내외의 비판 등으로 쇠퇴했다.

19 [옮긴이] 전공투(전학공투회의) 소속 학생들이 도쿄대학의 상징인 야스다 강당을 점거했는데, 점거한 이들 400여 명에게 경찰 기동대는 최루탄 가스총을 쏘고 최루액이 든 물대포를 쏘며 점거 해제를 요구했다. 학생들은 화염병을 던지며 대항했다.

20 1960년대 후반에서 1970년에 걸쳐 들불처럼 번진 전공투 운동. 당시 도쿄의 오차노미즈 일대는 메이지대, 주오대, 니혼대, 도쿄대 학생들이 많이 모였다. 전공투 학생들은 오차노미즈 일대를 '라탱 지구Quartier latin'라 부르면서 해방구로 삼아 매일 시위를 벌이고 토론을 벌였다. 라탱 지구는 1968년 혁명을 이끈 학생운동을 시작한 파리의 대학가가 있는 곳이다.

앞서 썼지만 인간이 살아간다는 것은 무엇인가? 하는 물음을 깊이 제기하고 시작한 도쿄대 투쟁이 나름대로 내 일이라 생각했기 때문에 그 정점이라 할 수 있는 투쟁을 내 눈으로 직접 보았을 때, 흥분감이 극에 달했다. 나는 내 자신이 부끄러웠다. 각목을 잡거나 휘두르지 못하고 데모에 가면 매번 도망갈 궁리만 하는 게 나였다. '급진성'은 나를 내버려둔 채로 점점 더 앞으로 나아갔다.

인간이 살아간다는 것은 무엇인가? 하는 물음은 내가 살아간다는 것이 무엇이냐고 묻는 것이다. 그런데 나는 당시 혼란스럽기만 했다. '같은 인간으로서 운동을 하고 있다'는 식으로 여기저기서 말했는데, 어딘가 거짓말을 하는 것 같았다. 왜 거짓말 같은지는 알지 못했지만 그렇게 말을 하고 있으면 외풍이 새는 것 같았다. '인간으로서'와 같은 절대적인 시점으로 남과 손잡게 된 것은 내게는 뜻밖에 일어난 일이었다.

나만 느낄 수 있는 불편함을 내버려둔 채 인간으로서 싸우기로 결심하고 투쟁했기 때문에 그런 결심 한편에는 항상 도망치려는 마음이 있었다. 왜 각목을 못 잡는가 하는 물음을 스스로 던지지는 않았지만, 내가 의식이 낮아서 각목을 잡지 못하는 건가 싶어 고민했다. 체포된 사람, 부상을 입은 사람이 속출했다. 경찰 기동대가 폭력을 버젓이 자행하는데도, 나는 변함없이 빙빙 돌며 스스로 내 꼬리를 물려고만 하는 것 같았다. 그렇다고 내 꼬리를 문 것도 아니었고, 어떻게 해야 할지 모르겠고 혼란스러운 상태였다.

그해 가을 투쟁은 참담했다. 반전운동은 후퇴할 수밖에 없었다. 변변찮게 투쟁한 나조차도 남들처럼 좌절감을 심하게 느꼈다. 내 안에 계속 머물던 자기 부정의 논리는 이미 공중분해되어 사라져 버렸지만 그렇다고 나를 부정하는 논리를 대체해 줄 것도 찾지 못한 채 공허한 나날을 보냈다.

그러던 어느 날, 한 남자를 알게 됐다. 와세다대학 학생으로 혁명적마르크스파[21]하고 사이에서 문제를 일으키고 도피 중인 남자였다. 그 남자는 나보다 훨씬 더 헛도는 개 같았다. 내가 내 꼬리를 물려고 헛도는 개라면, 그 남자는 꼬리를 흔들며 다가오는, 사람을 잘 따르는 게 특기인 그런 개 같았다. 이 개 두 마리는 서로 훤히 보이는 허탈함과 식어 버린 마음을 체온으로 감싸며 몸을 맞댔다. 생명의 깊은 부분을 건드리는 것 말고 아무 것도 없는 남자였으나 옆에 있어도 방해될 것이 없었고 내 곁에 있어 줬으면 싶었다. 우리는 동거하게 됐다.

얼마 전 오사카에 사는 여성해방운동 동료가 찾아왔는데 내게 "남자와 아무래도 못 자겠다"는 식으로 말을 건넸다. 나이를 물어보니 스물한 살이라고 했다. "그 나이면 남자 경험이 없는 사람이 수두룩해요." 라고 내가 엉뚱하게 답을 하니, "실은 남자와 못 자겠다는 뜻이 아니라, 남자가 날 좋아한다고 고백하면 그런 말을 듣자마자 갑자기 그 남자가 싫어진다. 왜 그런지 모르겠다."라고 했다. 그전까지는 좋게 잘 지냈는데 고백만 들으면 갑자기 마음이 싸늘해지고 연락을 끊어 버린다고 했다. 벌써 몇 차례나 그런 일을 거듭해서 고민이라는 것이었다. 상대가 자기 존재를 확실히 인정해 준 것 같아 기쁘면서도 '나 같은 사람을 좋아하다니 어떻게 된 거 아냐?' 싶은 상반된 마음이 들어 아주 괴롭다고 했다. "맞아요, 무슨 말인지 알겠어요." 하고 고개를 끄덕이면서 나는 전에 동거한 그 남자를 생각했다.

처음부터 기대하는 것이 털끝만큼도 없이 시작한 관계인데도 매

---

21 [옮긴이] 신좌익 '혁명적공산주의자동맹'의 한 정파 '혁명적마르크스주의파'의 약칭.

일같이 그 남자와 지내면서 나는 짜증이 났다. 의식으로는 그 남자한테 아무것도 기대를 안 하는데, 그 남자의 존재에 어쩐지 속박당하는 느낌이 들었고, 그렇게 느낀 나 자신을 두고 초조해했다. 일상에서 무의식중이나마 그 남자가 바라는 방향대로 꼬리를 흔들어대는 내 모습을 자주 발견하고서 자기혐오가 들어 조바심이 났다. 함께 지내는 일상이 계속될수록 그 남자가 싫은 마음이 깊어만 갔다. 딱히 이렇다 할 이유 없이 싫은 마음이 드니, 그 남자에 대한 죄책감도 들어서 의식적으로 그 남자에게 더 다정하게 대하려 애를 썼다.

의식적으로 그 남자와의 관계성을 파악하려는 모습, 무의식적으로 그 남자한테 꼬리를 흔드는 모습, 이런 두 가지 내가 있었다. 이런 분열이 '지금 여기 있는 여자'인 나를 들볶았다. 그 모습 속에는 희망이라는 글자 위에 남자라는 글자를 겹쳐 쓰는 여자의 역사성이 있었다. 그런 관계성 속에서 부모의 모습을 떠올리고서, 나는 한층 자기혐오가 깊어졌고 초조할 뿐이었다. 더욱이 안절부절못하다가도 남자의 품에 안겨 평온을 느끼기도 했다. 이런 모순된 속내 사이에서 스스로 느끼는 분열감으로 인해 미칠 것만 같았다.

마르셀 파뇰Marcel Pagnol의 희곡 중에 〈파니〉(국역 을유문화사, 1990년)라는 유명한 작품이 있다. 파니와 마리우스가 연애하는 이야기다. 줄거리를 보면, 연인 파니를 사랑하면서도 미지의 세계인 바다로 나가고 싶다는 꿈을 억누르지 못한 채 괴롭게 번민하는 마리우스의 모습이 나온다. 〈파니〉뿐만 아니다. 대부분의 소설에서 미지의 세계에 가서 자아를 찾고 싶어 하는 이는 언제나 남자로 그려진다. 항상 여자는 조마조마하면서 그런 남자를 기다리는 역할을 맡는다. 하지만 남녀를 불문하고 인간은 누구든 안정되게 살고 싶은 마음과 자신의 가능성을 찾아 나서고 싶은 그 두 가지 마음을 지니고 산다. 굳이 드러내 놓고 말하지 않아도 그렇다. 오로지 정해진 항로로 달리는 자신과 정해진 항로로 달리는 게 덧없다고 깨달은 자신, 그 흔들림 속에서, 사람은 정해진 항로대로 살도록 한 역사성을 짊어지고 있으면서도 자신을 해방하려고 한다. 이 세상에 살아가는 인간은 마음속에 자신을 가장 인간답게 할 본질을 간직하고 있다.

그런데도 여자는 자신의 가능성을 찾으려 해도 찾지 못하게 되고, 돌아올 남자만 기다리는 역할이다. 본디 남자의 가능성은 여자의 가능성과 함께 있다. 남자가 남자다움으로 제아무리 애를 쓴다 한들 여자를 남겨 두고 항해를 떠나는 한, 필연적으로 좌절과 절망을 겪게 된다. 그런 걸 두고 남자의 쓰디쓴 눈물이라 하는 건 우습기 짝이 없는 일이다.

어둠 편에 있는 여자는 보기 싫어도 남자가 잘 보인다. 남자가 헛도는 꼴이 잘 보인다. 그렇기에 여자는 자칫 헛도는 남자를 안아 주고 싶어 하는 잘못을 저지를 수 있다. 현모양처란 아이한테도 엄마, 남편한테도 엄마, 이렇게 두 엄마 노릇을 하는 사람을 일컫는 말이다. 여자가 너그러움을 보이는 가운데 남자는 자신의 자궁 회귀 욕망[22]을 현실로 만들 수 있다.

그러나 아픔을 아프다고 느끼는 자가 자신의 아픔을 잊어버리고 너그러워질 수 있는가 살펴보자. 아픔을 느끼는 자는 아무리 너그러워진다 한들 자학적으로 할 수밖에 없다. 남자가 자신에게 **다정한** 여자를 찾으면 찾을수록 여자는 당연하게도 자학적으로, 즉 여자 자신에게는 가학적으로 될 수밖에 없다.

---

22 [옮긴이] 정신분석학에서는 인간이 불안할 때 안전함을 느꼈던 엄마 배 속으로 돌아가고 싶다고 퇴행적으로 느끼는 것을 자궁 회귀 욕망이라고 말한다.

종종 "여자는 잔혹하다"고들 하는데 그것은 여자들이 남자의 자궁 회귀 욕망에 응하고자 자신을 속이며 너무 무리해서 빚은 결과이다. 여자는 어둠 편에 있으면서 빛 속에서 광채를 발하는 '남자다움'에 대한 환상의 기만성을 목도한다. 그런 자로서의 여자가 여자다움의 환상으로 남자를 완벽히 속이려 한다면 스스로 무리를 하게 된다. 여자는 자학하는 법을 알게 되고, 그런 중에 '어차피 독을 먹었으니 아예 그릇 속에 담긴 독을 한 방울도 남기지 않고 깨끗이 비워 버리고 말테다.' 하는 식으로 더욱 자학하며 어두운 욕망을 품는다.

나는 남자를 외면하는 내 눈 속에서 그런 어두운 욕망을 봤다. 그때 나는 '엄마답지 못한 엄마'로 분열되어 엉망이 된 채로 살아온 여자를 깨닫게 됐다. 나는 남자 체면만 신경 쓰는 남편을 너그럽게 봐 줄 남편의 엄마 역할을 해 봤자, 여자로서 나 자신 스스로와는 만날 수 없으리라는 점을 생각했다. 엄마가 초조해하던 모습을 떠올렸다.

혼자서 바다로 나아가는 것으로 자아를 찾아야 하는 '남자다움'의 숙명도, 그리고 그런 남자를 기다리고 또 기다려야 하는 '여자다움'의 숙명도, 지금 살아 있는 남자와 여자를 억압하고 분열하게끔 한다. 아마도 앞서 말한 오사카에 사는 여성해방운동 동료도 이런 것을 예감했기 때문에 괴로움을 느꼈을 것이다. 언니가 결혼하기 직전에 갑자기 "내가 결혼을 하고 싶은 건지 하고 싶지 않은 건지 모르겠다"고 내뱉은 적이 있다. 그 중얼거림은 바로 가정이라는 항구에서 남편이 돌아오기만을 기다려야 하는 여자의 인생은 아무리 몸부림쳐도 불완전연소로 끝날 것이라는 점을 예감해서 나온 말, 여자의 진짜 속내였을 것이다. 자신의 속내를 귀 기울여 듣지 않은 채 결혼한 언니는 이제 아무리 열심히 덧셈 뺄셈을 한다 한들 채산이 안 맞는 계산서를 밤낮으로 봐야만 하고, 혼란을 느끼며 서민적인 일상을 영위하며 산다.

예전에 사토 에이사쿠佐藤栄作[23]라는 위정자가 누구든 세 평 집에 살아도 행복할 수 있다고 부끄럼도 없이 오만하게 지껄였던가?

세 평이든 네 평이든 간에, 아니 방이 백 개씩이나 있는 집에 살더라도, 문지방을 넘어 밖으로 나가면 사방이 적인 세상에서 싸우다가 몸소 좌절하고 절망하며 살아야 하는 남자와 그런 남자를 위로하는 것에서 살아가는 의미를 찾아야 하는 여자라는 존재 양식이 계속되는 한, 남자도 여자도 행복할 수 없다. 남자와 여자는 결코 제대로 된 **만남**을 가질 수 없다.

이번 장 앞부분에서 나는 한겨울 나무를 응시하며 '제발 그것만 아니게 해 주세요, 그것만은요.' 하고 기도하던 마음이었다고 썼다. 그것은 인간이 오욕 속에서 가장 큰 생명의 가능성을 발휘할 수 있다고 기대하는 것이었다. 생명의 가능성이란 나 자신과 남이 제대로 만나기를 갈망하는 것이다. 여자가 생명으로 살 수 있는 방식은 남자처럼 바다로 나아가며 자아를 찾아가는 방식에 있지 않다. 나 자신 속에 바다를 품고 내 속의 바다에서 나 자신을 찾아가는 방식에 생명의 가능성이 있다.

남자에게 바다가 의미하는 것이 사회라면, **살고자** 하는 여자한테 바다가 의미하는 것은 자기 자신이다. 사회에서 자신을 찾고 구하려 해도 사회는 지배자의 모습만 비출 뿐이다. 어디에 있든 완벽히 사회에서 자립한 주체라는 것은 있을 수가 없고 각자가 가진 노예의 역사성, 교태를 부리며 살아온 역사성을 짊어지고 걸어갈 수밖에 없다. 그런 이상, 사회에서 자신을 찾겠다고 '남자다움'을 갖추고 배를 타고 출발한다 해도 필연적으로 권력자와 흡사한 빨간 저녁놀을 볼 수밖에 없다.

23 [옮긴이] 1901~1975년. 1965년부터 1972년까지 일본의 61, 62, 63대 총리.

나 자신 속에 바다를 품는다는 것은 노예로서 아픔을 아프다고 느끼면서 노예도 아니고 노예 우두머리도 아닌 자신을 찾아 만남을 갈구하는 것이다. 남자에게 교태를 부리며 살아온 것이 피가 되고 살이 되어 버린 여자의 역사성을 짊어지고 있지만 말이다. 억압을 당한 자들이 생명으로 살 수 있는 것은 억압을 당한 자들이 서로 만남을 추구하는 가운데 가능하다. 즉 피억압자들이 서로 적대하게끔 해서 성립한 이 사회를 타도할 가능성은 그런 만남에서 나오는 것이다.

바다를 향해 가고 싶다. 아무리 먹이를 많이 준다 해도 물고기는 바다로 돌아가야 한다. 이제 내 속에 있는 진짜 바다로 가고 싶다. 바다로 돌아가고 싶다는 마음은 제대로 된 만남을 하고 싶다는 것이다. 여자, 남자, 오키나와 사람들, 피폭자, 재일조선인, 창녀, 피차별부락민과 그리고…… 이 세계와 만나고 싶다. 만나고 싶은 마음속으로, 나의 바다로 물이 들어오고 있다. 한 사람 한 사람의 바다로 물이 들어갈 때에 나의 생명이 있고 나의 미래가 있다.

남자다움에 대한 환상을 주입당해 '세상 어디에도 없을 남자'를 찾아 헤매면서도 살아 있는 남편과 어떻게든 만나려고 애를 쓴 내 엄마의 엉망이던 상태. 그것은 틀림없이 살아 있는 여자의 모습이었다. '세상 어디에도 없을 남자'인 배우 존 웨인과 '지금 여기 있는 남자'인 남편, 이 둘 사이에서 엄마가 자신의 삶을 살려고 애썼다는 것을 알게 됐을 때 나는 엄마를 용서했다.

두 남자한테 집착한 엄마는 '지금 여기 있는 여자'로 그 모순 가득한 생을 살려고 했다. 구해도 구해지지 않을 자신을 찾으려고 하면서 자신의 존재 의미를 살피려고 했다. 엄마 또한 나처럼 자기 꼬리를 물려고 빙빙 도는 개였던 것이다. 그 헛도는 꼴로 인간임을, 인간이 인간다운 까닭을 밝혀 준 한 마리 개였다. 어리석음이야 개와 비슷한 수준이었으나 그 어리석음에 계속 집착하면서 사람은 개와 구별된다. 내가 엄마한테 버림받았다고 느꼈던 것은 엄마다운 엄마를 구하려는 마음이 낳은 것이었으며 그런 이상, 나 또한 '지금 여기 있는 여자'인 엄마를 억압하는 한 사람이기도 했다.

피억압자끼리 서로 찢고 찢기는 아픔, 이 너무도 큰 아픔 때문에 자칫하면 진짜 적을 놓칠 수 있다. 엄마다운 엄마를 구하며 구할 수 없는 절망감을 느끼고서는 엄마와 관계를 끊고 돌아보지 않는 것으로 그 절망감을 채우려 한 나는 실은 나 자신을 버린 것이다. 엄마다운 엄마를 찾는 이상, 나 또한 여자다움에 대한 기대에서 벗어날 수 없었다. 더욱이 그렇게 하면서 발견한 것은 '여자는 순결해야 한다'는 기준과 동떨어진 나 자신밖에 없었다. 이런 모순으로 인해 나는 긴 세월 동안 나 자신을 발기발기 찢게 된 것이다.

다시 같이 살던 남자 이야기로 돌아가자. 우리의 동거는 한 달 만에 끝났다. 남자한테 알랑거리는 자신과 알랑거리고 싶지 않은 자신 사이에서 힘들어하며 마음이 갈라지고 찢어진 나는 그 아픔 탓에 남자를 미워하기 시작했다는 것을 알게 됐을 때, 남자와 헤어지기로 결심했다. 알랑거리고 싶지 않은 자신이란 내 더럽혀진 과거를 알리고 싶지 않은 나를 말했다. 남자한테 알랑거리는 것이 창피해서 거부한 것이 아니라 언젠가 내 과거를 들킬 것만 같은 두려운 마음으로 인해 남자한테 알랑거리지 않았다. 버스를 늦게 타고 싶지는 않았지만 애초에 늦은 시간에 나타난 자가 헐레벌떡 뛰어가 버스에 탈 수 있겠다 싶은 그 순간, 버스가 출발해 버린다면 비참함과 굴욕감은 더욱 심해질 거라고 생각했다. 이런 마음 때문에 남자한테 알랑거리지 않았을 뿐이다. 그래서 내가 무의식중에 남자한테 알랑거린다는 것을 알게 되자, 그 알랑거리고 싶지 않은 마음이 남자에 대한 미움으로 그토록 쉽게 변해 버린 것이다.

결혼 이야기가 나오자 그 남자와 난 각자의 부모님에게 인사하러 갈 것도 계획했다. 그런데 마음속으로는 이 결혼이 내 일이 아니라고 생각했다. 우리 둘의 미래를 열심히 논하던 남자가 멀게만 느껴졌다. 헤어지기로 결정했을 때 남자는 꺼이꺼이 울면서 엉뚱하게 사과했다. 내가 미안해, 다 잘못했어······. 나의 헛된 환상이 모래성처럼 무너지는 소리를 들으며 나는 여행을 떠나야 했다.

그 남자와 사귈 즈음부터 나는 출입국관리법안[24] 투쟁에 참가했다. 그 투쟁에 참가한 것이 나와 여성해방운동을 연결한 계기인데, 신기하게도 출입국관리법안 투쟁 또한 베트남인과의 인연으로 시작한 것이었다. 구호 활동으로 알게 된 일본 거주 베트남인이 일본에서 반전 활동을 했다는 것을 구실로, 갑자기 남베트남 정부가 그 사람에게 베트남으로 돌아오라는 귀국 명령을 내렸고, 남베트남 정부와 결탁한 일본 정부는 그이에게 강제 퇴거 처분을 내리려 했다. 그런 사태가 일어나자 처음에는 내가 알고 지내는 사람한테 큰일이 났다 싶어서, 그런 마음만 갖고 출입국관리법안 투쟁에 참가했다. 그러던 것이 투쟁을 하다 보니 일본이라는 나라가 아시아 사람들한테 어떤 태도를 취했고 지금 어떤지를 뼈저리게 알게 됐다.

일본에 있는 외국인 가운데서도 유럽이나 미국인한테는 한없이 관용적이면서도(그렇다고 해도 반전 활동을 하는 이들에게는 관용을 베풀지

24 일본에 거주하는 외국인 가운데 가장 많은 국적은 한국인, 조선인이며 그다음은 중국인, 대만인이다. 대부분 식민지 시절 일본군이 강제 연행하거나 식민지 착취로 인한 빈곤 탓에 어쩔 수 없이 일본으로 건너온 조부모, 증조부모를 둔 이들이다. 1970년대 초, 일본에서는 이들을 더욱 압박할 출입국관리법안을 국회에 상정했고, 신좌익 운동에서는 학생들을 중심으로 이 법안의 본질이 일본의 새로운 아시아 침략이라 간주하고 맞섰다.

않는다), 재일조선인을 비롯해 일본에 있는 아시아인들한테는 마치 자기가 생사여탈권이라도 가진 것마냥 군다. 출입국관리법에는 낡아빠진 소위 '신국 일본'의 행태가 노골적으로 보였다.

나는 눈이 내리던 새벽녘에 너덜너덜한 운동화를 신고 길을 떠난 재일조선인 여자를 떠올렸다. 그리고 무의식이 되어 버린 나 자신의 차별의식을 깨달았다. 권력은 내 안에서 피가 되고 살이 되어 있었다. '내면화된 출입국 관리 체제'라는 말을 들었을 때 차별의식에 딱 맞는 말이라 생각했다.

출입국관리법안 투쟁을 한창 하던 와중에, 도쿄대 야스다 강당에서 점거 투쟁을 하다가 강당에서 나온 지 얼마 안 된 남자를 알게 됐다. 친구 집에 저녁 식사 초대를 받아 가 보니 그 남자가 앉아 있었다. 친구는 그때 자기 남자친구와 동거를 하고 있어서, 내게 그를 좀 숨겨 달라고 했다. 강제로 그런 것은 아니고, 거처를 제공해 달라는 정도였다. 나는 그가 호인이기도 했고, 더욱이 야스다 강당에서 투쟁했다는 것을 알게 되자 망설이지 않고 내가 살던 곳으로 그를 데려왔다. 그 당시 나는 단층집에 혼자 살고 있었다. 쓰러져 가는 집이기는 해도 부모가 주인이었기에, 내가 베트남 반전운동을 시작하면서 꾸린 '반전 AKANVIE' 모임의 아지트로 쓸 수 있었다. 일 년 내내 많은 사람들이 왔다 갔다 했기 때문에 남자를 기거하게 해 주는 것쯤이야 어렵지 않았다. 그런 사정을 잘 아는 친구가 내게 부탁한 것이다.

나는 시위 때 각목을 들지 못하는 스스로에게 열등감을 느꼈다. 물론 각목을 들건 안 들건 그리 대단한 문제는 아니다. 하지만 나는 나의 반권력 의식에 위선이 있지 않나 싶었다. 뭣 때문에 각목을 들지 못하는지 도통 모르겠어서 아마도 의식 수준이 낮은 탓이라 여겼다. 그래서 열등감을 느낀 것이다.

"의식 수준이 낮다"는 말은 뭔가 알 듯 말 듯 애매한 말이다. 그래서 의식이 낮다고 결론이 나면 왜 그런지 모른 채 열등감을 느끼는 게 당연하다. 나는 열등감을 느끼던 것만큼 그 남자를 극진히 대접했다. 그는 무표정했고, 표현을 솔직하게 하지 않는 남자였다. 왜 야스다 강당에 들어갔느냐고 내가 다소 얼빠진 물음을 던지니, 그는 "그때는 이것저것 다 좌절한 상태라 전부 다 여기서 끝장을 내 버리자 싶은 마음으로 들어갔다"고 답했다. 내 기대를 저버린 대답이었는데, 투쟁이라는 게 그런 건가 싶기도 했다. 줄을 세워 바지를 다리는 것에만 신경을 쓰는 남자였지만 나는 그를 존경했다. 인격적인 면이 아니라, 어떻게 그렇게 힘든 야스다 강당에서 투쟁을 했을까 싶어 감탄했기 때문이다.

당시 나는 내가 끝까지 못 싸운다는 것, 그러니까 각목을 들지 못하는 자신을 아주 창피하게 여긴 것 같다. 야스다 강당에서 벌어진 경찰 기동대와 학생들의 공방전을 두고 누군가 "이 사람들은 자기 목숨을 걸고 싸우는데, 당신은 어떻게 할 겁니까?"라고 묻자, 우물쭈물 답을 하지 못한 기억이 난다. 또 하나, 사토 에이사쿠의 방미 저지 데모를 할 때 경찰 기동대에게 잡히지 않으려고 줄곧 도망치기만 한 적이 있었다. 화염병 하나 던지는 것만 봐도 몸이 움츠러들어서 굴욕감을 느꼈는데 그런 것들이 다 동반 상승 효과를 일으켜 열등감으로 변했다. 내가 왜 이토록 열등감 열등감 강조하느냐면, 내 집에 숨겨 준 그 남자가 항상 시원찮고 허무한 표정만 짓는 게 가슴 아파서 어느 날은 '한번 자 줄까.' 하는 생각을 품기도 했기 때문이다. 금방이라도 먹을 수 있도록 내가 차린 그 밥상을 둘 다 안 먹고 끝나 버리기는 했지만.

여성해방운동 동료 가운데 얼굴에 멍이 든 것처럼 보이는 반점이 있는 이가 있다. 그이는 노상 앞장서서 남들이 싫어하는 일을 곧잘 한다. 남이 먹고 난 밥상도 잘 치우고 커피나 차도 끓여 내온다. 그런 모습을 보면, '이런 나라도 도움이 된다면……' 하고 생각하는 여자의 마음이 훤히 보인다. 어느 날은 그이의 씩씩함과 겸허함에 감동을 받고, 그러다 어느 날은 그 모습을 보고 싶지 않아서 고개를 돌려 버린다. 그런 이유는 예전에 내가 그랬기 때문이다. '내가 자 주면 남자 기분이 조금이나마 나아질까.' 생각하던 나는 분명 '이런 나라도 괜찮다면 받아 줘.'라고 쓴 노래 가사 같았다. 어찌 됐건 그 정도로 나는 헌신하면서 혁명한다는 남자를 떠받들었다. 그런데 지금 생각해 보면 그런 내 모습이 단지 열등감 탓만은 아니었다.

내가 환상을 품은 '남자다움'은 항상 '더럽혀진' 나를 아기 다루듯 안아 주고 품어 줄 그런 남자 이미지였다. 앞서 썼듯 불감증인 엄마를 둔 탓에 무슨 일이 있어도 오르가슴 하나만 있으면 된다고 생각했었다. 그런 바람과 남자다움에 대한 환상으로 뒤죽박죽이었다. 더럽혀진 나를 제대로 끝까지 데려가 줄 남자를 만나서 내 죄를 씻어 주는 오르가슴을 느낄 수 있었으면 좋겠다, 이것이 내가 가장 원한 것이었다.

오르가슴 속에서 내 죄가 녹으면 나는 우주와 융합이 될 것이고 한없이 자유로이 비상할 수 있을 것이라 기대했다. 생명이 있는 한 불타오르는 그 이미지는 죽음의 이미지를 뒤집은 것이었다. 살아가겠다는 것은 천국과 지옥을 간직한 그런 순간을 맛보는 것이며, 그런 순간이 찾아온다면 좋겠다 싶었다. 지금 생각해 보니 에로스를 갈구한 것이었다.

그 남자를 만나기 전에 스스로를 신좌익의 일원으로 여기고 작은 모임을 만들기는 했어도, 애초에 시민 반전 모임이라서 그런지 온화한 활동만 했다. 모임에 참가한 남자들은 마음씨가 고왔다. 화려한 혁명 이론을 일장 연설하는 남자도 없었고, 어마어마하게 크고 그럴싸한 이론을 말하면 불신을 나타내는 사람들만 있었다. 당시 혁명파다운 혁명파 남자는 그 남자가 처음이라 나는 마치 진귀한 동물이라도 본 것 같은 심정이었다. 그 남자는 뭐든 어렵게 말했다. 아무리 열심히 들어봐도 흰소리라는 생각만 드는 말을 자주 입에 담았다. "이제 2~3년 안에 세계에서 혁명이 일어날 거야." 그런 말을 들으면 그건 좀 아닐 것 같다 싶었다. 그 남자는 자기가 하는 말하고는 달리, 혁명에 흥이 깬 듯한 무표정한 얼굴을 자주 했다. 그 남자 말을 듣고 있으면 자꾸만 고개를 갸우뚱하게 되고 마는 것이다.

그렇지만 내 속에 있는 '남자다움'에 대한 환상은 어느새 '혁명가'에 대한 것으로 변해 있었다. 나는 원래 내가 옳다고 믿는 건 고집해도 남이 그러면 잘 믿지 않는 성격이다. 그 남자가 하는 말은 도무지 믿을 수가 없었다.

나는 자칭 '혁명가'들이 지적하는 것처럼 미시적 상황만 보는 여자이기도 해서, 거시적인 '대상황'을 논하려 해도 마치 돼지 목에 진주 목걸이 같은 격이었다. 내가 혁명가 남자에 대해 환상을 품은 것은 '세상 어디에도 없을 남자'를 구하는 것과 같았다. 내가 그 남자를 마음에 걸려 했던 이유가 딱히 혁명가들이 말하는 식으로 세계 혁명을 한순간에 이룰 수 있다고 진짜 믿어서는 아니었다. '혁명가'에 대한 환상을 품고 있던 내 앞에 적당한 때에 그 남자가 나타난 것이라고 봐야 맞을 것이다. '여자답게' 하고 싶은 마음과 스스로를 '여자 불량품'이라고 보는 열등감을 뭉뚱그려, 그 남자를 대단한 혁명가라도 되는 양 섬긴 것 같다. 다시 말해 나는 섬길 대상이 필요했던 것 같다. 나는 그 남자를 섬기면 '혁명'이 찾아와서 나를 어르고 달래 줄 것만 같았다. 내게 그 남자는 혁명의 수단과 같았다. 돌이켜보면 난 그 사람을 우습게 여긴 것 같다.

당시 학생운동은 이미 쇠퇴기에 들어간 무렵이었다. 그래서인지 그 남자가 한창 운동이 잘 나가던 전성기 시절을 이야기하면, 나는 내가 설사 혁명을 위해 아무 것도 하지 않더라도 혁명을 붙들고 싶은 마음이 들었다. 그 즈음 '신좌익'은 유일하게 내가 심정적으로 의지한 운동이었다.

지금 생각하면 그 남자를 '혁명가'로 섬겼기 때문에, 내가 여성해방과 만날 수 있었던 것 같다. 그렇지 않았더라면 지금도 변함없이 신좌익에 대한 환상을 갖고 있었을 것이다. 그 남자는 '남자다움' 하나만으로 투쟁을 해 왔다 싶은 생각이 드는 남자였다. 그 남자 스스로는 그런 과장된 이론을 믿지 않는 것 같아 보이는 점이 아무래도 이상하다 싶었다. 그에게 혁명이란 자신의 '남자다움'을 북돋아 줄 주문과 같은 게 아니었을까 싶다. 나는 그의 '남자다움'에 복종하는 신하 역할에 만족하면서, 그가 말하는 혁명의 내실을 똑똑히 봤다. 언제나 어둠에 있으면 빛이 잘 보이는 법이니까.

화제를 돌려 출입국관리법안 투쟁[25] 때 이야기를 해 보자. 이 투쟁은 출입국관리법 개악안에 대한 투쟁을 넘어서, '출입국 관리 체제' 그 자체와 싸우는 게 핵심이었다. 법안이 나오는 것은 항상 마지막 국면

---

25 [옮긴이] 일본 정부는 일제의 식민지 지배에 따라 일본에 거주하게 된 구식민지 출신 외국인들(재일한국인·조선인, 재일중국인·대만인 등)을 철저히 관리해 왔다. 패망 후 일본은 구식민지 출신 외국인에게 1951년 출입국관리령, 1952년 외국인등록법, 국교 체결 등에 따라 체류 자격을 부여했다. 이에 대해 재일 외국인들은 크게 비판을 제기했다. 일본인은 하지 않는 등록을 해야 하는 것(외국인을 잠재적 범죄자로 보는 시각), 또 구식민지 출신 외국인의 후손들이 갖는 지위의 불안정함(가령 태어나서 줄곧 일본에서 살아도 범법 행위를 하는 경우 본국으로 강제 송환된다) 때문이다. 저자가 언급한 출입국관리법안 투쟁은 기존의 출입국관리령을 강화하여 1971년부터 1973년까지 세 차례 일본 국회에 상정된 법안(출입국관리법안, 나중에 전부 폐안됨)에 대한 반대 운동을 말한다. 이 법안에서는 재일 외국인들의 정치 활동을 규제했으며, 이를 위반하는 이들을 강제 퇴거시키는 절차를 간소화한 내용이 담겼다. 재일한국인 민단 조직과 화교 청년들이 출입국관리법안 투쟁을 주도적으로 펼쳤다.

이다. 법안이 성립하는 것은 성립 이전에 이미 사회에 법을 받아들이는 체제가 마련되어 있기 때문이다. 겉으로 내세우는 민주주의에는 이런 교묘한 장치가 있다.

당시 과연 '출입국 관리 체제란 무엇인가?'라는 이의 제기가 여기저기서 터져 나왔다. 그런 물음 후 어떤 답이 나왔는지 이제 잊어버렸지만, 나는 직관적으로 '출입국 관리 체제는 가정과 같다'는 생각을 했다.

이런 가정에서 태어났다, 저런 가정에서 태어났다 하는 식으로 출신을 따지는 게 없어지지 않는 한, 차별의식도 사라지지 않는다. 출신을 따지는 것의 연장선 위에 배외주의가 있는 만큼 출신을 따지는 게 없어져야 배외주의도 사라질 것이다. 내 논리는 간단명료해서 애초에 논리라고 할 필요조차 없었다. 이 세상에 있는 여러 가지 악의 뿌리는 가정에서 기르는 것이다. '여자는 순결해야 한다'는 시각은 가정을 방파제 삼아 유지된다. 가령 엄마가 나를 버린 것도 가계를 번창하게 하려는 생산성의 논리 탓이었다. 가정이 여자의 성을 에워싸고서 여자의 삶을 불완전하게 타오르게 한다. 이 체제에서 가장 작은 단위는 가정인데 그런 가정을 내부에서 받치는 게 '여자는 순결해야 한다'는 시각이다.

그전까지 나는 여자의 역사에 관한 책을 한 권도 읽은 적이 없었다. 오랜 시간 내가 지녔던 아픔이 내게 가르쳐준 것이 어떤 논리보다 확실했다. 당시 우연히 빌헬름 라이히의 《성문화와 성교육 그리고 성혁명》[26]이라는 책을 읽었다. "인간의 의식 구조의 핵심은 성이다." 빌헬름 라이히의 이 말 한마디에 불확실하게 여기던 모든 것이 확실해졌다

---

26 [옮긴이] V장 신좌익과 여성해방 3절 발기부전에서 벗어나기에 자세한 역주가 있다.

고 해도 과언이 아니다. 오랜 시간 스스로를 괴롭히며 마음이 찢어졌는데, 한꺼번에 분명해졌다. 빌헬름 라이히의 책을 읽고 이미 알고 있으면서도 모른 척하던 사실을 알게 됐고, 그런 것들에 가능성이 있다고 깨닫게 됐다.

출입국 관리 체제라는 것이 가정하고 똑같다는 논리를 세우자 필연적으로 나는 일부일처제에 대해 눈을 떴다. 애초에 일부일처제는 매춘 제도나 다름없는 것이다. 남자와 여자와 아이가 서로 찢고 찢기는 제도이다.

그러나 문제는 더 있다. 오랜 세월을 거쳐 제도가 된 일부일처제가 사람들의 마음속에 내면화된 것을 만들어 냈다는 점이다. 아저씨는 산으로 풀 베러, 아줌마는 냇가로 빨래하러 가야 한다고 긴 시간 동안 강제하자, 이제는 사람들의 마음속에 스스로 산에 **가는** 남자, 스스로 냇가에 **가는** 여자가 생겼다.

앞서 썼듯 그 무렵 나는 '남자다움'에 대한 환상을 '혁명가'에 대한 것으로 바꾸던 중이었다. 틀림없이 내 내면에도 냇가에 빨래하러 가거나 유리 구두를 계속 기다리는 여자가 있었다. 언젠가 혁명이 찾아올 거라 믿으며 혁명가다운 남자 가까이서 흐뭇하게 있는 내 내면의 여자다움을 봤다. '여자다움'에 대한 환상은 '만약에 혹시나' 하고 기대하는 것과 같다. 만약 애인이 생기면, 만약 피부가 하얗다면, 만약 결혼을 한다면, 만약 아이가 태어난다면, 만약 혁명이 도래한다면······. 여자가 갖고 있는 '만약에 혹시나'와 같은 환상은 전부 남자를 향해 품는 것이다. 여자는 '만약에 혹시나' 하고 기대한 것들에 배신당하면서도 그런 기대감을 이어 붙여서 살아가고 그렇게 하면서 늙어 간다. 그런 과정을 거쳐 '남자를 기다리며 행복해하는 어리고 순진한' 여자는 '원한을 품은' 여자가 된다.

드디어 나는 '인간'으로 투쟁해 온 나의 기만성을 깨달았다. 애초에 나는 여자이고, 그런 후에 인간이었다. 하지만 이런 말만으로는 아직 부족하다. 여자인 것으로부터 계속 도망 다니는 여자는 여자가 아니다. 여자를 암컷으로 살게끔 하는 이 세상에서 원래 여자는 인간이 아니다. 나는 암컷으로 살아왔다. 내가 자학하려고 이런 말을 하는 게 아니다. "실제로 본 것은 봤다."라고 말하기 위해서 확인하려고 하는 것이다. 내가 혁명적인 학생운동을 끝까지 같이할 수 없었던 이유는 내 의식이 낮아서가 아니라 투쟁 주체로서 나 자신의 원점을 어디서 찾아야 할지가 불명확해서였다.

　나의 원점이란 '나의 아픔'에 다름 아니다. 이는 암컷으로 살아가는 것에서 오는 아픔 말고는 없다. 나의 아픔으로 싸우지 않았기 때문에 나는 각목을 들지 못한 것이다. 인간이기를 좌절당한 자가 방긋 웃으면서 자신이 실은 암컷이라는 점을 받아들여야 하는 형편인데, 각목을 잡을 수는 없는 노릇이다.

　여성해방운동을 시작하기 직전에(당시에는 여성해방이라는 말조차 없었지만), 2~3주쯤 호스티스를 한 적이 있다. 1970년 7월이다. 그해 4월 즈음 이제 여성해방운동을 해야겠다고 결심을 굳혔는데, 아무래도 여성해방운동을 시작하면 내가 도망칠 수 있는 곳이 이제 사라질 것이라는 예감이 들었다. 내가 도망칠 곳이 어떻게 사라진다는 것인지는 모르겠으나, 어쨌거나 스스로 도망칠 곳이 없어지면 안 된다는 생각이 들어서 곧바로 여성해방운동에 나서지 않고 시간만 질질 끌던 참이었다. 그러다가 마침내 마음을 정했을 때, 나는 우선 앞으로 내가 어떻게 먹고살지를 궁리했다.

　당시는 우리 집 가게 일을 도우며 부모님에게 월급을 받던 상태였다. 부모님은 내가 반전운동을 하는 것은 그나마 넘어갔지만, 여성해방운동을 한다고 하면 안 된다고 할 게 뻔했다. 나는 무엇보다 경제적인 면을 준비해 놓아야 했다. 여성해방운동을 하면서 먹고살 게 아무 것도 없어도 곤란하지 않도록 미리 돈을 마련해 놓자 하는 심경이었다.

그렇게 해서 호스티스를 시작해 밤 12시에 집으로 돌아오는 생활을 하게 됐다. 그렇게 일을 마치고 집에 오면 앞서 말한 자칭 '혁명가' 남자가 동지들과 함께 논의를 하다가 내게 "밥 좀 해 줘." 하면서 참 쉽게도 부탁을 했다. 지금 생각하면 내가 진짜 맹추 같다 싶은데 당시에는 그 남자가 좋아하는 여자가 되고 싶은 마음이 마치 '밥을 지어야지.' 하고 명령하는 듯했다. 고개를 약간 갸우뚱하면서도 난 밥 짓기를 서둘렀다.

생각해 보면 여자는 신좌익 운동 내부에서 암컷으로 살았다. 등사판 허드렛일[27]부터 시작해서 혁명가를 자처하는 남자들의 활동 자금을 모으려고 아르바이트로 돈을 벌었고, 가사 육아 빨래 등 수면 아래에 있는 거대한 빙산처럼 많은 일들을 했다. 일상을 꾸리기 위해 하는 이 무겁고도 부담스런 일들을 암묵의 폭력으로 강요당한 것이다. 폭력은 금세 알 수 있는 물리적인 폭력만이 다가 아니다. "자 이제부터는 트로츠키[Leon Trotsky][28] 식으로 한번 논리 전개를 해 봐." 하거나 "프롤레타리아로서 의식이 낮다"든가 하는 말로 위협하고, 싫은 내색을 보여도

27　전공투 운동에서는 선전 전단지를 만들 때 등사판 작업을 했다. 판을 만드는 것, 종이를 끼우고 자르는 것 등을 말한다.

28　1879~1940년. 1917년 레닌과 함께 러시아 10월 혁명을 일으켜 소비에트 정권을 창출했다. 외무·육해군 군사 인민위원을 지냈다. 레닌이 사망한 후 중공업 노선을 위주로 한 세계혁명론인 영구혁명론을 주장했으나 스탈린의 일국사회주의론(먼저 소련을 안정화시키고 소련이 다른 국가를 점령해 공산화시킨다는 내용의 이론)에 패했고, 1926년 당에서 제명되었다. 그 후 국외로 추방됐는데 망명한 멕시코에서 암살당했다. 주요 저서로 《러시아혁명사》(1931년), 《배반당한 혁명》(1936년) 등이 있다.

벽에 걸린 꽃마냥 취급하고서는, 모두가 하찮게 여기는 일만 묵묵히 하게끔 하는 것도 폭력이다.

여자의 아픔을 더욱 깊게만 할 뿐인 혁명 따위, 어차피 남자만의 혁명에 지나지 않는다. 남자들은 "만약 내가 결혼을 한다면 운동을 하지 않는 여자랑 할 테야."라고 거리낌이 없이 큰소리쳤다. 그런 남자들을 위해 조그맣게 움츠러들어 바리케이드 시위[29]에서조차 밥을 짓고 변소를 청소하는 역할을 담당한 이들이 '여자'라는 이름의 암컷들이었다. 어머니의 너그러움과 창녀의 교태를 두루 갖추고 남자들의 혁명 지도부를 떠받쳐 온 '엉클 톰'[30] 같은 여자들. '만일 혁명이 된다면' 하고서 그 환상을 위해 자신을 바친 신좌익 내부의 신데렐라들.

결혼 적령기를 이미 지난 여자가 자기 발에 맞지도 않을 유리 구두를 계속 기다리다가 이제 신좌익의 정체를 보고서 비참함과 후회스러움을 느낀 것이다. 신좌익의 본모습은 기존 좌파를 새롭게 한다는 의미로 지은 '신좌익'이라는 글자가 와서 울고 갈 정도였다. 나는 내 자신이 거기서 굴러떨어지고 말 것임을, 누구도 하나 봐 주지 않은 채 지고 말 꽃잎과도 같은 운명임을 도저히 두고 볼 수는 없었다. 그런 분노가 "여자가 여자로 살지 못하는데 어떻게 아내로, 엄마로 살라는 말인가! 여자가 산다는 것이 뭔가, 대관절 왜 우리는 여자인가!" 하는 외침으로 바뀌었을 때, 나의 여성해방이 시작됐다. 스물여섯 해 동안 견디

---

29 일본의 학생운동 용어로 바리케이드를 치고 그 안에서 시위를 하는 것을 말한다.

30 노예제의 비참함을 그려 미국에서 노예제 폐지의 도화선이 된 것이 해리엇 비처 스토우의 소설 《톰 아저씨의 오두막집Uncle Tom's Cabin》(1852년)이다. 그런데 1960년대 미국에서 공민권 운동이 확산하면서 소설 속 '엉클 톰'은 백인(=지배자, 억압자)에게 유순하고 흑인 정체성을 잃은 흑인을 상징하는 말이 됐다. '엉클 톰 같은 여자들'이라는 말은 이에 빗댄 말로, 남자 중심 사회에 협력하는 여자를 가리키는 말이다.

어 온 비참함으로 나는 세차게 일어났다.

변소에 오래 있으면 냄새가 구린지 모르게 된다. 가랑이 사이에 있는 것을 확인시켜 주며 여자임을 일깨워 주는 사회에서 여자는 변소에서 사는 것이나 마찬가지이다. 여자가 기지를 발휘해 변소 창문이라도 좀 열어 볼 수 있게 되기까지, 이토록 멀게 길을 돌고 돌아야 했다니! 꼭 공기 속에 여자가 살기 힘든 현실이 섞여 있는 것만 같다.

여성해방을 만나고 비로소 나는 보잘것없는 나를 사랑하고 아낄 수 있게 됐다. 설령 스스로를 하찮고 별 볼 일 없다고 여기는 여자이더라도, 나 자신이 있고 나서 이 세상이 있다는 사실만 안다면, 자신 속에서 미래도, 희망도 찾을 수 있다.

운이 좋지 못해 돌멩이에 걸려 넘어져서 누군가 나를 구해 주러 오지 않을까 기대하며 오랜 시간 가엾게 기다렸지만, 결국 '스스로 일어서야 한다'고 깨닫고 "이런 내가 쓰레기일 리 없지 않은가!" 하고 외치며 일어난 것이 나의 여성해방이었다.

'지금 내가 그럴 때가 아니야.'라고 핑계도 반격도 아닌 말만 중얼거리던 내가 상대방 눈을 똑바로 쳐다보며 "내가 건방지다고요? 건방지지 않으면 여성해방운동 같은 건 못한다고요."라고 말할 수 있게 되기까지에는 말로는 다 할 수 없는 우여곡절이 있었다. 그리고 여성해방운동을 하면서부터는 그저 한숨만 쉬고 싶은 마음만 드는 것도 솔직한 심정이다. 하지만 내 한숨은 내가 쉬고 싶어서 쉬는 게 아니다. 한숨 쉬고 머리를 쥐어뜯으면서도 "왜 여성해방이어야 하는가, 왜?" 하고 되물으며 나와 여성해방 동지들은 전율한다.

"왜 여성해방이어야 하는가?"라고 하는 것은 "왜 여자는 다른 여자들을 만나야 하고 서로 이어져야 하나?"라고 묻는 것이다. 여태껏 서로 으르렁대며 손톱 날을 세워 온 여자들이 그런 역사성을 짊어진 채 여자에서 여자들로 연대를 구하려 한다면, 여자의 진짜 속내와 건방짐을 합치는 것 말고 달리 방법이 없다. 나와 당신은, 우리를 외면하는 세상을 신경 쓰지 않고 "왜 여성해방이어야 하느냐고? 그걸 가장 알고 싶은 사람이 우리다."라고 대담하고도 뻔뻔스럽게 답한다. 우리는 "여성해방이 뭔지 좀 알려 달라"고 하는 세상을 향해, 또 그런 남자들을 향해 "지금 그럴 때가 아니다."라고 말한다.

여전히 가끔씩 내 자신이 쓰레기 같고, 가치가 없는 여자라는 생각에 기분이 처질 때가 있다. 아니 자주 있다. 그럴 때 나는 나의 원풍경을 다시 만난다. '제발 그것만 아니게 해 주세요, 제발……' 하며 기도하던 모습을 똑똑히 떠올려본다.

손을 내밀어 봤자 붙잡을 수 있는 건 어둠뿐인 게 당연한 현실에서는 뭐라도 잡을 수 있으면 그걸로 된 것이다. 나의 원풍경 속에서 그토록 매섭게 휘몰아치던 바람은 이제 내게 봄기운을 전하고 있다.

III
만남을
찾아서

1. 뒤통수를 치고 싶지도 맞고 싶지도 않아

예정조화설이라는 게 있다. 내 식대로 풀자면, 이 세상 살아가기 힘들다는 건 세상 이치이니 적당히 포기해라, 어차피 '모난 돌은 정 맞는다'고 여겨라, 될 수 있으면 둥글게 살라 하는 것이다. 물론 이런 삶의 방식은 교묘한 장치가 있기에 가능하다. 아파도 아프다고 느끼지 못하게끔 하는 장치 말이다. 즉 우리를 **엉망으로** 만들지 않는 형태의 억압이 있다. 가령 부상을 입고 도망치는 동물은 더 이상 도망치지 못할 정도로 궁지에 몰리면 필사적으로 반격한다. 뒷걸음칠 길이 없으면 맹렬히 싸우며 죽을 때를 정한다. 쥐조차 그렇다. 그러나 우리의 동포이자 만물의 영장인 인간은 상처를 입으면 상처가 행여 덧날까봐 견디기 어려운 것을 견디고, 참기 힘든 것을 참는다. 상처가 더 찢어지지 않도록 용케 도망 다니는 삶의 방식은 인간이 자신이 살기 힘든 역사에 의해 길들여지고 말았기 때문이 아닐까? 생각건대, 인간의 이런 부정적인 면을 감안해서 신문에서는 때때로 휴머니즘 소식을 전하는 것 같다.

엉망인 채 지내는 것은 모나지 않고 둥글게 사는 것과는 적대적인 개념이다. 엉망인 자신에게 열등감을 느끼던 여자가 자신의 엉망인 상태를 자기 긍정의 유일한 기반으로 삼고 되살아났다고 치자. 그러면 그 여자는 사람들이 모나게 살지 않으려고 숨을 헐떡거리며 애쓰는 모습을 들여다볼 수 있게 된다. 한숨 쉬며 '다들 빠듯하고 힘들게 사는구나.' 하고 남들이 힘들게 사는 모습도 생각해 볼 수 있게 된다.

우리 여성해방운동으로 되살아난 여자가 "못생긴 여자가 뭐가 나쁘다는 거냐?" 하고 정색하고 물었다. 그런데 가령 남자들이 "발기부전인 남자가 뭐가 나쁘다는 거냐?" 하고 정색하고 물 날이 과연 올까? 마음 깊은 곳에 발기부전에서 오는 고통을 숨기고 오직 사회를 향해서만 꼬리를 흔들어대거나 아니면 흔들어야만 하는 남자. 더군다나 노력만으로는 안 되는 이 세상의 경쟁에서 지고 혼쭐이 나서 진이 빠져 집으로 돌아오면, '남자다움'에 대한 환상이 깨진 아내가 나를 업신여기려고 기다리고 있다니, 남의 일이기는 하나 남자들이 벌어먹고 사는 일도 수지가 안 맞는 것으로 보인다.

어느 남자 신문기자를 만나서 보도 용어를 물은 적이 있다. 신문의 문장은 겉으로 내보이기 위한 말들만 모아 놓은 것이니 더할 것 없는 '생산성의 논리'에서 끌어낸 말이 아닐까 싶어서였다. 남자는 나와 이것저것 이야기를 나누던 중 몇 차례나 말문이 막히고는 했다. 아무래도 신문사와 같이 남자 중심 사회로 정평이 난 곳에서 살아가는 남자로서 겪는 어려움이 있는 것처럼 보였다. 예전에 신문사가 비록 시대의 첨단이 될 기사를 모으는 곳이기는 해도 그 구조는 아주 전근대적이라는 소리를 들은 적이 있다. 그중에서도 사회부는 경주마가 되어 경쟁에서 이긴 사내들이 가는 유수의 부서라 한다. 남자의 말이 몇 번이고 끊기는 것을 보자니, 경주마를 볼 때와 같은 비애가 느껴졌다. 경주마가 아픔을 아픔으로 느끼는 그 속내가 보였다.

억압하는 자는 억압당하는 자이기도 하다. 노예 우두머리도 본디 노예이므로, 노예로서 느끼는 아픔을 아픔으로 느끼지 않을 수 없다. 그런데 집 문지방만 나서면 사방이 적인 남자는 방심하지 않고 언제나 싸울 태세를 취한다. 다른 경주마와 경합하는 중에 자기 자신을 분명히 찾을 수 있게끔 된 역사성 탓에 남자는 '엉망인 상태'로는 **되지 않는다.** 이 역사성은 남자가 속내를 이야기할 수 없게 한다. 남자의 속내란 노예 우두머리가 품은 속내이다. 노예가 품은 속내가 아니다. 노예의 속내를 갖지 못하도록 한 것이다.

사회의 모순은 그 사회를 구성하는 한 사람 한 사람에게 반드시 반영되어 있다. 이런 것은 유물론적 변증법이 우리 한 사람 한 사람이 사회적 존재라고 그 본질을 알려 줬기 때문에 알 수 있는 사실이다. 남자를 바라보며 자신의 존재를 증명하도록 만들어진 '여자인' 나 자신은 일상을 살아가는 가운데 힘들다고 느낀다. 그렇게 실감하면서 여자는 남자가 필사적으로 존재를 증명하려고 하는 사회라는 것의 기만성을 잘 알 수 있다. 자기 육신의 고통을 통해서 여자가 논리로 밝히려는 남자보다 사회를 더욱 잘 알 수가 있다는 소리다. 남자를 사회라고 여기며 살아온 역사성 탓에 여자가 세상을 보는 시야가 좁을 수는 있겠지만, 그런 불리한 상황을 역전시킬 수 있다면 여자는 마르크스가 말한 것을 몸소 설명할 수 있는 위치에 있는 것이다.

사회에서 나를 찾도록 길들여진 남자는 사회에 환상을 품는다. 여자가 남자를 바라보며 품는 환상 따위와는 비교되지 않을 정도이다. 여자가 남자를 통해 나를 보게 되는 것과는 달리, 남자는 사회라는 것의 총체성, 추상성을 앞에 두고 사회도, '남자인' 자기 자신도, 여자도 들여다볼 수가 없다. 사회에 대한 환상 탓에 또 스스로를 제대로 보지 못하는 탓에 남자는 필연적으로 좌절하고 절망한다. 그렇기에 남자도 '엉망인 상태'가 되는 것이 당연한데, 남자로서 지녀야 할 체면으로 인해 남자는 옴짝달싹 못한다. '남자다움'으로 인해 남자가 겪는 억압이란 남자를 엉망으로 **만들지 않는** 억압이고, 체면이 초래하는 억압이다.

"모든 위대한 연애에는 모성애가 있다. 여자다운 여자가 남자의 강함을 사랑하는 이유는 남자가 약하다는 것을 알아서이다."[1] 사회에 대한 환상을 죽 품는 남자에게 여자란 위로의 수단이며 상냥함이며, 배가 돌아오기를 기다리는 항구와 같은 존재이다. 여자다움을 강제하는

---

1   [옮긴이] 프랑스 작가 앙드레 모로아의 말. 이 책 I 장 3절에서 인용된 바 있다.

탓에 여자는 엉망이 **되지 않는다.** 여자 또한 체면으로 살고 있으니까 그렇다. 이 사회는 세끼를 주고 한 몸 누이고 잘 곳을 제공해 주는 것과 교환하여, 여자를 엉망이 **되지 않게 한다.** 애완견은 주인을 보면 언제나 기분 좋게 꼬리를 흔드는데, 그렇게 해야 주인이 머리를 쓰다듬어 주기 때문이다. 여자의 체면이란 애완견 수준이다. 아이에게도, 남편에게도 엄마여야 하는 여자의 삶이란 애완견 수준이다. 그래서 주인이 언젠가는 애완견에게 손을 물리듯, 여자한테 모성애를 요구하는 남자는 언젠가 여자한테 뒤통수를 맞게 된다.

내가 갖고 있지 않지만 갖고 싶은 것 중 하나가 폭력성이다. 나의 존재 자체는 폭력적인 것일 수 있겠으나, 가령 팔을 휘둘러 남을 때리는 것과 같은 그런 구체적 폭력성이 없다. 주요한 이유는 아버지한테 일방적으로 맞고서 복종하는 어머니를 보고 자란 탓이다. 물론 나도 아버지에게 맞기도 해서 그 두려움이 지금껏 나를 주술처럼 묶고 있다. 하지만 마지막으로 아버지에게 맞았을 때에 "그래, 좀 더 때려 봐! 때려 보란 말이야." 하고 아버지한테 죽자 사자 덤빈 적이 있었다. 그렇게 하자 아버지가 겁을 먹던 것을 보면서, 아버지의 폭력에 대한 두려움이 많이 줄었다. 그래도 내 자신에게서 폭력성을 빼앗아 간 직접적 원인은 아버지의 폭력에 도망 다니던 어머니가 아니었을까 싶다. 어머니는 결코 약한 타입은 아니었다. 기력도 아버지보다 좋았다. 사진을 보면 단번에 알 수 있을 것이다. 그래서 나는 어머니가 내심 아버지의 폭력을 대단할 것 없다고 깔봤을 거라 추측하기도 한다.

아버지가 어머니한테 폭력을 휘두른 것은 반항하는 여자를 처리하는 것과 비슷했다. 노예 우두머리가 노예에게 채찍을 휘두르는 것과 똑같았다. "노예 우두머리는 자기도 노예가 될 한계선 위에 줄곧 놓여 있다. 이에 반해 노예는 주인이 될 수 있는 경계선에 자신을 죽 놓아둘 수 있는 구체적인 힘을 갖고 있다." 앤절라 데이비스Angela Yvonne Davis[2]가 한 말이다. 정말 어머니는 이런 구체적인 힘을 갖고 있었다. 그녀는 자신에게 가해지는 채찍이 노예 우두머리가 체면을 잃고 난 뒤에 초조해서 휘두르는 것이라는 점을 직감으로 알고 있었다.

아버지가 어머니한테 화를 내면 "생각 좀 해 봐. 이 사람 저 사람에게 자기 남편 이야기를 너처럼 하는 여자가 어디에 있어?" 하고 반드시 '이 사람 저 사람'이라는 말이 나왔다. 다른 사람의 시선을 의식한 그 말을 들을 때 아버지의 비애가 인상 깊었다. 생각하면 아버지가 존재감이 거의 없던 것도 무리는 아니다. 아내를 성적으로 만족하게 할 수 없고 더군다나 그 아내는 자신이 휘두르는 채찍에 코웃음을 치는 것이다. 그것을 알고서 발버둥질 쳐 봤자 남는 것은 공허함뿐이다. 나는 아버지를 통해 노예 우두머리인 남성이 고독한 권력자라는 것을 알았다.

어머니는 어떤 틀에도 끼워 넣을 수 없는 사람이다. 생명이 가진 가능성을 풍부하게 느끼게 하는 사람이다. 그 가능성은 무엇보다 그녀가 '엉망인 채'로 있는 상태의 울림이 너무 큰 것에서 알 수 있었다. 어머니는 모순투성이였다. 서로 다른 속내 속에서 계속 흔들린 사람이었다. 불감증이 불러일으킨 존재의 상실감이 그녀를 불안정하게 했는데, 그녀가 계모 손에 자라난 장녀로 어려서 일찍 집을 떠나 자립해야 했

---

2 1944년 미국 앨라배마주 버밍햄 출생. 공산주의자이자 흑인해방운동, 여성해방운동 활동가. 대학에서 철학을 가르치다가 투옥되었는데 감옥에서도 계속 인권 투쟁을 했다. 흑인이 선천적으로 갖고 태어난 아프로 헤어스타일을 재평가하는 것을 필두로 뚜렷한 논의를 전개하여 많은 이들을 매료했다. 또 흑인 인권운동에서 여성들이 역사의 진보를 이루는 중요한 역할을 했다는 점을 강조했고, 미국 노예제도의 연장선상에 감옥이 있다는 문제의식에서 출발해 감옥을 폐지할 것을 주장하며 인권운동을 벌이고 있다. [옮긴이] 국내에 출간된 저서로 《미국 아직도 노예제 국가?》이 있다. 저서로 《앤절라 데이비스 자서전Angela Davis: An Autobiography》, 《그들이 아침에 돌아온다면: 저항의 목소리들If They Come in the Morning: Voices of Resistance》 등이 있다.

던 점도 불안정함의 뿌리였다.

그녀는 일찌감치 독립해서 혼자 살아갈 방법을 배웠다. 그래서 그녀한테는 스스로 자신의 길을 만들어 온 사람만이 갖는 자긍심이 있었다. 나 때문에 집에 찾아온 사복형사가 집에 있던 오빠한테 "딸이 그래서 네 부모도 참 딱하다. 이웃 사람들이 그렇게 말하지 않느냐?"고 했다고 한다. 형사가 왔을 때 집을 비웠던 엄마는 나중에 오빠한테 형사의 말을 전해 듣고서 발을 동동 굴렀다. "내가 집에 있었더라면 아니 딱할 게 뭐 있나요. 당신도 이렇게 남의 집에 와서 우릴 이렇게 귀찮게 하는데. 우리 딸 그냥 놔둬요라고 받아쳤을 텐데." 하고 분개했다. 그녀의 남편은 동네 방범 협회 회장인데 아마 지금도 그 요직을 맡고 있을지도 모르겠다.

아무튼 엄마는 생명의 가능성을 스스로 빛낼 수 있는 사람이었다. 그런 여자가 아내다움이나 엄마다움의 틀에 스스로를 무리하게 맞추고 생명의 가능성을 차단하면, 갈라지고 찢겨져 나가떨어진다. 그럴 때 여자의 모습은 자기 아이와 남편을 지옥까지 같이 데리고 들어갈 수 있을 정도로 지독하다. '선인도 극락왕생하는데, 하물며 악인인들 못하랴.'라는 불교의 가르침이 있다. 여기서 악인이란 바람이 불어 곧 꺼질 것 같은데도 계속 불타는 촛불과 같은 사람, 그러니까 억압이 자신을 눌러도 고집스럽게 생명의 가능성을 붙들고 있는 사람을 뜻한다. 어머니는 내게 악인의 상징이자 동시에 인간이 가진 가능성의 상징이기도 했다.

자라면서 집의 진짜 실권자가 엄마인 것을 알게 된 나는 엄마가 하는 불평에 항상 혐오감을 느꼈다. 할머니가 비참하게 살다가 돌아가시게 한 장본인이 엄마라고 생각했기 때문이다. 엄마에 대한 애정은 동전의 양면처럼 항상 증오와 같이 있었다. 엄마에 대한 이런 애증은 내가 앞으로 살면서 엄마가 살아온 방식을 그대로 되풀이할 수도 있겠다 싶어서 느끼는 것, 공감과 두려움이 초래한 혼돈이었다.

서머셋 몸의 유명한 단편으로 〈비〉라는 작품이 있다. 한 선교사가 매춘부를 깨끗하고 성스러운 생활로 인도하려고 한다. 이제 매춘부가 조금만 더 하면 하나님 앞으로 갈 수 있겠다 싶은 찰나에 선교사는 의문의 자살을 한다. 야단법석이 일어난 가운데 매춘부가 내뱉는다. "남자란 모두 돼지 같아." 매춘부가 돼지라면, 선교사도 돼지라고 알려 준 이 실제 같은 허구의 작품은 여자와 남자의 숙명적인 대립의 근원을 밝혔다.

Ⅰ장에서 썼듯 사회에서는 여자는 바보로 살면 되고 남자는 바보로 살면 안 된다고 한다. 그러니까 본디 여자든 남자든 "너는 바보다, 그래서 가치가 없다."라고 아무런 근거도 없는 협박에 따라 살도록 숙명 지워진 인생인 것이다. 그런데 여자가 그런 숙명으로부터 탈출해 왔던 방법은 바보인 척 연기하고 살면서 그런대로 보람을 느끼는 것이다. 남자가 원하는 대로 꼬리를 흔드는 애완견 같은 인생을 살기 위해 자신을 바치겠다고 결심한다 한들, 어차피 여자는 개가 아니라서 끝까지 해낼 수도 없다. 무리하게 바보인 척하면 고름이 쌓인다.

대개 남자들은 막연하게나마 여자에게 두려움을 갖고 있다. 최근에도 연합적군파 나가타 히로코永田洋子[3]에서부터 남자의 목을 쳐서 가져오라고 요구한 살로메[4], 나치 수용소에서 가장 잔혹한 간수는 여자였다는 일화 따위로 여자의 잔혹함을 드러내 주는 일화는 찾아보면 셀 수 없을 정도로 많다.

여자를 무서워하는 남자들은 자기 자신을 물지 않을 정도의 마릴린 먼로 같은 여자를 찾는다. 즉 나의 그림자로, 애완견으로 살아 줄 여자라면 나를 물지는 않을 것이라 착각한다. 살아 있는 여자가 완벽하게 타인의 그림자나 애완견이 되어 살 수는 없는 노릇인데도 그러고 있다.

정치에 나서는 여자, 참견하고 따지고 드는 여자, 사회에 참여하기를 원하는 여자, 여성해방이나 성차별을 운운하는 여자는 세련되지 못하고 땀내가 나는 올드미스고, 욕구불만이며, 팔리고 남은 돼지라는 식의 이미지로 본다. 그 배경에는 남자가 여자에게서 느끼는 두려움이 틀림없이 있다.

하지만 말할 나위 없이 '먼로와 같은 여자'란 실은 남자의 뒤통수를 칠 수 있는 여자를 총칭하는 말이다. 남자가 원하는 대로 그 존재를 증명하게끔 한 여자의 역사성에서 도망칠 수 있는 여자는 이 세상에 없다. 그러므로 여자란 여자는 전부 싫든 좋든 언젠가 남자를 물어 버릴 수 있는 여자로 존재한다. 그 사실을 모르는 남자는 두꺼운 화장을 한 여자를 찾았다가 맨얼굴을 한 여자를, 아니면 맨얼굴을 한 여자를 찾았다가 두꺼운 화장을 한 여자를 찾아다닌다. 남자는 자기 뒤통수를 치지 않을 여자를 구하며 줄곧 인생을 헤매고 있다.

3 [옮긴이] 1945~2011년. 도쿄 출생으로 약대를 다니다가 학생운동에 참여하게 되었고, 대학 졸업 후 약사로 근무하면서 신좌익 운동을 하다가 신좌익 운동 정파인 연합적군파의 이론가이자 지도자로 부상했다. 나가타 히로코는 연합적군파 내부 숙청 사건의 주모자로 12명을 집단 린치 및 살해하고 사체를 유기하는 등의 혐의로 기소되어 사형을 언도받고 복역하던 중 2011년 2월 도쿄 구치소에서 뇌종양으로 사망했다. 나가타 히로코는 연합적군파의 지도자였던 모리 쓰네오森恒夫와 애인 사이였고, 임신 8개월째이던 여성 동지를 혁명을 하는 데 생산적이지 못하다는 이유로 살해했다. 나가타 히로코가 검거되면서 일본 언론에서는 나가타 히로코를 두고 '광녀', '마녀', '질투를 일삼는 못생긴 여자'라며 그 행위를 선정적으로 보도한 바 있으며, 구속 후 판결에서도 '여성 특유의 집요함을 갖고 있으며 심술 맞고 냉혹하다'는 성차별적인 평가를 받았다. 연합적군파 내부 숙청 사건에 대해서는 V장 신좌익과 여성해방 1절 남자의 할복과 여자의 순사 각주 1번을 참조하라.

4 [옮긴이] 성경에도 나오는 '악녀(팜 파탈)'의 대명사. 아름다운 살로메는 세례 요한을 유혹하려다 실패하자 그의 목을 쳐 쟁반에 담아 오라고 요구한다.

그런데 여자가 남자 뒤통수만 치는 건 아니다. 주인에게 꼬리를 흔드는 그런 인생만 허락받은 여자들은 같은 여자도 물어뜯는다.

남자가 경주마가 되어 남자들끼리 경쟁한다면, 여자는 경주마가 되기 어려운 말이라 할 수 있다. 분 냄새를 풍기며 여자는 서로 경쟁한다. 남자가 부르는 소리에 꼬리를 흔들며 튀어 나가는 '먼로와 같은 여자'는 먼저 여자를 물고서는 그다음에 어설프게 남자의 목을 문다.

남자를 사이에 두고 서로 뒤통수를 치고받던 여자의 역사성을 감안하면, 여자끼리 친구가 될 수 없다고 말하는 것도 나름 일리가 있다. 하지만 진짜 문제는 대부분의 여자가 어떤 의문도 품지 않고서 그런 말을 믿어 버리는 데에 있다. 서로 뒤통수를 치고받을 것이라고 예감하면서 그런 예감조차 긍정하는 가운데 여자의 우정이 성립한다. 그러므로 여자는 당연히 남자의 뒤통수를 칠 수 있다.

주부란 남자의 뒤통수를 치며 사는 여자를 말한다. 잰 척하는 말을 주고받는 남자들이 영원히 추앙하는 창녀조차 남자 뒤통수를 칠 여자라는 사실은 앞서 말한 서머셋 몸의 소설이 잘 알려 주고 있다. 소설이라는 허구의 세계는 때로 눈에 보이지 않는 진실을 그린다.

앞서 썼듯, 아빠와 엄마가 칼을 들고 쫓고 쫓기던 모습으로 인해 나는 제대로 된 인간의 만남을 희구하게 됐다. 제대로 된 만남을 갈구한다는 것은 남의 뒤통수를 치지 않을 여자가 남의 뒤통수를 치지 않을 남자를 만나고 싶어 한다는 뜻이다. 나의 여성해방은 그런 만남에 대한 열렬한 러브레터와 같다. 그래서 나는 여자가 여자들을 제대로 만날 수 있는 그런 연대를 고집하는 것이다. 서로 뒤통수를 치고받지 않을 여자가 서로 관계성을 모색하는 가운데에서야 내가 여자인 나 자신과 만날 수 있을 테니까.

남자와 제대로 만나고 싶어 하는 마음으로 여자와 제대로 만나고 싫어 하면 안 된다. 여자는 맨얼굴을 하든 두꺼운 화장을 하든 남자를 향해 꼬리를 흔들어댔던 역사성을 자기 등에 짊어지고 있기에, 남자와 만나며 꼬리를 흔들지 않을 나, 뒤통수를 치지 않을 나를 원하더라도 헛도는 결과 말고는 나오는 것이 없을 것이다. 여자는 자신이 짊어진 여자의 역사성으로 인해 다른 여자의 뒤통수를 칠 수도, 또 다른 여자 한테서 뒤통수를 맞을 수도 있다.

남자의 뒤통수를 치는 여자, 다른 여자의 뒤통수를 치는 여자, 또 스스로 자기 뒤통수를 치는 여자. 이런 여자의 역사성으로 인해 여자 가 여자들로 향할 길, 연대가 막혀 있다. 그런 역사성은 변함없이 우리 여자들을 묶어 두려 한다. 여자가 여자들로 향하는 길은 남자가 남자 들로 향하는 길과 똑같지 않다.

그런데 남자가 남자들로 향할 길, 남자가 스스로를 구할 날이 올 것인가? 과연 남자가 자기 체면이 구겨진 것 말고 다른 것에서 아픔을 느낄 수 있는 날이 올까? 사회에 대해 품은 환상 탓에 스스로에 대해서 도, 여자에 대해서도 계속 환상을 갖게 된 남자. 이런 남자가 자신이 경 주마라 하더라도 실은 그저 한 마리 말일 뿐이라고 깨닫는 날이 올까? 뒤통수를 맞아서 목이 뒤틀리고 돌아가면 쉽게 원래대로 돌아가지 않 기 마련이다.

그러나 역사는 본래 고르지 않게 발전한다. 어찌 됐건 주사위는 던 져 봐야 안다. 그리고 우리 여성해방운동은 이미 주사위를 던졌다!

2. 엉망에는 엉망으로

여성해방운동을 하고 나서야 비로소 엉망인 나 자신을 긍정할 수 있게 됐다. 앞서 인간은 어리석음, 나약함, 볼품없음과 같은 부정적 인간성으로 이어져 있다고 썼는데 다시 말해, 인간은 엉망인 상태를 통해 서로 연결될 수 있다는 뜻이다. 인간은 마음속에 서로 상반된 여러 속내를 지니고 있어서 그런 속마음이 나갔다 들어갔다 하면서 엉망이 된다. 그래서 진심을 표현한다는 것은 애초에 말로 할 수 있는 게 아니다. 때마다 다른 속내를 엉망인 상태를 통해서만 표현할 수 있다.

말로 하지 않으면 통하지 않는다고 하는 사람한테는 어차피 뭘 말해 봤자 통할 리가 없다. 살아 있는 '지금 여기에 있는 여자'를 표현하려고 한다면 존재 그 자체로, 있는 그대로라고 말하는 수밖에 없을 것이다. 그런데 예전에는 '엉망인 상태'라는 것은 내게 비참함을 뜻했다. 자신을 찾지 못한 사람은 언제나 남과 자신을 비교하는데, 나는 친한 친구의 차분한 모습을 보면 열등감이 깊어졌다.

그렇지만 지금은 다르다. '엉망인 것'이 아름답다. 이게 여성해방의 모토다.

여성해방운동을 같이하고 있는 친구로 어렸을 적에 소아마비를 앓아서 다리가 불편한 이가 있다. 그녀는 항상 차분한 모습인데 이런 모습이 나는 전부터 마음에 걸렸다. 언제든 막힘없이 안정적이고도 분명한 어조로 말하는 그녀는 나의 이전 친구들과 달리, 아픔을 아프다고 느끼고 그런 고통에서 출발해 생각하고 판단한다. 고통을 자기 것으로 삼는다. 하지만 그래서인지 나는 그녀가 엉망인 상태가 된 적이 거의 없다는 게 신기했다. 물론 나처럼 발을 동동 구르며 꼴사납게 있는 것만 엉망인 상태라고 할 수는 없을 것이다. 깊고 조용하게, 겉으로 드러나지 않게 엉망인 상태여도 좋다. 그런데 나는 그녀의 차분한 상태에서 생명이 불타오르는 모습이 전해지지 않아서 안쓰럽고 안타까웠다.

그녀와 함께 전철을 탈 때 뒤에서 보면, 전철 안에 있던 몇 사람은 으레 그녀의 다리와 얼굴을 빤히 쳐다본다. 그런데 그녀는 신체 장애인 하면 떠오르는 어두운 이미지가 없고 마치 불상처럼 온화하고 정결한 모습이다. 더욱이 나이에 알맞은 젊음이 느껴진다. 보고 있노라면 싱그러운 느낌이 드는 그런 사람이다. 그래서인지 전철에서 그녀를 보고 다리가 불편하다는 사실을 알아챈 사람들이 약간의 놀라움을 드러내기도 한다.

그 시선은 위에서 아래로 향하기도 아래에서 위로 향하기도 한다. 이런 시선을 아무렇지도 않게 여기면서 당당하게 뚜벅뚜벅 걸어가는 그녀의 뒷모습을 보면, 나는 때때로 움츠러든다. 나도 모르게 내 어깨에 힘이 들어간다는 사실을 깨닫는 것이다. 난 안에서나 밖에서나 볼품이 없고 그런 시선에 위협을 받는다고 느끼는 터라, 그녀의 자연스러움과 남의 시선에 아랑곳하지 않는 태도는 훌륭했고 그래서 놀라기도 했다. 옷을 입고서도 저런 시선을 받는데, 만약 목욕탕에서라면 어떨까? 나는 목욕탕 거울에 비친 내 자신의 모습을 보면 아직도 스스로 움츠러드는데, 목욕탕에서 남이 나를 빤히 본다면 어떨지 생각만 해도 끔찍하다.

다리가 아픈 여자는 이 사회가 택한 여자 순위표에서 벗어난 소위 '못난' 여자이니, 못난 것만큼 어깨를 움츠리고 사는 것이 당연하다고들 한다. 내게 일어난 사건에 대해 시치미를 뚝 떼고 있을 수 있다면 여자 순위표에 낄 수 있는 나의 원체험과 달리, 그녀의 다리는 '못난' 자신이 싫더라도 그녀가 스스로를 받아들이게끔 한다. 그녀는 매일 자신의 다리와 마주해야 살 수 있다. 그렇다면 어디서 굴러온 개뼈다귀인지도 모를 남의 시선에 일일이 위협을 느껴서는 살 수가 없을 터이다. 그렇다, 그녀는 자신도 모르는 새에 자신을 이길 방법을 체득한 것이다. 엉망이 안 되는 게 아니라, 엉망이 되지 않도록 자신을 단련해 온 것이다.

그것을 알고 나서도 나는 '그래도⋯⋯.'라고 한다. 이 사회가 다리가 불편한 여자를 하찮게 취급하고 팔등신 여자를 떠받드는 이상 다리가 불편한 여자가 자신 내부에서 갈라지고 찢어지는 아픔에서 완전히 해방될 수는 없다. 그녀가 차분하게 있는 모습을 보면, 그녀를 엉망이 되도록 놓아두지 **않는** 이 사회의 억압이 거꾸로 보인다. 억압 속에서 살기 힘든 그녀를 본다. "(장애인은) 엉망으로 되어서 살면 안 돼. 더 열심히 살아야 해." 같은 말은 이 사회가 그녀에게 가하는 억압의 본질을 말해 주지 않는가?

엉망인 상태가 되지 **않게** 하는 억압이 가장 교묘하다. 질도 나쁘다. 그런 억압은 사람과 사람 사이에서 만남을 앗아 간다. 내가 그녀에게 느낀 불편함은 오체를 다 갖춘 여자라 해도 엉망이 될 수밖에 없는 이 세상을 그녀가 혼자서 주체적으로 극복하려는 모습에서 기인한다. 그녀와 제대로 만나고 싶은데, 나는 그녀를 우러러보는 위치에 있다. 하지만 우러러봐서는 안 된다. 그렇게 하면 상이군인을 대하는 사람들과 같은 위치 ─ 서열에서 벗어난 자에게 불편함을 느끼는 동시에 아래로 볼 수 있는 위치 ─ 에 자신을 놓고 만다.

전쟁 전이나 전후나 변함없이 일관적으로 사지육체를 다 갖춘 자에게만 빛이 드는 구조로 지어진 이 사회가 문제이다. 그런데도 그걸 문제시 삼지 않고서 "전쟁이 끝난 지가 언젠데. 이십 몇 년씩이나 지났는데, 상이군인들[5]은 여태 동정만 구걸하잖아."라고 아무렇지도 않게

---

5 아시아 태평양 전쟁에 나갔다가 몸을 다쳐 돌아온 사람들. 1960년대 일본에서는 이들이 하얀 옷에 군모를 쓰고 거리에서 구걸하는 모습을 자주 볼 수 있었다.

말하는 어른들을 많이 봤다. 살기 힘들다고 해서 불평만 늘어놓거나 동정만 구걸하면 안 될 테지만, 그렇다고 그걸 비난하는 사람들은 대체 자신의 위치를 어디에 놓고서 그렇게 말하는 걸까?

빛 속에 있는 사람은 먼저 자기 자신을 돌아보지 않고서는 어둠 속에 있는 사람을 심판할 수 없다. 그리고 어둠에 있는 이를 우러러볼 수도 없다. 나는 그녀를 우러러보고 싶지 않다. 그녀와 제대로 만나고 싶은 것이다. 그녀의 차분함이 엉망인 상태와 떼려야 뗄 수 없는 동전의 양면과도 같은 것임을 알기에, 나는 그녀를 쳐다보는 전철 속 타인들의 시선에 마음이 흐트러진다. 엉망이 된 나는 엉망인 채로 그녀에 대한 내 마음을 전할 수 있는 것이다. 남과 속내를 털어놓고 만나고 싶다면, 엉망에 엉망으로 만나는 수밖에 없다.

스물여덟이 되고서 나는 태어나 처음으로 어떤 남자한테 반했다. 여성해방운동을 하는 공동체 동료들과 함께 그 남자와 바다에 놀러갔을 때 일이다. 저녁을 먹은 후 모두가 모여서 같이 바닷가에서 폭죽놀이를 했다. 왜 그런지 나는 그때 정말 짜증이 났다. 그 남자에게 반할 것만 같았는데, 태어나서 처음으로 남자한테 대놓고 내가 사실은 더럽혀진 몸이라는 사실을 먼저 말해야 한다고 생각하자 마음이 우울함으로 무거워지면서 다시금 요동쳤다. 당시 나는 나의 성 학대 피해를 공동체 동료들에게만 알린 상태였다.

폭죽놀이가 끝나자 나는 훌쩍 그 자리를 떠나 바다를 향해 걸어갔다. 방파제 위를 거닐었다. 길게 죽 뻗은 방파제로 파도가 부딪혔다. 모두가 나한테 이제 그만 가자고 하는 소리가 들리는 데도, 나는 검은 바다만 응시하며 뒤를 돌아보지 않고 걸었다. 특별히 무슨 생각이 있었던 것도 아니었다. 왠지 혼자 있고 싶었다.

그 남자는 폭죽놀이가 끝나고 내가 사라지자, 모래밭에서 혼자 구덩이를 팠다. 나중에 들은 건 이 구덩이에 내가 빠지기를 바라며 필사적으로 판 구덩이라고 했다. 나는 보기 좋게 그 웅덩이에 빠졌다. 그 남자가 내게 장난친 걸 알게 되자, 나는 그 남자에게 반해 버렸다.

그전까지 사귄 남자 몇 명을 보면, 그 남자들은 내가 엉망인 것 같은 때에도 대개 전혀 알아채지 못하거나, 내게 애교를 피우며 "왜 그래?" 하고 묻거나 아니면 혼자 끙끙 싸매고 고민하거라 하는 식이었다. 엉망이 된 나를 제대로 엉망이 되게 만들어 준 것이 그 남자였다. 바꿔 말해 내 격렬함에 걸맞는 격렬함으로 나와 엉망인 상태가 된 건 그 남자밖에 없었다.

그 후 그 남자와 사귀면서도 나는 내 비밀을 털어놓지 않았다. 그래서 항상 떨고 있는 나였다. 어느 날 밤 정신이 몽롱한데 남자가 "내가 미쓰 씨를 예쁘게[6] 해 줄게요." 하는 소리가 들렸다. 소름끼쳤다. 반사적으로 일어나 "나는 이대로 좋아요. 나를 내버려둬요!" 하고 소리치듯 말했다. 고함을 치지 못한 이유는 남자의 말을 듣고서 깊은 굴욕감이 들었기 때문이다. 그런 말을 들으니 어느 각도에서 보더라도 그렇지 않은 내가 더 부각됐다.

내 속에 만약 아름다운 부분이 있다면 그건 내가 엉망이 된 상태 말고는 없을 것이다. 치욕 속에서 쓰러질지라도 살고 싶다며 열심히 살아가려는 사람으로 엉망이 된 채 꼴불견으로 있더라도 생명의 싹을 틔울 테니까.

있는 그대로의 나, 못생기고 볼품없는 내가 나에게는 소중했다. 자신의 어둠조차 다 짊어지기 어려운 게 이 세상이라 사람은 남의 어둠

6 [옮긴이] 일본어로 예쁘다는 뜻의 '기레이다きれいだ'라는 단어에는 깨끗하다는 뜻도 있다.

을 외면하고 싶어 한다. 그러나 제대로 만난다는 것은 위로하는 것도 껴안는 것도 아니다. 서로 공유할 수 없는 어둠이 갖고 있는, 그 공유할 수 없는 것의 무게를 공유하는 것이다.

잠결에 그 남자가 한마디 한 것을 듣고서 나는 비밀을 더 꽁꽁 감 췄다. 그리고 그 남자와의 만남은 내게 '지금 현재'가 전부인 것으로 됐 다. 그러니까 내일이 되어도 깨끗해질 리 없는 내 자신을 들키는 것이 아닐까 하는 생각으로, 나는 기도하는 마음으로 지금 현재에만 매달렸 던 것이다.

내 속에는 자학의 싹이 자라고 있었다. '호스티스를 해 보자'고 생 각한 것도 그 무렵이었다. 남이 경멸하는 시선을 드러내는 곳. 그런 곳 이 내가 있어야 할 곳에 어울렸다. 한편으로는 마음 한구석에서 '정 먹 고살기 힘들면 물장사라도 하면 되지.' 하는 생각을 늘 하고 있는 내 자 신의 오만함의 정체를 똑똑히 알고 싶었다. 그런 게걸스러운 생각이 들어서 호스티스를 하기로 결심한 것이다.

그 남자한테 그런 나의 길 찾기가 어떻게 보일지 걱정이기도 했 다. 한편으로 '정 먹고살기 힘들면 물장사라도 하면 되지.'라는 생각에 숨겨진 오만함이 왠지, 다른 여자에 대한 나 자신의 우월감과 이어져 있다는 생각도 들었다. 나는 그 남자에게 선택받은 여자인 나 자신을 의식할 수밖에 없었다.

그러던 어느 날 토론자로 초청받은 토론회 자리에 나갈 일이 있었 다. 나는 다른 토론자들과 함께 단상 위에 앉아 있었다. 정확히 무슨 이 야기였는지는 자세히 기억이 안 나는데, 내 옆에 앉은 토론자 다케나 카 로竹中労[7] 씨가 한국의 창녀와 비교했을 때 일본의 중산층 여자가 살 아가는 모습은 가볍다는 식으로 이야기를 했다. 그 말을 듣고서 토론 회를 참관하던 여성해방운동가들이 "다케나카 로 씨는 자기 입장을 어디에 두고 그런 말을 하느냐"고 쏘아붙였다. 분명 그런 지적은 내가 듣기에도 논리적이지 못했다. 그러나 나는 그녀들의 말이 자신의 존재를 걸고 하는 말임을 알아차렸다. 목소리가 되지도 않을 그 목소리가 들렸다. 그 후 이러니저러니 옥신각신하다가 결국 다케나카 씨가 "어차피 난 여자나 아이가 말하는 것을 귀담아 듣지 않는다"고 내뱉어 버렸다. 그러자 토론을 지켜보던 관객들이 그런 말을 기다리기라도 했다는 듯 웃음을 터뜨렸다. 그 비웃음 소리를 듣고 나는 살이 떨렸다. 다케나카 씨와 나란히 앉은 내가 부끄러웠다.

여자나 아이가 하는 말은 듣지 않아도 된다는 말로 여자들이 존재 자체를 부정당하고 있으니 나도 그런 평가 대상이 될 존재로 단상 위에 앉아 있는 것이다! 바야흐로 아픈 사람한테 차분하게 알기 쉽고 논리적으로 말하라고 하는 것은 지배자가 하는 주장일 뿐이다.

오랜 시간 말을 빼앗긴 자는 자신을 표현하려 할 때, 말이 되지 못하고 떨어지거나 빠지는 그런 말들만 갖고 있다. 그것은 존재 그 자체가 하는 말이다.

커뮤니케이션이란 존재와 존재가 만나서 말하는 것이다. 입으로 하는 말이란 그런 소통을 돕기 위한 것이다.

그렇지만 주위를 한번 둘러보라. 이 세상에는 얼마나 입으로 하는 말을 신봉하는 자가 많은가? 말로만 소통하려는 이들은 둔감해진 그 육체를 말로 커버하려는 것이다. 남자의 머릿속 서랍, 정리가 잘된 그곳에서 튀어나오는 말이란 생명을 잃어버린 말이며 계몽의 말이며 지배하는 편에 서 있는 자의 말이다. 근대 합리주의는 말과 육체를 분리하

---

7 주간지 기자 겸 논객. 도쿄외국어대학 러시아어과 중퇴. 여성 주간지 《여성 자신》 기자 출신으로 1971년에 유명 인사에게 거침없이 묻는 인터뷰집을 출간하면서 일약 반체제 스타 논객이 됐다.

고 육체에서 광기를 몰아냈다. 그래서 여자가 엉망인 상태, 있는 그대로 엉망인 상태로 하려는 말은 육체의 복권이자 광기의 복권인 것이다.

남자는 말로 광기에 대해 이야기하지만, 여자는 그 존재로 광기를 이야기한다. 엉망인 상태야말로 여자의 가장 아름다운 무기이며, 여자의 혼 자체이다. 피억압자가 상대방이 적인지 내 편인지를 예리하게 알아볼 수 있는 비결이 있다. 그것은 내 자신을 엉망인 상태를 두고, 상대가 부정할지 긍정할지를 보는 것이다. 내 자신의 존재로 상대의 급소를 찌르는 것과 같다.

"다케나카 씨. 지금 당신은 큰 목소리로 여자들을 제압했습니다. 소리 지르며 그런 말을 하는 데에 스스로 남자의 역사성이 있다고 생각하지 않습니까?" 내가 이렇게 말하자 다시금 토론회 참가자석에서 비웃음이 흘러나왔다. 나는 덧붙였다. "지금 비웃은 분들은 주변을 한번 둘러보세요. 사실 '지양과 확산'이라는 이런 우스꽝스런 제목이 붙은 토론회에 온 사람들 대부분은 남자가 아닙니까? 여자 참가자가 왜 이리 적은지 여러분은 생각해 본 적이나 있습니까?" 그러자 갑자기 한순간 주위가 쥐죽은 듯했다. 더 이상 이 토론회에 있어 봤자 소용없다. '알아줬으면 하는 마음은 걸인의 마음이다.' 나는 내 자신한테 그렇게 말하면서 토론자 자리에서 일어났다.

그런데 당시 나는 지금보다 더 이상한 여자였다. 어느 누구보다 내 자신이 제일 적당히 하는 사람이고 가장 어설펐다. 그런 생각이 들면 '여자니까 역시 안 돼.'라는 생각으로 뚤뚤 말다시피 해서 내 자신의 어설픈 면에는 슬쩍 눈을 감았다. 하지만 끝까지 자신을 속일 수는 없었고, 공동체 동료들의 말 하나 행동 하나하나 다 마음에 들지 않고 화만 났다. 곰곰이 생각해 보면 내가 나 자신에게 화가 난 게 분명한데도, 자신에 관한 일은 뒤로 미루기 일쑤였다. 하기 싫어도 어쩔 수 없이 나 자신과 만나게 된 계기가 바로 위 토론회 때 일이었다.

맨 먼저 물어야 하는 것은 언제나 자신, 자신의 적당하고 어설픈 면이다. 과거에 나는 남자에게 선택받지 않았기 때문에 여성해방으로 두 팔 벌리고 당당히 나아갔고, 여성해방운동으로 나의 열등함을 긍정할 수 있었다. 그러나 토론회 사건 후 나는 이미 자기 긍정만으로 되살아날 수 있는 사람은 아니게 됐다. 내 자신 속에 있는 무엇을 부정해야 좋을지 모른 채로, 나는 어찌 됐건 밖에서 보이는 나 자신을 응시하려고 했다. 가장 싫어하는 방법이었지만 엉망이 될 수밖에 없는 상황에 나 자신을 두고 싶었다.

나는 호스티스 일을 시작했다. 익숙지 않은 호스티스 일을 하며 내가 만신창이로 힘들어하는 중에 그 남자의 엉망인 상태도 더욱 깊어졌다. 둘 사이는 팽팽하게 잡은 실처럼, 조금만 건드리면 툭 끊어질 것만 같았다.

신주쿠에서 주운 얼음을 / 긴자까지 차고 또 차고 하면서 걷던 남자 이야기 / 결국 얼음이 / 땅에 녹아서 / 사라져 버렸다고 / 히죽히죽 웃던 모습이 / 묘하게도 슬프고 사랑스럽다 / 그 남자를 안으러 가고 있는 나는…… / 남자와 같이 / 사라진 얼음을 차려는 걸까?

이것은 당시에 내가 시를 쓴답시고 쓴 것이다. 그 남자는 약속 시간을 착각해서 두 시간이나 일찍 와서 나를 기다리다가 길에 떨어진 얼음을 주웠다. 그 남자는 내가 일하던 업소가 있는 긴자까지 그 얼음을 갖고 왔다. "전철 탈 때랑 계단을 오르내릴 때는 얼음을 손에 들었는데, 나머지는 발로 차면서 왔지." 하고 눈동자를 빛내며 말하는 남자를 보며, 나는 그 남자가 발로 얼음을 처음 찼을 때 자신의 엉망인 상태를 담아서 찼을 거라는 생각이 들어 가슴이 아팠다.

'이 남자가 나를 그만큼 깊이 생각해 주는구나.' 하고 달아올라서 가슴이 아픈 게 아니었다. 서로 오가는 말이 많아도 껴안는 어깨 힘이 강해도, 여자와 남자 사이에 메꿀 수 없는 벌어진 틈, 그 역사성의 차이라고밖에 할 수 없는 그런 게 있었다. 같은 걸 말하는 줄 알았는데, 말하고 나서 보니 서로 전혀 다른 이야기였구나 싶고, 여자와 남자가 마치 벽을 향해 서로 각자 독백을 하고 있구나 싶던 나날들……. 하지만 나는 그 남자와 어떻게 해서든 제대로 만나고 싶었다. 이만큼 서로가 함께해 왔으니까 잘 만나고 싶다, 그런 마음 하나였건만 그건 내 헛된 바람 이외에 아무 것도 아니었다. 이런저런 생각을 하면서도 나는 만남에 대한 기대를 완전히 놓을 수 없었다.

그 남자의 입에서 "절망했다"는 소리가 나오는 것을 들었다. 나를 '당연한?! 생활'에 집어넣으려던 자신에 대한 실망감인 듯 했지만, 쉽게 스스로를 책망하는 경향이 있는 나는 그 남자의 그 말을 듣고 나에게 한 말이라 여겼다. 뭐가 어떻게 절망적이라는 거야. 둘 다 심하게 엉망인 상태로 무엇 하나 확실한 것도 없는 채로 그렇게 있었다. 그래도 원래 나는 절망적이었다고. 애초에 나는 절망했다는 그 말만 내 가슴속에서 점점 강하게 울려 퍼졌다.

하지만 나는 막을 내리고 싶지 않았다. 이제 절망이라고 생각하면 진짜로 모든 게 절망으로 변할 것이다. 막은 내려가는데, 어떻게든 막을 다시 올리려고 나는 집착하지 않아. 남자 따위 어떻게 되든 괜찮아 하고 자신을 타일렀다. 막을 내리는 속도를 조금이라도 더 늦추고 싶었다.

자기 마음에서 가장 집착하는 것을 의식적으로 지워 내면 맨 먼저 자신에 대한 집착을 멈추게 된다. 나는 먹지 않게 되었다. 먹을 수가 없게 됐다. 전부터 그러기는 했다. 나는 감정과 식욕이 딱 비례해서, 마음이 공허하면 영양분을 보충하려는 의욕이 사라진다. 내 자신을 과감하고 잔혹하게 차 버리고 싶다는 마음이 들었다. 그래서 나를 찰 방법 중에 하나로 '너같이 가치가 없는 녀석은 안 먹어도 돼.' 하고 무의식중에 스스로에게 명령을 내렸다. 카페에 가서 모닝커피 한 잔에 빵 한 조각을 먹기만 해도 배가 하루 종일 무거웠다. 그런 날이 4개월 가까이 계속되자 점점 앞을 볼 수 없게 되었다…….

아마 로렌스 반 데르 포스트의 《수렵민의 마음》에 나오는 이야기였을 것이다. 어떤 마을에 광대가 살았다. 광대는 언제나 열심히 사람들을 웃겼지만, 연기가 끝나면 크게 허무했다. 광대는 어느 날 마리아상 앞에 갔다. 인기척이 없는 마리아상 앞에 가서 광대는 저도 모르게 혼자 연기를 했다. 원래는 기도를 드리러 간 것인데 광대는 자기가 왜 연기를 했는지 이해할 수 없었다. 연기가 끝나자 슬픔이 밀려왔고, 광대는 자기도 모르게 마리아상을 우러러봤다. 마리아의 눈에서 눈물이 주르륵 흘러내렸다. 그러다가 광대가 쳐다보는 것을 알게 되자, 마리아는 이내 미소를 지었다…….

'여자와 남자란 서로 교대로 광대와 마리아를 연기할 수밖에 없는 게 아닐까?' 나는 이 책을 읽고서 생각했다. 아니, 여자와 여자도 그럴 것이다. 관계성을 싹틔운다고 해 봤자 실은 우리는 내 어깨에 기대어 깜빡 잠이 든 사람에게 담요 한 장을 슬며시 덮어 주거나, 병에 걸린 사람에게 문병을 가서 귤 한 봉지를 살짝 밀어 놓고 나오는 정도나 할 수 있지, 실상 서로 더 이상 해 줄 것이 없는 게 아닐까? 그런 것밖에 못하는 게 우리이고, 사실 자주 그런 것조차 하지 않는 게 우리이다.

빙빙 돌며 자신의 꼬리를 깨무는 데 열중하는 자의 눈에는 남의 상황 따위 잘 들어오지 않는다. 자신이 헛도는 모습이 심하게 비참하다고 생각할 수 있게 되면, 그때는 그때대로 정말 참혹한 심정을 느낀다. 그래서 남에게 담요 한 장 덮어 주기는커녕 기분 좋게 잘 자는 사람이 덮고 있는 이불을 걷어 버리고 싶을 때조차 있다. 대개 광대는 광대를, 엉망인 자는 엉망인 자를 만날 수밖에 없다. 그렇다고 해서 둘 다 광대이거나 둘 다 마리아가 될 수 있는 것은 아니다. 언제까지나 언제까지 시간이 흘러도 광대는 광대를 되풀이할 뿐이다.

마리아와 광대의 만남은 기도 속에서만 일어난다. 포기하려 해도 포기할 수 없는 만남을 위해 기도해야만 만날 수 있다.

오랜 시간 무기력하고 무관심한 상태가 계속됐다. 해야 할 일이 산더미처럼 쌓여 있는데 할 수 없는 사정이 있었다. 그런 상태가 지속되다가 막바지에 이르자, 나는 머리를 싸매고 골똘히 생각한 끝에 이 이상 이대로 있는다면 부도 수표를 내고 야반도주하는 사람 같을 거라고 결론 내렸다. 나는 그 남자에게 여태까지 비밀로 했던 모든 것을 이야기했다.

"죽지 말아." 그 남자가 말하는 걸 듣고 나는 미소를 지었다. 나는 살아가려는 것이다. 문을 꽉 닫아 놓은 방에 처음으로 바람이 들어왔다. 지금 나는 살려고 하는 것이다. 그날부터 나는 어깨를 으스대며 무엇이든 간에 달려들었다. 살아가려 했다.

그런 나를 보고 여성해방운동 공동체 생활을 같이하는 동료가 깔깔대며 "넌 꼭 라면하고 밥을 한껏 쌓아 놓고 허겁지겁 먹어 치우는 사람 같아."라고 했다. 당시 만화 주간지에 한 남자 주인공이 절망을 느낀 후에 라면하고 고봉밥을 쌓아 놓고 먹어 치우는 이야기가 나왔는데 그 이야기를 두고 한 것이다. 아무리 생각해도 난 드라마의 여주인공은 아니고, 기껏해야 만화 주간지 주인공이었다. 동료의 말을 듣고 나도 깔깔 웃었다. 써야 한다고 생각하면서도 미루기만 하던 이 책을 처음 쓰기 시작한 것은 그 직후였다.

IV
자식을
죽인
여자와
여성해방

1. 임금님은 벌거벗었다!

아뇨, 그건 아닙니다.

나는 남의 살을 먹어 본 사람이나, 아니면 남이 자기 살을 먹은 적 있는 사람한테 심판을 받겠다는 말씀을 드리는 겁니다.

다케다 다이준, 《반짝이끼》

그 일이 일어난 건 언제였을까? 틀림없이 내가 여덟 살이 지나고서였을 것이다. 당시 옆집에는 과자 가게를 하는 가족이 살았다. 그 집 애들은 나보다 한 살 어린 남자아이와 서너 살 어린 여자아이, 이렇게 남매였다. 지금도 어렴풋이 남매의 얼굴이 기억난다. 두 아이 다 그 집 어머니를 닮아 눈망울이 또렷했다.

초여름이었다. 우리 집 마당에 있는 수도 펌프 근처에서 우리 셋이 얼음 가게 놀이를 했다. 펌프 물을 길어서 사이다 병, 이가 빠진 찻잔에 넣으며 놀았다. 일찍 핀 나팔꽃을 짜서 그 국물을 펌프 물에 넣었던 것 같다. 뭐 특별할 것도 없이 한창 사이좋게 놀다가 난 갑자기 꾀를 냈다. 이 남매한테 우물에서 길어 온 물을 마셔 보게 하면, 배가 가득 차게 마시게 하면 어떨까? 내일 애들 배에서 '삐삐' 하고 소리가 나면 재밌을 텐데.

처음에는 단지 순간적으로 머리를 스치고 지나간 장난스런 마음이었던 것 같다. 하지만 어린 마음에 들러붙은 어두운 기대감이 순식간에 부풀어 올랐다. 아이인 나는 악의 화신으로 변했다. 나는 교묘한 말로 그 남매한테 물을 먹이려 했다. "이것 봐, 좀 더 마셔 봐, 좀 더 마셔, 마셔, 마셔 보라구!" 몸속 깊은 곳에서 나를 부추기는 소리가 들렸다. '한 잔이라도 더 많이 마시게 해라.' 오직 그 생각만 했다. "이제 안

마실래." 오빠가 힘없는 목소리로 말했다. 작고 음울한 기쁨이 내 몸에 울려 퍼졌다. 계속 물을 더 마시게끔 했다. 목덜미를 붙잡고서라도, 입을 억지로 벌려서라도 애들한테 물을 마시게 하고 싶었다. 손가락으로 배를 눌러 봐서 입에서 물이 도로 나올 때까지 마시게 한 뒤에 나는 그 남매를 놓아 주었다.

다음 날 남매의 어머니가 와서 여자아이가 설사를 심하게 한다고 우리 엄마에게 말했다. 그러는 동안 그녀는 나를 힐끗 쳐다보았다. '혼낼 테면 혼내 봐.' 내 죄가 드러나리라고는 나는 꿈에도 예상치 않았다. 그 어머니와 아이들이 마음이 약하다는 것을 알고서 나쁜 짓을 한 것이다. 흥분해서 하기는 했지만, 정확히 희생양을 골라서 한 짓이었다. 결국 내가 한 나쁜 짓은 들키지 않았다. '꼴좋다.' 싶으면서도 약간 뒤가 켕겼는데, 그런 마음조차 싹 사라져 버렸다.

기억에 남는 나쁜 짓이 또 있다. 누구한테 한 짓인지 모르겠지만 남한테 설익은 매실을 먹인 적이 있다. 물론 나는 먹지 않았고 그 결과가 어찌 됐는지도 기억하지 못한다.

전에 〈나쁜 종자The Bad Seed〉(1956년)라는 영화가 있었다. 조상 대대로 나쁜 짓만 하는 집안에서 그 피를 이어받은 어린아이가 계속 살인을 저지르는 줄거리다. 이 정도로 아주 나쁜 짓까지는 아니어도 어쩌다가 저지른 짓이라면 한두 가지 정도는 감춘 이들이 많을 것이다. 그런데 이유 없는 반항은 없다.

내 경우, 분명 그건 마음이 '여덟 살 이방인'이 되어 황폐한 들판을 헤매인 것, 거기에 뿌리를 내린 나쁜 마음 때문이었다. 심한 충격을 입고 비참함으로 가득 찬 내 마음은 자칫하면 내가 겪는 지옥으로 타인까지 끌고 들어가고 싶은 충동에 사로잡히고 마는 종류의 것이었다. 어른도 아이도 그러한 심리는 똑같을 것이다. 어린 날 내 마음에 깃든 어두운 욕망의 연장선상에서 난 자식을 죽인 여자들을 알게 됐다.

- 1971년 4월 25일 호소다 요코(엄마와 아이 셋이 모자 시설에서 생활)는 이혼 후에 남편이 맡던 아이들을 데리고 와서 자신이 맡아 키우게 되었다. 네 살 큰아들이 자신을 잘 따르지 않고 방에서 오줌을 누자 아이를 엄하게 꾸짖었는데 그런 도중에 아이가 쓰러졌다.
- 1971년 4월 25일 아오키 가요코(21세 주부)는 2개월 된 아들이 몸이 약해 자주 울자 이웃에 눈치도 보이고 해서 애가 죽어도 된다고 생각해 아들한테 비닐을 씌워 둔 채 장을 보러 나갔다.
- 1971년 4월 27일 가타오카 도키코(주부)는 이혼을 결심하고 아이가 있으면 이혼을 못한다고 생각해 2개월 된 둘째 딸을 목 졸라 죽이고 한 살 된 첫째 딸도 죽이려 했으나 첫째 딸이 방긋 웃자 차마 죽일 수 없었다. 가타오카 도키코는 목 졸라 죽인 둘째를 안고서 병원에 갔다.

여자들이 자식을 죽이는 사건이 늘어났다. 재작년(1970년)만 봐도 400여 건이다. 신문을 눈여겨본다면 일주일에 서너 건은 자식을 죽인 엄마들에 관한 기사를 어렵지 않게 찾아볼 수 있다. 요즘에는 신문에 별로 실리지 않게 됐는데, 분명 엄마들이 어린 자식을 죽이는 사건이 자주 일어나기 때문이다. 정부는 내년부터 한 살에서 세 살까지 자식이 있는 젊은 엄마들에게 육아를 지도하겠다고 예산 1억 1천만 엔을 책정했다. 이들은 자기들이 쓸모가 없다고 보는 곳에는 돈을 한 푼도 쓰지 않으니까, 아마도 이 예산은 어린아이를 죽이는 엄마들이 늘어난 것에 대한 대책으로 나온 것일 터이다.

엄마들이 자식을 죽이는 사건은 도쿄에서는 아다치구, 가쓰시카구, 아라가와구와 같이 지진이나 침수 피해가 많은 빈곤 지역에서 많이 일어나고 있다. 비교적 여유가 있는 스기나미구나 분쿄구에서는 사건 보도가 나오지 않는다. 또 대부분 가난한 집합 주택에서 살고 있다. 아이를 죽인 엄마 사건이 결코 우연히 일어나지 않는다는 점을 알 수 있다. 또 삼십 대 초반 미만의 엄마들은 자식을 죽이고 자신은 살아남았으며, 삼십 대 초반 이상인 엄마들은 자식을 죽이고 자살하는 방법을 택했다.

최근 두세 차례 나는 여성해방운동 동료들과 지방법원이나 검찰청에 가서 이 같은 사건을 조사해 봤다. 사건은 대부분 핵가족에서 일어났는데 대가족, 가령 고부 갈등이나 기타 혈연관계를 신경 써야 하는 처지에 있는 여자들은 죄다 자식을 죽인 후 자살했다.

살고 싶다, 살고 싶어. 살고 싶은 여자가 자식을 죽이기를 **강요당했다.** 작년만 해도 400여 건 일어난 자식 살해! (이것이 여자의 어두운 역사다.) 히스테리컬한 여자가, 놀기 좋아하는 여자가 잔혹한 범죄를 저질렀다고? 바보 같은 소리 말아. 그것은 공격의 방향이 틀린 것일 뿐이었어. 당신, 어이 거기 착한 척하는 당신, 인텔리, 예쁜 내 새끼라도 죽이고 싶을 정도로 밉고, 견딜 수 없이 미운 순간이 있다는 걸 알고 있나? 결혼이 바로 여자의 행복이라고, 자식이 바로 여자의 보람이라고…… 그런 주문을 여자에게 걸었지.

썰렁하고 더럽고, 세 평 남짓한 좁디좁은 집, 지쳐 떨어진 남편과 얇은 월급 봉투, 뿌연 하늘, 물가 인상이 마치 흉기처럼 다가왔어. 살고 싶어, 살고 싶다고.

자식을 죽인 엄마를 두고 한 평론가가 "애 목숨은 애 것이고, 사회의 것입니다. 부모가 아이의 살 권리를 뺏는 건 친권을 남용하는 겁니다."라고 눈살을 찌푸리며 말했다. 뭐라는 거야! 여자는 자식을 사유화하고 싶어서 그러는 게 아니야. 육아를 여자 생의 유일한 보람이라고 강요하는 구조 속에서 여자도 아이도 같이 갈라지고 찢겨지고 있다. 어머니날, 모성의 신화와 같은 게 얼마나 적나라한 거짓말인지 누구보다 훤히 알고 있는 이가 바로 아내이자 엄마로서 자신에게 강고한 질서를 부여당한 여자 본인이다. 공허함에서 자신을 해방할 목표를 앗아 가니 그 공허함을 철저히 혼자 겪는 수밖에 없지 않은가! **살아 있지 못하다는** 그 굶주린 마음을 다 속일 수는 없는 노릇이라 여자는 아이에게 모든 것을 걸게 되는 것이다.

그러나 '가정'이 노예(여자)와 노예 우두머리(남자)가 기업을 위해 노동력 재생산을 수행하는 곳인 이상, 아이에게 모든 것을 건 결과가 결국 아무 것도 아니라는 것을 예감했을 때, 여자는 스스로 원망의 불꽃으로 변한다. 자신의 인생을 후회 없이 잘 살지 못하고 있다는 것을 응시하게 하는 가장 가까이에 있는 모순 덩어리로 아이를 본다……. 여자는 아이의 목을 조른다!

이진우李珍宇[1] 때도 김희로金嬉老[2] 때도 나가야마 노리오大山則夫[3] 때도 그랬다. 그리고 자식을 죽인 여자들도 마찬가지다. 신문은 늘 똑같이 말한다. 범죄는 나쁜 환경에서 자라서 마음이 뒤틀린 자, 정신이상자, 놀기 좋아하는 놈이 저지르는 것이라고.

"그럼 이제 나쁜 사람을 붙잡았으니까, 안심하고 **시민 생활**을 합시다. 착

---

1 1940~1962년. 1958년 8월 21일 고마쓰가와고등학교에 다니던 여학생이 살해당한 사건이 일어났는데, 같은 학교 야간반에 다니던 재일한국인 2세 열여덟 살 공장 노동자 이진우가 범인으로 지목됐고, 이례적인 속도로 사형이 선고됐다. 이진우는 자백을 했지만, 경찰이 가족을 북한으로 추방한다는 협박을 했다는 소식이 알려지면서 이진우가 진범인지를 두고 의문이 제기됐다. 후에 오기사 나기사大島渚 감독은 이 사건을 소재로 영화 〈교수형〉(1968년)을 만들어 민족 차별과 같은 일본 사회의 어두운 면을 파헤쳐 높은 평가를 받았다.

2 [옮긴이] 1928~2010년. 재일한국인 2세. 어머니의 재혼 후 가난한 집안 형편으로 소년원을 전전하며 자랐다. 1968년 자신을 더러운 조센진이라 모욕한 일본인 조직폭력배를 총으로 쏴 살해한 죄로 체포되어 24년을 복역했다. 1999년 한국에 돌아왔고 이후 부친의 성을 따라 권희로란 이름을 사용했다.

한 여러분, 진열을 정비하고서 똑바로 앞을 보고요! 대오를 정비하고 하나 둘 셋 구령을 맞춰요."

위 글은 아이를 죽인 여자를 두고 내가 작년에 쓴 전단지에서 발췌한 것이다. 좀 오래된 이야기지만, 여성해방 엠티를 했을 때 각 신문사, 잡지사에서 취재 의뢰가 들어왔다. 우리는 여기자 말고는 엠티 장소에 들어올 수가 없고, 취재를 하려면 1만 엔을 내야 한다고 말하고 돈을 받았다.

그때 언론사 반응이 참 웃겼다. 언론사 대부분은 취재비도 내는데 여자만 오라는 조건을 내거느냐고 화를 냈다. 물론 '돈을 주고서 취재를 하다니, 돈이면 뭐든 살 수 있는 세상이기는 하구나.' 했을 수도 있다. 개중 아사히신문사만 좀 달랐다. 아사히신문에서 취재하러 온 기자는 "돈 거래가 있으면 공정한 기사를 쓸 수 없다"면서 화를 냈다. 신문이 언제 '중립'인 적이 있었나? 공정한 기사니 뭐니 들먹이는 꼴이 우습기 짝이 없었다. 세상을 보는 데에 중립이라는 개념은 원래부터 없다.

범죄에는 여러 가지가 있어서 전부가 다 그렇다고는 단언할 수 없으나, 범죄라 부르는 행위 대부분은 **지금** 아픈 사람이 그 엉망인 상태를 극한의 형태로 나타낸 것에 지나지 않는다. 거꾸로 말해 이 세상에서는 엉망인 상태가 바로 악이다. 왜냐하면 이 세상에 살고 있는 인간 존재의 그러한 본질이 엉망인 상태에 숨겨져 있기 때문이다. 그게 보

3　[옮긴이] 1949~1997년. 극빈 가정에서 태어나 학대를 받고 자란 나가야마 노리오는 열여덟 살 때 미군 숙소에 들어가 훔친 권총으로 4건의 연속 살인 사건을 저질렀다. 체포된 후 옥중에서 발표한 책 《무지의 눈물》이 베스트셀러가 되었고 일본 문학계의 비평가들, 문인들로부터 높은 평가를 받았다. 나가야마 노리오는 사형 선고를 받고 사형됐는데 이후 일본에서 청소년 범죄에 대한 양형 기준을 대폭 강화하는 계기가 됐다.

이게끔 됐다는 것은 이제 사람들이 임금님이 실은 벌거벗었다는 것을 알게 됐다는 것, 이 사회가 조종하는 장치의 기만성이 드러났다는 것이다. 범죄자는 사람을 죽인 것에 대해 심판받는 것이 아니라, 사회 질서를 흩트려 놓았기 때문에 심판받는다.

엉망이라는 것, 질서를 흩트린다는 것이 이 세상에 사는 인간 존재의 본질 그 자체라고 본다면, 아무도 '중립' 입장에서 엉망인 상태를 논하지 못할 것이다. 이 세상에서 엉망인 상태와 아무 상관없이 살 수 있는 사람이란 권력과 부를 손에 쥐고서 으스대면서 주변을 흘겨보는 사람뿐이다. 대저택에 살며 첩의 무릎에 누워 편히 쉬면서 '좁디좁은 집에 살아도 나름 행복이 있다'고 철면피를 쓰고 흰소리를 할 수 있는 사람이 그렇다.

이런 상황인데도 자식을 죽인 여자를 보도하는 신문을 보라. 놀기만 좋아하고 무책임하며 잔학하기 짝이 없고 신경질적이라는 등 아이를 죽인 여자가 얼마나 엉망인 사람인지에 대해 신문에서는 상투적인 문구로 덮어씌운다.

전에 '연속 사살범'이라던 나가야마 노리오가 체포됐을 때 나는 '나가야마 노리오는 나'라고 생각했다. 신문에서 아무리 그가 얼마나 극악무도한 범인인지 쓴다 한들 내 직감이 진실일 것이라 여겼다. 결코 양보할 수 없었다. 인간으로 살아갈 것인지 짐승의 탈을 쓰고 살아갈 것인지 나는 갈림길에 있었다.

그때까지 나는 막연하게나마 신문이 정의를 말하고, 중립적이며 공정할 것이라 믿었다. 신문이 스스로를 찬양하면서 그렇게 말하고 있었고, 신문에 나온 것은 곧 진실로 세상에 통용되고 있으니까. 초보자인 나는 틀림없이 그럴 거라고 믿었다. 하지만 나가야마 노리오의 범죄를 전하는 신문 보도를 보고서 깨달았다. 중립이란 내 편을 배반하고 적에게 붙어 버린 배신자를 가리키는 다른 이름일 뿐이라고.

세 평 남짓한 개집 같은 곳에서 개처럼 넣어져 당연하게도 엉망인 상태로 살아갈 수밖에 없는 사람들, 아무리 개 취급을 당해도 그래도 인간으로 살고 싶은 마음을 억누르지 못한 사람들. 이런 이들이 사회 질서를 흩트러 놓지 않도록, 결코 엉망인 상태가 **되지 않는 자**들의 편에 서서 심판하는 신문. 정의롭다느니, 공정하다느니 감히 잘도 말한다 싶다.

그 후 나는 신문 보도 대부분을 믿지 않게 됐다. 신문뿐 아니다. 한 번도 엉망이 **되어 보지 않은** 자가 엉망이 **된** 사람을 심판하려고 하는 것을, 또 모든 사람을 난 믿을 수 없게 됐다. 나가야마 노리오를 두고 이 러쿵저러쿵 논한 평론가 선생들께서는 자식을 죽인 여자를 두고서는 침묵을 지키고 계시다. 이런 위선을 보고 끓어오른 나의 분노가 바로 "왜 여성해방인가?"라는 물음의 답이다.

물론 지금 나는 평론가 선생들을 문제시하고 있는 것은 아니다. 한 사람의 반反권력 의식이 어느 정도로 거짓 없는 것인지 알 수 있는 가장 정확한 기준은 그 사람이 여자나 아이를 어떻게 보는가에 달려 있다. 아이는 희망의 상징이고 어머니는 상냥함의 상징이라는 그런 피상적 논리는 벌거벗은 임금님을 보고도 사람들이 벌거벗은 것이라고는 여 기지 않게끔 하는 장치이자 최전방을 지키고 있는 환상이니까.

남자에게 '지금 여기에 있는 여자'란 어머니뿐이라, 남자는 어릴 적 에 어머니가 설마 자신을 죽이려고 했을지도 모른다는 사실을 상상조 차 못한다. 그런 남자들이 나가타 히로코를 비웃고 심판하려 한다니!

나가야마 노리오의 범죄를 전하는 것을 보고서 나는 빛 쪽에 선 이들이 어둠 쪽의 인간을 심판하는 것을 정의라고 부르는 게 신문이라 는 것을 알았다. 그 거짓을 알게 됐다. 그리고 자식을 죽인 여자들 사건

보도를 보고 신문이 남자의 시각으로 정의를 날조해 낸다는 사실을 알았다.

여성해방 엠티 때, 아사히신문은 결국 우리가 제시한 취재비를 절반 가격으로 깎고 취재를 왔다. 5천 엔만큼 아사히신문은 중립, 공정, 정의를 되돌리려 했던 셈이다. 역시나 돈을 어떻게 쓰는지를 제대로 잘 아는 신문사인 듯싶었다.

취재를 온 아사히신문 기자는 **여자**였는데 엠티에 와서 이런 발언을 했다. "전 다른 취재를 가려 했는데, 여성해방 엠티 주최 측에서 남자 기자는 안 된다고 들이지 않는 통에 저한테 이 취재가 넘어와서 여기에 오게 된 겁니다. 여자 기자만 엠티 취재가 가능하다는 건 여자 기자 입장에서 보면 선택권을 뺏는 겁니다."

선택권이라고? 나는 놀랐다. 여자이기에 원래 가려던 취재를 못 가고 여기 여성해방 엠티에 왔다는 것은, 신문사에서 여기자가 **절대적**으로 부족하다고 할 만큼 적다는 진실을 알려 주는 게 아닌가? 이 진실은 여자가 기자이기는 해도 어디까지나 '여기자'로만 존재한다는 점과 이어져 있다. 그것을 굴욕이라 느끼지 않고서, 우리한테 남자 기자를 취재에 넣으라고 결론을 내리다니. 그녀는 남자 중심 사회에서 남자 편에 선 여자로 스스로를 멸시한 셈이다. 나중에 아사히신문에 실린 여성해방 엠티 기사를 보고 지인이 내게 물었다. "그 기사, 남자가 썼지?" 중립적이며 공평하게 기사를 쓰는 데에는 남자인지 여자인지 여부는 아무런 관련이 없으니 한 사람의 기자로서 쓰라고 하는 것은 명분일 뿐이다. 여기서 그 '한 사람의 기자로서'라고 할 때 그 한 사람의 모델은 남자다.

물론 신문사에서 일하는 여자가 죄다 남자 중심 사회에서 남자 편이 된 여자라고는 생각하지 않는다. 자식을 죽인 여자를 매도하는 기사를 보며 느끼는 아픔, 그런 식으로 매장당하는 아픔을 공유하면서 우리는 여태까지 제 자식을 죽인 '죄'를 저지르지 않은 여자들을 찾아야한다. 나는 이런 말을 하고 싶었다. '왜 여성해방인가?'라는 물음을 제기해 모든 여자의 삶의 방식을 묻는 물음에 다가서고 싶다. 여성해방을 운동의 형태로 전개하느냐 하지 않느냐에 관계없이.

"여성해방의 적은 여성 아닙니까?" 이렇게 묻는 남자가 꼭 있다. 물론 여자라는 사실에 굴욕감을 느끼지 않고도 살 수 있는 여자, 엉망인 상태하고는 인연이 없이 살 수 있는 여자는 여자라 해도 남자 중심 사회에서 남자 편에 선 적이나 마찬가지이다. 자식을 죽인 여자를 보고서도 침묵을 지키는 여자는 적이다. 자신을 **중립**적인 입장에 놓고 '난 여성해방의 친구'라며 거침없이 유들유들하게 말을 걸어 오는 여자는 적이다. 그러나 나는 남자가 그런 여자들을 두고 내게 그들은 적이 아니냐고 묻는 것을 허락하지 않는다. 남자가 나가타 히로코를 심판하는 것을 허락하지 않는 것과 같은 의미로, 나는 그것을 허용할 수 없다.

남자 중심 사회에서 남자 편이 된 여자란 **아군 안에 있는 적**과 같다. 엉망이 되지 않는 것이 아니라, 엉망이 **되지 않게끔** 하는 장치가 있으니 만큼, 아무리 아군을 팔아넘길 것만 같은 여자라 해도 그 여자를 적에게 넘겨줄 수는 없는 노릇이다. 이것이 여성해방의 혼이며, 여자의 의리다.

저번에 '자식을 죽인 여자들과 미혼모'라는 주제로 강좌를 열었다. 문제 제기를 해 줄 토론자이자 강연자로 기리시마 요코桐島洋子[5] 씨를 불렀다. 나는 준비 단계에서 기리시마 씨를 만났는데, 살면서 강박관념 같은 건 한번도 느껴 본 적이 없다고 하는 기리시마 씨의 말을 듣고 감탄했다. 원래 나는 뭐든 잘 감탄하는 편이기도 한데, 깜짝 놀란 것 같다. 강박관념을 느껴 본 적이 없다는 이유가 자기혐오가 없어서일까? 강박관념을 공기처럼 들이마시며 살아온 나로서는 신기해 보일 정도였다. 그래서 세상은 함부로 저버리면 안 된다. 진귀한 이들과 만날 수 있으니까. 나는 가슴이 두근거렸고 기뻤다.

그런데 기리시마 씨의 강좌는 좋지 않았다. 강좌 주제를 두고 기리시마 씨의 관심사가 우리 주최 측과 잘 맞지 않으리라는 점을 알고는 있었다. 그래도 소통이라는 게 존재와 존재 사이에서 일어나며, 모임을 여는 의미는 소통에 있기 마련이라고 굳게 믿었던 우리는 결국 기리시마 씨에게 짜증을 내고 말았다. 우리는 기리시마 씨가 할 수 없는 이야기를 무리하게 졸랐다. 그런 어리석음이 강좌가 실패한 주요인이었다. 이런 강좌면 일부러 강좌 전에 먼저 만날 필요도 없었겠다 싶은 게 진짜 마음이었다. 밖으로 속내를 내비치지 않으려고 해도 잘 안 됐다.

기리시마 씨 이야기 자체에는 딱히 이의를 제기할 것이 없었다. 대충 이런 이야기였다. "세상에서는 자기를 두고 미혼모니 뭐니 하며 떠들고 있으나, 여자는 될 수 있으면 아이를 갖지 않는 게 좋다. 보람을 느끼는 일을 하면서 경제력을 확실히 갖추고, 혼자서 생활을 충실히 하는 데에 난 찬성한다. 아이를 갖게 되면 아무리 해도 발목이 잡힌다. 매력이 넘치는 친구도 아이를 갖자마자 바로 시시한 여자가 됐다. 그런 사례는 내 주변에 많다."

문제는 기리시마 씨가 말한 그 **충실한 생활**이라는 것이었다. 그녀가 말하는 충실한 생활을 이미지로 그려 보면, 그 나름대로 사회에서 인정받고 그것으로 수입을 얻어서 고급 옷을 사 입고 아파트에 살면서 마음이 맞는 친구들을 불러 즐겁게 지내는 것, 그것이 더없이 충실한

4 [옮긴이] 1937년생. 에세이 작가. 1968년 한부모 가장으로 아이를 키우며 쓴 자전적 에세이로 인기를 끌기 시작해 텔레비전 등에서 멋진 미혼모로 불렸다.

생활이다. '뭐야, 시시하잖아.' 맨 처음 이 강좌가 실패했다고 느낀 순간이었다. 왜 그런 생활이 시시하냐면, 충실한 생활을 꿈꾸며 쫓고 쫓아 그런 식으로 해 봤자 결국 아무 것도 아니라는 것을 점차 알게 되고, 다시금 인생의 주사위를 던지다가 여성해방을 만나게 된 과정이 우리에게 있었기 때문이다.

능력 있는 여자도 못하겠고, 그렇다고 신부 수업도 못하겠고. 뭐든 다 어중간하고 안 된다, 안 되겠다, 안 되겠어 하는 소리만 듣다 보니 나 스스로도 어중간하거나 못하는 것이라 믿게 된다. 여자를 못살게 굴고 또 여자가 제대로 살지 못하게 하는 이 체제 속에서 여자가 갈팡질팡하는 기술만 배우게 되는 건 당연하다. 난 이미 괜찮은 여자다! 이런 생각을 하며 나는 여성해방운동을 시작했다.

구라타 요코, 전단지 〈당연한 여자가……〉에서 발췌

여자 혼자 사는 것을 가로막는 소위 '약점'이라는 건 다양하다. 혼자서는 자기 인생에서 중요한 선택을 못한다든지, 문제가 생기면 곧장 누군가(남편이나 의지가 될 만한 남자들)에게 도움을 구한다든지, 남이 비난조로 나오면 자신이 믿는 진실을 끝까지 주장하지 못한다든지, 생리 때 특히 눈에 띄게 나타나는 격한 감정의 기복이라든지, 그리고 이것들이 정서나 의식 면에서 여자가 '약한' 이유이자 결과라는 등 여자는 노동력으로 또 사회인으로 열등하고 그런 탓에 경제적으로 불리하다든지 하는 등등.

하지만 나는 생각한다. 이런 것들을 간단히 '여자의 약점'이라고 결론 내리고서 혼자 주체성을 발휘해 그만큼 "강하게 살아가는 여자가 되라!"고 말하는 건 틀렸다고. 남자 중심 문화 기준으로 비판하는 여자의 열등함이란 뒤집어보면, 그대로 여자의 가능성이 아닐까? 남자가 열중하는 출세나 엘리트 코스에 목숨을 걸지 않는 여자의 비효율적이고 비생산적인 면도 그렇다. 남자 중심 문화에서는 개인의 재능과 노력으로 남보다 강해져서 남을 이겨야 하고 그러려면 비생산적인 약자를 버리고 진보하고 발전해 나가야 한다. 그런 식의 강자가 되지 못하는 것이 여자의 가능성이다.

그래서 우리는 서투르고 못하는 이들을, 밀려나오게 된 이들을 긍정적으로 보려 한다. 밀려나더라도 살고 싶다. 고독을 두려워하지 않아서 혼자 사는 게 아니다. 또 남자만큼 돈을 잘 벌어서 미혼모가 되는 게 아니다. 남자와 여자를 **제대로 만나고** 싶기에, 여자의 가능성을 없애지 않고 싶기에, 이렇다 할 재능이 없는 우리도 혼자서 살아갈 수 있도록 하려는 것이다.

요네즈 도모코米津知子[5],
전단지 〈여자가 혼자서 살아갈 수 있도록 하려면〉 중 발췌

남자로 태어난 것을 긍정적으로 보는 남자야 무수히 많지만, 여자로 태어난 것을 긍정적으로 보는 여자는 매우 적다. 물론 남자는 체면으로 살아가기 때문에 남자로 태어나서 손해라고 생각해도 그 속내를 입 밖에 내지 않는 것인지도 모르겠으나, 여자도 체면은 있다. '여자라

5　[옮긴이] 1948년생. 전공투를 거쳐 1970년대 여성해방운동에 참가했다. 1982년 형법상 낙태죄 폐지를 요구하는 여성운동 단체 'SOSHIREN'을 발족하여 지금까지 활동 중이다. 소아마비를 앓아 다리가 불편한 장애인이기도 한데, 여성의 재생산권과 성적 결정권을 주장하는 동시에, 태아의 장애를 이유로 중절을 허용하는 1972년 우생보호법 개정안에 반대 운동을 벌였다. 1974년에 국립도쿄박물관에서 레오나르도 다빈치의 모나리자 전시가 열렸을 때 모나리자 그림 가까이에서 빨간 스프레이를 뿌려 체포당하기도 했다. 당시 박물관 측은 모나리자 그림이 인기라서 관객 혼잡이 예상된다며 장애인과 노인, 아기를 데리고 온 사람은 일반 관람 시간이 아닌 별도로 지정한 시간에 오라고 했다. 이를 차별이라 본 요네즈 도모코는 모나리자 그림 전시장 주변에 스프레이를 뿌리는 반대 행동에 나섰다. 현장에서 체포된 그는 벌금형을 받았고 판결에 항의하는 의미로 1엔짜리 동전을 모아 벌금을 냈다.

는 것'을 긍정적으로 보지 못하면 아무래도 인기가 없으므로 될 수 있으면 그 속내를 말하고 싶어 하지 않는다. 그럼에도 조사에 따르면 여자는 셋 중 하나가 '여자로 태어난 것'을 싫어한다고 한다.

셴 척하려고, 아니면 체면 때문에 자신이 여자임을 긍정하는 여자를 감안해 보면, 여자라는 사실에서 도망치고 싶은 여자가 굉장히 많을 것이다. 여자는 매일 마치 '게르만족의 대이동'을 되풀이하듯 여자라는 사실로부터 도망친다. 예전에 〈도망자〉라는 텔레비전 프로그램이 있었는데, 이 세상의 여자란 여자 대부분이 자신한테서 달아난 도망자라 할 것이다. 여성해방운동을 하는 여자만 여자로 살아가는 데 요령이 없는 것이 아니라는 소리다. '도망자'에게 보람찬 일이 있을까?

물론 아이가 있든 없든 경제적으로 자립하는 것은 중요하다. 궁핍해지면 상상력조차 쇠하는 느낌이 든다. '이러면 안 되지.' 하며 스스로를 질타해도 이런 게 우리의 실제 모습이다. 하물며 애를 키우려면 돈이 많이 든다. 미혼인 채 엄마가 되기를 선택한다면 경제적 기반이 가장 문제일 것이다. 우리는 세 아이를 둔 기리시마 씨가 "여자는 될 수 있으면 자식을 안 낳는 게 좋다"고 주장한 것을 그가 미혼 엄마로 애쓰며 고투하며 살아온 배경에서 나온 말로 받아들였다. 그래도. 그래도, 어딘가 이상하다.

호스티스로 일할 적에 호스티스 동료 가운데 항상 궁상맞게 하고 다니는 여자가 있었다. 이른바 '착한 여자'로, 자기도 살기 힘든데 다른 여자가 살기 힘든 것까지 받아들이는 타입이었다. 자신에게 걸맞지 않은 짐을 지고서 노상 허둥지둥했다. 따뜻한 마음은 출세에 방해가 된다. 약육강식인 이 세상에서는 시체라도 먹을 수 있을 만한 이들만 잘 산다. 기리시마 씨가 말한 '충실한 생활'의 그림자에서 무수히 많은 '착한 여자'들의 방황, 상처 입은 후 남은 자국을 볼 수 있다.

혈투를 벌이듯 열심히 살았다는 기리시마 씨의 이러한 피투성이가 된 모습은 그녀 자신의 피일까 아니면 남의 뒤통수를 쳐서 남이 흘린 피일까! 살아갈 재주도 없이 착하기만 한 여자는 요령 좋고 영리한 여자들 사이에서 살해된 자신을, 그리고 자신의 엄마의 모습을 본다.

어차피 기리시마 씨의 강좌에서 나올 것이 없는데 우리가 생떼를 쓴다는 사실을 잘 알면서도 뭔가 이상하다는 생각이 끓어올라서 기리시마 씨에게 자꾸만 물었다. 그러자 기리시마 씨는 "여성해방운동가들은 말이 너무 어려워서 잘 모르겠어요. 저는 텔레비전에 나갈 때 항상 쉽게, 알기 쉽게 말하려고 노력합니다."라고 답했다. '아, 또 쉽게, 알기 쉽게 말하라는 소리가 나오는구나.' 이 저주의 말. 그녀와 논쟁이 벌어졌다.

"말을 쉽게 해야 한다는 것을 갖고 논쟁해야 한다는 게 우습네요."라고 기리시마 씨가 중얼거리는 소리가 들렸다. 말 문제를 논한다면 기리시마 씨 주장이 맞다. 그러나 (기리시마 씨가 주장한대로) 텔레비전을 보고 있는 주부들, **일반** 여자들이 "어려운 말은 몰라요."라고 할 정도로 정말 '낮은 수준'이라면, 그런 논리로 보자면 교육상 어려운 말도 필요하다. 우리는 이해하기 어려운 말을 한다고 비판을 당한다고 해서 "예. 그럼, 반성을 하고 쉬운 말을 쓰겠습니다." 하고 분부대로 따를 수 없다. 왜냐하면 이게 단지 말을 쉽거나 어렵게 하는 문제가 아니라서 그렇다. 인간을 어떻게 볼 것인가 하는 문제이기도 하고, 삶의 방식에 관한 문제이기도 하기 때문이다. 아침 프로그램에 시청자 대표로 나와서 득의양양하게 발언하는 '교양 있는' 주부만 상대하는 기리시마 씨가 '일반' 여자들의 수준이 낮다고 말하고 싶어 하는 마음도 모를 바는 아니다. 그러나 '알기 쉽게'만 강조하는 기리시마 씨를 보고 있자니 아무래도 우리도 기리시마 씨가 가리키는 '낮은 수준'의 여자들인 것 같았다.

'아 그렇구나.' 나는 뒤늦게 깨달았다. 다른 여자들을 '낮은 수준'으로 보는 사람이 애초에 강박관념에 시달릴 리가 없다는 사실을. 그리고 기리시마 씨가 하라고 하는 보람찬 일이란, 텔레비전에 나와 '바보 같은' 여자들에게 여자가 살아갈 방법을 알기 쉽게 가르치는 것이었음을 깨달았다. 왠지 의문이 들어 집착하다 보니 내 의아한 마음은 분노로 변했다. 전에 나는 기리시마 씨와 같은 '새로운 여자들'한테 연거푸 속았기 때문이다. "나는 이렇게 잘 됐습니다. 당신도 마음만 먹으면 풍요롭고 즐겁게 살 수 있어요." 지금껏 얼마나 이런 대사를 들어 왔던가! 혹시나, 혹시나 하고 기대가 부풀어 올라서 내가 얻을 수 없는 것들을 좇아야 했다. 인간은 선택할 수 있다면 고통보다는 편안한 것을 고른다. '나 하나쯤이야 꿀을 빨 수 있지 않을까.' 하고 비루한 기대를 품은 탓에 텔레비전이나 주간지에 나타난 재치 넘치는 여자들의 말에 자신의 존재를 현혹당한 것이 아닌가!

나는 기리시마 씨한테서 '고도 관리 사회'라는 이 체제의 장치를 봤다. 인간의 의식을 관리하는 요령은 사람들이 '나는 빛 쪽에 있는 사람'이라 믿도록 하고 어둠 쪽으로 시선을 돌리지 않게끔 하는 것이다. 아픔을 아프다고 느끼지 못하게 한다. "여성해방운동은 아픔이 없으면, 사연이 없으면 못 하죠?"라며 덤벼드는 이들을 종종 만난다. '아픔'이 있거나 없거나의 문제가 아니다. 이 사회에 존재하는 것 자체가 이미 '아픔'이 아닌가? 스스로 내 뒤통수를 치고, 다른 여자의 뒤통수를 치고, 남자의 뒤통수를 치고, 아이의 뒤통수를 치며 살아가는 방법 말고 대체 어떻게 살 수 있단 말인가? 어지간히 둔감하든지 아니면 대단한 철면피든지 아니면 에고이스트가 아니고서야 매일 자신을 속이고 남을 기만하는 '아픔' 없이 살아갈 수 있는 사람이 있을까?

계급사회란 '누구하고도 제대로 만날 수 없게 하는 체제'를 말한다. 아픔을 아프다고 느끼지 못하는 사람은 실제로 아프지 않은 사람이 아니고, 언제까지나 자신이 빛 쪽에 있다고 믿어 의심치 않는 사람이다. 아픔을 아프다고 느끼지 못하도록 하는 주문에 걸린 사람이다. 임금님은 벌거벗지 않았어, 벌거벗지 않았다구, 벌거벗지 않았다……. 텔레비전, 신문, 주간지는 그 주문이 끊이지 않도록 사람들을 이끈다. 벌거벗은 임금님을 **봤으면서도** 보지 않았다고 할 사람들을 만들어 내기 위해, 기리시마 씨는 앞장서서 벌거벗은 임금님을 보지 않았다고 한다. 즐겁게 살 수 있는 기술을 가르치는 고수인 것이다. '일반' 여자, **저속**한 여자들에게 꿈을 파는 역할이다.

'알기 쉬운 말'은 지배하기 위한 말이다. 나의 아픔에서 출발하지 않는다면 말은 그저 그런 말일 뿐이다. 우리는 얼마든지 알기 쉽게 말할 수 있다. 상대가 알아들을 수 있도록 아주 구체적으로 주의 깊게 하면 그만이니까.

반면 바야흐로 아파하고 있는 사람의 말은 여간해서는 들리지 않는다. 당신은 어둠을 본 자, 그것을 봤다고 하는 자의 말을 알지 못한다. 그것은 아픔만이 감지해 낼 수 있는 것이기 때문이다. 존재와 존재가 서로 만나서 하는 말. 여성해방을 부정하려고 하는 자는 언제나 입버릇처럼 "뭘 말하는지 모르겠다"고 한다. 하지만 자신이 어디까지나 빛 쪽에 있다고 굳게 믿는 사람들에게 대체 어떻게 말해야 아픔에서 나온 절규가 통할 것인가!

어둠 쪽에 있으면서도 자신이 빛 쪽에 있는 것으로 믿고 싶은 사람에게 어둠을 가르쳐 줄 수는 없다.

성적 학대를 당했으니까, 못생겼으니까, 남자에게 버림받았으니까, 엘리트가 되지 못했으니까 어둠 쪽에 있다는 말이 아니다. 그런 게 아픔이라는 소리가 아니다. 진짜 어둠은 자신이 빛 쪽에 있다고 어디까지나 믿어 의심치 않으며 스스로에게 죽 주문을 거는 이들에게 있다. 어둠은 '혹시나' 기대하고 주문을 외면서 '남자를 기다리며 행복해하는 어리고 순진한' 여자가 '원한을 품은' 여자로 변해 가는 마음속에 있다. 그러다 주문에서 깨어나 임금님이 벌거벗었다는 것을 알게 되면, 여자는 돌이킬 수 없는 과오를 저지른다.

기리시마 씨가 말한 '충실한 생활' 이면에 뒤통수를 가격당한 여자의 피가 들러붙어 있다. 내가 이것을 직감하게 된 것은 그이가 말한 **알기 쉬운** 말의 종착지가 황량하고 무서운 세계임을 알기 때문이다. 아픔을 아프다고 느끼지 못하고 자신을 배신하고 남을 기만해 온 여자가 도착할 죽음의 세계. 진짜 어둠은 그런 지옥이다. 나의 뒤통수를 치고 남의 뒤통수를 친 여자는 그 피의 바다에서 몸부림치게 되는 법이다.

기리시마 씨는 그런 지옥의 사자使者이다. 그러나 그이도 자신이 빛 속에 있다고 믿고 있을 뿐인 '일반' 여자, '저속한' 여자 중 하나일 수도 있다. 강한 자기 암시가 빌미가 되었을 뿐 단지 조종당하며 살고 있는 것일지도 모른다. 바로 곁에서 대놓고 조소하지 않는 한 절망과 멸시를 느끼지 않을 사람은 아주 드물 것이다. 기리시마 씨는 둔감해진 자신의 존재를 보이면서 편하게 살려면 철면피처럼 살라고 우리에게 가르쳐줬다.

지금껏 나는 내 자신이 오욕과 더불어 살아왔다고 생각했지만 그건 아니었다. 나 자신의 아픔을 통해 어둠을 본 자로서, 빛을 향한 길로 통하는 입구인 어둠의 입구에 나는 서 있다.

"나는 나"라고 할 때, 앞선 '나'는 존재가 감지하는 아픔을 말하며, 뒤의 '나'는 그 아픔을 통해 되살아난 생명의 광채이다. 사람은 생명이 가진 가능성을 업신여김당한 아픔을 갖고서 그것에 대한 분노를 원점으로 삼아 지배와 피지배가 없는 세계로 비상할 수 있다.

아직도 빛 쪽에 있다고 믿고 싶어 하는 여자들이 소노 아야코의 《누구를 위해 사랑하는가》와 같은 책을 베스트셀러로 만들고, 기리시마 씨의 이야기로 자신들이 살아갈 단서를 찾으려 모여든다.

어둠을 빛이라고 구슬리는 여자는 이제 적으로 변한 오욕의 여자이다. 우리는 아이를 죽인 여자의 목소리, 목소리가 되지 못한 그 목소리에 귀를 기울여야 한다.

> 그런 어리석은 일이, 만약 그렇다면 무서운 일이죠. 그럴 리 없어요. 좀 더 가까이 다가가 나를 잘 봐야 합니다. 분명 보일 테니까 대충해서 끝날 일이 아니에요. 좀 더 진지하게, 볼 수 있을 때까지 들여다봐야 한다고요.
>
> 다케다 다이준, 《반짝이끼》

사이가 나쁜 부모님을 둔 사람한테 제 자식을 죽인 여자를 보면 무슨 생각이 드냐고 물은 적이 있다. 그러자 그이는 "엄마가 나한테 '이제 네가 벌써 스물아홉이나 됐구나. 널 지우려고 해서 미안해.'라고 해서 그 말을 듣고서는 손을 꼽아서 내 나이를 세 봤어."라고 대답했다. 엄마가 자신을 임신했을 때 돌로 배를 치거나 얼음물을 배에 끼얹어서 어떻게든 낙태하려 했는데 그렇게까지 했어도 태어난 아이가 그였다. 그는 장녀였다. 처음 생긴 아이를 그토록 지우려고 한 여자의 마음을 헤아려 보면서 나도 모르게 그이 어머니의 마음이 와닿았다. 이 세상에서 태어나 그 생명을 축복받은 아이가 대체 얼마나 있을까? 나는 아이를 가지거나 지운 적은 없지만 주변을 보면, 스스로를 빛 쪽에 있다고 생각하는 여자는 아이를 낳고, 스스로를 어둠 쪽에 있다고 생각하는 여자는 낙태를 한 것 같다. 여자는 경제적 사정에 이런 알파를 더해 애를 낳을지 말지 정한다.

휴머니즘 관점으로 낙태가 나쁘다고 하는 이들은 "여자가 아이를 지우고서 차를 사거나 자기 노는 데에 돈을 쓴다"고 분개한다. 그 여자는 아이를 낳는 것보다 차를 사는 것으로 자신의 미래를 그린 것일 뿐이다. 아이를 낳고서 얼마 안 되어 버려 버리고, 갖고 있던 출산 비용으로 성형 수술을 하려고 하는 여자도 있지 않은가? 이 사실이 우리에게 가르쳐주는 것은 이 세상이 그 정도로 어둡다는 것이다. 아이의 생명보다 자동차 생산량을 중시하는 이 사회의 가치관이 그런 여자에게 반영되어 있는 것일 뿐이다. 여자의 잔혹함 이상으로 이 세상은 더욱 잔혹하다.

이런 사회에서 아이를 낳는 것으로 자기 인생의 빛을 찾으려는 여자는 사실 얼빠진 여자이다. 여태까지의 만남 속에서 가능성을 믿으려 하는 것이다. 더군다나 그런 기대는 아이를 낳는 것으로만 여자의 인생을 긍정하게끔 한 여자의 역사성과 뒤죽박죽으로 섞여 있다. 그래서 여자는 아이와 만나고 싶은 것인지, 아니면 아이를 소유하고 싶은 것인지 자기 자신조차 분명히 분간을 못한다. 원래 '지금 여기에 있는 여자'란 항상 모순된 두 가지 속내를 갖고 있으면서 필연적으로 그 두 속내 사이에서 엉망인 상태가 된 존재라 할 수 있다. 이 세상이 여자를 암컷으로, 즉 생식 상품으로 살게 할 따름이니, 결혼하면 퇴직을 하는 결혼 퇴직 제도는 당연한 것이고, 집안일이 공짜인 무상 노동인 것은 말할 나위 없으며, 육아는 여자의 유일한 생의 보람인 것이다. 여자를 궁지로만 몰아가는 것이다. 만남에 대한 기대는 언제라도 증오로 바뀔 수 있다. 기대나 증오는 여자 내면의 욕망에서 나온 감정이므로 종이 한 장 차이일 뿐이다.

지금 우리 공동체 구성원 일부가 오키나와로 갔다. 오키나와에 있는 미군 기지 앞 성매매 여성들이 낳은 여러 피부색을 가진 아이들이

다니는 보육원에 자기 아이를 넣어서 같이 교육을 하겠다는 야심을 품고 간 것이다. 그 구성원과 공동체에서 함께 생활하던 시절에 아기 엄마가 아기를 공동체에 남겨 놓고 사흘 정도 자리를 비웠을 때가 있었다. 아기 레이는 기저귀를 갈고 분유를 줄 때마다 돌봐주는 사람이 바뀌고 손길도 차분하지 못하자 짜증이 났는지 한밤중에 우는 방법으로 이의를 제기했다.

아이와 엄마의 사유私有 관계는 하루아침에 어떻게 할 수 있는 게 아니라서, 그것을 핑계 삼아 무리하게 남과 공유하는 관계로 가져가는 것은 현명한 방법은 아니다. 우리는 우리가 자신을 해방하는 과정과 아이와 엄마가 서로 묶여 있는 관계를 풀어 가는 과정이 같다고 생각해 아이와 엄마의 사유 관계는 부정하지도 긍정하지도 않고 인식만 하는 정도였다. 그래서 한밤중에 레이가 갑작스럽게 울기 시작한 사태는 정말 아닌 밤중에 홍두깨 같았다. 물론 그전에도 레이 엄마가 없을 때 레이를 돌본 적이 수도 없이 있었지만, 사흘간이나 계속해서 레이 엄마가 집을 비운 것은 그때가 처음이었기 때문이다.

육아학의 대가 스포크 박사Benjamin Spock는 아이가 울면 계속 울게 내버려 두라고 하는데, 대가의 주장이라 한들 다들 서로 조심하며 살아야 할 정도로 좁은 공동체 집에서 아이를 계속 울게 내버려둘 수는 없었다. 한밤중에 칭얼대는 아기 레이를 안고서 현관이나 창문 앞을 오가며 문을 여닫는 것도 꺼려질 정도로 가만가만 아이를 어르기를 30분이 지나고, 그러다 1시간이 지나고. 같이 살던 여자들이 몇 명 있었지만 왜 그런지 나하고 다른 한 명만 잠을 깼다. 내버려두면 밤중 내내 울 것 같은 레이를 둘이서 교대로 어르고 달래는 지경이었다. 그 사이, 같이 사는 구성원들이 계속 잠만 자는데 그 무신경함을 보고서 우는 아이도 밉지만 동료인 여자들도 미워졌다. 밤의 어둠 속에서 시꺼먼 살의가 불꽃처럼 피어났다.

언니가 말한 적이 있다. "난 자식을 죽인 여자들 심정을 잘 알아……." 언니는 결혼 초부터 남편과 삐걱댔다. 현실이 어둠이라 아이를 낳게 되면 변화의 조짐이 나타나겠거니 하면서 배 속의 아이에게서 빛을 구하고자 아이를 낳았다. 그 결과는 이미 I장에서도 썼다. 언니는 스스로의 생명의 가능성에 대한 초조함이 풀리지 않았고, 그런 스스로에게 안쓰러운 마음을 느꼈다. 마치 밀려왔다가 다시 쓸려나가는 파도와 같았다. 자식한테 어떤 때는 별것 아닌 이유로 격하게 화를 냈다가도 또 어떤 때는 지나칠 정도로 껴안아 주는 식으로, 그런 '일반적이고도 저속한' 주부 가운데 한 명인 언니는 아이와 같이 여태 살고 있다. 그런 언니가 이렇게 말했다. "신문 보도가 틀렸어." "여자는 누구든 자식을 죽일 수 있어. 자기 등에 자식을 죽일 수 있는 여자를 매달고 살아."

아사마 산장에 틀어박힌 연합적군파의 모습을 텔레비전으로 보고 있자니[6] 방송 아나운서가 반복해서 말했다. "저는 이런 이상 사태를 텔레비전을 통해 시청자 여러분께 알리는 것이 정말 이상하다고 느끼지 않을 수 없습니다." 나도 모르게 웃음이 터졌다. 그리고 그 아나운서가 '이 사태를 이해하고는 있구나.' 하고 생각했다. 기리시마 씨가 말하듯, 이해하기 쉬운 말로 계몽한다고 사람들을 일깨울 수 있는 게 아니다. 사람들은 사실에 감춰진 본질을 감지함으로써, 자신을 알고 세계를 알게 되는 것이다. 사람들에게 마치 자기들이 빛 속에 있는 것 같은 환상을 심어 주는 역할을 해야 할 텔레비전이 어쩌면 반대 역할도 하고 있겠구나 싶었다. 그 아나운서는 자신이 직감한 것을 두고 두려워하며 떨고 있었다.

6 [옮긴이] 연합적군파를 검거할 때 그 과정이 텔레비전을 통해 생중계된 바 있다.

사람들은 자신이 엉망인 상태를 통해 '범죄'라고 불리는 엉망인 상태 속에 감춰진 이 세상의 인간 존재, 그 본질을 알게 된다. 꼴사납게 살아갈 수밖에 없는 '민중'이라고 불리는 사람들이 그 일상에 반₂권력 의식을 품고 살 수 있는 것은 왜일까? 엉망인 상태를 악이라고 규정하는 세상에서 엉망이지 **않을 수 없는** 인생을 강요당하는 데에서 비롯된 균열과 아픔이 있고, 이 아픔으로 인해 사람들은 무슨 일이 일어나고 있으며, 그 일의 본질이 무엇인지 직감할 수 있기 때문이다.

　　자식을 죽인 여자란 "임금님은 벌거벗었다"고 외친 자를 말한다. 여성해방운동은 "임금님은 벌거벗지 않았다"고 하는 그 기만성을 운동으로 해체하려는 이들의 집단 운동이다.

2. 에로스 시론을 향해

일본 사상사의 층위를 살펴보면, 가장 밑바닥에 신석기 시대의 샤머니즘이 있고 그 위에 불교가 있다. 그 위에는 유교, 그 위에 페이비언 협회Fabian Society[7]나 사회주의와 같은 근대적 층이 있다. (중략) 일본은 다중 구조 사회이다. 자아도 사회에 맞춰 다중 구조인데, 아주 심층적인 부분에 샤머니즘이 있다. 그리고 만약 무슨 일이 있으면 가장 아래 있는 것이 언제든 나오는데, 이건 약점인 동시에 강점이다. (후략)

〈요미우리신문〉 1972년 3월 23일 자

앞서 I장에서 히피 비슷한 집단의 강연 모임에 간 일화를 썼다. 항문으로 할 때 아프지 않게 하는 법을 가르쳐 달라고 강연자에게 떼를 쓴 사람에게 화를 낸 일화를 썼다. 그때 화를 낸 나와 일행에게 "당신들은 왜 그것만 문제 삼느냐"며 "물어본 사람이 나름대로 하고 싶은 말이 있어서 질문을 한 것일 수도 있지 않느냐"고 질문한 남자를 감싼 남자가 있었다. 그러다가 따지지 말자는 식으로 모두들 질문자가 말하고 싶어 하는 것을 이해해 주자는 분위기가 됐다. 서로 도우며 따뜻하게 살아가자 싶은 게 그 모임의 분위기 속에 있었다. 따뜻함만으로 충분하지 않느냐. 그것만 있으면……. 필사적으로 자신들의 작은 우주를 지키려는 모습을 보고 나는 정신이 번쩍 들었다. 그러다가 누군가 발언하면서 "적"이라고 하자, 내 옆에 어수선하게 앉아 있던 그 남자가 툭 중얼거렸다. "적이란 건 없어."

---

7   [옮긴이] 1884년에 점진적 사회주의를 표방하며 설립된 영국의 사회주의자 지식인 운동체. 2차 세계대전 후 집권하여 베버리지보고서를 바탕으로 복지 정책을 펼친 영국 노동당의 기반 단체이다.

남자도 살기가 힘들구나……. 경주마로 살아가야 하는 남자는 결승선에 누가 코끝을 먼저 들이미느냐 경쟁하느라 피곤하다. 생각해 보면 당연한 일이다. 사회의 모순은 가속도가 붙어 심화하고 있다. 이와 비례해 생산성의 논리는 좀 더 빠르고 좀 더 강하게 하라며 남자의 엉덩이를 무자비하게 두들긴다. 이렇게 하는데 숨이 끊어지지 않는 게 더 이상하다. 한때 유행한 '맹렬 사원モーレツ社員'[8]이라는 말도 요즘에는 뚝 끊겼다. 틀림없이 거품이 빨리 꺼져 버린 것이다.

생각해 보니 히피 비슷한 남자들이 느끼는 '두려움'도 전혀 모를 건 아니다. 이 세상의 생산성 논리는 끊임없이 다른 경주마와 경쟁해서 다른 이보다 더 빨리 더 강해지라고 스스로를 질타하고 격려해 온 남자들의 노력에 대한 선물이기도 하니까. 그들은 자연조차 적으로 보고 정복하는 것으로 남자다움을 증명해 왔다. 오늘날 이런 '남자다움'은 남자들에게 공포이자 중압감을 주는 것이다. 항문 섹스할 때 느낄 아픔을 '남자답게' 참고 싶지 않은 정도로, 남자들은 남자다움을 혐오한다. "아니, 무서우니까 물어본 거죠."라며 남자들이 떠들썩했던 것은 '남자다움'이 주는 억압으로 인해 엉망이 **되지 않을 수 없는** 자로서 본심이 나온 것이다. 즉 본래 남자들을 엉망으로 **만들지는 않는** '남자다움'이 주는 억압으로 인해 남자들은 엉망이 되며, 그런 정도에서 '지금 여기에 있는 남자들'이 처한 현재가 있다. 바로 이것이 여자들과의 차이점이다. 여자는 '남자다움'으로 지켜질 것이라며 '보호'라는 명목으로 억압받고, '억압'이라는 명목으로 '보호'를 받아 왔다.

기업의 대의, 그 생산성의 논리를 위해 자신을 바치는 방향으로 스

---

8 [옮긴이] 회사를 위해 몸이 부서져라 일하며 충성하는 회사원으로 자신뿐만 아니라 자기 가정도 돌보지 않고 회사나 상사 명령에 따르는 이들을 가리키는 말이다. 일본에서는 1960년대 말에서 1970년대 초반까지 이 말을 썼다.

스로 열중하도록 응고하게끔 강요당해 온 남자들과 집안일이나 육아처럼 마음이 흐트러지는 확산하는 일만 하는 역할을 맡도록 강요당한 여자들 사이에는 역사성에서 차이가 있다. 그것이 저번 히피 모임에서 그들과 우리를 대립하게끔 한 뿌리였다. '여자다움', '남자다움'을 두고 함께 반대 깃발을 내걸었으나, 꼭 보조가 맞는다고 볼 수 없는 까닭이기도 하다. 즉 '남자다움'은 자아를 응고할 남자들에게, '여자다움'은 자아를 확산할 여자들에게 숙명 지워진 억압이다. 응고, 확산이라는 말은 이해하기 어려울 수 있겠으나, 내가 하고 싶은 말은 남자는 사물을 만들어 내는 성, 여자는 그런 남자를 위해 허드렛일을 하는 성이라는 소리이다.

여자들은 빨래·청소·육아 등에 쫓기고 있어서 깊이 생각을 할 수 없다고 종종 탄식한다. 일상의 잡일을 죄다 여자에게 강요하면서 남자는 기업(혹은 투쟁) 생산성이 요구하는 자기 응고 방법론을 습득해 왔다. 그 방법론이란 겉과 속을 나눠서 자신 안에 있는 서랍에 정리해두는 방식이다. '일상'과 '비일상', '개인'과 '조직', '남자로서'와 '인간으로서'와 같이 확실히 나눌 수 있는 그런 서랍이 있어 남자는 엉망이 **되지 않는** 남자다움을 유지할 수 있고 또 기업(혹은 투쟁) 생산성을 지탱할 수 있다.

얼마 전에 어떤 여자한테서 편지를 받았다. 편지에는 "여자가 지나치게 '보지를 드러내고' 있으면 머리가 나빠지는 게 아닐까요?"라고 쓰여 있었다. 나는 한 달간 남자와 동거를 한 적이 있는데 그때 이 사람과 비슷한 생각을 했기 때문에 '맞다, 맞아.' 하고 수긍하면서 편지를 읽었다. 지나치게 '보지를 드러내고' 있으면 왜 머리가 나빠지나? 딱 맞는 이유가 있다.

남자를 바라보며 자기 존재를 증명하도록 만들어진 여자는 내가 지금 **확실히 여기에 있다는 것**을 실감하는 정점을 오르가슴에서 찾는다. 오르가슴은 상상력의 산물이며 그것은 자기 응고력을 통해 나온다.[9] 즉 자신에게 어떤 일이나 사물을 가까이 끌어당겨 파악하려 할 때 그런 지향 속에서 상상력이 나오는 것이다. 그러나 여자는 남자의 어깨 품속에서 삶의 모든 의미를 찾도록 만들어졌다.

> 이렇게 자본가의 이윤을 위해 간접적으로 봉사한다. 또 생존 경쟁에 지친 남자와 그 주변을 돌보며 경쟁에서 돌아온 남자가 아늑하게 쉴 수 있는 가정을 만들어서 남자를 치유하고, 다시금 노동력 상품으로 시장에 내보낸다. 노예 상인과 같은 역할을 하는 것이다.
>
> 그러나 여자는 집안일이 시시하고 범죄와 같은 역할을 담당하고 있다는 점을 머릿속 이론으로 확실히 알고 있으면서도, 좋아하는 남자가 생겨 아기를 갖게 되면, 어째서 그토록 비겁하게 스스로가 비판하던 일상에 매몰되고 마는 것일까? 여기에는 단순히 여자가 타성에 젖어서 그렇다든지 경제적으로 자립을 못해서 그렇다든지 하는 이유만으로 결론 내릴 수 없는 **뭔가가** 있다. 사회적 생산 활동에 종사하면 가사에서 해방될 것이라고 염불을 외운다 한들 아무 소용이 없다.

〈변소로부터의 해방〉 중에서

---

9 [옮긴이] 저자가 이 책에서 쓰는 '오르가슴'이란 성적 희열뿐만 아니라, 빌헬름 라이히가 오르가슴을 두고 제시한 시각처럼 긴장과 절정, 이완을 거치는 일련의 과정을 통해 경험하는 일상의 모든 행위에서 느끼는 희열을 가리킨다. 이 관점에서는 이를테면 식사나 배설을 하는 것, 영화를 보는 것이나 책을 읽는 등의 행위에서도 오르가슴을 논할 수 있다.

집안일과 같이 확산할 수밖에 없는 일을 여자가 계속 담당해 온 배경에 여자의 '밤'이 개입하고 있다. 이 체제는 여자의 자기 웅고를 딱 하나 있는 오르가슴으로 보장하며, 그럼으로써 그 지배 질서를 유지한다.

여자의 생과 생식 그 자체는 가치가 없고(즉 여자는 존재 그 자체가 무의미하다), 여자는 **한 사람**의 남자로부터 오르가슴과 정액을 받아들임으로써 가치가 부여된다. 이런 일부일처제 성 이데올로기는 여자의 가치를 생식으로 집약하며, 남자를 그저 월급으로 살아갈 뿐인 사람으로 추락시킨다. 또 무상 노동인 가사를 보장하고, 육아를 유일한 여성의 보람으로 삼게 한다……. 그러니까 가족을 구조화하여 체제의 가장 작은 단위로 삼아서 지배 체제의 경제적 이데올로기적 기반으로 만들었다.

종종 불감증인 여자가 이 남자 저 남자 찾아 헤매는 것은 아직 만나지 못한 자신을 추구하기 위함이며 남자를 통해 자기 긍정을 얻으려 하기 때문이다. 또 불감증인 여자가 낮에 과도하게 피학적이라고 할 정도로 집안일에 열심이라든지 그것도 아니면 아예 집안일에 아무런 열의도 보이지 않는 것 이렇게 딱 두 가지로 나뉘는 것도 그 뿌리는 하나이다. 자아를 웅고하여 자기 것으로 삼을 수 없기 때문에 여자들의 짜증과 초조가 낮에 밖으로 나타나는 것이다.

따라서 지나치게 '보지를 드러내고' 있다고 해서 머리가 나빠지는 게 아니다. 여자가 여자로 살면 살수록 창조성과 자기 웅고력을 추구할 의욕이 줄어들거나 사라진다는 것이다. 양다리를 걸치듯 여자와 사회를 향해 두 가지 방식으로 야무지게 존재 증명을 하도록 만들어진 남자의 역사성과 유일하게 남자를 향해서만 존재 증명을 하도록 만들어진 여자의 역사성 사이에는 차이가 있다.

일부일처제가 여자를 보호하는 측면도 있다는 점을 놓쳐서는 안 된다고 하는 이들이 있다. 그럴싸하게 들리지만 터무니없는 소리다. 일부일처제란 그야말로 노예가 한 사람의 노예 우두머리한테서 먹이와 오르가슴을 받는 것으로 여자 그 자신이 갖고 있는 생명으로서의 가능성을 팔아넘기는 것, 그렇게 노예를 만들어 내기 위한 제도이다. 결혼을 하지 않고 남자와 동거 같은 공동 생활, 즉 아이도 안 낳고 혼인신고도 하지 않고 호적에도 올리지 않고 사는 것 또는 미혼의 엄마로 '시대의 새로운 여자로' 사는 생활방식을 찾아 보려고 한다 치자. 여태까지 그래 온 것처럼 변함없이 남자의 어깨 품속에서만 살아간다는 것을 실감한다면, 그게 유일하게 나를 확인하는 방법이라면, 여자가 남자의 그림자로서만 살아가는 현재의 모습과 실상 오십보백보 차이 인생일 뿐이다.

엄마는 자주 병을 앓거나 가난한 것보다 더 괴로운 것은 없다고 입버릇처럼 말했다. 그런데 가난이 괴로운 이유는 자기 생명의 광채를 팔아서 살아야 하기 때문이다. 요즘 일본이 GNP(국민총생산) 3위에 오르자 이제 여자들에게 떨어진 밥풀이라도 주워 먹으라고 하고 있다. 효율 좋은 기업이 우리의 생명력을 빨아먹도록 할 목적으로 기리시마 요코니 가게야마 히로코影山裕子[10]니 하는 지배 체제에 붙어 버린 여자가 눈길을 끄는 주력 상품으로 나왔다. 체제는 우리에게 그런 상품을 팔려고 한다.

그런 주력 상품이 되지 못하고, 요령이 나쁜 여자들은 어떻게든 버스를 놓치지 않으려고 '혹시나 몰라.' 하는 기대감을 갖고 여성해방 집회에 참가한다. 하지만 그들이 자주 기대하고 마는 것은 남자처럼 확

---

10 1932년생. 홋카이도 출신으로 도쿄대학교 경제학부를 졸업한 뒤 일본전신전화주식회사NTT에 간부 후보로 입사했으며, 직장 내 남녀평등에 죽 관심을 가졌다. '일본유식자부인클럽 전국연합회(1장 1절 각주 9번 참조)' 회장을 지냈다.

실히 정리할 수 없는 서랍을 잘 정리하는 법, 어디까지나 자기가 빛 속에 있을 것이라는 믿음을 주는 것들이다……. 그러나 생산성이 가장 우선인 남자들의 서랍에서 만들어진 문명이라는 것의 현실은 어떠한가? 또 요령 좋은 여자들이 남자들의 서랍과 비슷하게 자신의 서랍을 잘 정리했다 한들 어차피, 아니 아무리 몸부림쳐도 '이류 남자'에 그칠 뿐이라는 게 사실이다. 결론은 급하면 돌아가라는 것이다. 우리는 열등감 탓에 생긴 가능성, 비생산성을 갖고서 우리 식의 생산성을 추구하겠다고 단단히 마음먹어야 한다. 이것이 지금 **일반의 저속한** 여자들에게 요청되는 과제이다.

Ⅰ장에서 썼듯 이 사회의 문명이라고 하는 것이 유일하게 정복하지 못한 것이 여자의 자궁이 품는 자연, 그 공포였다. 그러나 아이를 낳는 기계로 물화한 자궁[11]이 생각하고 번민할 수 있을 리가 없다. 생명을 가지지 않는 그런 자궁은 그저 어둠으로 버려질 뿐인 존재이다.

아이를 죽이는 여자들이 나타나자, 물화한 자궁은 '생각하는 자궁'이 됐다. 그 자궁은 내 아이의 피로 새긴 내 자궁의 복권復權, 회복을 향한 외침이다. 그래서 제 자식을 죽인 여자와 여성해방운동은 한 뿌리에서 나온 두 갈래 길인 것이다. 또 미혼인 엄마는 여성해방의 가지이기도 하며 잎이기도 하다.

여자는 자연에 가까운 존재라고 하는데, 그것은 여자의 사고를 서랍 속에 있는 것을 모조리 털어 내어 전부 뒤섞어 하나로 만든 것에서 비롯된다. 잘 정리 정돈한 남자의 서랍은 실은 생산성의 논리로 이어

---

11 [옮긴이] 물화物化, reification는 자본주의 사회에서 모든 것이 매매의 대상이 되고 인간의 노동력이나 다른 능력이 물적인 상품으로서 성격을 갖게 되는 것을 말한다. '물화한 자궁'이란 여자의 자궁이 생식 기능만 하는 것으로 여겨지고 이용되어 여자로부터 소외된 것을 말한다.

진 근대 합리주의적인 시점, 사고방식을 바탕으로 만들어진 것이다. 그런데 본디 인간 존재는 비합리적이며 모순 그 자체이다.

억지가 통하면, 자연스런 이치는 뒤로 밀려날 수밖에 없다. 근대 합리주의적 사고는 모순의 복합체인 인간을 똑같은 틀에 때려 넣었고 그러면서 인간을 줄곧 억압했다. 베트남 반전운동, 전공투 운동[12]을 펼치는 중에 인간으로 산다는 것은 무엇인지, 기업의 톱니바퀴 가운데 하나로 생산성의 논리에 얽매여 있는 자신에 대해 물었다. 장발에 수염을 기른 히피족이 나타났고, 광기를 부활시키자고 했다. 근대 합리주의를 부정한다는 공통점을 바탕으로 그런 운동과 운동 주체의 연결 방식이 생겼다. 그러나 남자가 '남자인 것'의 뿌리를 묻지 않았기 때문에, 남자의 '반反근대 합리주의'는 언제나 그저 반대에 머물러 있다.

여자가 자연에 좀 더 가깝다고 보는 근거는 여자의 비생산적인 가치관, 사고방식이 문명이라는 것에 해를 입지 않았기 때문이다. 여자의 비생산성은 여자의 존재 자체가 총체적인 것에, 여자가 남자처럼 사고를 기계적으로 분리하지 않는다는 점에 기인한다. 남자는 이론(말)으

---

12 [옮긴이] 전학생공투회의全學生共鬪會議의 약칭. 1960년대 중반부터 1970년대 초반까지 일본에서 전국적인 규모로 벌어진 대학생들의 급진적 학생운동을 말한다. 프랑스의 1968년 5월 혁명과 같이 당시 폭발적으로 퍼져 나가던 세계적인 학생 시위와 베트남전 반전운동을 배경으로 체제와 권력에 대항하는 목표를 가지면서도 기존의 학생운동 조직이나 좌파 조직, 정당과 거리를 두면서 지도부를 두지 않고 활동하는 일본의 대학생들이 있었다. 이런 배경에서 당파가 없는 일반 학생이 중심이 되어 전공투가 조직되었다. 이들은 반전 시위에서 시작하여 학비 인상 반대를 비롯한 대학 개혁을 요구했다. 도쿄대에서는 학내에 바리케이드를 치고 경찰과 대치했으나 1969년 야스다 강당을 점거하고 있던 학생들이 경찰에 의해 진압된 후 쇠락의 길을 걸었다. 전공투에 참가한 여학생들은 운동 내부의 남성 우위에 반발하여 성차별을 고발했고 이것이 1970년대 일본의 여성해방운동으로 이어졌다. 전공투 세대는 1970년 2차 미일 안보조약 개정 반대 운동(안보 투쟁)뿐 아니라 고도성장 후 생활 지향적 풀뿌리 시민운동에도 큰 영향을 끼쳤다.

로 총체성을 획득하려 하나, 여자는 그 존재 자체가 총체성을 갖고 있다. 예전에 나는 이렇게 쓴 적이 있다.

남자와 여자의 절대적 차이는 아이를 낳느냐 낳지 않느냐이다. 이 차이를 놓고 골똘히 생각해 보자. 그렇다면 여자는 생식이라는 생리 기능을 통해 자신을 종적 관계로, 즉 자신을 역사적으로 파악하는 것이 본질적으로 가능한 존재이고, 여자와 아이에게 남자란 어차피 사라질 수밖에 없는 존재라는 사실을 알게 된다(엄마만이 자기 자식하고 피가 이어져 있음을 확인할 수 있다).[13] 남자가 자신을 역사적으로 파악하려면, 여기저기서 끌어온 논리를 갖다 붙여야 하지만, 여자는 그 존재 자체가 역사적이다.

남자가 논리라면 여자는 직감인데, 이는 남자가 사회적 생산 활동에 종사하면서 자신을 객관적으로 볼 외적 대상을 갖고 있었기 때문이다. 이런 역사적, 사회적 요인에 대부분의 이유가 있다. 그런데 본래 생리 구조의 차이에 의해 규정되어 나타난 것이기도 하다.

남자가 좀 더 권위주의적인 이유는 무엇보다도 남자가 그 존재를 의지할 곳이 없기 때문이다. 레닌도 말했다.

"노동자로 일하는 아내와 농촌의 아낙네 중에는 우리가 아는 것보다 몇 갑절은 더 조직적 재능을 갖고 있는 이들이 있다. 이들은 계획이나 체계에 대해 과장되고 공허한 글을 쓰거나 공연한 소란을 피우며 말다툼을 하고 수다를 떠는, 어설픈 공산주의자나 엄청나게 자만심이 강한 인텔리겐치아를 제치고, 다수의 노동자와 다수의 소비자를 참가하게끔 하면서 실천적으로 사

---

13 [옮긴이] 이 책은 유전자 검사 등과 같은 친자 확인법이 없던 시절에 쓴 것이며, 민법에서 친생자 추정과 같은 원칙(여자가 혼인 중에 임신 출산한 자녀는 남편의 아이로 추정하는 것) 등을 일컫는다.

업을 추진할 힘을 갖고 있다. 그런데 우리는 이 새로운 싹을 마땅히 알맞게 소중히 여기고 키우고 있지 못하다."

레닌, 〈위대한 창의〉,《민중민주주의경제론》 중에서

여자를 중심으로 유지되던 과거 원시공동체에서도, 인간이 우주를 가는 아폴로 시대인 오늘날에도, 여자의 안정도에는 변함이 없다. 요즘 경박하게 떠들어 대는 '여성 상위 시대'와는 아무 상관없이, 여자는 본래 여성 상위로 살아왔다. 삼종지도로 인해 어디에도 안주할 곳 하나 없이 궁지에 몰려 살던 시대에서조차도 여자는 강한 모습으로 불안정하고 교활한 남자들을 품으며 견디고 살아왔다. 우리 여자들은!

흔히 여자가 바뀌면 세상이 바뀐다고 한다. 체제와 반체제의 접점인 존재, 혹은 그 접점 너머에 있는 여자를 어느 편이 데려갈 것인가에 따라 앞으로의 세상이 결정될 것이다. 여자의 안정성을 장점으로 한다면 급진적인 힘이 될 것이고, 여자의 보수성을 발휘하게 한다면 지배 체제의 기반이 될 것이라 본다. 강함도 보수성도 아주 조그만 계기, 상황으로 서로 뒤집힐 수 있는 가까운 거리에 있는 것 같다.

그렇다면 존재 그 자체가 역사적인 여자는 투쟁을 통해 자신을 횡적인 관계로, 즉 사회적으로 자리매김할 수 있다. 예를 들어 시보쿠사忍草 투쟁[14], 산리즈카三里塚 투쟁[15]은 여자들이 이끌었다. 이 투쟁은 처음에는 자기 땅을 지키려는 농민의 자아에서 출발했으나 권력과 격렬하고 끈질기게 싸우고

---

14 [옮긴이] 후지산 동북쪽 기슭에 위치한 시보쿠사 마을 농민들의 투쟁. 시보쿠사 마을 촌락 공동 소유지는 1930년대 구일본군에 의해 강제 수용되어 군의 사격 연습장으로 쓰였고, 일본 패전 후 미군이 수용했는데 1960년대부터는 베트남전에 나가는 미군의 사격 연습장으로 쓰였다. 주민들은 땅을 돌려 달라고 투쟁을 벌였는데 특히 '시보쿠사 어머니 모임忍草母の会'은 농민 여성들이 소총 및 기관총 실탄 사격을 연습하는 미군의 강제 수용지에 들어가 점거 농성을 하는 등 과감한 운동을 벌였다.

부딪히는 가운데 점차 '안보 체제'[16]의 본질에 다가섰다. 그런 인식을 갖는 투쟁으로 성장한 것이다. 종적(역사성)으로 횡적(사회성)으로 짜여 있는 구조 속에서 스스로를 견실히 파악할 수 있게 되자 여자들은 강해졌다. 이것이 시보쿠사나 산리즈카에서 투쟁하는 어머니들이 강한 이유이다. 여자들은 성과 생식을 통해 남자들을 체제에 끼워 넣는 역할도 하지만, 반대로 체제에 대한 투쟁을 좀 더 급진적이고 근본적으로 지탱할 힘이 될 수도 있다. 그런 여자들, 우리 여자들.

〈변소로부터의 해방〉 중에서

15 [옮긴이] 현재 나리타 국제공항의 활주로가 들어서 있는 산리즈카에서 벌어진 농민들의 투쟁. 1960년대 중반부터 베트남전 군수 기지였던 일본에 항공 수요가 많아지면서 1966년 일본 정부는 공항용 용지를 산리즈카로 결정했다. 산리즈카 농민들은 자신들이 살던 집과 농경지를 강제 수용하려 하자 공항 건설 반대운동을 벌였다. 반전 운동을 하던 학생들이 결합하면서 일본 현대 사회운동사에서 지역 투쟁으로는 가장 규모가 큰 운동이 되었으며 또한 지금도 활주로 안에 있는 집에 사는 주민이 있을 정도로 현재 진행 중인 운동이다. 투쟁이 가장 격렬했던 시기에 선두에 선 이는 여성 농민 오키 요네大木よ네(1907~1973년)로 1971년 자신의 집이 강제 수용당할 때 탈곡기에 매달려 저항했다. 오키 요네가 사망한 이후 유족은 일본 정부를 상대로 소송을 벌였고 2001년 국가 사죄 판결을 받았다.

16 [옮긴이] 아시아 태평양 전쟁에서 패전한 후 미국이 주도하는 냉전 구도 아래에서 일본은 자유 진영의 일원으로서 미일 안보 협력 관계를 기초로 전면 재무장을 억제하고 경무장과 경제 부흥을 정책 목표로 하는 국가 노선을 기본 방침으로 세웠다. 그런데 일본의 자위권은 미일 관계의 변화에 따라 해석 방식을 달리하면서 변용되어 왔다. 또 일본을 미군 기지로 자유롭게 이용하게끔 했는데, 일본 내 미국 기지는 베트남전, 이라크전 등에서 미군 후방 기지 역할을 한다. 특히 일본 본토가 아닌 오키나와에 미군 기지를 강제한 것은 오키나와 주민 소유 토지의 강제 수용, 오키나와 여성에 대한 강간, 살해 등 끊이지 않는 미군의 성범죄, 환경오염 등과 같이 오키나와 주민의 일방적인 희생을 담보로 했다. 이런 미일 안보 조약의 기만적인 특성을 비판하며 '안보 체제'라 한다.

여자의 생리 구조는 여자의 강함, 총체성의 원천일 수 있다. 단 그러려면 창조 활동으로 연결된 삶이 필요하다. 이런 전제 조건은 여자가 남자의 어깨에 안기는 것 이외에 자아를 확인할 터전을 가질 수 있느냐에 달려 있다. 여자가 남자를 바라보며 자신의 존재를 증명하려는 욕구만 갖고 있다면, 어떤 직업을 갖든 아무리 급진적이든 간에 여자는 아이를 낳는 기계로 물화한 자궁이다. 더욱이 더 큰 문제가 있다. 창조 활동을 바라며 자아를 추구하는 여자의 자기 웅고 방식은 남자처럼 서랍을 정리하는 것이 아니다. 자신의 그 흐트러진 서랍을 계속 고집하면서 자기 웅고를 시도할 수 있을지가 문제가 된다. 여자의 총체성은 자아의 확산을 버티는 가운데 되살아난다.

그러니까 서랍 속에 있는 것을 전부 뒤집어 꺼낸 상태로 버티면서 여자는 자신을 총체적인 존재이자 자연의 일부로 만들 수 있다.

> 나무와 풀과 동물. 사계절이 순환하며, 꽃이 피었다가 지고 또 핀다. 자연의 생명력은 끊임없이 되풀이되며 나타나지만, 항상 신선하다. 자연을 보면 신선함을 알아차리기가 참 쉽다. 자연에서는 되풀이된다는 게 진부하지 않다. 자연은 영원한 신선함을 약속한다. (중략) 나는 자연의 생명력을 두고 말한 것인데, 생명력이란 혼이며, 자연의 영성에 내재하는 에너지이다. 인간에게 눈에 보이지 않는 것=감춰진 것이다. 조상과 영혼의 힘이란 산에 깃든 생명력과 뿌리가 같다. 신은 자연 외에 존재하지 않는다. 실로 신은 산이기도 하고, 나무이기도 하며, 나뭇잎 가운데 한 잎이기도 하다. 남자와 여자 중 이 숨겨진 영혼을 두고 감동하는 것에 누가 더 뛰어난지 보면 분명 여자이다. 마음이 아니라 여자의 생리 구조 근원에 자연이 가진 생명력의 법칙을 되풀이하고 있음을 인정할 수 있다. 월경이 그렇다.
>
> 소설가 하타 고헤이秦恒平,〈장녀론〉,《부인공론》, 1972년 1월호

이것은 민속학자 야나기다 구니오柳田国男가 쓴 《여자의 힘妹の力》[17]을 바탕으로, 여자가 얼마나 **무서운** 존재인지를 논한 문장이다. 지금껏 야나기다 구니오의 책을 변변찮게 읽은 적이 없는 터라 대충 이해한 형편이기는 했지만, '제 자식을 죽인 여자'로 인해 알게 된 '생각하는 자궁의 복권, 회복'이 곧 에로스 해방이라고 직감했다. 그래서 위에 인용한 문장을 그나마 내 실마리로 삼아서 생각나는 대로 적어 두려 한다.

타인의 눈을 피하려고 고개를 숙이고 걷던 나날에, 내가 유일하게 과감하게 마음을 드러낸 대상은 자연이었다. 할머니가 내게 자연에는 숨어 있는 생명이 있다는 점, 그 생명을 사랑하고 자비를 베풀라고 가르쳐줬다. 바다, 꽃, 나무, 구름, 벌레 그 모든 것이 소통할 대상이었다.

자연을 바라보고 몰두하며 생명으로 다할 수 있을 만큼 그렇게 기도할 때, 나는 위태롭고 아득해질 것만 같은 긴장감과 더불어 황홀경과 비슷한 감각이 발끝에서 솟아오름을 느꼈다. 머릿속에서 다른 일체의 모든 것을 내어 버렸다. 두 영혼, 내가 나와 마주했다. 내가 나를 부르고 내가 내게 답했다. 그립기도 슬프기도 한 것 같고, 맑아지는 것 같은, 그런 여러 가지 느낌 속에서 나는 꽃이었고 나무였고 바람이었다.

뒤틀린 마음으로 하루하루를 보내는 가운데, 주변에 있는 것들을 끌어당겨 소통하는 방법을 알게 됐다. 나 말고 내가 사랑하고 자비를 베풀어야 할 사람은 없었다. 버려진 생명에 대해 온 마음으로 애정을 베푸는 법을 배웠다. 이런 방법으로 나의 '원풍경'이 될 이미지를 만들었다.

---

17 [옮긴이] 《여자의 힘》(1942년)은 여자의 영험한 힘에 대한 주술적 신앙을 다룬 책이다.

게다가 나는 예전부터 일기일회一期一會[18]에 대한 기대가 있었고 순간순간 후회를 남기지 않고 살고자 하는 바람이 강했다. 비참하면 비참할수록 '내일은 뭐 좋은 일이 있겠지.' 하고 기대하게 되는데, 그게 싫었다. 그런 기대가 더욱 비참한 기분을 느끼는 결과로 이어질 뿐이라는 것을 체험으로 이미 알고 있어서였다. '오늘만 살 생명'이라 생각한다면 삶은 다른 무엇과도 바꿀 수 없는 소중함으로 빛날 테니까.

그런 생각이 꽃이나 나무를 마주했을 때 생기는 나의 자기 응고력에 힘을 불어넣었을는지 모르겠다. 또 오르가슴을 기대함으로써 나는 내 안에 과거·현재·미래의 시간을 하나의 우주로 깃들게 할 수 있었다. 이 과정에서 생명을 싹 불태우는 그런 이미지를 그렸다. 인생에서 만날 것들을 전부 나와는 단 한 번 만나는 것으로 여기고, 온 마음을 다해서 생명을 소중히 여기고 싶었다.

한 여자의 몸에는 확산하는(마음이 흐트러지는) 자아 즉 자신 속에 있는 자연을 계속 고집하는 것이 있기에 자기 응고력이 따라올 것이라고 나는 예상한다. 이런 예감은 '생각하는 자궁의 복권'과도 같이 자연의 생명력과 여자를 하나로 만드는 것으로 이어지고 있다. 인간과 자연 사이에서 되풀이할 무수한 만남 속에서 여자는 늘 새롭게 될 수 있고 늘 되살아날 수 있는 존재이다. 그 원천은 여자의 자궁과 자연, 그 공포, 그 생명력에 있다. 자연에 대한 두려움이라는 게 있어서 인간이 그나마 조금은 제대로 살 수 있다고들 하는데, 이런 말은 자연의 생명력에 대한 두려움에서 나온 것 같다. 내가 지금 말한 공포는 교통사고를 당하거나 성추행범을 보고 느끼는 두려움이 아니다. 그러니까 그것은 나의 자궁에 있는 자연에서 비롯된 두려움이다. 그래서 모임에서 "항

---

18 [옮긴이] 평생에 단 한 번뿐인 만남.

문 섹스를 할 때 무서우니 아프지 않은 방법을 가르쳐 달라"고 강연자
한테 떼를 쓰며 묻던 남자들의 엉터리 같은 소리, 그런 적당함이 싫다.
중절, 출산, 또 매달 하는 생리 때마다 나의 자궁과 그 두려움을, 그 자연
을, 그 생명력을 공유해야 하는 여자는 지금까지 어떻게 살았고 앞으로
어떻게 살지 자연에게 묻고 있는 그런 존재이다. 여자는 자연과 호응
하며 살고 있다.

그렇다면 내가 희망하는 진짜 자유 해방이란 무엇일까? 말할 나위 없이 숨
겨진 천재성을, 위대한 잠재 능력을 십분 발휘하는 것이다. 이 말은 외적인
압박이든 지식의 부족이든 자기 발전에 방해가 될 모든 것을 먼저 없애야
한다는 뜻이다. 아니, 외적인 압박이나 지식의 부족이 완전히 방해가 된다
고도 할 수 없겠다. 그러나 역시 발전의 바탕이며 주가 될 것은 나 자체. 천
재성의 소유자, 천재성이 깃든 왕궁인 바로 나다. 우리가 들떠 있을 때, 숨
겨진 천재성이 밖으로 나온다. 내면에 숨겨둔 천재성을 위해 우리는 스스
로 희생해야 한다.

히라쓰카 라이초平塚らいてう[19],
《태초에 여자는 태양이었다元始、女性は太陽であった》(1971년)

과거 여성운동의 흐름으로 본다면 우리의 여성해방운동은 세이
토 운동[20]의 계보를 잇는 것이고, 세이토 운동의 장단점을 다 계승했

19　[옮긴이] 1886~1971년. 여성운동가이자 사상가. 문예지 《세이토青鞜》를 발간하
였고, 모성주의를 표방하며 국가에 모성 보장을 요구하면서 여성 참정권 획득 운동을
전개했다. 하지만 천황을 찬미하고 우생학적 입장에서 국가에 의한 모성 관리를 주장
하기도 했다. '태초에 여자는 태양이었다'는 1971년 쓴 자서전 제목이기도 하며, 《세이
토》 창간 때 쓴 축하 시 제목이기도 하다.

다. 나는 초기 세이토 운동에 공감한다. '태초에 여자는 태양이었다'는 제목의 시는 시구 전체가 하나의 기도 같고, 한 나라를 왕궁에서 통치하던 여자가 그 몸에 간직했을 법한 풍요로운 에로스를 암시한다. 히라쓰카 라이초는 시에서 쓴 '천재성'을 다음과 같이 설명한다.

> 인간의 위대함, 다른 동물과 구별되는 인간의 위대함은 집중력과 주의력이라고 봅니다. 이 멋진 정신성으로 인간은 생명의 본래 근원을 규명하고 우주와 일체가 되어 크나큰 뿌듯함을 맛보면서 무한의 능력을 언제든 발휘할 수 있습니다.
>
> 히라쓰카 라이초, 같은 책

나는 히라쓰카 라이초가 여자의 성이 갖고 있는 가능성과 그 신비를 직감으로 알고 있었다고 확신한다. 그러나 히라쓰카 라이초의 자서전을 읽어 보니 오싹했다. 동성인 여성을 보는 눈이 너무 냉소적이었기 때문이다. 틀림없이 히라쓰카 라이초는 여자의 가능성과 신비를 자기 스스로의 것으로 삼지 못했을 것이다.

'생각하는 자궁'의 복권이란, 여자가 '여자에게서 여자들로'와 같은 연대의 시점으로 자신을 찾아가는 과정 가운데, 남자를 사이에 두고 여자들끼리 서로 반목하고 서로 뒤통수를 쳐 온 역사를 넘어서는 것을 뜻한다. 이것은 제 자식을 죽인 여자가 자기가 배 아파 낳은 아이의 피

---

20 [옮긴이] 1911년부터 1916년까지 발간된 일본 최초의 여성 문예지 《세이토》(파란 스타킹이란 뜻)를 중심으로 한 여성운동. 세이토라는 명칭은 18세기 영국의 여성 참정권 운동 모임인 '블루 스타킹 소사이어티blue stocking society'에서 땄으며, 한국 최초의 여성 서양화가 나혜석, 문인이자 승려 김일엽 등 한국 신여성의 사상에도 영향을 미쳤다. 초기에는 여성에게만 강요되는 순결 의식에 대한 비판, 여성의 자유로운 성과 성적결정권을 주장하다가 후기에는 모성주의를 강조했다.

로 우리에게 알려 준 것이다. 여성해방이란 여자들이 힘을 모아 여자가 살기 힘든 현실을 깨부수는 것이며, 동시에 서로 갈등하고 미워해온 여자와 여자의 관계성 속에 에로스를 되살리면서 주체성을 확립하는 것을 목표로 한다. 여자에게 에로스는 나의 자궁, 즉 나의 자연과 내가 서로 소통하는 가운데 나온다. 소통은 '여자인 것'에서 오는 아픔과 대화하는 것에서 시작된다.

'여자에게서 여자들로' 향하는 길은 먼저 스스로 자신의 자궁과 만나는 것에서 시작한다. 먼저 나와 만나야 한다. 남자의 문화, 즉 다른 경쟁자들과 경쟁하는 가운데서 자아를 찾을 수밖에 없게끔 하는 그런 문화를 뛰어넘어야 한다. 이것이 가장 첫째 조건이다. 나의 자궁에 깃든 자연, 그 생명력과 자신을 하나가 되게 한다는 것은 풀 한 포기와 내 목숨을 걸고서 마주했던 옛 선조들의 그 모습 그대로 한다는 것이다. 내가 품고 있는 모든 것을 걸고 즉 나의 서랍을 모두 다 열어 놓은 채로, 내가 있는 상황이나 자연과 정면으로 마주하는 것이다. 그런 중에 자신을 확실히 찾을 수 있다.

"여성해방운동을 하려면 아픈 사연이 있어야 하죠?" 같은 물음은 먼저 스스로의 자궁을 향해 던져야 한다. 그리고 나서 당연히 부정해야 한다. "자식을 죽인 여자들을 두고 우리는 무엇을 볼 수 있을 것인가?" 바로 이 물음에 우리의 가능성이 달려 있다.

강

이시하라 요시로石原吉郎[21]

그곳은 강물이 바다로 흘러들어간다

그곳은 강의 끝

그곳에서 바다가 된다

그중 한 곳을

확인해 보니

강물이 넘치고

그곳을 넘어섰다

넘어서자, 그러자

풍요로운 강바닥이 생겼다

결국 바다로

헷갈리지 않고

갈림길에서 의지로

벼랑을 지나

바다보다 더 멀리

바다보다 더 넓게

강물이 바다로 흘렀다.

《이시하라 요시로 시집石原吉郎詩集》(1969년)

---

21 1915~1977년. 1939년에 만주로 징병되었고, 소련군의 포로가 되어 8년간 시베리아 포로 수용소 생활을 한 후 일본에 돌아와 39세부터 시를 썼다. 수용소 체험과 바다로 들어가는 강물을 소재로 많은 시를 썼다.

V
신좌익과
여성해방

1. 남자의 할복과 여자의 순사[1]

연합적군파가 일으킨 연속린치살해사건[2]을 알게 된 것은 내가 이 책을 쓰기 시작한 직후였다. 슬슬 시동이 걸려 본격적으로 글을 쓰다가 나는 큰 충격에 빠졌다. 원고지를 펼칠 수가 없었다. 편집자가 원고를 재촉하자 난 "이런 시기에 누가 글을 술술 쓰겠느냐"고 거세게 받아쳤다. 마침 생리까지 겹쳤는데 정신적 충격 탓인지, 복통이 정말 심했다. 마감이 닥쳐오는데, 아주 못 쓰겠다 할 정도는 아니어도 글을 쓰고 싶은 마음이 도무지 들지 않았다.

---

1 [옮긴이] 할복이란 적과 싸우다가 패배한 주군이나 무사가 스스로 칼을 들고 배를 갈라 자결하는 것, 순사殉死란 할복한 남자의 아내나 자식 혹은 부하들이 남편이나 아버지, 주군이나 무사를 따라 응당 자살하는 것을 말한다. V장 1절의 제목은 딱히 일본의 관습에 초점을 맞추었다기보다는 남편이 죽으면 따라 죽는 게 여자의 미덕이라고 본, 전 세계적으로 퍼져 있는 성차별적 인습, 가령 미망인未亡人 등으로 남편이 먼저 죽은 여자를 일컫는 것, 조선 시대 열녀 혹은 남편이 죽은 여자가 화염 속으로 들어가 공개적으로 자살하는 인도의 사티 등과 같은 관습 등을 두루 포함한다. 저자는 특히 신좌익 운동 내부의 문제(생산성의 논리를 내세우는 남자, 그런 남자의 말을 따라 남자처럼 혁명 병사가 되려는 여자)를 상세히 다루면서 '남자의 할복과 여자의 순사'라는 말로 각기 남자가 대의를 위해 죽는 것, 그런 남자의 대의를 따라 여자가 자신을 희생하는 것 따위의 근대주의적 사고방식에서 나온 성차별을 고발한다.

2 [옮긴이] 1970년 안보 투쟁을 위해 만들어진 신좌익 운동권 분파인 적군파赤軍派와 혁명좌파는 결합하여 테러리즘을 통해 혁명을 달성한다는 목적으로 무장 투쟁을 주장하며 연합적군파를 만든다. 이들은 총을 탈취한 후 경찰에 쫓기면서 군마현 묘기산, 나가노현 아사마산에 들어가 군사 훈련을 감행했다. 1971년 12월부터 1972년 2월까지 연합적군파 내부에서는 숙청이 일어나 14명이 살해되었다(2명은 입산 전에 살해됨). 이를 두고 연합적군파 사건 또는 연합적군파 내부숙청사건, 연합적군파 연속린치살해사건이라 한다. 1972년 연합적군은 아사마 산장에서 경찰과 치열한 총격전을 벌이다 전원 체포되었는데, 이후 연합적군 지도부였던 모리 쓰네오와 나가타 히로코 등이 산속에서 군사 훈련 중에 동료들을 구타하거나 손발을 묶고 추운 겨울에 방치해 죽게 한 뒤 암매장한 것으로 드러났다.

써야 한다는 강박관념이 괴로울 정도로 밀려왔다. 중압감에 내가 죽을지도 모른다고 생각했다. 책상 형광등 저편으로 꼭 여자의 시체가 떠오를 것만 같았다. 연합적군파로 함께하다가 희생된 임신 8개월 여자 말이다. 무서웠다. 혁명을 하고 있다는 이들이 내세우는 생산성의 논리는 기업이 내세우는 생산성의 논리와 마찬가지로 여자의 생리를 금기시한다는 면에서 아무런 차이가 없다.[3] 연합적군파가 무서운 게 아니었다. 이 사회에서 살아간다는 것이, 나는 현실이 무서웠다.

미시마 유키오三島由紀夫[4]가 할복하자, 알고 지내던 **자칭 '혁명가'** 남자들은 죄다 미시마 유키오가 자기들보다 먼저 할복을 한 게 아쉽다며 부러워했다. 그 남자들 중 하나가 내게 미시마가 할복한 걸 어떻게 생각하느냐고 물었을 때 나는 "음……."하고서 말문을 열지 않았다. 그러자 핀잔을 들었고 약간 모멸감을 느꼈던 기억이 난다. 흥! 지금 생각해보니 그때 내가 말문이 막힌 것은 좌파 여자들이 역사적으로 느껴 온 중압감 때문이었던 듯하다.

신좌익 운동의 회의나 토론회를 가면 여자가 꽃 취급을 당하든지 아니면 마치 메모광처럼 한눈 한 번 안 팔고서 줄곧 메모만 하고 있는 모습이 아주 익

---

3 [옮긴이] 연합적군파 내부에서 혁명 자금을 아끼기 위해 여자가 생리대를 사는 것을 문제시한 적이 있다. 한편 기업에서의 생리휴가를 살펴보면, 전후 일본의 노동기준법(1947년)은 생리휴가를 생리 당일 여성의 휴가뿐만 아니라 생식 건강에 유해한 업무를 하는 여성이 청구할 수 있는 휴가로 규정한다. 그러나 후자의 조항에 대해 사용자 측은 지속적으로 여성 과보호라는 이유로 폐지를 주장했고, 일본의 노동조합 내 여성 조직의 주요한 의제는 생리휴가에 관한 것이었다.

4 [옮긴이] 1925~1970년. 우파 민족주의자이자 소설가이다. 자위대에서 미일안전보장조약(안보 조약)을 개정할 것, 일본의 재무장을 금지한 헌법을 개정할 것을 요구하고 자위대에게 쿠데타를 일으키라고 촉구하면서 할복자살했다.

숙하게 보인다. 많은 남자들이 이런 풍경을 여자들이 자신의 일상생활과 어울리는 연주를 하고 있는 것마냥 자연스런 것으로 받아들일 것이다. 이따금 주체성에 관해 논의를 할 때 이런 여자의 모습이 도마 위에 오르기는 한다. 그러나 그런 논의에서는 여자가 얼마나 (투쟁) 주체성이 결여됐는지를 두고 일방적으로 탄식만 할 뿐, 그러한 여자의 존재 양식을 역사적이며 사회 구조적으로 밝히려는 방향으로 논의를 심화하는 경우는 드물다. 따라서 한층 더 높은 단계로 긍정하며 나아갈 방향성[5]을 논의하는 데에는 미치지 못했다.

신좌익 운동을 하면서도 여자는 자신이 참여하는 인간 해방을 위한 운동 가운데 뭔가 김빠지게 하는 바람이 휘몰아친다고 느끼고는 있었다. 그러나 소시민적 주체인 자신을 부정적으로 보고 평가하는 것도 인간 해방을 위한 운동에 필요한 시점이라고 여겼기 때문에 스스로가 여자라는 점과 혁명 사이에 난 틈에는 주의를 기울이지 않았다. 가끔 불만이 터지거나 중얼거리며 불평하기는 했어도 투쟁의 생산성 논리 앞에서는 감히 비할 바가 아니었다.

여자는 남자가 쓴 투쟁 선전지의 등사판을 만들고 인쇄를 하는 허드렛일부터 시작해 혁명가인 척하는 남자들의 활동 자금을 벌고 게다가 집안일, 육아, 빨래 등을 했다. 빙산의 보이지 않는 부분에 해당하는 일상의 무거운 부분을 암묵의 폭력성으로 강요당했다. 남자들의 투쟁, 또 남자들의 논리는 여자의 그런 부르주아적인 희생 형태를 바탕으로 삼아 빙산 위로, 그 무대를 펼칠 수 있었다.

남자가 노동자·학생·시민이 다 모이는 민중 총궐기 집회에서 큰 무대에 올라 프롤레타리아 국제주의에 대해, 재일조선인과의 연대에 대해 거침없

5 [옮긴이] 원문에는 변증법상 주요 개념인 '지양止揚'이라고 쓰여 있는데 이를 풀어 번역했다. 지양은 어떤 것을 그 자체로는 부정하면서 도리어 한층 더 높은 단계에서 이것을 긍정하여 살려 가는 것을 말한다.

이 열변을 토하는 모습을 보고 어딘가 기만적인 낌새를 알아챈 탓에, 여자는 그림 속 꽃처럼 침묵으로 응수하는 수밖에 없지 않았을까? 여자의 주체성 결여란 남자 중심 부르주아 체제 속에서 여자가 말과 사고를 계속 빼앗겨 온 결과에 다름 아니다. 미래를 먼저 실체화시켜 볼 투쟁에서도 여자는 '남자 품에 안길 여자'로 존재해야만 했기 때문에 침묵한 것이다. 지렁이도 밟으면 꿈틀한다. 여자는 침묵으로 저항했다.

〈변소로부터의 해방〉[6]에서 발췌

여자는 몸소 침묵으로 이의를 제기한 것이다. 여성해방운동을 처음 할 무렵에 나는 다음과 같은 글을 쓴 적이 있다.

미국에서 투쟁하는 흑인은 백인 경관을 "돼지"라고 부르며 백인 중심 사회와 흑인 자신의 거리를 일상적으로 확인한다. 그럼으로써 주체 형성의 실마리를 형성한다. 그럼 여성은 무엇을 "돼지"라 불러야 여태까지 빼앗긴 말과 사고, 주체를 되찾을 수 있을 것인가?

우리는 먼저, 스스로의 존재에 대해 둔감해진 의식만 갖고 있는 혁명가 남자들을 쳐내야 한다. 가장 가까이에 있는 직접적 억압자를 후려치지 않고서 일본 제국주의 타도 등은 있을 수 없다. 이 점을 알아야 한다. 함께 투쟁하니까 동지라는 안이한 생각이 바로 우리 내부에 있는 '돼지'다! 한 가지 더 있다. '돼지'는 여자의 해방을 나름대로 이해한다면서 여자들로 하여금

---

6 [옮긴이] 〈변소로부터의 해방〉은 1970년 10월 21일 (베트남전) 국제 반전의 날에 앞서 저자가 쓴 것으로 이 책 VI장에 수록된 것 이외에도 단어나 문단을 수정, 삭제하는 등 약간 수정한 버전과 'NEW 변소로부터의 해방' 등 여러 버전이 있다. 저자의 설명에 따르면 당시에는 등사판으로 전단지를 인쇄했기 때문에 시위에서 전단지를 뿌릴 때마다 매번 글을 다시 써야 했고 그때마다 수정을 했다고 한다.

'혁명가, 남자다움'에 대한 환상을 끝까지 말끔히 떨쳐 내지 못하도록 북돋는 남자들이다.

여자가 말로는 다할 수 없는 그런 말로 "이 집으로 가라, 이 집!"이라고 외치고 손가락으로 가리켰는데도 남자는 저만치 더 떨어져 있는 집에 들어가서는 "아, 이 집이라고 했지." 하고 고개를 끄덕이며 그 집에 눌러앉는다. 착각한 그 집에 계속 남자를 눌러앉혀서는 안 된다! 여자는 남자의 '엉클 톰'이 되어서는 안 된다!

초기 시위 전단지 중에서

미시마의 할복에 대해 어떻게 생각하느냐고 했을 때, 내가 침묵하면서도 말하고 싶었던 것은 무엇이었을까? 나는 어느 집을 보고 손가락을 가리키려 했나?

스스로에게 위 질문을 다시 하려니 전에 왜 좀 더 명확하게 문제를 파악하지 못했을까 새삼스레 후회스럽고 암담한 기분이 든다. 내가 먼저 할복했어야 했는데 하고 미시마의 죽음을 받아들인 그 남자들의 과오와 그것에 대해 그저 침묵으로만 항의한 나의 한심함을 곱씹어 본다. 왜 그때 나는 "당신들, 그토록 죽고 싶으면 알아서 죽어!"라고 말을 자르지 못했을까?

남자는 체면으로 산다고들 한다. 그러니까 남자의 역사성이란 명분을 고집하는 것을 본분으로 삼아 왔다. 그 명분이란 '대의를 위해서 스스로를 버린다'는 것을 좋다고 보는 것이다. 사회를 바라보며 자신의 존재를 증명할 때, 남자의 처세술 즉 '남자다움'의 방식은 시행착오를 거듭하며 그런 논리를 바탕으로 삼게 됐다. 그렇다. 대의를 위해 나를 버리는 것은 남자임을 증명하는 것으로 기능했다.

굳이 미시마 유키오의 할복자살을 거론할 필요도 없이, 언제나 대의란 일상이 아닌 공간에서 스스로를 선명하게 밝히려고 욕심을 부리는 것을 말한다. 남자다움의 극치인 할복은 여자나 아이가 범접하지 못하는 비일상의 극치이다. 이에 반해 여자의 세계와 사회는 남편이나 아이와 관계하는 중에만 있다. 이러한 역사성 때문에 여자에게 대의란 눈부신 빛줄기처럼 절대적인 가치관으로 존재한다. 가부장제 아래에서는 남자를 섬기는 것이 대의를 섬기는 것이다. 그 때문에 순사, 즉 여자가 남자를 따라 죽으면 그것이 남자의 할복에 필적할 만한 '아녀자의 길'이라고 예찬했다.

그러나 남자에게 그런 죽음(할복)은 자신의 진짜 속내와는 다른 명분상의 것이다. 그러므로 여자에게 그런 죽음(순사)은 자신의 진짜 속내와 훨씬 더 다른 명분상의 것일 수밖에 없다. 체면으로 살아가려 하는 남자라면 할복을 하는 것도 좋을 것이다. 스스로 배를 가르는 것인데도, 과분하게 '남자다움'을 칭찬받으니, 주판알을 튀겨 보면 계산이 대충 맞는다. 대의명분을 위해 죽는 것으로 남자는 '남자다움'의 꽃을 피우고 또 열매를 맺으려 한다. 자신을 희생해서 행운을 잡을 것을 노리고 하는 것이다. 그런데 여자의 죽음은 그런 남자의 야심에 휘말려 손해를 보는 인생, 남자를 뒤따라 죽는 인생이다. 그야말로 '나를 죽이는 것' 즉 '자살당하는 나'인 것이다.

미시마 유키오의 소설[7]을 읽을 필요조차 없이, 남자가 할복을 하면 여자는 따라 죽어야 한다. 무엇을 감출까? 남자의 대의는 '자살을 당할 나(여자)'가 있어야 시작되며 그래야 비로소 만인의 가슴을 아프게 할 극적 요소를 갖추게 된다. 빛은 어둠이 있기에 빛이다. 즉 할복할 남자가 무대 위 대배우라면, 뒤따라 죽을 여자는 대역인 그림자 역할인 것이다. 노예는 해방되면 기뻐하지만, 노예 우두머리에게 노예의 해방은 공포 그 자체이다. 여기서 여자와 남자의 논리는 엇갈린다. 노예 우두머리 남자가 노예인 여자를 잃는다는 것은 대배우가 대역인 그림자 역할을 잃는 것이나 매한가지다. 그래서 남자는 '자살을 당할 여자'를 잃는다면, 온전히 대의를 위해 죽는 '남자다움'을 얻을 수 없기에 두려워한다.

사회가 인정해 주는지 아닌지가 남자의 생명선이라고 할 때, 남자가 '자살을 당할 여자'를 잃는다는 것은 남자 존재 자체의 상실로 이어진다. 즉 사회라는 영광스런 무대는 남자가 어디까지나 대배우인 척하고 있으면서 향하는 곳이다. 남자가 그러고 있는 한, 여자는 그림자 역할로 소임을 다해야만 하는 게 숙명이다. 빛과 그림자는 섞이지 않아서 빛과 그림자가 되는 것이다. 대배우와 그림자 대역이, 또 노예 우두머리와 노예가 서로 만날 수 있을 리 없다. 사회가 영광스러운 무대인 남자에게 관계성이란 항상 지배와 피지배의 형태밖에 없다. 그런 의미에서 남자는 고독한 권력자로 살아가는 것이 숙명인 인생이다.

한 사람의 생명은 우주 같다고 하나, 이런 말은 남자의 목숨을 두고 하는 말이다. 죽을 때까지 대배우로 자신을 연출하고 또 연출할 수 있는 남자. 그 남자의 그림자 역할만 하다가 인생이 끝나는 여자. 이런 남녀가 죽은 후에 벌떡 일어나 그 생명의 무게를 나눌 수 있을 리도 없지 않은가? 그렇다. 남자를 빛이라고 받들며 살아가는 여자의 인생이란 생전이든 사후든 꽃을 피울 수도, 열매를 맺을 수도 없는 인생이다. 이런 인생은 옛날 여자들이 '삼종지도' 때문에 한을 품고 살았던 것과는 다르다.

연합적군파에 대해 여러 가지 비방과 중상모략이 판을 치고 있다. 구태여 여기서 연합적군파의 과오를 다시 살필 필요는 없다. 빛 속에

---

7 [옮긴이] 미시마 유키오가 1960년에 쓴 《우국》을 가리킨다. 《우국》은 천황에 대한 충성심을 보이려고 할복하는 중위와 그를 따라 자살하는 신혼의 아내를 그린 소설이다.

서 어둠을 심판한다 한들 그 어둠은 그저 어둠일 뿐이다. 그리고 이런 종류의 어둠은 나 자신의 어둠과 연결되어 있다.

내가 여성해방대회 개최에 앞서 대회를 열자는 호소를 담은 선전지 원안을 썼을 때는 연합적군파 사건이 세상에 알려지기 불과 1개월 반 정도 전이었다. 그런 사태가 벌어졌을 것이라고는 털끝만큼도 예상치 못하고서 이 책 I장 부분에 당시 선전지를 넣었다. 산속에서 일어난 연합적군파의 참사를 듣고, 다시금 이 장에서 이를 논한다.

여자를 암컷으로만 살아가도록 한 사회는 남자도 경주마처럼 살아가도록 한다. 그런데 우리는 이런 사실을 알면서도 남성 중심 사회, 남성 문화에 대한 고발을 멈추지 않는다.

여자가 암컷으로서 그 '여성다움'을 남자에게 향한다면, 남자는 수컷으로서 그 '남성다움'을 사회에게 향한다. 예나 지금이나 남자다움의 논리는 '대의를 위해 나를 버린다'는 식으로 성립한다. 이때 남자는 가령 기업의 대의, 이윤 추구에 간단히 포박당한다. '남자다움'을 충분히 표현하지 못하고 좌절하며 절망은 할지언정 수컷으로서 기업의 생산성 논리가 깔고 있는 비참함에 정면으로 맞서려고 하지는 않는다.

남자는 정면으로 맞서지 않아도 된다. 왜냐하면 남자가 기업의 대의를 위해 몸을 바칠 때, 그 생산성의 논리에 따라 버리게 되는 것은 '나'라는 남자가 아니라 남자에 대해서는 여자, 어른에 대해서는 아이, 젊은이에 대해서는 노인, 일반인에 대해서는 차별을 받는 부락민, 일본 본토 사람에 대해서는 오키나와 사람, 팔다리가 다 있는 비장애인에 대해서는 신체 장애인이나 원폭 피폭자, 일본인에 대해서는 재일조선인과 중국인, 또 이성애자에 대해서는 동성애자이기 때문이다. '남자=인간'이라는 체제로 성립된 사회가 인간으로 인정하는 수컷이란 기업의 생산성을 배신하지 않고 왕성히 일하는 남자이고, 또 부락민도 오키나와인도 재일조선인도 아닌 남자에 한한다. 그래서 선택받은 남자가 자기를 뽑아 준 사회에 충성을 맹세할 때는 약한 자, 도움이 안 되는 자, 버리는 자의 생산성의 논리가 다양한 형태로 물질화되어 나타난다. 병자, 아이, 노인을 무시하고 육교를 세운다. 문명이라는 이름으로 대기오염과 공해, 교통지옥을 불러일으키고 그런 살인을 정당화한다.

연합적군파 사건이 준 충격이 여진처럼 계속되는 중에 나는 공포라는 건 사회에서 느껴야만 하는 것임을 알게 되었다. 연합적군파가 극악무도한가? 그 사건이 처참한가? 아니, 지금 사회를 방증할 뿐인 게 아닌가! 자식을 두고 도망친 여자가 자식을 죽인 여자와 뭐가 얼마나 다른가?

생리 때 진통으로 나는 확실히 알게 됐다. 이 사회의 '생산성 논리'는 여자의 생리를 기피하고 혐오하며 필요하다면 여자의 존재 그 자체를 말살해 버릴 수도 있다는 것을. 이렇게 느끼는 공포와 분노의 연장선상에 신좌익의 정치와 투쟁이 있다.

투쟁에서 신좌익과 여자의 관계란 마치 대배우와 그림자 역, 남자의 할복과 할복한 남자를 따라 죽는 여자와 같았다. 철들 무렵이 되자마자 남자를 나보다 나은 자로 여기게 되며 의식·무의식 중에 절대적인 것처럼 되어 가는 남자에 대한 환상 탓에, 여자는 신좌익 투쟁 내부에서도 그림자 역으로 존재했다. 일본 제국주의 타도라는 목표 앞에서는 남자도 여자도 없고 오직 '인간'으로, '프롤레타리아'로, '혁명적 공산주의자'로 함께 **주체적**으로 싸울 뿐이라고 하니, 여자는 이런 혁명의 논리 앞에 선뜻 이의를 제기할 수 없었다. 넙죽 엎드린 여자. 신좌익의 소위 '정치'와 소위 '철학'이 지배하는 정치적 비일상성과 **여자인 것에 대한** 역사성으로 규정된 일상성 사이에서 여자는 갈라지고 찢겨진 것이다. 여자는 이 모순을 몸소 짊어진다. 더군다나 이런 모순에서 비롯한 스스로의 아픔을 일부러 느끼지 못하게 해서 (의식적으로 불감증이 되어서) 여자는 신좌익 내부의 시민권을 얻었다.

1960년대의 투쟁은 비일상적인 정치 공간에서 나 스스로를 보편적으로 대상화하려는 투쟁이었다. 그러나 이건 표면상 하는 말이다. 'OO일 투쟁하자!'는 식으로 1년 365일 중 며칠 정도만 투쟁해서 자신의 비참한 일상성을 승화하려 한다.

우리가 투쟁에서 잘못 내디딘 첫 번째 걸음이 바로 이것이다. 애초에 총체적인 권력의 이러한 총체성이 일상에서 나타나는데도, 머리로만 억압을 밝히려고 하여 문제를 정치적 과제로 집약해서 정치권력을 물리적으로 분쇄하려 했다. 그렇게 해서 승리를 얻고 해방을 향해 최단 거리로 질주하려고 했기 때문에 결국 투쟁에서 멀어지고 벗어나 버린 것이다. 투쟁을 하면 언제나 투쟁을 담당한 주체가 품은 생각이 밖으로 드러난다. 정치권력으로 곧 귀결하는 그런 사고방식은 어떤 주체가 있어서 나온 것일까? 이런 주체는 대의를 위해 나를 버린다는 일본 전통의 정신 풍토와 근대 합리주의 사고가 합쳐져 나온 것이다.

"개념으로 정신을 지배하며, 개념에서 빠진 것들로 생활을 지배한다." 이것은 어느 날 그냥 틀어 놓은 라디오 입시 강좌 방송에서 들은 말이다. 나의 부족한 지식에 따르면, 근대 합리주의라는 것은 개념으로 인간을 깔아뭉개려는 사고 방법이다. 이런 방식은 모순의 복합체로 사는 인간에게 심히 부자연스럽다. 개념에서 빼죽 빠져나온 부분은 잘라 버림으로써 진보적 발전과 조화를 꾀한다. 말하자면 이렇다. 억지가 통하게 되면, 옳은 일을 할 수가 없다. 근대 합리주의 사고방식으로는 목소리 큰 사람이 이기게 되는 사태가 필연적으로 일어난다. 세상에서는 옳은 것보다 생산성이 제일이라고 하며, 귀찮고 영문을 알 수 없고 성가신 일은 잘라 버린다. 기업의 대의를 완수하려는 이들이 근대 합리주의적 사고를 열광적으로 받아들일 것이라는 점을 상상하기는 그다지 어렵지 않다.

통칭 인텔리라는 사람들의 머릿속은 그런 사고방식이 지배한다. 게다가 여자보다는 남자가 압도적으로 그런 사고방식에 매달린다. 대학 진학자 중에 남자가 많아서 그런 건 아니다. 기업의 생산성이 남자에게 이런 사고방식을 습득하라고 요구하기 때문이다. 이미 몇 차례나 썼지만, 남자가 명분으로 솜씨 좋게 채워 넣은 머릿속 서랍이야말로 근대 합리주의의 사고 그 자체인 것이다. 남자는 자신이 요구당한 기업의 생산성 논리를 받아들여 자신의 피가 되고 살이 되게끔 한다.

그리고 신좌익 운동권 남자, 남자만큼 열심히 하려는 일부 여자들도 이 사고방식을 택했다. 투쟁의 생산성에서 보면 근대 합리주의적 사고방식은 둘도 없는 친구이다. 그런 사고방식을 취하고 있으면, 언제나 권력이 무엇인지 시원하게 훤히 보인다. 그러니까 정치권력 말이다.

나쁜 것은 모두 한 녀석 때문이다. 정치권력의 비인간적인 폭력성은 '(경찰) 기동대', '자위대'로 체현된다. '직접민주주의'라며 "기동대를 모조리 무찌르자!"라고 외쳤고 그것을 구체화했다. '무장 캄파니야'[8]는 비일상적인 정치 공간의 주인공이었고, 효율적으로 투쟁하라고 요구했다. 따라서 가두 투쟁을 활발히 벌이면 벌일수록 비생산적인 여자들은 필연적으로 어쩔 수 없이 후방으로 물러나야 했다. 한편 남자가 하는 만큼 해서 해방을 쟁취하겠다는 여자들은 각목, 화염병 부대에 들어가기를 자원했다.

---

8   신좌익 운동의 한 전술로 대중에게 호소해 본래 세운 목적을 이루려는 무장 투쟁을 말한다. 캄파니야Кампанья는 러시아어로 투쟁이나 활동을 의미한다.

전에 텔레비전에서 신좌익 운동을 하는 젊은이가 어른들에게 전쟁 책임을 따지는 모습을 본 적이 있다. 젊은이들이 다그쳐 물을 때 어른들이 지은 표정은 나의 아버지와 닮았다. 아버지는 한 달에 한 번 전우회에 나가는 것이 낙이었다. 패전을 계기로 '일억총참회' 식으로 과오를 어설프게 후회하고, 껍데기만 민주주의를 얻기는 했으나, 과거에 겪은 일이 있어서인지 전쟁을 무조건 긍정적으로 보는 이들은 많지 않다. 그렇지만 왕년의 자신을 회상하는 어른들의 눈에서는 감출 수 없는 본심이 드러난다. 그것은 악명 높은 침략 전쟁이 한창이었을 때, 틀림없이 자기 삶이 생기 넘치고 활발했었다는 것을 실감한 자들이 머릿속으로 도저히 부정하지 못하는 그 쾌감에 대한 향수이다. '전쟁을 모른다'고 일컫는 아이들이 그들에게 제아무리 논리적으로 일본 제국주의가 저지른 범죄, 민족적인 책임을 따진다 한들, 그들의 마음속 깊은 곳에는 **과거 삶**의 약동이 숨겨져 있다. 서로 이야기 초점이 맞을 수가 없다.

텔레비전에서 상세히 어떤 이야기가 오갔는지 이제 기억나지 않지만, 지금 돌이켜보니 서로 다투며 논할 이유가 전혀 없었다.

지금껏 잊지 못하는 '해군 비행 예과 연습생의 노래'[9]를 부르며 당시를 회상하는 어른들과 '일본 제국주의 타도'라고 깃발에 새기고 각목에서 화염병으로, 화염병에서 폭탄으로[10] 더 센 무기를 들게 된 젊은이들. 이들은 한쪽에서는 대동아공영권을, 다른 한쪽은 세계 공산주의를 신봉한다는 점에서만 차이가 난다.

---

9 [옮긴이] 1944년에 히트한 전시 가요.

10 [옮긴이] 1970년 안보 투쟁이 패배한 후 적군파는 무장 투쟁으로 세계 혁명을 이룩한다는 목표하에 1970년 3월 일본항공 351편 납치 사건(통칭 요도호 사건), 1972년 5월 이스라엘 텔아비브 로드 공항 난사 사건 등을 벌였다. 또 전공투 운동에 참가한 학

침략 전쟁을 위해 종군하는 것과 'OO일 투쟁하자!'에 참가하는 것은 한통속이다. 대의(명분)를 위해 '남자다움'으로 존재를 증명하려는 그 욕망이 바뀌지 않는 이상 그러하다.

신좌익 남자들은 자주 서로 "너희 말이야, OO일 그날 와서 투쟁했어?"라고 묻는다. 지금이야 어떨지 모르지만, 내가 신좌익 운동을 했을 때 동료끼리 서로 다툴 때면 꼭 이 말이 나왔다.

그날 거기 와서 투쟁했느냐는 말은 가령 OO일 가두시위에 와서 각목을 들거나 화염병을 던졌느냐는 뜻이었고, 비일상 공간을 가리키는 말이었다. **그날** 너는 '혁명의 대의'를 향해 충분히 남자다웠는가? **그때** 끝까지 힘을 다해 기동대와 싸웠는가? 그런 물음에 답을 잘하지 못하는 남자는 마치 '비국민非國民'[11]처럼 취급당했다. 진흙탕 싸움이었다. 서로 '비국민'이라는 낙인을 찍느라 몰두했고, 그런 일은 항상 있었다.

빌헬름 라이히는 저서《파시즘의 대중심리》에서 이런 말을 했다. 개인적인 쾌감(오르가슴)을 대중적인 규모의 쾌감(오르가슴)으로 바꿔치는 조작으로 파시즘의 토대가 생긴다. 대중적인 규모로 쾌감을 바란다는 말은 사회의 대의를 위해 목숨을 바치려 하는 공통점을 바탕으로, 개인이 집단으로서 자기 존재를 증명하려는 것이다. 말하자면 집단 할복이다.

생들 일부는 '동아시아반일무장전선'을 조직하여 1971~1975년까지 도쿄 재판의 전범을 기리는 비석 폭파 사건, 식민지 수탈에 참여한 일본 제국주의, 자본주의 가해 기업인 미쓰비시 중공업 본사 건물 폭파에 이어 미쓰이 물산 본관 시설, 다이세이 건설 본사 등을 폭파하는 사건을 일으켰다. 1972년 4월에 발간된 이 책에 나오는 이 구절은 이러한 배경을 두고 쓴 것이다.

11　[옮긴이] 국가에 대한 의무를 잊어버린 자를 뜻하는데, 특히 일본이 침략 전쟁을 하던 당시 일본 정부와 군의 정책에 비판적이거나 비협조적인 사람을 폄하하는 말로 쓰였다.

그런데 존재를 증명한다는 것은 **분명 여기에 내가 있다는** 존재의 떨림을 느끼고 받아들이는 엑스터시이다. 예전에 나는 《주간 독서인》이라는 잡지에 이런 말을 쓴 적이 있다.

자기 표현이란 존재 증명을 말하는데, 언제나 0에서 출발해 어떤 것을 만들어 가는 과정이다. 이 과정을 그래프로 나타내 보자. 반드시 강이 있고 골짜기가 있고 초원이 있는 그런 식의 곡선을 그리게 될 것이다. 이것은 엑스터시에 대한 확실한 예감, 전율을 표현하는 것이다. 이 곡선을 가령 오르가슴 곡선이라고 명명해 보자. 놀이, 노동, 투쟁, 여자와 남자의 관계성 등 만들어 가는 모든 것은 그 과정을 오르가슴 곡선으로 그릴 수 있다.

0에서 시작해 어떤 것을 만들어 가는 과정이란 정신과 육체가 합해져 하나가 되는 과정인데, 존재의 떨림으로 엑스터시를 받아들일 수 있느냐는 먼저 자신과의 긴장 관계 정도로 결정할 수 있다. 아이가 스스로를 좀 더 위험한 장소에 두려는 마음은 잘 이해할 수 있다. 자신의 내면에서 천국과 지옥을 오가는 중에 자신의 심장 고동을, 피가 솟구침을 느끼면서, 어떤 정황에서나 사람과 마주하고 싶은 것이다.

우리가 사는 계급사회에서 자기 표현은 빼앗긴 자신을 탈환하는 것을 원칙으로 한다. 권력과 삼도천[12] 사이를 건너다니는 투쟁 속에서 자신의 존재를 증명할 것—혁명이란 최고의 오르가슴인 것이다! 이 점을 알아두자. 그러나 권력이란 총체적인 것이다. 권력의 총체성은 일상성으로, 우리가 살고 있는 세계에 나오기 때문에, 우리는 일상적으로 자신을 탈환해야 한다. 즉 오르가슴을 탈환해야 한다. 거꾸로 말해 총체적으로 자기 표현을 획득

---

12 [옮긴이] 불교에서 말하는 사람이 죽은 지 7일째 되는 날에 건너는 강. 저승으로 가는 도중에 있다.

하는 가운데 그 총합인 오르가슴으로서 권력 투쟁을 하려는 자신이 나와야 한다. 그래야 우리는 승리도 해방도 말할 수 있을 것이다. (후략)

혁명과 파시즘은 종이 한 장 차이다. 이 둘은 양극으로 보이지만, 실은 둘 다 비일상적인 공간 속에서 극한까지 그 생명의 가능성을 불태워 다 쓰고 싶은 바람을 만들어 내는 것이다. 둘 다 따분한 일상, 시시한 일상, 곧 오르가슴이 없는 일상이 있어야 한다.

도쿄대 투쟁 때 그 주변을 다니다가 우울하게 보이거나 광채가 없는 눈을 한 사람을 자주 봤다. 그래서 저 사람들은 무엇으로 자기 부정을 하겠다는 소리인가 하고 '자기 부정의 논리'를 의심스럽게 여겼다.

나부터 그랬다. 아무리 생각해도 어떻게 무엇으로 자기 부정을 해야 좋을지 몰랐다. 그래서 남의 모습이 마음에 걸렸다. 그런 일상을 보내며 나는 툭 하면 스스로 **살아 있지 않다고** 실감하며 어둠 속으로 푹 빠질 것 같은 심정으로 살았다. '자기 부정을 좀 더 해야 할 텐데.' 하면서도 왜 그런지 나는 언제나 불편하고 어색했다. 머릿속으로는 억압 민족이라든지 소시민이라는 말을 알았다. 하지만 내 몸이 말해 주는 속내는 나의 현재를 가장 정확하게 보여 줬다. 나의 손과 발에, 이 생명에 사슬을 채우고서 살기가 정말로 힘들었다. 노예에게 먼저 필요한 것은 자기 부정이 아니다. 어떻게든 자기 긍정을 찾으려고 떠난 길이었다.

노예에게 자기 긍정 없는 자기 부정은 죽음 이외에 아무 것도 아니다. 더 이상 자신을 부정한다면 남는 것은 존재 자체의 부정 말고 아무 것도 없다.

머릿속으로는 일본 제국주의가 베트남전에 가담했다고 이해할 수 있었는데, 일상에서 스스로 **살아 있지 않다고** 실감하는 것에 비하면

이해하는 정도가 약했다. 나는 시위가 열린다고 하면 만사 제치고 부랴부랴 달려가고는 했다. 대오를 짜고 같이 인터내셔널가를 부르고 있으면 내심 **내가 살아 있음을** 확실히 실감할 수 있었다. 시위대가 기동대와 충돌하기를 내심 기대한 것도 그런 느낌을 좀 더 강하게 느끼고 싶어서였다.

물론 반전 의식, 반권력 의식도 확실히 있었다. 그러나 그런 의식은 "타도하기 위해 열심히 하겠습니다." 하는 것과 같았다. 말끔하게 느껴지질 않았다. 명분은 아무래도 좋았다. 문제는 **살아 있다고 실감하지 못하는** 나였다. 시위에서 집으로 혼자 돌아올 때면 무거운 공허감이 감돌았다. 원래 그런 거야 하고 스스로를 타이르면서도 마음 한편으로는 남은 속일 수 있어도 나 자신을 속일 수는 없지 않을까 싶었다. 그때는 내가 일상이 아닌 공간과 일상인 공간 사이에서 마음속으로 '여성해방'을 키워 나가던 시절이었다.

> 원한과 인내의 역사를 자기 것으로 받아들이고서, 이제 농민들은 삶의 투쟁을 전개하고 있다. 나의 산리즈카 투쟁은 내가 살아가는 모습 속에 녹아 있어야 한다.

우리 여성해방 공동체 여자들에게 어차피 중산층 계급 여자라고들 하는데, 그런 말대로라면 우리에게 베트남은 그저 베트남일 뿐이고 산리즈카 역시 상관없는 곳일 뿐이다. 오랫동안 우리의 '위치'라는 게 있으니 연대를 **구하는** 그런 꼴불견인 짓을 할 수 있을까 싶은 마음이 우리에게 있었다. 지금도 그렇기는 하다.

딱히 산리즈카 투쟁만 두고 하는 이야기는 아니다. 자신의 행동 가운데 자기 혼이 어떻게 깃들어 있는지 있는 그대로 보지 않는 사람이 있다. 정치적 상황 속에서 나는 이런 위치라고 먼저 정해 놓고서 투쟁은 그저 한 치 빈틈없이 열심히 하는 것이라며 결국 투쟁과 자신을 대치시키고 마는 사람이 있다. 그렇게 하는 사람을 보면 공허함을 감출 수가 없다.

물론 개인이 투쟁에서 경험한 것만 옳다고 보고 체험주의를 그저 따르기만 하면 안 될 일이다. 하지만 그렇다고 해서 '왜 산리즈카 투쟁을 지원하는가.'라는 물음에 대해 일제의 아시아 침략 때문에 어쩌고저쩌고 장황하게 설명하는 식의 답은 좀 뻔하다.

투쟁은 투쟁 주체가 자신이 품고 있는 것을 밖으로 드러나게 하는 것이다. 그래서 투쟁이란 주체의 삶 그 자체라 할 수 있다. 산리즈카 농민이 멋지고 뛰어나게 살아가는 삶의 모습을 보고서, 우리는 어떤 우리를 만들려 하고 있는가? 이 물음에 대한 답을 공백으로 남긴 채 '농민을 돕자'든지 '농민을 돕는 수밖에 없다'는 식으로 산리즈카 투쟁을 지원하며 간섭하는 것. 거기서 느낄 공허함을 나는 지원 투쟁이라는 말로 바꿔치기 하고 싶지가 않다. 이런 생각을 했기 때문에 나는 산리즈카 투쟁과 멀어졌다.

물론 내가 오만하다는 점은 훤히 잘 알고 있다. 하지만 내 몸과 마음에 농민처럼 멋지고 뛰어나게 투쟁하며 살아가는 모습이 눈곱만큼도 없는데, 그런 농민의 위대한 모습을 앞에 두고 아부하기도 항복하기도 싫다. 이렇게 나는 건방지다. 지금 지원 투쟁이 하는 것처럼, 얼마간 숙박료를 내며 농촌을 돕고 농사일을 도와 거둬들인 농작물을 농민의 창고로 가져다 넣는 방식의 투쟁을 같이 한다면, 아마도 나는 헛돌 수밖에 없을 것이다. 그러니까 나는 마음씨 너그러운 호인으로 지원 투쟁 운동 진영에 들어가서 산리즈카 투쟁을 하는 농민과 어설프게 만나기 싫은 것이다.

그런데 불행하게도 죽지도 그렇다고 살지도 못하고, 오늘과 내일의 경계도 분명치 않은, 이 판에 박힌 삶에서 질척대는 내가 세계혁명 전략이라니! 그럴싸하게 산리즈카 투쟁으로 자리매김을 한다 해도, 또 투쟁에 가기만 하면 뭔가 보이겠지 하는 식으로 몰주체적沒主體的으로 지원 투쟁에 가서 몸이 부서져라 한다 해도, 아니면 산리즈카 투쟁을 내 것으로 키워야 한다고 초조함을 느낀다고 해도, 그런 것과 무관하게 산리즈카 투쟁은 존재한다.

산리즈카 투쟁과 나의 관계성은 내가 지금까지 어떻게 살아왔는지 그리고 앞으로 어떻게 살 것인지 스스로에게 묻는 가운데에서만 의미가 있다. 그렇다면 나는 산리즈카 투쟁과 어떻게 만날 것인가? 그 문에 어떻게 들어가든 처음에는 오십보백보다. 우리는 지원한다며 제멋대로 산리즈카를 생각하고 있지만, 산리즈카 투쟁은 산리즈카 투쟁대로 있는 것이다. 이걸로 됐지 않은가. 그렇다.

다나카 미쓰, 〈산리즈카 투쟁을 고집하는 것, 산리즈카에서 싸우는 것〉,
《현대의 눈》, 1971년 11월호

공동체에서 같이 사는 여자들이 투쟁 지원을 위해 산리즈카로 출발한 뒤, 난 임신한 여자와 함께 공동체에 남아 위 원고를 쓰려고 했다. 글이 잘 써지지 않았다. 그러고 있던 차에 산리즈카로 가서 지원 투쟁을 하던 우리 구성원들과 여성해방운동을 하는 여자들이 거기서 투쟁하는 남자들한테서 "여자들은 그래서 안 돼!"라고 비웃음을 샀다는 소식을 들었다. 여자들이 왜 그런 굴욕을 참고 있는지 나는 이해를 못했다. 그런 조소를 보낸 남자들에 대한 분노, 그렇게 당해도 여전히 돌아오지 않는 동료들에 대한 짜증으로 나는 오장이 뒤집힐 것만 같았다. 그래서 펜을 들고서 이렇게 신좌익을 비판하는 글을 썼다.

그러나 지금 다시 읽어 보니 어떻게 산리즈카 투쟁과 관여하고 만나든, 결국 투쟁은 과정의 문제라고 논한 나의 비판은 너무나도 낙천적이었다. 신좌익에 대한 나의 비판은 너무나도 너그러웠다. "인간의 미래는 인간이다." 이 말을 믿지 않고서 운동은 할 수 없는 것인데…….

2. 나비에서 애벌레로 후퇴한 이유

내가 직접 적군파라는 자들과 처음 대면한 때는 아마도 분명 1969년 9월 10일 히비야 야외 음악당에서 열린 집회에서였던 것 같다. 무슨 집회였는지 기억나지 않는다. Ⅱ장 개인사 부분에서 적었는데 그 무렵 나는 혁명적마르크스주의파[13] 떨거지 남자와 동거를 하고 있었다. 손을 잡고 그 집회에 간 우리는 음악당 근처 계단 위에 걸터앉아 집회를 구경했다. 누군가 마이크를 잡고 말을 하는데 그 소리가 잘 들리지는 않았다(뭐 들어 봤자 무슨 말을 하는지 이해하지 못했겠지만). 남자의 어깨에 기대어 멍하니 나뭇잎 사이로 비치는 빛을 바라봤다. 그 당시에는 좌절까지는 아니어도, 이상하게도 그때까지 하던 투쟁이나 운동에 흥이 깨진 상태였는데 꼭 어디선가 바람이 술술 새는 것만 같았다.

사실 전혀 마음이 내키지 않았는데 그래도 뭔가 마음에 걸려서 집회에 나간 터였다. 이도 저도 아닌 기분으로 나갔다. 이 글을 쓰며 생각났는데 그 집회는 분명 '전국 전공투 결성 대회'였을 것이다. 집회가 한창이던 때 갑자기 소란스럽게 내분이 일어났다.[14] 빨간 헬멧[15]끼리 싸움이 난 것이다. 그들은 우리가 앉아 있던 계단 아래쪽에서 죽창과 몽

---

13 [옮긴이] 신좌익 정파 중 하나로 반제국주의, 반스탈린주의를 내걸었다.

14 [옮긴이] 신좌익 운동에서 중핵파는 대중 운동을 중시했고 혁명적마르크스주의파는 사상 학습과 조직론을 중시하는 노선을 취하며 크게 대립했다. 1970년대 양 정파는 싸움을 벌여 죽는 이들까지 나올 정도로 과격하게 분열했다. 정파 간 폭력 문제(우치게바)에 대해서는 I장 2절 각주를 참조하라.

15 [옮긴이] 경찰 기동대가 진압을 하기 시작하면서 전공투 운동에서는 각 정파별로 다른 색깔과 로고가 있는 헬멧을 썼다. 적군파는 빨간색에 적군이란 글씨가 쓰인 헬멧, 혁명적마르크스주의파는 빨간색 헬멧에 러시아 혁명 로고가 있는 헬멧, 중핵파는 하얀 헬멧을 썼다.

둥이를 들고 싸웠다. 누군가는 콜라병을 들고 있기도 했는데 한순간 병이 9월의 햇살 아래 반짝하고 빛났다.

태어나서 처음 보는 학생운동 내부의 패싸움. 무섭기는 했지만 내심 곧 접전이 벌어지기를 기다렸다. 적군赤軍이라는 글자가 있는 헬멧을 쓴 이들은 상대방 헬멧 수의 절반이었다. 어느 쪽이 이기든 지든 간에 이렇다 할 관심은 없었지만 왠지 적군파가 이겼으면 싶었다. 패자를 동정하는 마음은 사람 사는 세상에 흔히 있는 일이다. 방관자는 마음이 편하다. 콜라병 하나가 공중으로 휙 날아올랐다 떨어지자 막이 올랐다. 눈 깜짝할 새에 죽창과 몽둥이로 서로 때리기 시작했고 누군가 던졌을 콜라병이 쉴 새 없이 위로 날아올랐다. 숨을 죽이고선 눈을 감았다 떴다 하며 거칠게 날뛰는 인간 세계를 훔쳐봤다.

15분 후 승부가 났다. 적군파가 이겼다. 왜 그런지 그들은 모두 하얀 와이셔츠에 검은 바지를 입었는데 그래서인지 아주 금욕적으로 보였다. 또 내가 위에서 아래를 내려다본 탓인지 상대편에 비해 체격도 작아 보였다. "우와, 잘 싸우네." 같이 간 남자가 흥분해서 말했다. 나는 무의식중에 내 옆에 앉아 있는 아담한 남자와 눈앞에서 싸우는 남자들을 비교했다. 그리고 왜 그런지 갑자기 그 남자가 싫어졌다. 남자의 어깨에 올린 손을 치웠다.

여자다움에 대한 **바람**은 항상 남자다움에 대한 **환상**과 함께 있다. 또 남자다움에 대한 바람도 항상 여자다움에 대한 환상을 동반한다. 내심 수가 적은 편 남자들이 이겼으면 좋겠다 싶었던 것도, 싸움에서 이긴 남자들과 내 남자를 비교해 내 남자에게서 흥이 깨진 것도 내 속에 있는 여자다움에 대한 바람과 남자다움에 대한 환상 탓이었다.

남자는 산으로 여자는 냇가로 **가게끔** 강요하자 정말로 남자와 여자는 각자 산으로 냇가로 **가 버리고** 말았다. 냇가에 빨래하러 간 여자는 자기 안에 있는 냇가로 빨래하러 간 여자를 의식할 수 없다. 물론 남자도 그렇다. 인간이 의식해서 무엇인가를 선택하는 것은 정말 제한된 부분에서만 그렇다. 일상성이란 무의식의 연속에 다름 아니다. 지배 체제의 일상성이란 냇가로 산으로 가 버린 자신을 알아차리지 못하는 여자와 남자의 그러한 일상성으로 지탱된다. 그리고 오늘날까지 신좌익 또한 그렇다.

권력 타도 운운하며 머릿속에서 반권력을 향한 의지를 굳게 다져도 잠깐일 뿐, 무의식 부분은 일상성 중에 얼마든지 나태해질 수 있다. 목적 의식을 갖고 투쟁을 추구하기 위해서는 무의식 부분을 의식화해야 한다. 근대 합리주의 사고로 인해 무의식을 버렸기 때문에 투쟁 내부에 있는 반혁명에는 끊임없이 양분이 공급된다.

그런데 남자의 할복과 여자의 순사가 동일 선상에 있는 게 문제가 아니다. 할복은 주군이 마음대로 명령을 내리면 하는 것이고, 여자가 남자를 따라 죽는 것은 남자가 죽기 때문에 그런 것이다. 여자는 먼저 남자가 할복을 해야 따라 죽는다. 그래서 여자는 마르크스를 알고 나서 세상의 가치관을 무시할 수는 있어도, 좋아하는 남자의 가치관을 무시할 수가 없다. 허겁지겁 남자를 따라 죽는 것과 같은 미학을 실제로 행하게끔 하는 데에 바로 여자가 살아가기 어려운 상황이 있는 것이다. 한때 좌파 여성이었으나 '일부일처제를 해체하라'는 슬로건을 스스로 배신하고 집안일에 힘쓰는 여성이 허다하다. 그 탓에 여자가 남자를 따라 죽는 것과 같은 미학이 지금도 여전하다.

요새는 별로 들리지 않지만, 한때 맞벌이 형태가 마치 여자의 새로운 삶의 방식인 것마냥 떠들던 시기가 있었다. 여자가 경제적으로 자립하면서 새로운 시대를 열어 나가자는 주장인데, 이것은 미국의 여성해방운동의 전통적 흐름에서 나온 의견으로 맞벌이를 찬양하는 자의 근거도 여기에 있었다.

맞벌이. 이것은 여자가 휴일인 일요일에 산더미처럼 쌓인 빨래를 해야 할 이유이고, 직장 퇴근 후 백화점이 문 닫는 시간에 아슬아슬하게 뛰어 들어가야 할 이유이다. 또 콘돔을 사용하는 이유이고, 여자가 경제력을 갖게끔 하는 이유이다.

맞벌이 여자에게 맞벌이란 실은 일상의 모든 구석구석을 샅샅이 보살펴야 하는 것이다. 그러나 남자에게는 어떤가? 여자가 "맞벌이하는데 신랑이 집안일을 도와주고 있어요." 하는 말을 들으면 그 답은 묻지 않아도 알 수 있다.

한 지붕 아래 맞벌이하고 일상을 공유하면서도 남편을 그저 집안일을 돕는 사람으로 삼고, 자신을 집안일의 주체로 삼는 사고방식은 여자가 자신에게 피가 되고 살이 된 여자다움을 유지하기를 바라는 탓이다. 다시 말해 남자다움에 대한 여자의 환상 탓이다. 집안일에 협조적인 남편을 두고 기쁨을 느끼는 맞벌이 여자는 남편을 따라 죽기를 **강요당하는** 여자와 크게 다르지 않다. 그런 환상이 있어서 맞벌이 여자는 자신이 대의를 위해 살아갈 남자, 무대 위 배우처럼 살아갈 남자에게 별볼일없는 일상 잡일을 가지고 성가시게 한다는 식으로 부담을 느끼면서 불평하지 않는 온화한 아내가 된다.

여자다움에 대한 바람은 언제나 남자다움에 대한 환상으로 규정된다. 남자가 자신을 딱히 남자라고 의식하지 않는 이유는 남자의 할복이 따라 죽을 여자를 규정하고 있기 때문이다. 더군다나 실제로는 여자가 따라 죽는다는 것을 알기 때문에 남자가 먼저 할복하는 것이므로, 남자와 여자 사이에 일어나는 문제는 풀기가 여간 쉽지 않다.

일상 **잡일**에서는 그나마 협조자인 남자도 일상이 아닐 때에는 자신의 입장을 뒤집는다. 일상이 아닐 때가 바로 남자의 대의를 위한 꽃

길이다. 세상이 안정되면 안정될수록 극악 범죄가 늘어난다고 하는데, 이것은 남자가 일상이 아닌 곳에서 자신을 선명하게 찾을 기회를 갖지 못한 채, 그 감정만 어둡게 뒤틀린 결과일 수도 있다. 무엇보다 협조자라는 것이 생명의 불완전연소를 숙명으로 갖고 있는 인생이기에 그렇다. 왜 신좌익에서 여성해방이 나올 수밖에 없었는지 그 이유도 여기에 있다.

나의 어렴풋한 기억에 따르면 적군파가 생긴 직접적 계기는 1969년 4월 28일 '오키나와의 날(오키나와 반전의 날)'이다. 그날의 패배[16]에 대한 총괄總括[17]에서 적군파가 나왔다. 앞서 1월 18, 19일에 도쿄대 야스다 강당 투쟁 공방이 극적으로 전개되었기 때문에[18] 그때까지 활발히 활동을 하던 신좌익은 이제 지는 해에 가까워졌음을 예상하고 있었다. 그리고 나서 4월 28일 당일에 적이 압도적으로 퍼부은 물량 공세에 신좌익은 박살이 났다.

"오키나와의 날에 벌인 대중적인 무력 투쟁이 패할 수밖에 없었을

16 [옮긴이] 당시 일본 정부의 오키나와 정책을 반대한 집회였던 오키나와의 날에는 신좌익 학생과 노동자 1만여 명이 도쿄를 행진하며 화염병을 던졌고 965명이 체포됐다.

17 [옮긴이] 원뜻은 전체적인 시야로 운동을 돌아보며 방향성을 점검하는 논의를 말한다. 일본 좌파 운동권에서 이 말은 앞으로 더 나은 운동을 해 나가기 위해 여태까지 해 온 운동 방침이나 방식, 성과를 서로 평가하고 검토하는 것을 의미했으나, 이런 논의가 서로 고발하는 것에 그치고 논의를 주도한 이들의 의견만 따른다는 점에서 비민주적이라는 비판이 있었다. 또 연합적군파 내부 숙청 사건에서 총괄 후 숙청 사건이 일어난 것으로 알려지면서 운동권 내부의 혹독한 비판 성토를 의미하는 것으로 그 뜻이 변했다.

18 [옮긴이] 도쿄대 야스다 강당을 점거한 신좌익 학생들을 진압하기 위해 경찰 기동대 8500명이 캠퍼스에 진입해 최루액이 든 물을 뿌렸다. 이에 맞서 화염병이 오가는 격전이 벌어졌고 결국 631명이 체포됐다.

때 자연 발생적으로 도달한 군사적 투쟁의 한계성이 분명히 드러났다. 또 소시민인 투쟁 주체의 한계성 또한 확실히 드러났다. 남자의, 남자에 의한, 남자를 위한 투쟁의 약점이 백일하에 드러났고 혁명이 '남자다움'을 상징하는 시대도 종언을 고했다."

위는 당시 내가 쓴 전단지 내용이다. 생각해 보니 1969년 4월 28일에 신좌익은 그전까지 갖고 있던 모든 것들을 잃고서 어쩔 수 없이 풍부한 '0'의 지점에서 출발할 수밖에 없었다. 그리고 지는 저녁놀 가운데 적군파와 여성해방운동이 태동했다. 이 둘은 신좌익 운동의 아이들로 태어났다.

그러니까 군사적 투쟁을 고집하는 가운데 적군파가 태어났고, 투쟁 주체를 고집하는 가운데 여성해방운동이 태어났다는 소리다. 탯줄 양끝을 서로 잡아당기는 모양새로 나온 게 이 둘이었다. 남자의 할복은 항상 여성이 따라 죽는 것을 규정하고 있으므로, 우리는 떨쳐 내지 못한 여자다움에 대한 기대를 가진 만큼 '남자다움'에 대한 환상, 혁명가에 대한 환상의 그물망에 걸릴 위험성을 껴안은 채 여성해방을 모색했다.

그런 환상이란 일상의 비참함을 비일상 속에서, 즉 권력 투쟁 속에서 해방할 수 있다는 믿음 즉 '혁명적 비일상에 대한 신앙'이었다. 우리가 그 환상과 결별할 수 있던 것은 여성해방 엠티[19] 때였다. 밖에 대놓

19 [옮긴이] 1971년 8월 21일부터 24일까지 열린 일본 여성해방운동 엠티를 말한다. 1970년 10월 21일 국제 반전의 날에 〈변소로부터의 해방〉 전단지를 들고 여자들만 참가하는 시위가 벌어지고 나서 조직된 다나카 미쓰의 모임 '그룹 싸우는 여자들'과 1970년대 전공투 소속 다마 미술대학 동아리 '에스이엑스'가 함께 신문에 광고를 내서 엠티에 참가할 여자를 모집했다. 전국에서 대략 300명의 여성이 엠티에 참가했다. Ⅵ장에 수록된 선전 자료 ◇8월 여성해방 엠티를 창조하자! ◇여성해방 엠티 일정을 정했다! ◇여성해방 엠티의 네 가지 즐거움 등을 참조하라.

고 말하지는 않았지만 그 엠티를 개최한 목적 중 하나는 우리가 신좌익과 명확하게 절교한다는 것이었다. 이 목적은 먼저 나 자신이 갖고 있던 '남자다움'에 대한 환상, 혁명가에 대한 환상과 결별하는 것을 뜻하기도 했다. 여성을 무겁게 짓누름으로써 생산성의 논리를 간신히 유지해 온 신좌익 운동. 여성해방운동은 그렇게 비일상을 우선시하는 신좌익 운동을 반성하며 시작되었다. 그러나 또다시 그 '남자다움', '혁명가'에 대한 환상의 그물에 걸려들 뻔한 적도 있다……. 아니, 그런 게 과연 나뿐이었을까?

자신이 느끼는 초조함을 여자가 바보라서 그렇다고 보편화한다면, 여자다움에 대한 바람, 남자다움에 대한 환상, 혁명적 비일상에 대한 믿음이 되살아나고 말 것이다.

앞에서 호스티스에게 하는 가장 큰 아부가 "당신은 호스티스 같지가 않아."라는 말이라고 썼다. 너나 나나 줄곧 성기를 **드러낸** 것처럼 취급되며 돈을 버는 건 마찬가지인데, 다른 호스티스보다 낫고 괜찮은 사람으로 보이고 싶어 한다. 이런 기대로 인해 호스티스는 기만을 당한다.

그런 식의 바람이란 '가치가 있는 죽음'이라며 여자에게는 남자를 따라 죽는 순사를, 남자에게는 대의를 위한 할복을 요구하는 것이나 마찬가지이다. "당신은 호스티스 같지가 않아."라는 말 한마디는 여자다움에 대한 바람, 즉 가치가 있는 죽음을 여자에게 욕망하게끔 한다. 모든 남자가 연쇄살인범 오쿠보 기요시大久保清[20]라고 한다면, 스스로 냇가

---

20 1971년 3월부터 5월까지 군마현에서 일어난 연속 강간 살인 사건의 범인. 베레모를 쓰고 러시아 전통 의상 루바슈카를 입고서 화가나 미술 교사 행세를 하며 젊은 여성 여덟 명을 강간 살해했다. 강간 피해를 입은 여성만 해도 십여 명에 달했는데 피해 신고를 하지 않은 사건도 더 있을 것으로 추측된다. 1973년 사형이 확정되었고 1976년 형이 집행되었다.

로 **가 버리는** 여자의 역사성을 짊어지고 살아가는 이 세상의 모든 여자는 오쿠보 기요시에게 죽임을 당한 피해자이다. 남자의 눈에 비친 모습에 맞춰 스스로를 긍정하려는 모든 여자들이 그렇다.

전에 베트남 반전운동과 대학 투쟁이 어우러져 한창일 때 '가해자의 논리'와 '자기 부정의 논리'가 쌍을 이룬 형태로 등장했다. 의회민주주의에 대한 환상에 매달려 베트남에 대해서도 평화를 기원하는 식의 운동밖에 전개하지 못한 일본공산당에 비해, 신좌익 젊은이들은 일본이 베트남전에 가담한 것을 자신의 문제로 진지하게 묻고 그 책임을 따지면서 반전운동을 모색했다. 가해자의 논리는 자신의 일상 그 자체가 베트남에 대한 가해라는 사실, 거기서 오는 아픔에서 비롯된 것이다.

'가해자 논리'에 따라 나는 태어나서 처음으로 자기 꼬리를 물려고 빙빙 돌기만 하는 나 이외의 나를 확실히 파악할 수 있었다. '왜 나만 돌에 걸려 넘어지고 말았나? 왜 나만?' 하는 생각에 집착하던 터라 그런 집착에 빠져 있다가 사실 내가 베트남에게는 가해자구나 하고 인식하게 되자 새로 눈을 뜬 것만 같았다. 여태까지와 전혀 다른 시점으로 나를 파악할 수 있게 되자 이전에 '울고 있는 베트남의 아이들은 바로 나다!'라고 여기고 베트남 반전 활동을 지탱하던 나의 '피해자 논리'는 **지양**해야 할 것으로 여겨졌다.

'억압자인 나'라는 시점을 얻자 베트남 반전운동에 대해 일종의 사명감이 생겼다. 그런 사명감으로 '해야 한다, 안 하면 안 된다.' 되뇌이며 무리해서 운동하는 것을 정당화했다. 그러니까 어쨌거나 나는 억압하는 민족이므로 투쟁에 이러쿵저러쿵 잔소리 말고 다 같이 권력 타도에 힘써야 한다는 것이다. 신좌익 사람들이 집회 첫머리에 하는 말은 언제나 "억압 민족으로서 우리는……"이었다. 우리의 공통점은 억압자라는 점이었다. 그것을 바탕으로 신좌익은 한 덩어리가 되어 혁명의 대의를 내걸고 결전으로, 오로지 결전으로 나아가야 했다. 정치권력으로, 정치권력을 향해서.

따지고 보면, 원래 '가해자 논리'라는 것은 체제의 일상을 가장 문제시했던 것으로 기억한다. 왜냐하면 일본의 고도 경제성장은 베트남 사람들의 피로 얻어 낸 것과 같기 때문이다. 기업 대부분이 어떤 형태로든 베트남전에 가담했고, 그런 의미에서 일본인인 나 자신의 일상을 먼저 물어야 했다. 오키나와를 베트남 전쟁의 기지로 삼고 연일 베트남으로 출격하는 폭격기나 일본 본토의 기지, 탄약고, 군수 산업과 같이 일상적으로 반전 투쟁을 벌일 대상은 수없이 많이 있었다.

'중앙 권력 투쟁(대對 권력 투쟁)'이라고 칭할 수 있는 혁명적 비일상에 반대하는 의미로 '가해자 논리'가 나온 것이다. 지금 돌아보면, 억압과 피억압을 확실히 둘로 나누는 이 사고방식은 어차피 논리의 범주였다. 왜냐하면 가해자로서 우리의 일상이란 억압과 피억압의 중층적인 구조 속에서 유지되고 있기 때문이다. 우선 내가 그랬다. 가령 '말을 갖지 못한' 여자에 비해 '말을 가진' 나는 빛으로 존재한다. 그렇지만 '못생긴 탓에' 나는 어둠이기도 했다. 이런 일상의 구조는 매일 모든 인간관계 속에서 반복된다. **우리가** 일상에서 하는 방식은 사회적 권력관계를 배경으로 반복되고 있다.

오키나와인에 대해 일본인인 **우리는** 빛으로 존재한다. 하지만 그렇다고 해서 오키나와 남자가 "황후 미치코를 창녀로 삼자"고 말하는 것을 너그럽게 받아들일 수는 없는 노릇이다. 피억압자끼리 억압하고 억압당하는 관계는 사회라는 천에 풀 수도 없게 촘촘히 박힌 실과 같다. 이것을 가리켜 난 '그 구성원으로 하여금 누구도 제대로 남을 만날 수 없게 하는 계급 사회 체제'라고 여겼다. 여기서 피억압자는 그 존재에 억압과 피억압을 하나로 품고 있다.

누가 그러는지는 모르겠지만, 우리를 두고 "권력과 관련한 시점 즉 계급적 시점을 빼먹지 않았나?" 하며 비판한다. 일일이 권력, 권력 하며 떠들지 않아도 우리는 일상에서 권력에 포위당한 채 생활한다. "부르주아 권력"이라고 딱 떨어지게 말할 때 그 말에서 슬그머니 빠진 권력, 가장 가까이에 있는 직접적인 억압은 표면적으로는 결단코 정치적인 분위기를 내비치지 않는다. 권력의 의지는 인간관계를 통해 전달된다. 사람들이 관심을 갖고 달려들 만한 문제가 아니라고 믿어 버리게끔 한다.

예를 들어 반체제를 말하며 살아가는 (그럴 작정인) 남자들 중에 '여성해방운동은 상처를 가진 여자 – 중절을 했거나 강간을 당했거나 성장 과정에 불우한 과거를 갖고 있는 여자 – 가 하는 것'이라고 굳게 믿는 이들이 무수히 많다. 어리석은 생각도 정도껏 해야지 도를 넘기니 어쩐지 무서울 정도다. 비참함이라든지 고통이라는 것을 그런 식으로밖에 받아들이지 않는 사람들에 의해서 이 체제의 지배는 안정되어 가는 것이기에.

그러니까 그들은 비참함을 어떻게 이해하느냐면 '여자는 순결해야 한다'는 지배 논리 그대로, 중절을 하거나 강간을 당한 여자는 더럽다고 보는 사고방식으로 본다. 그리고 그런 사고방식의 연장선상에서 그들은 재일조선인, 오키나와인 등을 '피억압자'로 삼는다.

그들이 여성해방운동을 그렇게 보는 게 문제는 아니다. 진짜 문제는 그런 남자와 관계성을 맺어 갈 여자들이 권력의 의사를 그대로 체현하는 **남자 앞에서** 의식, 무의식중에 자신이 아닌 자신을 꾸며 내는 것, 바로 그것이 문제다. 과거에 사귄 남자를 깊이 감추고서 언젠가 들키면 어쩌지 하고 위축되는 여자들의 이러한 비참함이 바로 문제인 것이다.

계급 대립이라고 해도 부르주아가 직접 억압을 하는 것은 아니다.

사토 수상이 직접 손을 뻗쳐 여자 생명의 광채를 앗아 가는 것이 결코 아니다. 집주인이 세를 준 여자한테 "남자가 집에 찾아오는 일이 없도록 해요."라고 말하는 것, 학교에서 교사가 입시반과 취업반을 차별하는 것, 회사 과장이 여사원한테 "결혼하면 퇴직하는 게 당연하지."라는 말을 내뱉는 것. 이런 것들이 매일매일 살아가기 힘든 현실을 만든다. 그리고 그 중심에는 기리시마 요코가 말한 것 같은 '충실한 생활'을 나도 할 수 있다고 생각하는 여자 자신의 환상이 있다. 내 속에서 가능성을 찾아보지 않고서 보람찬 일, 멋진 아파트, 이해 잘해 주는 남편 속에서 자신의 가능성을 찾으려 한다. 여자는 '어쩌면 나 하나쯤은 이 체제에서 꿀을 빨 수 있지 않을까.' 하고 게걸스럽게 기대함으로써, 권력의 그물망에 걸려들고 마는 것이다. 여자는 어디에도 없을 행복, 어디에도 없을 남자를 꿈꾸며 행복해하는 순진한 여자와 원한을 품은 여자 사이를 떠돈다.

"여자란 무엇인가, 과연 우리는 여자인가?"라고 물으며 여성해방운동은 첫 울음을 터뜨렸다. 그것은 누구도 제대로 만날 수 없게끔 한 체제 아래에서 그 존재가 갈라지고 찢겨진 피억압자로서 자신 스스로의 비참함과 고통을 알아차리게 된 여자의 절규, 즉 해방의 원점, 스스로의 주체를 확립할 뿌리가 될 시점을 깨달은 여자의 절규에 다름 아니다. 그것은 인간 해방 투쟁으로 미래 인간관계의 새싹을 주체적으로 틔우려고 했으나 이내 자신한테는 주체가 없다는 점을 깨닫게 된 여자의 절규이다. 그것은 어느 누구하고도 본질적인 인간관계를 만들지 못하게 하는 '누구도 만날 수 없게끔 하는 체제'에서 살면서 안으로 썩어 들어가는 자신의 아픔을 깨닫게 된 노예의 절규에 다름 아니다.

계급 사회가 '누구도 제대로 만날 수 없게 하는 한 체제'로 있기 때문에,

우리는 더욱더 필연적으로 혁명을 갈구한다. 그러니까 우리는 투쟁을 통해 스스로 보편화하는 가운데, 모든 이들과 제대로 만날 것을 구하는 사람으로 존재해야 한다.

같은 생각을 하는 우리가 유적類的 존재[21]인 여자들에게로 비약하는 출발점은 남자와도 여자와도 아이와도 만날 수 없는 아픔 → '여자라는 것'에서 오는 고통이다. 이런 비약으로만 '세계 혁명 전쟁'을 성찰할 수 있다. 우리는 스스로의 생을 살아가는 중에 다른 생과 만나려고 갈구하며, 소외되고 단편화된 인간으로서 보편적인 인간관계를 찾는 가운데 자기 자신의 전체성을 회복할 수 있을 것이라고 본다. 가장 본질적인 기대를 하면서 '세계 혁명 전쟁'을 꿈꾼다. 우리는 출입국 관리 체제 투쟁 지원을 통해 스스로를 되찾고, 또 여자들에게로 향할 새싹을 스스로에게서 찾기로 했다. 억압자인 주체가 '인간으로서'가 아니라 '여자로서' 자신의 주체를 확립해 나가는 과정이 피투성이로 살아온 자신의 역사를 청산할 수 있는 유일한 길이기에.

선전지 〈여성해방운동은 왜 출입국 관리 체제 반대 투쟁을 하는가?〉 중에서

위 글 말고도 전에 내가 쓴 선전지에는 당돌하게도 '세계 혁명 전쟁'이라는 말이 자주 나온다. 어떤 일이든 자기 가까이로 끌어당겨 사고하지 않는 남자들은 자주 "다나카 씨는 분트Bund[22] 중 어디 정파죠?"라고 묻는다. 유일하게 그것만이 자기 관심사라는 듯. 딱히 감출 필요도 없이, 난 혁명적 비일상에 대한 환상과 동경으로 인해 '세계 혁명 전

---

21   [옮긴이] 마르크스가 쓴 개념으로 인간이 유로서의 능력을 가진 존재라는 말이다. 모든 인간 안에 유 전체가 즉각적, 필연적으로 현존한다는 의미에서 개인은 서로에게 결코 이방인이 아니라는 의미이다.

22   독일어 분트는 동맹을 의미하는데, 일본공산당과 결별하고 결성된 1960년대 안보 투쟁의 주류파인 '공산주의자동맹'을 가리킨다.

쟁'과 같은 말을 썼다. 더군다나 그런 환상과 동경은 내게 정치적인 문제가 아니라 에로스의 문제였다. 내 욕망 속에서 탄생한 말이 '세계 혁명 전쟁'이었다는 소리다. 만남에 대한 희구, 살고 싶다는 강한 기대로 인해 그런 단어를 선택했다.

OO일에 거리에 나가 투쟁을 하면서 미래를 내다보는 지향성을 가졌었기에 내 안에서 '세계 혁명 전쟁'이라는 말이 나올 수밖에 없었다. 더욱이 '여자'인 나 자신을 뿌리에 놓고 사고하지 않은 채 '인간'으로서 투쟁하면서 무리를 했기 때문에 내가 무리한 것을 '혁명적 비일상'으로 깔끔히 떨쳐 내고 싶은 바람도 있었다. 그래서 '세계 혁명 전쟁'과 같은 단어를 필연적으로 쓰게 됐다. 장황하게 더 말한다면, 내 의도에 반해 변명이 될 것 같다. 다만 그때 나 자신이 그런 과오를 저지를 필요가 있었다는 점만은 꼭 전하고 싶다.

여기서 다시 '가해자의 논리'로 돌아가서 이야기하자면, '억압 민족인 우리는' 하면서 시작하는 시점은 결국 명분이었다. 이제 나는 딱히 부정도 긍정도 하지 않고 그저 냉엄한 현실을 말하려 한다. **인간은 타인의 고통과 마주했을 때 타인에게 그저 참고 견디면 복이 올 것이라고 얼마든지 말할 수 있는 생물이다.** 그래서 소위 '억압자의 고통'을 출발점으로 삼고 투쟁한다는 것은 아무리 봐도 수상쩍다.

그런 식으로 살아 있는 자신을 명분에 끼워 맞추면, 당연하게도 인간은 자신의 악행을 일부 감추었을 뿐인데도 마치 전부를 다 감춘 것마냥 추태를 부릴 수 있다. 자칭 '억압자' 여러분이 재일조선인, 피차별 부락민과 같은 '피억압자'를 두고 끊임없이 자기 비판만 준비해야 하는 지경에 이르게 된 것은, 타인의 고통으로 투쟁하기 때문에 필연적으로 겪게 되는 일인 것이다.

1970년 7월 7일 화교청년투쟁위원회[23]가 신좌익과 결별 선언을 했다. 리우차이핑劉彩品[24]씨를 지원하는 주체들을 세차게 고발했다. 리우다오창劉道昌군[25]은 1969년 12월 25일 일본 법무성에서 들이민 반년 체류 허가증을 눈물로 받아들일 수밖에 없었던 자신을 두고 신좌익 앞에서 스스로 사상 전향을 한 것 같다고까지 하면서 자기 비판을 철저히 해야 했다. 투쟁 주체성을 논하는 신좌익의 그 근엄한 태도라니……. 리우차이핑 씨, 리우다오창 군을 앞에 두고 신좌익은 제대로 지원조차 하지 못하면서 과장된 말만 늘어놓으며 투쟁을 어지럽히고 있다. 그러고 나서 그들은 투쟁을 앞에 두고 수치심으로 숨이 막히는 지경인지 다시금 깊이 확인하려 든다. 자신의 역사적 책임, 즉 억압자로서 책임이 얼마나 무거운지를. 그러다 마침내 "재일조선인, 중국인의 고통은 자신의 고통"이라고 입을 뗀다.

물론 우리가 억압자라는 점, 이것은 확인 또 확인해도 지나침이 없는 분명한 사실이다. 그러나 또 하나의 사실을 확인하지 않고서 억압자인 자신

23 [옮긴이] 일본에 거주하는 화교(주로 재일대만인) 청년 조직. 신좌익의 지원으로 1969년 결성된 화교청년투쟁위원회(이하 화청투)는 신좌익과 함께 출입국 관리 체제에 대해서 투쟁했으나, 신좌익이 출입국 관리 체제 반대 투쟁을 축소하고 화청투를 배제하려 하자 이에 반발해 1970년 7월 7일 '7·7 노구교 33주년, 일제의 아시아 재침략 저지 인민 대집회'에서 "신좌익은 입으로는 국제 연대를 외치나 실천은 하지 않는다"는 요지의 고발 발언을 하고 신좌익과 결별한다. 이후 화청투는 출입국 관리 체제 반대 투쟁에서 주도적인 역할을 했다.

24 [옮긴이] 1937년생. 대만 출신 여성 천문학자. 도쿄대 대학원에 유학하던 중 일본에서 강제 퇴거 처분을 받을 위기에 놓이게 되자, 국민당 정권의 대만이 아닌 중국 정부를 지지하는 신념으로 대만 여권 제출 갱신을 거부했다. 그는 곧 일본 정부로부터도 체류 자격 재신청을 거부당했다. 리우차이핑은 문화대혁명 후 중국으로 건너가 천문학을 가르쳤다.

25 [옮긴이] 재일대만인. 대만에서 2·28 사건 이후 반체제 정치범을 줄곧 탄압해 온 국민당 장징궈蔣經國 대만 총통의 방일을 반대한다는 이유로 일본 법무성은 리우다오창의 특별 재류 연장 기간을 단축했다. 리우다오창은 단식 투쟁을 벌이며 출입국관리법안을 낸 법무성에 항의했고, 재류 연장 허가를 받았다.

을 확인하는 것은 그저 명분일 수밖에 없다.

투쟁 주체 대부분이 스스로에게 '난 억압자다, 억압자야.' 하면서 출입국 관리 체제 반대 투쟁을 하고 있다. 그들은 타인의 고통을 가지고 — 재일조선인, 재일중국인이 탄압당해서 시작한 — 투쟁을 한다. 정치적 문제가 있기 때문이라는 소리다!

머리로만 억압자인 자신을 인식한 자를 일컬어 '지적 부르주아'라고 한다. 그들은 확인할 필요도 없이 또 하나의 사실을 보려 하지 않음으로써 스스로의 위치를 '지적 부르주아'로 떨어뜨린다. 또 하나의 사실이란 억압자는 피억압자이기도 하다는 점이다.

"타민족을 억압하는 민족에게 자유는 없다."라고 말한 레닌의 고전적인 테제를 또 인용할 필요도 없이, 억압자는 억압자이기에 피억압자로 존재한다. 피억압자로 스스로의 고통을, 스스로의 비참함을 보지 못하고서는 억압자인 자신이 진심으로 고통을 느낄 수 있을 리 없다. 한 면으로만 억압—피억압을 파악하는 의식 속에는 피억압자가 그저 비참한 존재일 뿐이라는 생각만이 똬리를 틀고 있다. 억압자인 자신의 일상에 안도하는 투쟁 주체의 추악함을 어렴풋하게나마 볼 수 있다.

재일조선인, 재일중국인의 고발에는 왜 본질이 들어가 있는가? 그 이유는 그들이 스스로의 고통으로 싸우는 투쟁 주체이기 때문이다. 어떤 것을 본질적으로 파악할 수 있는 힘은 진실된 주체성을 확립하는 가운데에서만 나온다. 스스로 겪는 고통으로 싸우는 투쟁 주체가 왜 진실된 주체성을 가질 수 있나? 노예는 스스로를 노예라고 여기지 않음으로써 노예로 추락한다. 즉 노예의 비참함을 깨닫게 된 노예는 노예인 자신을 해방 주체로, 스스로를 드러낸다. 노예의 비참함을 스스로의 고통으로 의식했을 때 그 고통을 지배—피지배가 없는 세계로, 생=유적 존재Gattungswesen에 대한 새싹이자 해방의 원점으로 비상하게 된다. 스스로의 아픔을 갖고서 투쟁하는 가운데 우리는 스스로를 보편적으로 대상화할 수 있다. 그렇다. 우리는 투쟁하는 가운데에서만 억압자인 자신을 보편화할 수 있다. 그리고 그 투쟁이란 피억압자인 자신의 아픔을 출발점으로 삼고서 찾아가야 하는 것이다.

전단지 〈여성해방운동은 왜 출입국 관리 체제 반대 투쟁을 하는가?〉 중에서

자신을 피억압자로 파악하지 못하는 의식 속에는 억압을 상대적으로 파악하려는 움직임이 있는 듯하다. 우리 여성해방운동가들한테 와서 종종 "전 딱히 이렇다 할 아픔이 없어요."라고 태연하게 말하는 사람이 있는데, 이 세상을 살아가는 한 살기 힘들다는 느낌을 가지지 않고서 살아갈 수 있는 사람이 있을까? 하층 '프롤레타리아'만 혁명을 해야 할 내적 필연성이 있다고 한다면 이 세상은 암흑이다. 스스로를 억압자로 쉽게 대상화하고, 나아가 아무런 모순도 느끼지 않고서 있을 수 있는 이는 세상에 드문 성자든지 아니면 대단한 거짓말쟁이든지 둘 중 하나다. 유감스럽게도 사람들은 대부분 후자이다.

자신이 살아가기 힘들다는 점을 느끼거나 알지 못하는 사람은 실은 존재 그 자체가 둔감해진 사람이다. 자신이 자신을 속이고 있는 사람들인 것이다. 그런 이들은 체제가 입버릇처럼 말하는 '저 사람보다는 그래도 내가 낫지.' 하는 식의 논리를 가지고 스스로 안도한다.

예전에는 "여자, 여자 하는데, 당신들 피폭자나 재일조선인처럼 아픔을 생각해 본 적이 있나!"라며 자주 질타를 당했다. 지금도 그런 질타를 당하지 않는 건 아니다. 다만 신좌익과 더는 만나지 않게 되면서 그런 질타를 듣지 않게 됐을 뿐이다. 틀림없이 지금도 '소시민, 중간계급이면서 여성해방운동을 하는 여자들'을 두고 계속 분개하는 이들이 있을 터이다.

그러나 고통은, 어둠은, 그것을 고통으로, 어둠으로 느끼는 개인에

생명의 여자들에게 ─ 엉망인 여성해방론

게는 항상 절대적인 것이다. 물론 이것이 아픔에 한 번 매달리게 되면 그것에서 떠날 수 없다는 뜻은 아니다. 어둠은 이 사회의 지배적 가치관에서 자신이 벗어나고 말았다는 사실에 기인한다. 그래서 어둠을 어둠으로 제대로 느끼고 따지며 묻는 중에 이 사회의 가치관이 얼마나 말도 안 되는 거짓말인지 깨달을 수 있다. 그럼으로써 우리는 자신을 새로운 가치로 창조할 수 있을 터이다. 스스로 오직 어둠을 향해 달리는 가운데, 진정한 주체성이 확립된다. 이것은 관념론이 아니고, 분명 변증법적인 발전이다.

I장에서 진짜 속내에는 두 종류가 있다고 썼다. 체제의 가치관에 알랑거리고 싶은 자신과 그렇게 하고 싶지 않은 자신이다. 우리는 이 두 종류의 자기 모순 속에서 살아 있는 인간인 나를 변증법적으로 발전시킬 수 있다. 두 가지 상반된 속내가 서로 '내가 진짜 나'라고 주장한다면 필연적으로 우리는 엉망인 상태인 자신을 겪게 될 것이지만, 그 엉망인 상태 가운데 바로 우리의 내일을 풍부히 품어 낼 수 있다. 그런 뜻에서 나는 "자신의 어둠은 자신의 어둠일 뿐"이라고 말한 것이다. 어둠은 부조리한 것이니 체념하라는 말이 결코 아니다. 체제의 가치관에 따르고 싶지 않은 자신이란, 그 고통과 어둠에서 이끌어 낸 자신이다. 왜냐하면 고통을 느끼고 알면서 그 고통에서 체제의 가치관(빛)을 바라본다면, 체제의 가치관이 얼마나 빈약한지, 얼마나 비루한 것인지 훤히 보이기 때문이다. 또 체제의 가치관을 좇아 봤자 자신이 죽 헛돌 수밖에 없음을 싫어도 이제 알아 버렸기 때문이다.

그리고 고통을 짊어졌다는 것은 살아 있다는 것이라고, 인간임이 틀림없는 증거라는 점임을 알 수 있다. 물론 고통으로 뭐든 다 알 수 있다는 말은 아니다. 하루하루 살아가기 어려운 가운데 조금이라도 더 새롭게 나아갈 수 있을지 모색하는 가운데 자신을 찾을 수 있다는 것이다.

어둠을 어둠으로 알게 되고 자신이 그것을 짊어졌을 때, 우리는 자신을 해방할 원점을 얻는다. 즉 우리에게 빛이 나타난다. 자신의 어둠은 자신의 어둠이다. 우리는 피차별 부락민의, 재일조선인의, 농민의 어둠을 공유할 수 없다. 그러나 나 자신의 어둠을 고집하면서도 그 공유할 수 없는 어둠 가운데에 있는, 공유할 수 없는 만큼의 무게로 '공유할 수 없다'는 사실을, 내가 끝까지 짊어지고 살 수는 있다. '나는 나……'라는 말은 그런 뜻이다.

나의 어둠과 타인의 어둠 즉 내가 살아가는 모습과 타인이 살아가는 모습이 경합하는 가운데 '우리의 내일'에 빛이 싹튼다.

'가해자 논리'는 피억압자 자아를 버리게 할 우려가 있다. 억압자인 동시에 피억압자인 모순 속에 투쟁의 변증법이 숨 쉬고 있는데, 자신을 억압자일 뿐이라고 한쪽으로 기울여 고정하고 굳혀 버리면, 겉으로 내세운 명분밖에 없는 혁명 대의를 사명감으로 갖게 되며, 그런 대의에 나를 바치게 된다. 이런 과정에 '가해자 논리'의 범죄성이 있는 것이다. 내가 실감한 것은 억압자라는 것은 철저히 겉으로 내세운 명분일 뿐이란 점이었다. 이는 늘 깔끔하게 딱 떨어지는 논리였고, 남자들한테 남자다움과 혁명가에 대한 기대를 만족하게 해 주는 논리이다.

'계급투쟁은 해야만 하는 것'이라며 사명감으로 투쟁할 때에는, 대의를 위한 부자연스럽고 금욕주의적인 음울한 기쁨만 나온다.

투쟁은 해야만 하는 것이라고 결의한 그 정점, 즉 마음속에 몰래 감춰 둔 음울한 기쁨의 정점에 ○○일 투쟁해야 한다고 보는 혁명적 비일상이 있다. 금욕주의가 불러일으킨 은밀한 기쁨에는 늘 죄책감이 들러붙어 따라다닌다. 그러면서 더욱 **투쟁은 해야만 하는 것**이라는 생각이 커진다. 그런 식의 결의를 부추긴다. 그리고 종국에는 좀 더 생명이 걸린 방향 즉 죽음도 서두르고, 살아가는 것도 서두르는 모습으로, 투쟁 주체의 혁명성을 증명하게끔 한다.

"**그때** 당신들은 투쟁했나?"라는 말 한마디가 마치 '비국민'을 힐난하는 말처럼 된 것은 이런 배경이 있어서였다.

주군을 위해 할복으로 자기 생명을 버리는 논리, 남자다움을 증명하는 논리로 혁명의 대의를 위해 몸 바치는 식의 투쟁은 비일상 공간에서 자신을 찾으려는 것이다. 따라서 이는 투쟁에서 여자는 늘 보조자로, 협력자로 남자가 나아갈 꽃길을 당연히 지지해 줘야 한다는 뜻이 된다. 이 모든 것은 약속된 규칙이다. '가해자 논리'는 '대의를 위해 나를 죽이는 것'과 근대 합리주의를 잇는 접점이다. 더욱이 그것은 '해야 할 투쟁'이라는 사명감으로 그런 접점이 보이지 않도록 하는 역할을 한다.

반체제를 지향하는 자가 잘못한 것은 의식적으로는 근대 합리주의에 반기를 드는 것으로 투쟁을 전개하면서도, 즉 빼앗긴 육체의 복권을 지향하면서도, 자신 안에서 그것과는 거꾸로 가는 싹이 자라고 있음을 의식화할 수 없었던 것이다. 나와 투쟁의 관계를 의식적인 부분으로만 파악하는 데에서 비롯한 과오이다.

파시즘이나 혁명은 두 가지 다 별 볼 일 없는 일상, 오르가슴이 없는 일상에서 비롯됐다. 그 차이는 한 생명의 배고픔을 지배자가 설정한 비일상으로 채울지, 혹은 피지배자 자신이 계획한 비일상으로 채울지 정도이다. 물론 방금 내가 '계획한 비일상'이라 한 것이 언제 어디서 무슨 무기로 어떻게 싸울지에 관한 피억압자의 전략 전술 수준과 같은 말은 결코 아니다. 덧붙여 말하자면, 적군파가 전략 전술 수준으로 다룰 문제로 비일상을 추구하고자 했었으나, 그 끝에 어떤 결과를 초래하고 말았는지는 우리가 연합적군파 사건으로 확실히 알고 있는 그대로

이다.

역설적으로 말해, 오르가슴을 획득할 수 있는 비일상은 오르가슴이 부재한 일상 속에서 창조할 수 있다. 우리에게 그것은 여자다움에 대한 바람, 즉 남자를 바라보며 남자를 향해 꼬리를 흔드는 암컷으로서 살아가는 것에서 해방되는 것, 그 해방을 추구하는 것을 뜻한다. 사유재산제가 상부구조(의식, 문화의 영역)에 부여한 가장 응축된 이데올로기인 일부일처제에 깊이 침식되었는데도, 비일상 공간에서 당장 오르가슴을 찾으려던 신좌익은 결국 적의 손바닥에서 우왕좌왕할 수밖에 없었다. 그 점을 생각하자. 묘기산[26]에서 어떤 결과가 나올지는 사실 묻지 않고도 뻔히 알 수 있는 것이었다. 정신을 좀 차렸다면 문제의식을 느끼게 된 것을 그대로 놔두지 말고 깊이 파고들었어야 한다. 그렇지 않으면 알은 애벌레로, 애벌레는 번데기로, 번데기는 나비로 어느새 벌써 과오가 더 큰 과오로 변증법적으로 발전해 버릴 것이다. 정신을 차리고 보면, 전혀 생각지도 못한 곳에서 이미 큰일이 벌어져 있다.

미시마 유키오의 할복을 두고 감탄한 남자들에게서 내가 느낀 불편함, 나는 그 불편함을 필사적으로 지적하려 했고, 할 수 있는 만큼 했다. 지금에 와서 보면 모든 것이 사실로 증명되고 말았다. 적군파의 탄생과 궤를 같이한 나의 여성해방운동. 그래서 나는 "그들이 애벌레가 나비로 되는 식으로 **어느 틈엔가** 제멋대로 과오를 키울 만큼 키우고, 심지어 반복해서 과오를 저질러 버렸다."라고, 그렇게 말할 수가 없다. 아니, 정확히 말해, 그들은 '나비에서 애벌레'로 되면서 생명의 가능성을 변증법적으로 후퇴시켰다. 그들이 후퇴하는 모습을 눈치챘으면서도 그들에게 그저 가까이 가지 않으려고만 했을 뿐인 나. 그래서 나는

---

26 [옮긴이] 연합적군파가 무장 투쟁을 위해 군사훈련을 하던 군마현에 있는 산.

남의 일처럼 적군파 그들의 과오를 논할 수가 없다.

적군파가 '나비에서 애벌레'처럼 후퇴한 것은 신좌익 안에서 남녀가 만나 온 방식 – 바리케이드를 친 내부에서 하던 방식 – 하고 별다를 바 없다. 남자는 산으로 여자는 냇가로 가는 식의 성별 분업 체제를 실행한 과오로 인해 나비는 애벌레로 뒷걸음치고 말았다.

3. 발기부전에서 벗어나기

지난 일요일 벚꽃이 한창 피었다. 도쿄 우에노 일대는 꽃구경을 나온 인파로 붐볐다. 꽃을 보러 온 것인지 사람 구경을 온 것인지 모를 정도로 사람들이 많이 나왔다고 한다. 우에노 동물원은 입장 정원이 4만 명인데 십 몇만 명이나 동물원에 왔다고 한다. 동물들은 운수가 사나운 날이었다.

한 그루가 피건 백 그루가 피건 벚꽃은 벚꽃일 뿐이다. 꽃구경을 즐기는 방법에는 여러 가지가 있는데 사람들은 왜 혼잡할 걸 알면서도 밖에 나가서 꽃구경을 할까? 먼지가 나고 사람이 붐비면 나들이라 할 수 없을 정도로 비참한 꼴이 된다. 그런데도 나들이에 나가는 사람들은 자신의 무엇을 채우려고 하는 것일까? 이맘때면 꽃이 피는 게 당연하다고 확인하고 싶어서일까? 이토록 많은 이들이 시시한 꽃구경을 같이한다는 사실에서 안도감을 얻으려 한다. 송사리는 무리를 짓고 싶어 한다.[27]

노예를 끊임없이 욕구 불만인 상태로 두면 가장 효율 좋게 사육할 수 있다. 그러니까 동서고금 지배자들은 참을 수 없는 상태에서 벗어나고 싶어 하는 사람들의 욕구를 마구 부채질하다가 단단히 가로막았고 그렇게 해서 항상 어부지리를 얻었다. 노예는 자신의 삶, 그 생명이 완전하지 못하게 타오르고 잠재적인 배고픔을 느끼게 되면 그것을 어떻게든 메우려고 한다. 가령 시세이도, 소니, 닛산에게서 구원을 구한다. 또 '만약 하얀 피부를 갖게 된다면, 만약 차를 갖고 있다면, 전축을

---

27 [옮긴이] 어리석은 이들은 혼자 있으면 외로움을 타지만 현자는 무리지어 다니지 않고 혼자 있어도 독서나 사색을 하면서 쓸쓸해 하지 않는다는 뜻.

갖고 있다면……' 하면서 구원을 찾는다. 여자만 유리 구두 한 짝을 갖고 올 왕자를 기다리는 게 아니다. 노예와 같은 이들은 전부 그런 꿈을 꾸면서 늙는다.

꽃이 아니라 인파 구경을 가는 사람들은 꽃구경을 나가면 즐겁게 보낼 수 있을 거라고 보고, 그런 기대를 남과 공유하려고 자신의 휴일을 희생한다. 이런 환상은 사람들로 하여금 벌거벗은 임금님이 벌거벗었기 때문에 추위에 떠는 모습을 보지 못하게 하는 원흉이다.

'오늘 내가 느낀 비참함'을 그대로 두고 '내일 만약에'로 바꾸는 사람들 가운데에서 파시즘이 싹튼다.

맨얼굴에 티셔츠, 청바지 차림새로 길을 걸으면 가끔 술 취한 사람이 와서 "뭐야 이렇게 하고. 여자 맞아?"라고 시비를 건다. 거꾸로 "뭐야 이렇게 하고. 남자 맞아?"라는 소리를 듣는 남자들이 있다. 장발족 남자들이 그렇다. 그들은 지금 살고 있는 집이나 하숙집, 취직하려는 회사에서 싫은 소리를 듣고 버림당한다.

연합적군파 중 일부가 붙잡힐 때 **공을 세운** 한 아주머니가 있었다. 신문에서는 역 매점에서 일하던 그 아주머니가 연합적군파 무리를 보자마자 알아차린 이유를 이렇게 이야기했다. "남자들은 더부룩한 머리, 더러운 옷차림에 고약한 냄새가 나고, 싼 담배를 찾더라. 여자들은 립스틱을 하나도 안 바르고 있더라, 그래서 혹시나 하고 의심이 들었다." 신문은 외모에 신경 안 쓰는 여자와 돈이 없는 남자를 보자 나쁜 무리일 거라고 여겨 신고했다고 한 아주머니의 말을 '중립적으로' 전달하고 있다. 이 신문 기사의 객관성은 요약하자면 다음과 같다. "이 사회의 가치 기준에서 벗어난 이는 죽어라. 저런 몹쓸!" 부스스한 머리를 한 여자 봐라, 립스틱 하나 안 바른 여자를 봐라, 담배도 싼 걸 피우는 패거리다. 옷차림새가 안 좋으면 이 세상 죄악인 것마냥 취급한다.

기존의 가치관을 무시하고 자기 뜻을 관철하는 이들은 "임금님은 벌거벗었다"고 말할 수 있다. '앞으로, 만약에' 이런 말에 매달리지 않고 '오늘 지금' 자기 생각대로 살려는 이들이다. 이런 사람들은 존재 자체로 지배자한테 눈엣가시이다. 또 이들은 '임금님은 벌거벗지 않았어, 벌거벗지 않았다고.' 하고 주문을 계속 외울 수 있는 사람들에게도 두려운 존재이다.

왜냐하면 사람들이 임금님이 벌거벗었다는 걸 알기 때문이다. 사람들은 진실을 알아차렸는데도 모르는 척하려고 **자신이 있어야 할 틀 속에** 자신을 밀어 넣는다. 그런데 자신을 틀에 완벽히 밀어 넣을 수도 없기에 불안과 욕구 불만을 계속 느낀다.

거세된 고양이를 본 적 있는가? 절도 없이 살이 쪘고, 순종적이다. 무기력함을 그대로 옮겨 놓은 듯하다. 이런 상태의 고양이는 쥐가 그 목에 방울을 달아도 하나도 이상하지 않다. 생각해 보자. 임금님이 벌거벗었다는 진실을 알면서도, 모르는 척하는 이들의 모습은 자기 목에 방울을 달려는 쥐를 눈여겨보면서도 강 건너 불구경하는 듯한 고양이 같지 않은가? 거세된 고양이의 무기력함과 닮지 않았는가? 출근길 만원 전철에 구겨 넣어진 사람의 생기 없는 표정을 보라. 거세된 고양이 표정이다. 거세된 고양이가 생명의 광채를 잃어버린 모습을 보면, 생명이 **살아가는** 핵심에 성이 깊이 관여하고 있음을 잘 알 수 있다.

그렇다. 성은 생명 의식 구조의 핵심이다. 그러니까 노예 관리는 성 관리로 한다. 가령 아파트에서 기르는 애완용 고양이는 대부분 거세시킨다. 인간은 그렇게는 안 한다. 노동력을 재생산하지 못하게 되니까. 이런 대명제도 있지만 거세를 해 버리면 얌전하게 말만 잘 듣게 되는데, 이것만으로는 사회의 대의를 유지할 수 없기 때문이다.

군대 질서에 순종하고 사람을 죽이는 데 유능한 '천황 폐하의 아이'[28], 또 '생산성의 논리'에 따라 돈을 버는 데 유능한 '경제적 동물economic animal'[29]도 성에 대한 금기를 바탕으로 한다.

앞서 내가 호스티스를 할 때, 세 살 아이가 발기를 하는지 아닌지를 두고 설전을 벌인 일화를 썼다. 그때 내가 받은 느낌은 아이가 발기한다는 것에 이의를 제기한 사람들, 즉 유흥업소에 나와 말다툼을 하던 이들은 설령 눈앞에 발기한 아이가 있다 해도 아이가 발기한다는 것을 완고히 부정할 것이라는 사실이다. 그들은 "아이가 발기할 리 없다"고 했는데, 사실 그들의 주장은 "아이가 발기해서는 안 된다"는 것이다. "야, 너 그렇게 고상한 척 계속 할래? 그렇게 하면 호스티스 못해. 간사이 지방만 가 봐도 거기 호스티스들은 손님만 오면 그 무릎 위에 바로 앉잖아." 같은 말만 오가는 유흥업소에서조차 그렇다. 정말이지 이 세상은 성에 대한 금기로 가득하다.

훈육이라고 하는 것은 그리 대단할 것은 없고, 성에 대한 **금지**를 모아 놓은 것이다. 이게 바로 아이를 훈육하는 것이다. 애들한테 "자기 성기를 만지작거려선 안 돼!"라고 하거나 "여자애가 이런 늦은 시간까지 밖에 있다니, 칠칠맞네!" 하는 것이 그렇다. 아이가 자라 철이 들 나이 즈음 되면 성에 대해 죄책감을 갖게 되지만, 그저 "어른이 되면 다 안다"고 할 뿐이다. 이런 빈약한 생활 환경에서는 일상 속에 죄책감이 자란다.

---

28 [옮긴이] 아시아 태평양 전쟁 때 침략 전쟁을 수행한 평범한 일본 국민들을 두고 하는 말. 스스로 생각해 본다거나 군 입대를 거부하거나 하지 않고 오직 천황의 명령에 따라서 침략을 자행했다는 점을 비판하는 말이다.

29 [옮긴이] 국제 사회에서 고도 경제성장기 시절 일본인을 두고 경제적 이득만 추구하는 행태를 보인다고 풍자한 말이다.

야마노테선[30]을 타고 신오쿠보 근처를 지나다 보면 ♨ 간판[31]이 많은 것을 보고 놀란다. 벌써 난 몇 차례나 놀랐다. 작디작게 만든 그 무수한 방 하나하나에서 무수한 섹스가 벌어지는 것을 생각해 보면, 감탄과도 비슷한 묘한 기분에 휩싸인다. 인간의 씩씩함이랄까, 어리석음이랄까, 아니면 탐욕이랄까.

그런데 이 세상은 그런 간판으로 넘쳐나고 있다. 세 평 남짓한 아파트, 갑갑한 아파트 단지 안에서 영위되는 성이라는 것은 여관에서 하는 성과 큰 차이가 없다. 얇은 벽, 집주인, 관리인, 아이들, 이웃의 눈 등 이런저런 것들을 염려하면서 한다. 닭장 속 닭의 몸짓처럼 조급한 성에서 느끼는 비참함. 단지 남자가 다녀갔다는 그 이유만으로 아파트에서 쫓겨나는 여성이 있을 정도다. 주간지에서는 매일 화려하게 "성의 해방"이니 "포르노 해금"이니 떠들고 있지만, 그렇게 떠들수록 현실 속 성의 비참함이 눈에 띈다.

주간지에서 운운하는 성의 해방 그러니까 프리섹스란 실은 여자를 변소(성욕 배출구)로 보는 남자들의 더러운 배설욕이자, 당장 눈앞의 것만 신경 쓰고 나중 일은 나 몰라라 하는 남자의 구미에 맞춰 조리한 말일 뿐이다. 또 그것은 성에 대한 죄책감을 방증하는 말이기도 하다. 프리섹스는 '혼전 성교', '혼외 성교'라고도 하는데 이렇듯 어디까지나 결혼을 전제로 성립하는 것일 뿐이다. 이는 대체 무엇을 의미하는가? 오늘날 '프리섹스'란 말은 돈을 내지 않고 여자를 안을 수 있는 남자의 자유를 뜻한다.

30 [옮긴이] 도쿄 도심 지상을 순환하는 전철 노선.
31 원래는 온천을 표시하는 것인데 여관을 뜻한다.

"적선赤線[32]을 폐지해 버려 여자를 살 수 없게 되어서 요즘 젊은이들이 이토록 반항적이 되고 말았다"고 하는 사람들이 있지만 집창촌은 이제 그 이름을 '프리섹스'로 바꾼 형태로 여전히 건재하다. 성을 배설 행위로 업신여기는 그러한 생각 자체가 문제이다.

들자 하니, 인텔리 남자는 발기부전인 사람이 많다고 한다. '과다 발기'인 남자도 있다. 성을 육체적 쾌락 문제로 보고, 카사노바처럼 구는 남자들 말이다. 그래서 발기부전이란 것은 단지 고추가 서느냐 서지 않느냐 하는 문제가 아니다.

> 혼자 태어나 혼자 죽는 개체인 인간. 당신이 배부르다는 사실이 내가 배부르다는 것을 의미하지 않는다. 우리는 그런 한계를 갖고 있다. 그렇지만 인간에게는 내 배가 부르고 나면 남도 나처럼 배불렀으면 하는 마음이 있기도 하다. 마음 저변에 따뜻함이 흐르고 있다. 인간은 개체로 살아갈 수밖에 없는 슬픔을 서로 공유하고 싶어 하는데, 이런 마음이 배려심이다. 소통의 저변에도 따뜻함이 흘러야 한다. 소통하는 성이란 몸으로 그런 배려심을 표현한 것이다.
>
> 투쟁 전단지 〈여자는 누구를 위해서든 사랑하지 않는다〉

여러 남자들하고 성관계를 가진 여자는 '더럽다'고 멸시하나, 여러 여자들과 성관계를 가진 남자는 '능력 있다'고 인정해 준다. 이런 걸 보면 성에 대한 금기는 주로 여자를 대상으로 작동해 왔다는 점을 알 수 있다. 자식을 낳고 그 혈통을 확인할 수 있는 이는 여자뿐이지만(남자는

---

32 매춘을 공인하는 지역(집창촌). 경찰이 쓰는 지도에 빨간 선을 그려 지역을 표시해서 적선이라는 이름이 붙었다. 공권력이 성매매를 통제하고 관리하는 공창제는 일본에서 1956년 매춘방지법에 의해 폐지되었다.

여자가 자식을 낳았을 때 그 아이가 자기 자식이라 믿어야만 자신의 아이가 되는 존재에 지나지 않는다.) 이 세상은 재산의 보전과 상속을 목적으로 한 사유재산제에 바탕을 두고 있으므로, 여자의 성을 한 사람의 남자가 가진 소유물로 하고, '가정' 깊숙이 여자를 감춰 둘 필요가 있었던 것이다. 물론 어느 날 갑자기 사유재산제가 생긴 것은 아니다. 사회의 생산력이 발전하고 한 줌의 사람들이 부를 독점하는 과정 속에서, 여자는 한 남자의 지배 아래 자신의 성, 그 생명의 가능성을 봉쇄당하게 된 것이다.

혼한 일이기는 한데, 가령 남편한테 애인이 생긴 것을 알게 되어도 일부 아내들은 흐트러짐 하나 없이 '가정에 풍파를 일으키지 않는 한, 그저 육체관계일 뿐이다. 난 그냥 내버려 둔다.' 하면서 넓은 아량을 베푼다. 그런데 여자는 '정숙한 여자는 두 남자를 섬기지 않는다.'라며 정조를 강요당한다. 이런 정조 관념으로 인해 여자의 몸과 마음은 분리되며, 여자는 '주부 아니면 창녀'라는 의식도 만들어진다. 여자는 어머니(아이를 낳는 기계) 아니면 변소(성욕 처리기)로 나뉘고 만다.

예전에 일본 여자들은 나라를 위하고 가족을 위한다는 대의명분으로 몸과 마음을 다 갖고 있는 총체적인 존재인 자기 자신을 배신했다. '정숙한 여자'는 '일본의 어머니'가 되어 전쟁터 후방에서 침략 전쟁을 지원했다. 그렇게 하는 동안, 전쟁터에서 황군 위안부들은 남성의 성을 **풀어 주는** 역할, '신국 일본'이라는 대의를 지키는 그림자 역할을 해야 했다.

앞서 썼듯 위안부 대부분은 본국에서 잡아 온 조선인 여자들이었다. 그리고 지금 일본 국내에서는 남자의 배설 행위일 뿐인 '프리섹스'가 폐지된 집창촌을 대신한다. 한편으로 이런 '경제적 동물'들이 동남아, 대만, 한국에 가서 그 땅의 여자들을 변소 대신으로 삼는다.[33] 전후 일본이 평화와 민주주의를 누리고 있다고 착각하는 가운데, 사각지대에서는 이런 현실이 펼쳐지고 있다. 시대가 달라졌어도 하는 짓은 똑같다. 과거 '신국 일본'이란 대의명분은 이제 '생산성의 논리', '기업의 이윤 추구'로 변했는데 남자들은 여전히 이런 논리를 위해 자기 스스로를 바친다는 이야기다.

남자가 대의명분을 위해 할복하면 여자는 그런 남자를 따라 죽는다. 남자의 할복은 여자의 자결을, 여자의 자결은 남자의 할복을 규정한다. 여자의 성을 금기시하여 여자를 정숙한 여자(마음)와 창녀(몸)의 몸으로 가르고 찢어 놓고서는 양손에 떡이라도 든 것마냥 구는 남자. 그들 또한 실은 자신의 마음과 몸이 갈라지고 찢어졌다. 마음과 몸이 분리된 성은 소통이 아니라 배설 행위로 추락한다. 그러니까 남자가 여자를 변소로 만들 때 남자는 스스로 똥오줌이 되는 것이다.

성은 자연스러운 생명의 욕구인데도, 사람들은 성에 대한 죄책감으로 인해 자신의 생 그 자체에 대해서도 죄책감을 느낀다. 그래서 사람들은 자기 죄를 사해 달라고 대의명분을 위해 자기 목숨을 바치는 의식 구조를 키운다. 남자의 할복도, 여자의 자결도 성에 대한 죄책감에서 비롯된다. 대의를 위해 자신의 욕구를 죽이는 금욕주의는 무의식적으로 자신의 생을 정화하기를 바라는 사람들에 의해 유지된다.

---

33 [옮긴이] 고도 경제성장기 때 일본이 동남아, 한국, 대만 등으로 경제 진출을 하면서 일본 남자가 현지 여성을 성매매한 풍조를 말한다. 한국에서는 '기생 관광'이 악명 높았는데, 일본의 여성해방운동단체 '침략과 싸우는 아시아부인회의(1970년 발족, 현재 아시아여성자료센터)'가 한국 여성들과 최초로 연대하여 '성 침략을 고발한다'는 캠페인을 벌였다. 또 1973년 이화여자대학교 학생들이 김포 공항에서 기생 관광을 규탄하는 시위를 벌인 사실이 일본에 전해지면서 하네다 공항에서도 기생 관광 반대 캠페인이 전개되었다.

성의 욕구를 억압하는 것은 지능 저하 또 정서 활동의 일반적인 저하를 초래한다. 특히 사람들의 독립성, 의사력, 판단력을 잃게 한다. 사실 권위주의 사회는 성 도덕 그 자체에는 아무런 관심도 없다. 성 도덕을 심어 주는 것과 그런 주입으로 인한 인간의 변화를 통해서 권위주의 사회 질서를 지탱할 대중 심리 기반을 만드는 특정한 의식 구조가 나온다. 종속적인 의식 구조는 성적 불능, 무기력함, 히틀러에 대한 동경, 권위를 두려워하는 것, 살아 있다는 사실을 두려워하는 것, 신비주의 등이 전부 뒤섞인 것이다. 이런 의식 구조는 열렬한 충성심, **또 동시에 존재하는 반항심이 특징이다.**

빌헬름 라이히[34] 《성문화와 성교육 그리고 성혁명》

권위를 두려워하는 것과 권위를 섬기는 것, 이 두 가지는 뿌리가 같다. 힘센 사람한테 덤비지 않는 사람, 또 임금님이 벌거벗었다는 사실을 알면서도 그렇지 않다고 언제까지나 믿고 싶어 하는 사람들. 성의 억압에서 이 두 종류의 사람들이 나왔다. 파시즘도 성의 억압에서 나왔다. 한날에 세계 혁명이 이뤄진다며 외치는 'OO일 결전주의'도 마찬가지다!

앞서 썼듯 스스로 체제에 반대하며 산다고 생각하는 남자들이 여

---

34 [옮긴이] 1897~1957년. 오스트리아의 정신분석학자. 프로이트의 조수를 하며 사회주의 활동을 하다가 나치의 박해를 피해 1939년 미국으로 갔다. 프로이트가 인간 행동이 리비도(성적 욕망)에 의해 결정된다는 입장을 취한 것과는 대조적으로, 라이히는 인간이 성의 억압에서 벗어나 리비도를 해방하여 정신 건강을 유지해야 한다는 독자적인 주장을 펼쳤고 자아심리학 발전에 기여했다. 《성문화 성교육 그리고 성혁명》(국역, 《성혁명》, 중원문화, 2011년)은 라이히가 1945년 미국에서 쓴 책으로 성 사회학적 관점에서 사회주의와 자본주의 가족 체제와 성 문화를 비교하고, 보수적인 성 도덕의 영향을 살피며, 가족 제도의 해체, 피임과 동성애의 자유화 등 성 혁명을 논한 책이다. 1968년 혁명 때 유럽의 학생들이 많이 읽었으며, 혁명에 큰 영향을 미쳤다. 라이히의 대표적 저작으로는 파시즘 연구의 고전인 《파시즘의 대중심리》(1933년) 등이 있다.

성해방운동을 하는 여자에 대해서는 성적 편견을 갖고 있다. 우리가 나눠 준 투쟁 전단지에 쓰인 '성性'이라는 글자 하나만 보고서 한사코 전단지 받기를 거부한 신좌익 운동권 남자들이 있을 정도이다. 성에 대해서는 신좌익도 새로운 좌파가 아니라 구태의연한 이들이다. 이런 일화를 보면 지금까지 신좌익 운동 가운데 여자가 어떻게 살아왔는지 적나라하게 알 수 있다. 성의 억압은 여성에 대한 억압 속에서 가장 정확하게 살필 수 있다.

그저 한 표를 얻으려고 개개인의 설움과 괴로움, 즉 인간 한 사람 한 사람의 '삶'을 소중히 여기지 않는 체제, 기구에 대한 설움과 괴로움을 형식적으로만 모아 놓고서 인간을 양화量化하며 모멸하는 일본공산당. 이런 기존 공산당의 정치에 대항하며 신좌익의 정치는 가해자의 사상, 자기 부정의 논리에서 분명히 알 수 있듯, 개개인을 묻고 개인의 설움과 괴로움에서 출발해 권력을 보려 했다. 그러나 그 시점은 '인간'의 시점에 머물러 있다. '인간으로서=남자로서' 존재하는 남자 중심의 부르주아 사회, 부르주아적 관계를 성찰하려 하지 않고서 정치 투쟁에 그친 탓에 결국 여자는 이용하기 위해서만 존재하는 자가 됐다.

물론 우리는 '여자라는 점'에 만족하고서 남자가 갖고 있는 즉자적 의식[35]을 향해 무릎을 꿇었고 투쟁 조직 내부에서도 남자한테 '안기는' 여자로 존재한 자신 스스로를 직시해야 한다고 본다. 그러나 여자들은 투쟁하는 남

---

35 [옮긴이] 즉자적 의식이란 계급의식(어떤 계급의 구성원이 스스로가 그 계급의 일원임을 자각할 때 그 의식 내용을 말함)에 도달하기 전에 자신이 처해 있는 상황에 대해 불명확하고 부분적인 의식을 가진 상태를 말한다. 저자는 신좌익 운동권 남자들이 성(여성)에 대해 불명확하고 부분적인 의식만 갖고 있는 상태라는 점을 비판하기 위해 '남자가 갖고 있는 즉자적 의식'이라 표현했다.

자들 뒤에서 투쟁 전단지를 등사기로 긁고 등사판을 밀고, 혁명가인 척하는 남자의 활동 자금을 벌고, 또 집안일을 하고 아이를 돌본다. 이렇게 투쟁에서도 생활에서도 책임이 중하고 부담이 무거운 일상을 담당한다. (이에 대해 조금 감사를 받았다 한들 면죄부가 될 수는 없다.) 이런 것에 아무런 의문 없이 여자들에게 불이익을 주면서 혁명론이나 전략, 전술을 짤 때 빙산의 보이지 않는 부분은 배제하는 게 신좌익 남자들이다. 그러면서 "나는 결혼을 한다면 운동은 하지 않는 여자랑 할 거야."라고 말하는 남자가 과연 우리 동지인가? 이런 의문을 제기해도 듣는 둥 마는 둥 흘려 버리고서는 공식 회의 석상에서는 "국제 프롤레타리아주의"니 뭐니 "베트남 민중 연대"니 뭐니 하며 뚫린 입이라고 술술 잘도 말하는 남자를 고발해야 한다. 근본적으로는 혁명파 내부에 있는 남녀 차별을 고발해야 한다.

남자가 여자의 신체를 점유한 것만이 다가 아니다. 남자는 여자에게서 말을, 즉 사고를 계속 빼앗아 왔다. 남자가 관념상으로 만들어 낸 '비일상적인 이론=혁명'을 그럴싸하게 논하고 풀면, 여자는 입을 꾹 다물고 꽃이 되든가 아니면 남자의 말로 이야기하고 남자만큼 투쟁할 수 있는 남자가 되어 투쟁 주체로 통행증을 얻든지 해야 했다. 여자는 이런 양자택일을 강요당하는 자로서 존재하고 있다. 그렇게 존재하도록 요구당하는 것이다.

그 탓에 여자 내부는 '여자인 것'으로 인해서 지대한 영향을 받고 있다. '여자인 것'을 원망하다가, 이제 그 휘몰아치는 원망이 여자끼리 차별하는 구조로 배출구를 찾고야 말았다. '귀여운' 여자와 '혁명파' 여자가 되어서 서로 미워하고 갈등한다. 인간 해방을 지향하는 투쟁을 한다면서 우리는 왜 지금까지 이토록 비참하고, 또 이토록 어리석은 차별 구조를 허용한 것인가!! 우리 여자들은 왜!!

투쟁 전단지 〈부지런히 이를 갈자! 여자 혁명 병사가 되기를 거부하자!〉에서 발췌 신좌익 운동을 하는 여자들한테 혁명이란 '남자다운 남자'를 가리키는 대명사였다. 소시민 사회에 있으면 절대로 만날 수 없는 왕자들. 일반인 여자가 화장품으로 화장을 할 때, 신좌익 여자들은 혁명이라는 대의로 화장을 했다. 이런 모습은 '만약 내 피부가 하얗다면.' 하는 바람이 '만약 혁명이 성공한다면.' 하는 바람으로 바뀐 것일 뿐, 언젠가 유리 구두 한 짝을 들고 나타날 왕자를 꿈꾼다는 점에서 차이가 없다. '혁명'이 남자다움을 꿈꾸는 가운데 나온 산물이라 한다면, 한창 운동을 하는 가운데 여자다움에 대한 환상이 나타나는 것도 당연하다. 황폐한 들판에서 여자들의 반목이 현실로 나타났다. 여자들끼리 서로 미워하고 갈등하게 된 것은 혁명이라는 대의 앞에서 여자는 어떤 여자가 되어야 하는가, 어떻게 해야 여자가 혁명에 좀 더 유익하게 자신을 희생할 수 있는가 하는, 즉 여자의 희생을 두고 벌인 싸움이었다. 혁명(대의)을 위해 자신을 바치는 것과 혁명가(남자)를 위해 자신을 바치는 것은 같은 뜻이었다. 혁명이냐 혁명가냐 이 둘 중 어느 쪽을 신봉할지를 두고 여자는 '게발트 타입'[36]과 '귀여운 타입'으로 갈렸다. 이 두 종류의 여자들은 서로 외면했다.

'귀여운 여자'는 남자를 향해 꼬리를 흔들어 온 여자의 역사성 그자체를 체현한다. '게발트 여자'는 혁명을 신봉하며 자기 안에 있는 남자다움에 대한 **환상**을 스스로의 남자다움으로 바꾸면서 투쟁 전선으로 나아갔다. 그러면서도 '게발트 여자'는 무의식 영역에 변함없이 자리 잡고 있는 스스로의 **반혁명성** 탓에, 여자들의 의식을 더욱 혁명하자

---

36 게발트Gewalt는 독일어로 폭력 또는 공권력을 말한다. 일본의 신좌익 운동에서 게발트는 물리적 폭력을 동원하는 투쟁 방법을 가리킨다. '게발트 여자'는 신좌익 운동 내부에서 남자들이 혁명 전사가 되려는 여자, 남자들만큼 운동을 하려는 여자를 일컫던 말로 사회주의 혁명가 로자 룩셈부르크의 이름을 따서 '게발트 로자'라고도 했다.

고 고집하며, 한편으로 투쟁 내부에 있는 '귀여운 여자'와 사회 일반의 여자를 경멸하고 미워했다.

들자하니 작년(1971년)에 중핵파가 연 제30회 전학련[37] 대회에서 여자들이 나름대로 목소리를 높여 꽤나 발언을 했다는데, 항상 그래 온 것처럼 결국 "올 가을 결전에 다 같이 힘을 쏟읍시다."라고 그럴싸한 말로 끝나고 말았다고 한다. 이렇게 정리가 된 배경에는 전학련 내부의 악랄하고 정치적인 정파 다툼, 또 여자의 기회주의가 있다. 여자의 기회주의라는 말을 쓴 것은 여자가 자기 안에 있는 '반혁명성'을 마주하고서도 철저히 사유하지 않고 도망친 것을 말하기 위함이다. '게발트 여자'는 자기 속에 감춰 둔 여자다움에 대한 기대 때문에 패한 것이다. 정파에서 세운 혁명 이론과 내 자신 안에 있는 반혁명성이 부딪혀 틈이 생겼는데도, 그 뿌리를 따지지 않고 어물쩍 넘겼기 때문에, 그 후에는 더 철저한 '게발트 여자'가 되고 말았다. 작년 가을 이후 중핵파에서 철저히 남자만큼 투쟁할 수 있는 여자들을 지향하는 '게발트 노선'이 나온 후 실제로 그런 여자들을 많이 배출한 점을 보면 금방 알 수 있다. 결과적으로 보면 전학련 대회에서 여성해방 분위기가 일어나기는 했지만, 어설프게 일어나 어설프게 끝났기에 그저 '남자(남자만큼 투쟁하는 여자)'가 될 여자를 준비하는 꼴이었다.

이런 것은 무시무시하다. 실제로 남자만큼 **열심히 하는** 여자가 생

37 [옮긴이] 전일본학생자치회총연합의 약칭. 대학과 같은 고등교육 기관에서 학생들이 스스로 조직하고 자치하는 조직이 학생 자치회인데 이것의 연합 상부 조직이다. 1950년대 안보 투쟁을 이끌고 1962년 대학 운영에 관한 임시조치법 투쟁, 1962년 원자력 잠수함 기항 저지, 1965년 한일협정 반대 투쟁, 베트남 반전 투쟁을 벌였다. 1960년 안보 조약이 일본 국회에서 체결되자 안보 투쟁 좌절이 좌절한 이유를 놓고 전학련 내부에서 중핵파(전학련 주류파와 반대 입장에 있는 '혁명적공산주의자동맹 전국위원회 중핵파'의 약칭), 혁명적마르크스주의파 등으로 분열했다.

기면, 이것은 남자들의 사기를 고무한다. 왜 이게 무시무시한가 하면, '게발트 여자'는 얼마든지 연합적군과 나가타 히로코 같이 될 수 있기 때문이다. '약한' 여자가 오로지 혁명 대의를 위해 몸과 마음을 남김없이 바치고 있으니, '강한' 남자는 자기가 원래 하던 것을 갑절이나 열심히, 죽기 살기로 해야 하게끔 되는 것이다. 여자가 따라 죽기 때문에 빛날 대의라면, 그만큼 남자는 할복하는 모습도 박력 있어야 한다고 요구받게 된다. 여자가 스스로를 희생해 남자를 따라 죽을 것이니만큼 여자의 희생에 맞춰 남자도 대단하게 할복해야 하는 것이다. 가을에 투쟁한 중핵파 내부 여자들의 모습은 나가타 히로코 같다. 남자보다 **주체적**으로 남자의 혁명 이론을 위해 일하고 자신을 바친다면, 여자는 모두 나가타 히로코처럼 되고 말 것이다.

앞서 나의 개인사를 이야기할 때도 썼지만 내가 신좌익 운동에 매력을 느낀 이유는 고 야마자키 히로아키 군이 남긴 말을 알고 나서였다. 유작으로 남은 노트 속에는 "우리의 생은 죄를 씻는 데에 의미가 있다"는 말이 쓰여 있었다. 그 글을 읽고서 나는 눈물을 글썽일 정도로 감동을 받았다. 당시 나는 '더럽고 치욕스런 여자는 바로 나'라고 보면서 웅크리고 있었기 때문이다.

내게 죄를 씻는다는 것은 제대로 **살고 싶다**는 바람이었다. 자신이 비참하게 느껴질수록 나는 더욱 눈부시게 살고 싶었다. 이런 기대 때문에 나는 혁명과 같은 비일상에 환상을 품었다. 그리고 앞서 쓴 것처럼 그런 소망 이면에는 나의 '여자다움에 대한 기대=남자다움에 대한 환상'이 있었다.

병을 앓은 경험 때문인지 나는 나가타 히로코가 왜 그렇게 혁명을 고집했는지 잘 헤아릴 수 있다. 나가타 히로코는 베체트병을 앓았다. 베체트병은 완치가 안 되면 중추신경계 이상으로 정신장애를 입게 될 수도 있다고 한다. 자신이 가진 병을 알고 난 후 앞으로 인생을 살고자 할 때 얼마나 고통스러웠을까? 그녀가 짊어져야 했을 고통이 내 가슴을 파고든다.

그러나 나가타 히로코는 임신한 여자를 죽였고, 나는 여성해방을 만났다. 그녀와 나의 갈림길은 어디에 있었을까?

먼저 그녀가 앓던 병과 내가 앓던 병의 종류가 다르다는 점이 떠오른다. 내가 앓은 매독은 아무리 싫어도 여자의 성을 의식하지 않을 수 없는 병이었다. '왜 나만 이런 병에 걸렸나.' 하고 슬픔이 깊어지면 깊어질수록 그 비참함 만큼 힘을 내서 날아오르고 싶은 소망이 깊어졌다.

전에 나는 오늘 하루를 잘 살자는 마음과 지금은 이런 비참한 꼴이더라도 언젠가 꼭 제대로 살겠다는 마음, 이렇게 엇갈린 마음을 갖고 있었다. 그렇지만 여자의 성을 제대로 마주하는 것, 즉 자신의 비참함을 제대로 직면함으로써 오늘 하루를 살아 낼 수 있는 계기를 붙들 수가 있었다. 여자에 대한 억압은 일상과 같은 말이다. 그래서 시선을 돌리지 않고서 일상을 끝까지 눈여겨본다면 여자는 자기 입장을 일상 공간에 놓고 사고할 수 있다. 여성해방을 모색하게 되니, 그전에 내가 품었던 환상, 어느 날 한시에 혁명이 일어나 나를 구원하고 세계를 구원할 것이라는 그런 비일상에 대한 환상이 당연히 깨부숴질 수밖에 없었다. 나가타 히로코는 비일상적인 혁명 오로지 그 하나에 자신을 걸었다.

우리 여성해방운동 공동체를 방문하는 사람 중에 자신을 소홀히 여기고 여성운동에 대해서만 묻는 이들을 보면 늘 대학생이다. 자신이 하루하루 살며 실감하는 것보다 개념이나 지식을 소중히 여기는 사람들이다.

여자가 짊어진 역사성이라는 것이 남자를 향해 꼬리를 흔들어 대도록 한 것이기에, 존재 그 자체가 감지한 고통을 소중하게 여기지 않는다면 여자는 반드시 남자를 섬기는 방향으로 향하고 말 것이다. 여자가 억압당한 역사를 지식으로 배워서 조금 알게 됐다 한들, 여자가 남자를 향해 있는 한, 그런 지식은 액세서리나 마찬가지이다. 역사를 역사로 아는 것, 즉 여자의 역사성을 내 속에 형성된 역사성으로 알고 있는 게 아니면 아무런 의미가 없다. 그리고 무의식적으로, 의식적으로 남자를 향해 꼬리를 흔드는 나 자신을 고통스럽다고 느끼지 않는다면, 여자의 역사성 또한 관념상의 문제에 지나지 않는다.

대학이라는 곳은 남자와 닮은 여자를 만들어 내는 곳이다. 남자는 딱히 스스로가 남자라는 점을 의식하지 않고도 살아갈 수 있는 역사성을 갖고 있어서 근대 합리주의 사고를 맹신할 수 있다. 겉으로 내세우는 지식이나 개념으로 자신이 몸소 체험한 진실(정말 아프다고 실감하는 것)을 없애면, 여자이기에 갖고 있는 가능성이 사라지는 것도 당연하다.

나가타 히로코는 혁명좌파[38] 최고의 이론가였다. 그러나 아무리 혁명 이론이 훌륭하다 한들 어디까지나 명분일 뿐이다. 명분과 같이 내세우는 논리를 만들 때에는 살아 있는 나 자신과 옥신각신 알력이 일어나는 게 당연하고, 그런 실랑이를 통해 명분과 인간이 서로를 끊임없이 검증하는 것이 중요하다. 알력 다툼 속에서 서로 잘못을 고쳐 나가면서 운동의 이론이 나온다. 명분과 인간 사이에 벌어진 틈을 메꾸는 데에 이론의 의미가 있다. 그러려면 여자라는 것에서 오는 고통에 대해 예민함을 유지하는 게 중요하다.

여자가 남자의 대의를 위해 자신을 희생해 따라 죽어 봤자, 그 죽음은 항상 남자의 대의를 위한 희생에 의해 규정되고 마는 것이다. 나

---

38 [옮긴이] '쿄하마안보공투京浜安保共鬪' '일본공산당혁명좌파 가나가와현위원회'의 별칭. 나중에 연합적군파가 된다.

가타 히로코처럼 자신을 남자만큼 하는, 남자 수준의 여자로 만든다면, 여자는 남자의 대의를 위해 자신을 희생해야 하는 굴레에서 벗어날 수 없다.

> 그(노예 주인, 노예 우두머리)에게 부과된 일은 노예의 인간성을 뭉개는 것이다. 우리는 그가 자기 자신의 인간성을 억압하지 않고 그런 일을 해낼 수 있는지 생각해 봐야 한다. (중략) 그는 이제 인간이 아니다. 인간이 아니기를 강요당한다. 스스로 행하는 일 그 자체의 성질을 몸소 익히는 것이다. 노예보다 노예 우두머리가 인간성을 억압하는 일에 더 많은 영향을 받는다고 보면 된다. 왜냐하면 노예는 자신이 어디서 어떻게 해서 노예가 되는지 바라볼 수 있기 때문이다. 노예는 자신의 기본적 인간성을 누르기 위해 외적인 힘이 행사된다는 사실을 인식하고 있다. 노예는 노예 우두머리의 행위 하나하나를 보고 듣고 느낄 수 있다.
>
> 앤절라 데이비스,
> 《만약 그들이 내일 온다면―저항의 목소리
> If They Come in the Morning…Voices of Resistance》(1971년)

위에 앤절라 데이비스가 노예와 노예 우두머리를 비교해 쓴 글은 약간의 보충 설명이 필요할 것 같다. 어둠 가운데 빛을 보려면, 자신은 확실히 어둠에 있어야 한다. 무대 구석에 있는 그림자 대역은 자신이 영원히 그림자 대역으로만 살아가야 한다는 점을 알게 되면, 빛 속에서 허세를 부리는 무대 한복판의 대배우도 허수아비와 같은 존재임을 깨닫게 된다. 여자가 무대 위 그림자 대역인 나 자신을 알게 된다는 것은 여자의 인생에 뼈가 되고 살이 될 정도까지 깊은 영향을 끼친 여자의 역사성, 남자를 향해 꼬리를 흔들어야 하는 데서 비롯된 그 비참함을 안다는 것이다. 그것을 깨닫지 못하고서 어디까지나 그림자 대역일 뿐인 나 자신과 대배우를 동일시한다면, 노예는 노예 우두머리가 저지른 과오를 웃어넘기고 떠받들 수 있다. 남자만큼 출세를 꿈꾸고 오로지 열심히 노력만 하는 여자는 남자 이상으로 '남자'가 되기 쉽다.

지난번 어떤 젊은 교사 친구가 나카에 우시키치한테 와서 하는 말이 자기가 근무하는 학교에서 조례를 하고 군인칙유軍人勅諭[39]를 외우고 국민복[40]을 입으라고 하는데 그게 싫다. 그래서 자기 혼자만 학교 측 지시에 따르지 않고 있다는 것이었다. 나카에 우시키치는 그 말을 듣더니 "일본의 인텔리는 너무 비장하다"고 일갈하더니 다음과 같이 말했다.

"인텔리가 대중처럼 비상시국을 견디려면, 두세 가지는 하지 않기로 결심하고 나머지는 평범하게 해야 한다. 그러지 않으면 약해지고 만다. 만일 전쟁터에서 포로를 죽이라고 한다든지 혹은 베이징의 성벽에 일본이 지배하는 동아시아 신질서에 관해 쓴 벽보를 붙이라든지 그런 것들을 강요하면 그것을 확실히 거부하는 것이다. 나머지 것들, 가령 조례에 나가거나 군인칙유를 외우거나 국민복을 입는 건 따르면 된다."

위 글은 올 1월경에 아사히신문에 극작가 기노시타 준지木下順二가 쓴 칼럼 〈거부의 사상에 대해〉에서 발췌했다. 나카에 우시키치가 나카에 조민中江兆民[41]의 아들이라든가? 나는 이런 의문이 들었다. 조례나 군인칙유, 국민복 같은 '견디기 어려운 것을 견디고 참기 힘든 것을 참

39   [옮긴이] 과거 일본의 침략 전쟁 때 군대에서 쓰던 정신 교육을 강조하는 덕목 모음으로 1882년 메이지 천황이 쓴 것으로 알려졌다. 천황에 대한 충성이 주 내용이다.
40   [옮긴이] 침략 전쟁 시기, 일본에서 국민들에게 입으라고 강요한 제복으로 군복과 비슷하다.
41   [옮긴이] 1847~1901년. 일본에 루소를 소개했으며 자유 민권운동을 한 사상가.

고'[42] 그렇게 한다고 치자. 평소에 그러다가 진짜 큰일이 났을 때 과연 자기 의지를 끝까지 관철할 사람이 있을까? 그 정도로 일상 습관에서 벗어날 수 있는 사람이 이 세상 천지에 있을까?

고등학생 때 나는 교복을 입는 것, 조례를 하는 것이 정말 싫었다. 오늘 조례가 있는 날이라는 생각만 해도 학교에 가는 발걸음이 시들해졌고, 내 작은 몸은 교복 안에서 더 쪼그라들었다. 그저 조례나 교복일 뿐인데도 나는 그런 것들에도 마음이 크게 흔들렸다. 나는 교복을 입은 모습을 똑바로 바라볼 수 없었다. 내가 배우고 싶은 것은 교과서에 없었다. 친구들이 취직을 하려고 아무렇지도 않게 예의범절 교육을 받으며 희희낙락하는 모습도 싫었다. 가장 참을 수 없는 것은 타성에 젖어 학교를 다니는 나 자신이었다. '내가 이렇게까지 비참하게 느껴야 할 일인가.' 스스로를 타이르면서도 교복만 입으면 나는 헤어날 수 없는 비참함을 느꼈다.

조례를 하면 도살장에 끌려가는 소떼가 떠올랐다. 음매 음매 하고 울부짖고, 이리저리 뒹굴고 싶은 충동을 억제하는 것만이 유일하게 내가 살아 있다는 증거임을 확인하던 하루하루. 당시 내가 느끼던 비참함이 소름끼치도록 교복을 싫게 만든 것일까 아니면 교복이 내게 비참함을 더해 준 것일까? 아마도 이 두 가지가 맞물려 내가 살아가는 데 느끼는 어려움을 만들어 놓았을 것이다. '더 이상 쓸데없이 저항하지 마.' 정체를 드러내지 않는 적이 교복 속에 또 조례 속에 숨어 있었다.

체제의 가치관이나 이데올로기는 일상의 사소한 일들 속에 숨어 있다. 하나하나는 사소해 보여도, 사소한 부자연스러움이 하나하나 쌓

---

42 [옮긴이] 쇼와 천황이 1945년 일본의 패전을 일본 국민들에게 알리는 라디오 방송에서 한 말로 유명한 구절인데 저자가 풍자하며 쓰고 있다.

이다 보면, 그것이 어느새 한 사람의 생명을 살릴지 죽일지 결정할 수 있다. 그래서 매일 체제 질서에 복종하면서 만약 무슨 일이 생긴다면 그때 체제 질서에 반기를 들겠다는 생각은 환상에 가깝다.

물론 개중에는 드물게 평소에 체제 질서를 잘 따르다가도 만일의 경우 반기를 들 수 있을 만큼 강한 사람이 있을 수도 있다. 그러나 인간은 대부분 약하지도, 강하지도 않다. 매일 조금이라도 좋으니 자기 자신의 모습을 찾아 나설 것인가 아니면 포기하고 도살장으로 향할 것인가? 충실한 삶의 모습과 공허한 삶의 모습, 그 차이는 일상의 나날이 결정한다. 또 이런 '거부의 사상'은 일본이 이제는 군국주의 국가가 아니라고 잘못 판단하는 것이기도 하다. 평소에 하라는 대로 다 하고선 만약 어느 날 군국주의 국가가 되면 어쩌려고 저럴까? 나는 그런 생각을 했다.

일상의 사소한 일에서 느끼는 불편함을 그저 사소한 일이라고만 여기고 지나치는 것과 귀고리를 했다고 '반혁명분자'라 낙인을 찍는 것은 마찬가지이다. 똑같이 대의에 굴복하는 마음에 뿌리를 두고 있다.

몇 차례나 되풀이하지만, 우리에게는 항상 두 가지 본심이 있다. 체제의 가치관에 어떻게든 잘 보이고 싶은 나와 그렇게 하고 싶지 않은 나 이런 두 사람이 항상 공존한다. 속마음과는 달리 우리는 체제의 가치관을 뿌리칠 것이냐, 받아들일 것이냐를 놓고 고민하다가 겉으로는 체제의 가치관을 뿌리치는 척하고, 살아 있는 자신의 내면은 체제의 가치관에 계속 종속하게끔 내버려둔다. 이런 금욕주의는 어김없이 내 안에서 고름으로 변한다.

정의에 대한 추구나 투쟁이 금욕주의를 토대로 성립하면, 귀고리를 하는 정도로도 반혁명이라고 보는 그런 사고방식이 생기는 것이다.

이미 서술한 대로, 성의 억압으로 인해 금욕주의가 나왔다. 그런 종류의 억압은 우선 여자의 성을 억압하는 것이 핵심이다. 그래서 혁명 이론과 살아 있는 인간 사이에 벌어진 틈을 금욕주의로 때우려는 것은 무리한 일이다. 그렇게 무리하다 보면 단지 여자라는 이유로 여자를 숙청하는 길로 이어질 것이다. 더군다나 사유재산제가 형성되는 과정은 여자의 성에 대한 억압을 바탕으로 진행되어 온 것이다. 그렇기에 비생산적인 여성의 생리는 투쟁의 생산성 논리 앞에서 언제든 버림받을 수 있다. 남자만큼 신좌익 운동을 하기 위해서 지금까지 신좌익 내부에서 얼마나 많은 여자가 중절을 했던가, 또 얼마나 중절을 강요당했는가? 여기서 지워진 생명이란 아이의 생명이고 또 여자 자신의 생명이다. 그리고 여자의 가능성이다. 그래서 이것은 남자의 가능성이기도 하다.

'남자의 할복과 여자의 순사'가 서로 맞물려 벌인 신좌익 운동의 투쟁은 이제 연합적군파 내부 린치 살해 사건으로 그 정점에 달했다. 연합적군파가 저지른 일을 확실하게 잘못으로 하려면 지금까지의 투쟁 구조와 논리를 뿌리부터 다시 파악해야 한다. 그런데 남자들이 이 작업을 할 수 있을까? 대의를 위해 희생할 남자로 자신을 규정하고 자기 삶에서 아픔을 느끼지 않는 남자들이 과연 할 수 있을까?

명분에 따라 자신을 희생하며 사는 남자들이 살기 어려움을 느끼는 것, 그것이 바로 발기부전이다. 또 과다 발기도 있는데 이는 남자가 엉망인 상태를 드러내는 것이다. 남성해방이나 남성해방운동으로 "발기를 못하는 것이 왜 나쁜가?" 하고 반격하거나, 또는 남자 자신이 엉망진창인 상태에서 가능성을 찾아야만 시작할 수 있을 것이다. 그렇지만 발기부전인 인텔리는 더욱더 책 속에서 자신을 찾으려 할 것이고, 과다 발기인 사람은 카사노바로 살 것이다.

정신과 육체가 분리되어 느끼는 아픔에 남자가 진심으로 마주할 수 있을까? 그런 날이 올 수 있을까? 과연 스스로의 아픔을 통해 혁명이론을 검증할 수 있을 것인가? 대의를 섬기는것=겉으로 내세우는 명분, 논리나 체면이 제일인 남자들이 과연?

나는 연합적군파 사건에서 느낀 충격에서 이제 하나의 결론에 이르렀다. 그것은 마르크스조차 남자였다는 점을 다시금 철저히 검토해야 한다는 것이다. 일상에서, 남자와의 관련성 속에서 싫어도 자신의 생의 비참함과 마주하지 않을 수 없는 여자에 비해 사회에 대한 환상 탓에 어디에서 무슨 일이 생기든 간에 남자인 자신의 생의 비참함에 눈을 감는 남자. 눈을 감고서 있을 수 있는 남자. 마르크스도 그런 남자 중하나라는 말이다.

오르가슴이 없는 일상생활을 하다가 대중적 규모로 오르가슴을 승화하려는 마음의 구조가 파시즘을 부채질한다. 또 그런 마음의 구조로 인해 혁명에 대한 환상이 나온다. 따라서 단지 마르크스의《자본론》을 읽는 것만이 다가 아니라는 사실을 직시해야 한다.

별 볼 일 없는 시시한 일상에 대한 사람들의 불만은 지금도 넘쳐나고 있다. 체제 질서에 따른 일상을 살며 '만약에', '만약에' 하고 바라는 식의 환상으로도 그런 넘쳐나는 불만을 흡수할 수 없을 정도이다. '임금님은 벌거벗은 게 아닐까?' 하고 더욱 실감할 수 있게 됐다. 사실을 더 확실하게 확인하고 싶은 사람들의 욕구가 곧 터져 나올 것만 같다. 이렇게 사람들이 초조해하니 이제 지배자들이 여러 대책을 강구하고 있다. 예를 들어 후생성이 5개년 계획으로 시작한 '젊은이의 성 의식 조사'가 그렇다. 적어도 좌파보다는 지배자가 인간의 속성에 관해 더잘 아는 것 같다. 아마도 지배자들은 성이 인간의 무의식의 영역, 빙산의 숨겨진 부분이라는 점, 일상에서도 비일상에서도 사람들이 무의식의 지배를 받는다는 점을 아는 것 같다.

혁명가인 척하는 남자들이여, 정파의 혁명 이론과 자위 사이에 벌어진 틈—자신의 삶에 죄책감을 느끼고 혁명이 그 죄책감을 사해 줄 것으로 착각하는, 그런 환상을 추구하는 것이야말로 과오임을 혁명적으로 물어라! 진지하게 자신에게 물어라! 그리고 우리는 비일상적 혁명만 꿈꾸고 그런 환상만 해방이라고 고집하는 남자들에게 말한다. "너희들 알아서 해라. 미시마 유키오처럼 할복하고 싶으면 알아서 멋대로 죽어라!" 이런 말을 던지기를 주저하지 말자. 여자 안에 있는 남자다움에 대한 환상, 그런 기대를 해체하자! 투쟁하는 여자와 투쟁하는 남자가 제대로 만나려면 이렇게 이야기해야 한다. 이렇게 시작하는 것이다.

다시금 빌헬름 라이히의 글을 인용한다. 그가 남자라는 사실과 그의 말을 통해서 우리는 투쟁하는 남자들과의 만남, 그 가능성을 찾을 수 있다.

오늘날의 사회 투쟁을 가장 간단한 공식으로 줄여 보자면, 생활을 보호하고 긍정하는 세력과 생활을 파괴하고 억압하는 다른 세력 간의 다툼이라 할 수 있다. 근본적으로 사회적인 질문은 더 이상 "당신은 부자인가? 빈자인가?"와 같은 문제가 아니다. 그 문제는 이제 이렇게 되었다. "인간이 살아가는 데 최대한 자유를 지키는 것에 찬성하고 그것을 위해 싸울 것인가? 노동하는 가운데 살아가는 많은 이의 사고방식이든 행동이든 삶의 방식이든 그 질서에서 독립시켜, 가까운 미래에 많은 이들이 인간 생활의 자율성을 당연하게 누릴 수 있도록 할 수 있는가? 이를 위해 우리는 실제로 있는 힘을 다할 수 있을까?" (중략) 이제 정파별로 색깔이 다른 (사회주의) 당원 카드를 제시하고서 이쪽 편 사상인지 저쪽 편 사상인지 아니면 또 다른 사상인지 확인하는 게 중요한 문제는 아닌 것이다. 새롭게 태어날 아이들과 청소년, 여자들과 남자들이 자유롭고 건강한 생명력을 발휘할 수 있도록 한 사회의 기만성을 영구히 배제할 수 있는 방향을 향해 나아가서, 확실하고 단호하게 행동하여 그런 생명력을 긍정하며 돕고 지킬 수 있을 것인가? 그렇지 않으면 이데올로기나 핑계가 무엇이든 간에, 가령 이 나라를 위해서든 저 나라를 위해서든, 프롤레타리아를 위해서든 자본주의적이든, 혹은 이 종교를 위해서든 저 종교를 위해서든, 유대교를 위해서든 기독교를 위해서든 불교를 위해서든 간에, 자유롭게 발휘할 생명력을 억압하고 못 쓰게 할 것인가? 그런 문제가 중요하다.

빌헬름 라이히, 《성문화와 성교육 그리고 성혁명》

4. 여성해방 공동체의 오늘과 내일

콜렉티브collective[43]에서 공동체로 같이 생활하면서 돈도 나눠 쓰고 밥 짓기, 빨래, 청소와 같은 일상 잡일도 나눠 하고, 게다가 칫솔부터 팬티까지 거의 모든 물건을 같이 쓴다고 하면, 그 소리를 듣는 이는 곧바로 우리에게 호기심의 눈초리를 보낸다. 처음 만난 사람이 "당신들, 팬티까지 같이 쓴다면서요?"라고 물어 당황하는 일도 자주 있었다. 전에 내가 여자들만 사는 곳이 있다는 말을 듣고서 두드러기라도 난 것마냥 불편한 상태였던 것을 돌이켜보면, 여자들만 사는 공동체를 두고 오해하거나 편견을 갖고 비방해도 그 마음을 모를 바는 아니다. 개중에는 "레즈비언 집단이 모여 있느냐"고 묻는 남자들도 있는데, 이런 남자들은 종종 레즈비언에 대해 포르노 수준으로 인식하고 있음을 다 내비치면서 천박하게 묻는 것이다. 유감스럽지만 이런 남자들한테는 "에이, 멍청아."라고 답할 수밖에 없다.

가장 음탕한 반응이 여자끼리 모여서 서로 상처를 핥아 주고 있다고 억측하는 것이다. 그런 상상 자체가 왠지 외설적이다. 그런 식으로 보는 이들은 어김없이 "여자들이 모여서 자위하듯이 운동하고 있죠?"

---

43 일반적으로 콜렉티브라고 할 때는 기존의 권리 획득 운동과는 선을 긋고, 시민운동에 뿌리를 내린 새로운 형태의 여성해방운동을 말한다. 1960년대 후반 구미와 유럽을 중심으로 여러 곳에서 여성해방 콜렉티브가 만들어졌다. 여성해방운동은 여자 스스로를 해방하면서 자유롭게 살기를 주장하여 많은 여성들을 매료했다. 가부장제의 상징인 가족에서 벗어나고, 성으로 억압하는 남성으로부터 자유로울 것, 또 민중을 억압하는 자본가로부터 자유로울 것. 이러한 것들을 목표로 여러 여성들이 콜렉티브 활동을 했다. 활동 중에는 같이 생활하면서 같이 돈을 벌고, 같이 돈을 쓰고, 같이 아이를 키우며, 매일 운동을 논의하는 공동체 활동이 있었다. 내가 공동체 생활을 했던 '리브 신주쿠 센터(여성해방 신주쿠 센터)'도 공동체로 같이 살던 콜렉티브 가운데 하나이다. 오늘날에도 미국이나 유럽에는 레즈비언 콜렉티브가 다수 있다.

한다. 그런 물음에는 정색을 하고서 "자위하는 운동이라? 뭐 나쁘지 않네? 여자들이 대낮에 온 세상이 알 만큼 떳떳하고 당당하게 집단으로 자위하면 장관이겠군요."라고 답하며 "이 세상에 자위하듯 하지 않는 운동도 있냐"고 받아친다. 분위기가 험악해진다.

인간에게서 자기 만족을 빼앗는 일, 그건 이제 죽으라는 것이나 마찬가지다. 본래 자기 만족을 부정하면, 예술 같은 건 생기지도 않았을 거다. 인간은 처음부터 보편성을 갖고 있지 않다. 모름지기 모든 것은 처음에는 자위하듯 시작하는 게 당연하다. 평화와 민주주의에 대한 환상 속에서 '모두를 위해, 모두를 위해 운동하라'고 주입당해서 대체 자신이 뭘 하는지조차 모르는 형편이다. 그래서 우리는 자기 만족의 한 방울조차 헛되이 쓰면 안 된다.

자위하듯 운동한다니! 그런 말 따위를 내뱉고 마치 대단한 비판이라도 한 것마냥 으스대는 사람을 보면, 오싹해지면서 재채기가 나올 것 같다. 자위하듯 운동한다고 비판하는 사람은 본인이 자위하듯 운동한다는 것을 알려 주려는 것 같다.

그런데 개중에는 공동체 운동론, 그 자리매김을 알려 달라고 하는 이도 있다. 이런 종류의 물음이 제일 답하기 힘들다.

거리낌 없이 말을 하는 자들은 죽어라! 일체의 말은 나를 썩게 한다.

우리는 말 '논리'라는 걸 갖고 있지 못하다. 그래서 말을 갖고 있는 놈들보다 훨씬 많이 경멸당한다. 우리를 상대해 주지도 않는다!

대학 심포지엄에 가서 나름대로 훌륭한 것을 준비해 발표하는 우리. 우리는 말 앞에서 다시금 말문이 막힌다. 우리의 몸은 말로 변하기를 거부한다.

아기를 업고 왜 오토바이에 타느냐고? 아이를 업고 무턱대고 무서운 것 없이 내달리는 것만 아는 나이기 때문이다. 그런 비난을 두고 내가 해명한다 한들, 내일부터 아기와 엄마 앞에 놓인 상황이 바로 싹 바뀌는 것도 아닐 터이고, 그저 자기 부정과 자기혐오와 같이 내가 가장 싫어하는 것으로 빠져들 뿐이다! 말(논리)을 가져야 한다고 느끼는 의식 탓에 말을 찾으러 나는 아득한 거리를 사방팔방으로 다니며 허덕인다. 말을 가져 봤자 나는 어차피 뒤처져 남겨질 것이다. 편리하려고 만든 것이 말이기에 나는 줄곧 말을 믿지 않고 있다. 소위 세상에 버젓이 통하는 대학생, 또는 그것에 준하는 인텔리들이 남자의 논리를 잘도 꾸며대고 있으니 내가 말을 음미해 보자고 한다 한들, 꿈쩍도 안 할 테지. 한결같다. 말을 동경하고 말을 찾고 말을 확립하고 말로 지탱하며 말로 배신을 당하고도 말을 뒤쫓는다. 말과 숨바꼭질 놀이를 하는 사람을 여기저기서 모아다 놓으면, 자기 논리를 엄밀하게 확립하지 못했어도 논리를 잘 유지할 수 있을 것이다.

돌이 채 안 된 아기 레이는 '함머니' '맘마' '커피 커피' 같은 말을 많이 하고 있다. 말을 하는 게 아니라 소리를 낸다. 그런 소리를 듣고서 어른은 '아, 맘마를 하면, 그건 밥을 달라고 하는 소리구나.' 하고 의미를 해석한다. 레이는 발성을 하며 민감하게 어른에게 반응한다. 감성덩어리 같다. 자고 있다가도 내가 옆에서 사라질 것 같은 예감이 들면 갑자기 일어나 운다. 내가 밖에 외출할 준비를 하면 30분 전부터 불쾌한 표정을 짓는다. 말을 모르니까 우는 것으로 화를 내거나 슬퍼하거나 억울함을 표현한다. 내가 "그만 시끄러워. 너만 돌보고 있을 수는 없잖니! 나도 졸린 걸! 빨리 좀 자라! 더 이상 깨어 있어 봐야 좋은 일 하나 없다고!" 하며 소리를 질러 봤자 그 소리에 질세라 무섭게 울기 시작한다. 우는 것 말고는 표현하는 행위를 모르니 단 하나 우는 것에 집중한다. 강하다. 우는 것에 질리지 않는 것이다. 자기 위주로 움직이는 아기가 강한 이유가 자기중심적이라 그런 것인지 아니면 그저 시끄럽기 때문인지 모르겠지만, 그런 건 아기의 특권이므로 허용해야 하는 것이다. 그런데도 아기가 시끄럽게 우는 것은 엄마 탓이라고 내가 질책을 당하고 있다. 수지타산이 안 맞는다. 아기 레이가 강하게 울며 열심히 사니까, 나도 아기가 울어도 평소처럼 강함으로 대처하는 수밖에 없다고 여긴다. 자기중심적인 아기에 대해 나는 내가 더욱 자기중심적이 되어야 한다고 생각한다. 자기중심적인 것을 피하라고, 그런 건 싫어해야 한다고 가르침을 받아 온 우리들. 너희는 말을 만들고 보편화시켜서 우리가 자기중심적이 되지 못하게 하잖아, 나는 나라고 확실히 말할 수 있지 못하게 하잖아! 우리한테 말을 만들어서 강해진 게 대체 있었는가? 생각해 보면 유치원, 초등학교, 중고등학교에서 협동심을 기르도록 해 왔는데, 정말 싫은 것은 자기 자신을 빼놓은 채 그저 협동심만 기르는 것이었다. 철저한 자기중심에 협동심이라는 게 있는 건 말이 안 되니까!

　자기의 말을 갖는다는 것은 말을 만드는 것. 그러니까 누구나 인정해 주는, 판을 치며 통용하는 말(논리)이 우리와 반드시 일치하지 않는다는 것을 알고 있다. 지금까지 살면서 이를 뼛속 깊이 알게 된 우리이다! 그리고 자신의 말을 가지게 됐어도 여전히 누구도 상대해 주지 않는다. 자기중심적인 내가 있다! 나의 육체는 확실히 말로 할 수 있는 것들에서 빠져나왔다. 나는 너무도 많이 이를 갈았다.

'그룹 싸우는 여자들' 다케다 미유키 씀

우리 공동체는 말하자면 여성해방의 명분이자, 여성해방에 대한 기대이다. 그렇게 해야 하는 것이고, 그렇게 되면 좋겠다는 것이다. 여자들이 서로 등을 돌리는 것이 얼마나 암흑인지, 그런 추악함이 싫어서 여성해방 공동체를 시작했다. 이런 마음을 소중하게 여기고 키우고 싶은 그런 한결같은 마음속에서 우리는 날마다 같이해 왔다.

　그러나 함께하는 나날이 결코 쉽지만은 않다. 팬티나 칫솔을 같이 쓰고 있으면, 내 성기나 이빨 같은 부분이 다른 사람보다 더 청결하다는 생각이 들다가도 그런 생각을 한다는 게 너무 우습다. 이런 문제는 그나마 나은데, 옷이나 밥 문제면 좀 복잡하다. 나는 타인의 물건을 함부로 쓰는 편인데도, 누군가 내 마음에 든 옷을 입고 부엌에서 일을 하면 "뭐야!" 하고 따지고 싶다. 또 옷을 아무렇게나 벗어놓은 것을 보면 놀라기도 한다.

당연한 일이다. 머릿속으로는 이해해도, 내 것은 내 것이라 보는 의식이 한 지붕 아래서 한 밥솥으로 밥을 지어 며칠 몇 끼 같이 먹었다 한들 바뀌는 게 아니다. 남이 내 옷을 입으면 염려스러운 것도, 내가 남의 옷을 함부로 다루는 것도 이유는 하나다. 태어난 후로 줄곧 세상에서 나 혼자만 꿀을 빨라고 배웠기 때문이다. "내가 있고 세상이 있다"는 말처럼, 남이 아닌 내가 모기에 한 번 물리는 정도로도 난리법석을 떠는 게 이 세상에 태어나 사는 인간이라는 생물이 아닐까?

문제는 '내 생각과 좀 다른데' 싶을 때나 놀랐을 때, 그걸 그대로 솔직하게 밖으로 표출할지 말지이다. 말을 가진 여자는 말을 삼키는 여자이기도 해서, 자신이 하는 말이 이치에 맞지 않거나 창피하다고 여기며 본심을 감춘다. 인텔리는 어찌 됐건 자신이 엉망이 되는 상태를 잘 피하며, 잘 회피할 수도 있다. 그런데 밥그릇을 설거지하는 방법만 해도 사람이 열 명이면 설거지법도 열 가지다. 각자 예전부터 해 온 방식에 각자의 과거가 녹아 있다. 그래서 이렇게 하자고 할 때 그건 암묵적으로 나 자신의 방식을 주장하는 것이므로 상대가 놀랄 때도 일상다반사로 있다. 둥글게 살자, 사람들한테 맞추자 하고 마음을 먹고서 내 뜻을 드러나지 않게 하려 해도 그리 길게 가지 않는다. 사람은 일상적이지 않은 일은 남을 속일 수 있어도, 일상적인 일로는 그러지 못하는 법이다.

일상에서 남을 속이지 않는다는 것은 내가 엉망인 상태임을 속이거나 얼버무리지 않는다는 말이다. 공동체에서 일상이란 늘 '지금 여기에 있는 여자'에서 출발한다. 가령 자기 옷을 함부로 입는 사람한테 "**내 옷** 좀 소중하게 입어."라고 말하는 것에서 시작한다. 엉망인 나는 꼴불견인 나이기도 하다. 하지만 나의 '현재'를 고집하는 가운데 틀림없이 나를 찾을 수 있다. 그것밖에 실마리가 없다. 미래는 없다. 공유한다는 것은 내가 밖으로 하는 말이 어느 정도 자기 본심인지, 그러니까 자신의 현재 위치를, 또 타인과 맺고 있는 관계성의 질을 알기 위한 기준에 불과하다. 즉 내 옷은 어디까지나 내 옷이고, 남의 옷은 어디까지나 남의 옷이라고 보는 의식이 공동체에서 생활하는 누군가 한 사람의 엉망인 상태를 매개로 하여 나왔다고 치자. 그러면 공유한다는 것은 무엇인지, 우리는 무엇을 공유하려 하는지 새롭게 물어야 한다. 공동체가 공동체일 수 있는지 그것은 서로 '엉망인 상태'를 촉발할 수 있는가에 달렸다.

위의 글을 쓴 다케다 미유키는 지금 임신한 여자와 오키나와에 갔다. 임신한 여자는 산달인데 여행을 간 것이다. 나는 "몸 팔러 가는 것도 아니고 네가 좋아서 가는 거니까 불평하지 말고, 울지 마."하고 전별인사를 건넸다. 사실 이건 그녀가 아니라 내 자신한테 한 말이었다. 대의명분을 위해 죽어야 하는 건 딱 질색이지만, 내가 좋아서 선택한 길에서 일어난 일들과는 정면으로 당당하게 싸워야 하지 않을까?

그런데 이것은 위 두 사람이 여행을 떠나기 전 이야기이다. 우리 공동체의 유일한 남자, 10개월 된 아기 레이가 우리 공동체가 빌린 방 미닫이 창호지를 찢고 말았다. 그런데 누구도 창호지를 붙이지 않았다. 레이 엄마는 제일 먼저 '나는 모르는 일'이라는 표정을 지었고 다른 여자들은 마음 한구석에서 '애가 저지른 일은 애 엄마가 수습해야지.'라고 생각해서인지 창호지가 찢어진 것도 모르는 것 같았다. 나는 이

전에 미닫이 창호지가 찢어진 경험이 있어서 바로 알아차렸는데 그렇다고 내가 엄마 역할을 하는 것도 싫어서 본척만척 내버려 뒀다. 각자 다른 생각을 하고 내버려 뒀더니 집주인이 보고 화를 냈다. 찢어진 창호지를 두고 우리들은 무언극을 펼쳤다. 찢어진 창호지는 우리 관계성의 질을 분명히 보여 줬다. 긍정도 부정도 못하는, 우리의 현재가 똑똑히 드러났다.

아이는 사회 전체가 키우는 것이라고 하나 사실 이는 우리하고는 인연이 없었다. 겉으로 하는 말은 그저 겉으로 하는 말임을 아는 것에서 출발한 공동체라서, 절망도 좌절도 하지 않을 것이다. 현실만 남아 있다. 우리는 왜 여성해방인지 왜 공동체여야 하는지 알고 싶고, 알아야 한다고 그 이치를 따지기도 전에 도전적으로 하나씩 하나씩 다 해 보았고 오늘에 이르렀다. '지금 여기에 있는 여자'는 항상 그런 존재로 말하는 것이다.

일본인은 애매함을 매우 좋아해요. 전 이건 나쁘다기보다 좋은 점이라고 봐요. 애매하게 하고 있으면 앞일까지 생각해 볼 수 있고, 전부 이치에 맞게 한다고 해도 참 재미없는 결론만 나올 거예요.

하버드대에서 수학 교수를 할 정도로 월등한 두뇌를 가졌다는 히로나카 헤스케広中平祐가 한 말이다. 그리고 이것이 우리 공동체의 기본 방침이다. 물론 지금까지 걸어온 길을 돌아보면, 우연히 이런 방침이 들어맞은 것 같기는 하다. 애초에 우리 공동체는 시작부터 애매했다.

예전에는 직장과 우리 운동의 사무실(사무실은 딱 세 평으로 정말 좁은 곳이었다), 자기 집을 왔다 갔다 하며 운동을 했다. 그러다 보니 시간도 없고, 집 월세도 아깝다는 이야기가 나왔고 또 매일 여자들과 만나는 게 참 즐거웠다. 그런 일상을 보내다가 그럼 차라리 모두 한곳에 모여 살자는 이야기가 나와서 공동체를 시작하게 된 것이다. 더 그럴싸한 이유를 붙이라면 붙일 수도 있겠지만, 어쨌거나 어쩌다 보니 공동체를 시작했다는 이야기다.

인간은 남의 결점은 잘 보는데, 여자끼리는 더욱 그렇다. 여자들은 남자를 바라보며 남자를 향해 꼬리를 흔들어 온 역사성, 그렇게 흔드는 방식으로 서로 경쟁해 온 사이라서 상대방 속(여자다움에 대한 바람)을 빤히 들여다볼 수 있다. '아 난 저렇게는 되고 싶지 않아, 저런 전철을 밟지는 말아야지.' 하며 서로 미워하고 갈등한다. 여자가 자신을 비춰 보는 데에 다른 여자만큼 잘 보이는 거울은 없다. 여자가 툭하면 다른 여자에게 등을 돌리는 것은 다른 여자의 모습 가운데 내 자신이 너무 노골적으로 비춰지기 때문이다.

여자는 성기를 **드러낸** 듯이 취급당하며 살아가는 자신의 비참함을 다른 여자들 속에서도 볼 수 있기 때문에, 남자 품으로 도망치려 한다. 여자다움에 대한 바람은 항상 남자다움에 대한 환상과 함께 있다. 표리일체이다. 그런데 대개 자기 아빠를 떠올려 보면 남자에게 어떤 가능성이 있는지 거의 대충 짐작할 수 있기 때문에, 여자가 남자 품으로 도망갈 때는 눈을 꾹 감고 도망가는 게 대부분이다. 즉 출구 없이 헛돌며 여자끼리 서로 찢고 찢기다가 막다른 곳에 이르러 자신을 둘 곳은 여기다 하는 큰 각오를 하고서 남자 품으로 달려가는 것이다.

"그 남자는 언제나 따뜻해. 어디서든 그렇게 따뜻할 것 같아. 그런데도 왜 이렇게 안타까운 마음이 들지. 마을에서 가장 높은 언덕에 뛰어가서 정말 울고 싶어. 새빨간 노을 아래로 배가 바다로 나가네. 내 마음에 무슨 일이 일어나고 있어." 가수 아사카와 마키의 노래다. 언젠가 내가 출항하는 배가 될 것임을 예감하면서 언덕에 서 있는 여자의 '현재'는 모든 여자의 현재와 다르지 않다.

오만함은 배가 부른 자와 마음이 굶주린 자의 특권이다. 이런 세상에서 여자들이 생명의 가능성을 완전히 불태우지 못하는 게 숙명인데도, 우리 공동체 여자들은 우리를 한 척의 배로 삼고서 바다로 출항했다. 눈을 딱 감고 남자 품으로 도망가는 것도, 배의 키를 잡는 것도 오십보백보 차이다. 그렇지만 설령 좌초를 하더라도 우리가 원래 가려던 섬에 갈 수 있으면 횡재일 것이다. 바다로 나간다고 득의양양해 하지도 않고, 왜 가는지 반문하지도 않고, 지도조차 없이 떠나는 여행에 우리는 우리 자신을 걸었다. 나를 비롯해 아내로, 엄마로 살려야 살 수가 없는 여자들과 그 아이들이 같이 간다. 평균 나이 스물하나에서 스물두 살, 공통점은 여자, 중산층 출신이라는 것 말고 딱히 없다.

그런데 전에는 일부일처제를 두고 혐오감만 느꼈는데 지금은 조금 생각이 달라졌다. 그렇다고 일부일처제를 긍정적으로 보게 됐다는 건 아니다. 공동체 생활을 하면서 일부일처를 제도로 만든 사람들이 갖고 있는 마음을 어렴풋하게나마 알게 됐다.

인간은 자신에게 의미가 있는 것을 추구하는 가운데 모든 사람에게 의미가 있는 세계를 만들 수 있다. 내가 있고 나서 남이 있는 것이고, 만사가 있고 세계가 있는 것이다. 이렇게 멋스럽게 이야기를 해 본다 한들, 애초에 나에 대해 잘 모르는 사람들에게 고집스럽게 내 이야기를 하는 모습이 마치 자기 꼬리를 물려고 빙글빙글 도는 개 같다. 그런데 아무리 해도 자기 꼬리를 물 수가 없어서 짜증이 난다. 자신의 약점, 되풀이하는 실수에 혀를 차면서도 우리는 그렇게 헛도는 모습 속에서 자신의 가능성을 찾아 왔다.

그런 상태일 때(그런 상태는 사실 인간의 일생이라고 볼 수도 있겠지만), 남의 모습 같은 게 자기 눈에 들어올 리 없다. 남을 밟았는데도 밟힌 사람이 목소리를 높여 "아, 아파!"라고 말하지 않으면 알아차리지를 못한다.

그렇다고는 해도 우리는 밟는 것도 밟히는 것도 싫다. 다정한 관계성을 품기를 바란다. 그런 우리의 바람은 남들보다 갑절은 강하다. 애초에 공동체는 누구도 어려운 처지에 빠뜨리지 않고 싶었기 때문에 시작한 것이었다. Ⅲ장에서도 썼지만 타인과 관계성을 우리 안에 품어 나간다고 해도, 어차피 우리는 남이 선잠을 잘 때 모포 한 장 덮어 주거나 병에 걸려 아플 때 병상에 귤 한 봉지 놓고 오는 정도밖에 할 수 없다. 그런 것밖에 할 수 없지만, 종종 그것조차도 하지 못하는 게 우리, 힘든 삶 가운데 공회전하고 있는 만물의 영장이 아닌가? 나 자신의 오만함은 남에게 모포 한 장조차 덮어 주지 못하는 것에서 느끼는 부끄러움과 떼려야 뗄 수 없다.

일상 속에서 소통한다는 것은 말을 통해서가 아니라 행위를 통해 마음과 마음이 만나는 것이다. 말로 얼마를 했다 한들 상대방을 생각하는 마음을 표출하는 행위가 없다면 관계성은 성립하지 않는다.

혼자서 태어나서 혼자서 죽는 개체가 인간이므로 우리는 어디까지 가더라도 만날 수 없는 평행선이다. 강은 흘러가야 하기 때문에 흘러가는 것이고 하늘은 어디까지 간다 한들 하늘이다. 관계성 속에서 우리의 가능성이 있다는 게 진리라면, 타인에게 관여할 수 있는 범위가 극히 조금밖에 없다고 보는 것도 진리일 것이다. 당신이 있든지 없든지 내가 살아가며 원래부터 어려움을 느끼는 것에는 변함이 없다. 그러나 그래도 당신이 있었으면 좋겠다. 그런 마음을 모포 한 장, 귤 한 봉지로 나타낼 때, 그것은 이미 '기도'이다.

그런데 기도하거나 걱정하는 마음 하나 없이 그저 친해져서 모포 한 장, 귤 한 봉지 건네는 것이 가능한 사이가 아내와 남편이다. 한쪽은 속치마를 입고 한쪽은 잠방이를 입은 것일 뿐인 그런 사이를 두고, 우리는 서로 마음을 나누는 게 당연하고 검은 머리 파뿌리가 될 사이라고 한다. 가정이 휴식을 준다고 한다.

자신이 **살아 있다**고 실감하지 못하면 사람은 따뜻한 사람 살 내음을 깊이 그리워하게 되고 그저 친해졌다는 것만으로 안식을 구한다. 그저 한 지붕 아래서 생활한다는 것 가지고 뭔가 안도할 수 있다는 착각은 참 우습다. 그렇게 친해져 모포 한 장, 귤 한 봉지 주는 정도로 유지되는 관계성이라는 것도 좀 가엾게 보인다.

"미쓰 짱 이것 좀 읽어 줘." 같이 살던 멤버 중 하나가 그렇게 말한 적이 있었다. 글을 보니, 읽어야 한다는 일념이 있어야만 읽을 수 있는 글이었다. 나는 끝까지 읽어 보려고 하지 않고서 "여기까지 읽었는데 끝까지 읽을 생각이 들지 않네." 하고 읽은 부분에 대한 감상만을 말했다. 같이 살고 있으니 그이가 몇 날 며칠을 얼마나 공을 들여 그 글을 썼는지 알고 있었다. 그래서 "끝까지 읽을 수 없다"고 전하는 것이 괴롭고, 기분이 썩 유쾌하지 않았다.

이 책을 한창 쓰고 있을 때 나는 몇 번인가 밤중에 혼자 울었다. 초조해하면 할수록 글이 써지지 않았다. '내가 못 쓸 리 없다'면서 주문을 외듯 다짐했는데, 어차피 효과가 없었고 초조함만 심해졌다. 그래서 죽고 싶어질 만큼 비참했다. 내년 5월 여성해방대회 참가 호소문 원안을 쓰기로 한 게 지난 12월이었는데도 계속 못 쓰고 있었고 원고지를 펴서 필사적으로 매달려 14장의 원고를 완성한 게 2월 중순이 지날 무렵이었다. 그러고 나서 이 책을 쓰기 시작한 것인데 그 시점은 이미 마감까지 한 달밖에 남지 않아서 아슬아슬했다.

출판사와 약속한 것은 작년 8월. 이쪽 사정이 있는 것과 마찬가지로 출판사도 출판사 사정이 있었다. 전단지 한 장을 쓰는 데 두 달 넘게 걸렸는데, 그런 내가 남자 중심 사회의 생산성의 논리를 분쇄하자고 외치는 것은 뭔가 좀 어울리지 않는 일 같았다. 그래도 나는 쓰고 싶었다. 태어나서 처음 뭔가 쓰고 싶은 마음이 들었다. 쓸 수 있는 데까지 써 보자고 결심했다. 혼자 기획하고 책을 내면 되지 않느냐는 소리를 듣기도 했는데, 사실 마감 등 모든 것을 각오한 후 내린 결정이라 그때 가서 못 쓴다고 발을 빼는 것도 부끄러웠다. 여자가 글을 쓴다는 게 여자의 말을 잃어버리게 한 역사가 길어서 힘든 것이라고 하지만, 그저 힘들다고만 탄식한들 뭣 하나 시작할 수가 없다. 그 힘들다는 생각을 응축해서 우리는 좀 더 높게 좀 더 빛나야 하며, 날아올라야 한다. 그래야 그런 감정이 정리될 것이라는 생각을 했다.

여자는 남을 계몽하기 위해서 또는 남이 알아줬으면 해서가 아니라 오로지 자기 자신을 위해서 쓴다. 못 써서 울고 있던 나는 출판사와 의리를 지키지 못해서가 아니라, 나 자신의 고집 때문에 운 것이다. 여자가 자아를 응고하는 것은 확산을 고집하는 중에서만 나온다.

나 자신의 어둠은 나 자신의 어둠이다. 어둠은 공유할 수가 없다. 어둠은 철저히 나의 것이다. 더군다나 여자가 여자한테 가는 길은 어둠을 짊어진 여자 한 사람 한 사람이 있는 가운데에서 열리는 것이다. 자신이 해야 할 것은 자신이 짊어지는 가운데에서……. 그래서 나는 원고를 쓰고 다시 쓰고 있다. 평소에 엉망으로 있는 여자, 그 여자가 자기 속에 품고 있는 생명의 광채가 문장 행간에 응축되어 있지 않다는 생각이 들면 글을 다시 물렸다. 표현이 잘 되지 않는다거나 주제를 깊이 파고들지 못했다는 식의 문제는 아니었다.

글을 쓸 수 없는 나 자신에게 스스로 화를 내면서 쓴 문장, 일찌감치 꽁무니를 뺀 것 같은 문장은 그 행간에 생명을 품지 않는다. 그런 행간은 단지 빈틈이다. 바람이 쏴 하고 지나갈 뿐.

물론 내가 그렇게 느꼈다는 이야기일 뿐 내 판단이 다 옳다는 게 결코 아니다. 객관적 시점을 말할 수도 없다. 더군다나 글을 쓰지 못하고 있을 때 나 자신이 헛도는 모습을 보고서 스스로 애처롭게 여기는 나, 스스로 끌어안아 주고 싶은 내가 자꾸만 보였다. 그래서 나는 원고를 물렸다. 내가 오만하다는 것을 충분히 알고도 남았는데도 원고를 물린 것이다.

누군가를 일깨우고 싶다는 마음은 누군가가 나를 일깨워 줬으면 하는 마음과 같다. 역사에서 우리 여자들은 보호라는 명목으로 억압을 받아 왔다. 그 때문에 누군가 이렇게 좋지 못한 상태에 있는 나를 일깨워 주러 왔으면 하고 바란다. 그 바람은 사라지기 어렵다. 그런 바람을 갖고 있으면, 언제나 한 발 빼려 하거나 엉거주춤하게 되는 것이다. 내게 힘이 충분하게 있어도 그 절반도 내지 못하고, 잘 안 된다며 풀이 죽는다. 나를 구해 줄 왕자님을 기다리는 눈에는 보일 것도 보이지 않는다. 이러고 있을수록, 여자의 자립은 더 먼 이야기이다.

읽고 싶지 않은 글을 한껏 노력해 읽어 주고 머리도 쓰다듬어 주면 그건 바로 나 자신이 왕자님 역할을 받아들인 것에 다름 아니다. 농담이 아니다. 나 스스로에게도 만족을 주지 못하는데, 남에게 꿈과 희망을 주는 역할을 할 수 있을 리 없다. 내가 사는 것은 내가 사는 것이다. 내 삶에 조금이라도 편승하는 생판 모르는 남이 있다면 나는 "몰라." 하고 등을 돌리는 수밖에 없다. 그렇게 하지 않으면 당신의 따뜻함도 자립도 있을 수 없다.

등을 돌리는 사람도 외면을 당한 사람도 힘들기야 할 것이다. 그러나 남의 따뜻함에 기대어 그 속에서 쉬는 것은 얼마나 위태로운 일인가? 사람은 언제나 겉과 속이 다를 수 있다. 서로가 서로에게 기대하는 바를 얼마나 뿌리칠 수 있는가? 이것이야말로 여자가 여자들한테로

갈 수 있는 연대의 첫걸음인 것이다.

이런 적이 있었다. 공동체에 같이 사는 멤버가 밸브 두 개가 달린 가스 욕조[44]에 있는 밸브 중 하나만 잠갔다가 다시 불을 켜려고 밸브를 돌렸는데 한꺼번에 가스가 새고 말았다. 성냥을 켜려던 순간 펑하고 불이 붙었다. 놀라서 밸브를 잠그려던 멤버에게 전부 잘 잠갔냐고 확인하니 그렇다고 답했다. 그런 후에는 내가 가스 욕조를 켜는 당번을 하기로 정했다. 그런데 내가 가스 욕조를 켜려고 보니까, 놀랍게도 그 멤버가 저번에 확인했던 밸브 하나를 그대로 둔 것이었다. 가스가 또 새어나왔다. 나는 안달이 나서 이번에는 두 마개를 확실히 잠갔다. 그러고 나서 나는 그녀의 뺨을 쳤다. "이런 실수를 하는 바보가 어디에 있어!" 생전 처음으로 사람을 때렸다. 화가 났다. 이런 것도 잘 못하는데, 여성해방이고 나발이고 아무 것도 못하잖아!

그 멤버는 여성해방 엠티 때도 본인이 기록 담당을 하겠노라고 했는데 토론 녹음 테이프에 순번 쓰는 것을 깜빡하기도 했다. 그이가 대충대충 하는 이것저것을 보니, 내가 대충대충 하는 것이 생각났다. 나는 막다른 곳에 몰린 듯한 심정으로 그녀를 때리고 말았다.

그녀의 어머니는 당신이 이루지 못한 꿈을 그이가 이루도록 하기 위해 초등학교 때부터 강제로 학원을 네다섯 군데나 다니게 했다고 한다. 엄마가 하라는 대로 다 하면서, 그녀는 본인이 엄마 뜻대로 한 만큼 엄마를 미워하는 마음을 키웠다. 그런데 이러니저러니 해도 착실하고 머리 좋은 엄마의 그늘에서 그녀가 안주해 온 면도 아주 없다고 하기는 어려웠다. 그녀는 엄마에 대한 미움과 함께 두려움도 갖고 있었다. 엄마 없이 살아갈 수 없을 것 같은 그런 종류의 두려움이었다. 그런 면

44 [옮긴이] 가스로 물을 데워 욕조 물을 받을 수 있게 한 일종의 가스 온수기.

에서 공동체 안에서도 툭하면 남에게 의존했다. 그런 약함은 다른 여자들에 대한 애교로 나타나기도 했다.

가스 욕조 사건이 일어나고서 나를 보는 그녀의 눈빛이 달라졌다. 그녀의 눈빛 속에 '빌어먹을' 하는 것 같은 어두운 눈빛이 감도는 것을 봤다. 나를 보면서 자신의 어머니를 떠올리는 것 같았지만 그냥 내버려 두는 수밖에 없었다. 그녀는 나와의 관계 속에서 같이 생활할 방법을 생각하지 않는 것 같았다. 그녀가 어둠 속에서 스스로를 만들어 낼 수밖에 없었다.

그녀의 엄마보다 내가 좀 더 나은 엄마 역할을 해내야 하는 것은 달갑지 않은 일이었다. 이런 나와 함께 그녀가 계속 살고 싶은지 어떤지 그녀 자신 그리고 내 자신이 결정할 문제였다. 결국 그녀도 나도 계속 같이 살기를 택했다.

최근 그녀는 가출한 뒤 그간 소식을 끊었던 집에 처음으로 다녀왔다. 그 후 그녀는 "엄마와 처음으로 말이 통했어."라고 했다. 상황이 바뀐 게 아니라 그녀가 바뀌었다. 엄마의 그늘은 그녀에게 이제 자유로이 왔다 갔다 할 수 있는 곳이 되었다.

그리고 나는 오랜 기간 외면한 나의 과거와 진지하게 마주하려고 원고지를 펼쳤다. 엄마는 내게 "가족들이 다 널 믿으니까, **옳지 않은 일**은 하면 안 돼. 부탁이야."라고 말했다. 아사마 산장에 들어간 연합적군파를 포위한 경찰 곁에서 연합적군파 자식을 둔 어머니들이 와서 "얘들아. 이제 그만 나와라."라고 한 것과 비슷했다. 엄마와 엄마 뒤에 있는 가족들에게 내 나름대로 선언을 한다는 마음도 담아 이 책을 쓰려고 했다.

나와 공동체에서 사는 여자들이 관계성을 맺는 방식은 여자들이 서로 관계성을 맺는 방식이다. 때로 서로 싸움도 한다. 여자들은 싸우는 게 좋다고 한다. 그렇게 싸우는 이유는 관계성을 맺어 가기를 바라며 기도하는 마음, 관계성에 대한 두려움 때문이다. 서로 아슬아슬해질 정도로까지 철저히 따져 본 후에 나온 엉망인 상태로 맞붙는다.

공동체를 시작한 지 이제 일 년 남짓 흘렀다. 우리가 무엇을 공유하려고 하는지 그 답은 찾은 듯하다.

이러한 관계성을 만드는 방법은 공동체 구성원 이외의 사람들에 대해서도 마찬가지다. 내가 큰 나무가 아닌데도 나한테 기대고 싶다면서 이러쿵저러쿵하다가 대놓고 운동이 그렇게 하라고 요청하고 있느니 하는 사람도 있고, 은근하게 말을 던지는 사람도 있다. 사명감으로 **해야 할 운동**이 될 위험성을 의식하고 있어서 우리는 그 어떤 형태로든 우리한테 달라붙는 게 정말 성가시다. "아픔이 없어도 여성해방은 할 수 있죠!"라고 말을 꺼내는 사람도 있다. "그래요. 할 수 있다면 하면 되죠."라고 답을 해 주면 "나 혼자서는 못해요."라는 말이 돌아온다. 누구든 인생 처음과 끝은 혼자인데도 그런 말을 한다. 공동체 생활의 마음가짐은 어쩌면 내일 내가 혼자가 될 수 있다는 것을 전제로 삼고 지금 이 시간, 이 만남을 소중히 하는 것이다.

어찌 됐든 그건 이래서 안 되고 저건 저래서 안 된다고 말하고 있지만 말자. 재니스 조플린Janis Joplin[45]은 "내가 무대에 설 때 하나만 부탁할게요. 모두 몸을 움직였으면 해요. 그러다 보면 여러분은 스스로 생각한 것 이상으로 자신이 될 수 있어요."라고 했다. 그런 마음으로 여성해방운동을 하자.

이제 막 시동이 걸린 참인데 앞부분을 쓰느라 분량이 차서 나는

45　[옮긴이] 1943~1970년. 미국의 여성 블루스 가수.

펜을 내려놓아야 한다. 근황을 전하자면, 작년 말 임신한 멤버들에게 공동체를 맡기고서 우리는 모두 각자 따로 호스티스를 하기 시작했다. 여성해방운동과는 인연이 없어 보이는 곳에서 일하며 왜 우리가 여성해방운동을 하려고 하는지 묻고 싶었다. 우리를 두고 사람들은 극단적인 여성해방 좌파라고 멋대로 생각한다. 그런 소리를 하도 듣고 있다 보니 우습기 짝이 없다고 부정하면서도 왠지 모르게 우리가 지식이나 정보를 취하기만 하는 식으로 머리만 커진 것 같아서 그것을 치료하려고, 치료로 어떤 효과가 있을지 모르겠지만, 당장 호스티스를 해 보자는 결론에 이른 것이다.

덕분에 돈도 모았고 전보다 머리도 맑아져서 우리는 다시 공동체를 짜는 중이다. 하지만 나는 건강이 나빠져 지금은 공동체에서 나와서 혼자 산다. 원래 공동체란 같이 살고 안 살고가 아니라, 구성원이 서로 맺는 관계성을 두고 붙이는 명칭이니까 따로 산다고 해도 지금도 난 여성해방 공동체의 일원이다. 그리고 오키나와에 간 여자들도 그렇다.

우리는 돈을 모아서 뭔가를 하나 열려고 한다. 앞으로도 꾸준히 저축해야 가능할 테지만 큰 뜻을 세웠다. 거창하게 '진료소'라고 할 것까지야 없는데, 예를 들어 여성이 임신했는지 아닌지 진단하는 것부터 시작해, 중절도 할 수 있고 성병 검사 정도도 할 수 있는 그런 곳을 열려고 한다. 굴욕감을 느끼지 않고도 여자가 나 자신의 성과 마주할 수 있는 그런 곳 말이다. 우리처럼 아내로서, 엄마로서 살아갈 수 있을 것 같지 않은 여자들이 미혼인 채 엄마인 삶을 자기 삶의 방식 중 하나로 선택할 수 있는 그런 날을 위해서.

"전국에 있는 여자들이 매일 느끼는 당혹스러움과 함께하고 싶습니다. 우리는 우리 신문을 만듭니다. 전화 한 번이면 뭐든지 의논할 수 있는 '온갖 상담소'를 만듭니다. 중절이 필요할 때 중절 비용을 서로 빌려 줄 수도 있게 중절 기금을 만듭니다. 여성 개개인의 자립을 지향하는 여성해방센터를 만듭시다."

올해 5월에 열릴 여성해방대회 개최문 말미에 위처럼 썼다. 여성해방센터는 말하자면 '여자인 것'에서 오는 삶의 어려움 때문에 한숨짓는 대신, 여자가 쉴 수 있는 곳이다. 우리가 열고 있는 집회나 모임에 오는 여자들 중에는 아직도 자신만은 언제까지나 빛 속에 있을 것이라고 믿어 의심치 않는 여자들도 적지 않게 있다. 우리는 그런 착각을 두고 "그 여자들이 어둠에 있네 어쩌네……" 운운하고 싶지 않다. 여자 스스로 몸을 움직여서 여성해방을 하는 가운데 자신의 어둠과 마주할 수 있게 되고, 그것을 빛으로 바꿀 수 있는 장소로 여성해방센터를 만들고 싶다. 인간이 자기 부정에서 출발할 수는 없으니까. 먼저 여자들이 한 사람 한 사람 자신을 긍정할 수 있는 장소로 여성해방센터를 만들고 싶다.

그리고 다른 공동체 그룹과 함께 빨리 여성해방센터를 세워서 그것으로 여성해방의 대표적 역할을 하고 싶다. 억지로 떠맡은 것과도 같은 모양새인 지금 우리 공동체의 부자연스러움도 하루빨리 없앴으면 한다.

우리는 로큰롤 밴드도 아니고 클래식 밴드도 재즈 밴드도 아니에요. 단지 음악을 할 뿐이죠.

데이비드 클레이튼토머스David Clayton-Thomas[46]

---

46 [옮긴이] 1941년생. 영국 출신의 재즈 록 가수.

VI
자료

* [옮긴이] 여기에 수록된 선전 전단지는 다나카 미쓰가 활동하던 여성해방운동 그 룹이 1969~1970년 당시 시위에서 참가자들과 행인들에게 나눠 주거나, 여성해방대 회나 세미나 때 독려와 홍보를 위해 실제로 사용한 자료 중 일부이다. 다나카 미쓰, '그 룹 싸우는 여자들' 구성원들, 또 외부에서 이들을 본 사람이 쓴 글로 구성되어 있다.

◇왜 성의 해방인가—여성해방을 향한 문제 제기

여자에게 지배와 피지배의 역사는 여자의 성에 가해진 슬픔의 역사와 다르지 않다.

계급사회 아래에서 인간은 그 생을 비참하고 볼품없는 것, 자신과 분리된 것으로 전락시키고 말았다. 우리 여자들은 여자라는 이유로 한층 더 가혹한 삶, 노예와도 같은 인생을 강요당하는 한편으로, 여자라는 사실에 의해 보다 깊이 체제 질서에 가담해 왔다. 여자는 그러한 사람으로 존재한다.

"성이 인간을 예속하는 기본적인 수단"이라는 것은 지배 권력이 여성의 성을 억압함을 통해 남성의 성을 관리, 억압하여 그 계급 의지를 관철해 왔음을 뜻한다.

말할 나위 없이 여성해방은 프롤레타리아 해방을 지향하는 것이다. 그러나 성과 생식을 갖고 있어서 좀 더 억압되고 차별받아 온 여자는 성의 해방을 염두에 두고 자신의 성과 생식에 대해 철저히 묻고, 그 해방이라는 것을 인간으로 보편화하는 투쟁으로 전개할 필요가 있다.

계급사회의 인적 토대는 여성의 성적 욕구를 제한함으로써 만들어졌다. 인간의 자연스러운 몸과 마음의 활동에 반하는 일부일처제는 여자를 여자로 제대로 살지 못하게 했고, 오늘날에 이르기까지 그 시시함, 부자연스러움을 그대로 유지하고 있다. 즉 여자와 아이를 경제적으로 남자에게 의존하도록 하는 사회 구조를 밑바닥에 깔고, 성을 죄악시하여 더러운 것으로 생각하게 하고, 성을 부정하는 의식 구조를 마음속에 심어 놓고는 도덕이라는 이름으로 여자의 성을 더 금기시한다. 그럼으로써 일부일처제는 한 가족이 계급사회의 기반으로 기능하게끔 할 수 있었다.

그런데도 여자는 자기 자신의 문제 ─ 여자 스스로의 성과 생식이 어떻게 지배 체제에 편입되는지 ─ 를 언어화하지 못했다. 오늘날에 이르기까지도 그렇다. 그 주요한 이유는 여자가 세계사적으로 패배한 이래 긴 세월에 걸쳐 사회적 생산 활동에서 분리된 탓에 스스로를 객관적으로 성찰할 시점을 잃어버렸기 때문이다. 또 정치가 일상과 분리되어 있다는 점을 반영하듯, 남자들이 좋아하는 청순하고 귀여운 여자는 사회적인 인간인 자신으로부터는 도망치려고 한다. 예나 지금이나 정치에 참견하며 자기 의견을 내는 여자, 차별을 규탄하는 여자, 남자들에 맞서 논리를 따지는 여자는 중성화된 올드미스로, 욕구 불만을 터뜨리는 노처녀라고 그렇게 일반적으로 자리매김해 둔다.

여자는 '여자라는 것'에 대한 물음을 제기하는 것을 회피하며, 맹목적이며 즉자적으로 남자의 연인이자 아내로서, 엄마로서 살아가려고 한다. 상품이 된 여자는 정가표 표시 뒤에서 자기 성을 유지한다.

우리 여자들의 투쟁은 여자로서 살아가는 것이 무엇인가, 과연 우리는 '여자'인가라고 근원적으로 물어봐야 시작할 수 있는 것이다.

중절금지법과 싸우는 것[1]은 이러한 물음에 깊이를 더해 줄 것이다.

오늘날 성에 대한 의식 흐름을 보면, 부정적인 것에서 긍정적인 것으로 방향을 바꾸고 있다. 성을 인간이 생물로 살아가는 데 핵심이라고 인식하는

---

1 [옮긴이] 오늘날까지도 일본 형법에는 낙태죄 조항(212조)이 있다. 1948년 제정된 우생보호법에 따라 경제적 이유가 있을 경우 지정받은 의사를 통해 중절이 가능하다. 즉 우생보호법에 의해 중절이 실질적으로 합법화된 상태였다. 그러다가 저출산과 일본의 경제성장을 배경으로 경제적 이유로 중절이 가능하다는 조항을 삭제하는 대신 태아가 장애가 있다는 이유로 중절할 수 있다는 조항을 넣은 우생보호법 개악 움직임이 1970년대 초반부터 나타났다. 일본의 여성해방운동은 1972년 우생보호법 개악 저지 투쟁으로 정점을 맞이한다.

분위기가 강해졌다(이 점은 특히 영화, 연극, 문학에 잘 나타나 있다. 예를 들어 뮤지컬 〈헤어Hair〉[2]가 그렇다). 또 이런 인식은 생산성의 논리를 부정할 인간 해방의 원점에서 살아 숨 쉬고 있다.

베트남 반전 투쟁이 시작된 이래 무너지고 있는 '생산성지상주의'는 이제 대중들에게 좀 더 의심스러운 것이 되었다. 생산성지상주의가 무너지게 된 직접적 계기는 오늘날 공해나 교통사고, 재난 사고 등으로 인해 '인간이 살아가는 것이란 무엇인가.' 하는 물음이 나오게 된 것이다. 여자가 체제에 대항하며 든 반대 깃발은 여기서 펄럭인다.

남자가 곧 인간이고 남자가 곧 사회인 가운데, 가치를 판단하는 기준의 중심에 놓인 생산성 논리. 그것은 남자의 논리로 존재했다.

서양의 근대 합리주의에 바탕을 둔 생산성의 논리에서 1+1=2이다. 이에 반해, 여자의 직감과 같은 논리는 여태껏 비논리라 업신여김을 당했고 도움이 되지 않는 것, 가치가 없는 것으로 버려졌다. 남성 체제 안에서 여자는 항상 배제된 존재였다. 급진적인 옷을 걸친 신좌익 운동에서도 남자=투쟁으로 남성들의 배외주의가 관철되었다(바꿔 말해, 이는 현재의 계급투쟁의 약점을 나타낸다). 이런 와중에 우리 여자들은 애써 발돋움해서 남자의 논리 속으로 스스로 들어가든지 아니면 남자와 사회가 말하는 '여자'가 되어 그들에게 아양을 떨어야 하는 식의 양자택일을 강요당했다. 그런 자로서 여자는 존재했다. '남자의 혁명' 속에는 살아 있는 여자가 없다. 다정함과 다정함이 오가는 육체적 표현인 SEX를 한 몸에 갖춘 총체적인 여자는 오늘도 남자의 의식에서 배제당하고 있다. 내일도 그럴 것이다.

'세상 어디에도 없을 여자'는 '세상 어디에도 없을 남자'를 만들어 내며, 계급투쟁의 총체를 약체화한다.

---

2 [옮긴이] 뮤지컬 〈헤어〉는 장발로 상징되는 히피들의 삶을 다룬 1968년 브로드웨이 상연작이다.

우리의 본질적인 적은 부르주아 계급이다. 그러나 함께 싸우고 함께 해방해야 할 이들이 부르주아 계급의 의지를 체현하여 우리와 맞선 이때, 우리 여자들의 싸움은 필연적으로 권력과 남자에 대한 투쟁, 그것의 긴장 관계 속에서 관철해야만 하는 것이다.

우리가 가진 예속 의식은 여자의 성과 생식에 대한 규정을 용납함으로써 생기는 것이기에, 해방하기 위해 우리는 여자의 성과 생식을 다시 물어야 한다는 사실에 도달했다.

우리는 여자의 해방을 성의 해방의 문제로 제기한다.

미래에 인간 해방의 핵심을 구성할 것으로서 성 해방의 문제를 제기한다. 그것은 성기 중심적인 성의 해방=프리섹스와 같은 것이 결코 아니다. 작금의 프리섹스란 남자가 갖고 있는 여자에 대한 차별 의식이 그 뿌리에 있는 것으로 자기 눈앞의 성욕만 해결한다면 나중 일이야 내 알 바 아니지 하는 식의 추잡한 표현에 불과하다.

현재 여자에게 성의 해방이 무엇인지 보면, 성을 부정하는 의식 구조에서 자기 해방으로 권력 투쟁을 벌이고, 남자와 만나며 실천적으로 획득하는 것이 성의 해방이다.

우리는 중절금지법에 대한 투쟁을 통해, 공산주의론으로 향할 여성의 해방 논리를 심화하며, 출입국관리법과 싸우면서 여자가 체제에 편입되어 있는 차별 구조와 재일조선인에 대한 차별 구조 사이의 상호관계를 밝히면서, 계급투쟁에서 여자들의 투쟁을 선명하게 자리매김해 나갈 것이다.

입국관리법 투쟁 속에서 예리하게 제기된 '프롤레타리아 국제주의'는 전략의 문제이다. 그러나 우리는 여자와 인간을 구별함으로써 지배 권력에 스스로를 노예로 내주는 남자들이 재일조선인 차별 문제에 연대할 것이라고는 보지 않는다. 여자와 인간을 구별하는 남자들의 그런 결의 따위 믿지 않는다.

남성과 권력을 엉망진창이 되게끔 압박하는 가운데 우리는 우리 여자의 계급 형성을 꾀하고, 동시에 남성의 계급 형성을 돕자!

지더라도 원래대로일 뿐이다. 이기면 더 좋다. 같이하지 않겠는가?

1970년 10월 10일
'그룹 싸우는 여자들' 다나카 미쓰 씀

◇ 여자는 누구를 위해 사랑하지 않는다!

> 그만둬 사랑하지 않는다면
>
> 안아 줘 안아 줘
>
> 당신이 안아 주면 난 나비가 돼
>
> 책임져, 남자라면 책임져
>
> 애인한테 차였어
>
> 흔한 일이잖아

오쿠무라 치요奧村千크, 헨미 마리辺見マリ, 히요시 미미日吉ミミ와 같은 여자 가수들이 사랑을 노래한 여러 유행가가 히트하고 있다. 소노 아야코가 쓴 《누구를 위해 사랑하는가》는 팔리고 또 팔린다. 남성 주간지 《평범 펀치平凡パンチ》는 프리섹스를 하라고 난리다. 이런 가운데, 당신은……? 당신에게 사랑이란 무엇인가?

혼자서 태어나고 혼자서 죽을 한 개체인 인간 존재.

당신 배가 부르다는 것이 내 배가 부르다는 것을 의미하지는 않는다. 인간은 언제까지나 그런 한계를 갖고 있다.

그러나 한편으로 내 배가 차면, 배가 차지 않은 당신을 보고 채워 주고 싶은 마음이 들 것이다. 이 생각의 바탕에는 다정함이 흐른다. 개체로서밖에 살아갈 수 없는 생물의 비애를 나누고 싶어 하는 그런 다정한 마음이 있다.

커뮤니케이션의 바닥에 흐르는 것은 이런 다정함이다. 상대방을 통해 스스로를 확인하고 싶은 욕구로 커뮤니케이션을 하는 한 가지 방법이 섹스이다. 섹스란 다정함을 몸으로 표현하는 것에 다름 아니다.

다정한 마음과 다정함을 육체로 표현하는 것이 섹스이고, 이것이 사랑인 것이다!

사랑이란 현실에서 당신이 타인에게 보내는 다정한 메시지이다. 몸과 마음—당신의 모든 것으로 표현하는 다정한 메시지인 것이다.

혼잡한 사람들 속에 있다가 내 마음에 바람이 몰아친 밤. 웅크려 가만히 있으면서 달팽이처럼 자기 집 속에 스스로를 가두고 싶어질 때 당신은 생각한다. 당신은 사랑한다. 스스로를 감싸안아 줄 따스함을.

겁쟁이에다가 외로움을 잘 타고 자기혐오로 괴로워하는 외톨이인 당신은 혼자 태어나 혼자 죽는 생물이라서 느끼는 슬픔을 남과 공유하고 싶어 하고, 잠깐이나마 그런 순간을 원한다.

그때 그런 비애를 나눌 상대가 여자라도 좋지 않겠는가? 그렇게 할 때 레즈비언이라 놀리는 자들은 삶의 진중함을 모른다. 비애를 나눌 상대가 남자라면 더 좋은가? 아니! 남자와 여자의 '사랑'이란 그 정도의 것일 뿐이다.

노래에 나오고 소설에 나오는 사랑이라는 건 그 어디에도 없다. 사실이 그렇다.

데이트 신청을 받았다고 해서, 선물을 받고 프러포즈를 받았다고 해서, 그게 '사랑'은 아니다.

사랑은 눈에 보이지 않는다. 사랑은 당신 속에만 있다. 사랑은 당신의 다정함이니까. 당신의 삶을 통해 타인의 삶을 만났을 때, 개체로서 살 수밖에 없는 인간이 삶의 슬픔과 기쁨과 진중함으로 만날 때 사랑의 공간이 생긴다. 그리고 그 공간은 넓어진다. 다정함의 세계는 넓어지고 넓어져서 지평선과 합쳐질 것이다.

여성해방, 여자들의 해방운동이란, 자신이 살고 있는 여자로서의 삶을 진지하게 묻는 여자들의 운동이다. 여자들의 투쟁이다. 텔레비전, 노래, 잡지를 통한 모든 것은 그럴싸하게 보이면서도 실은 내 삶과 동떨어져 있다.

이렇게 살기 힘든 세상 속에서 여자도 인간이라고, 그 점을 어물쩍 넘기지 않고서 확실히 응시하려는 여자들이 모였다. '그룹 싸우는 여자들ぐる一ぷ闘うおんな'[1]이다.

이제 여자들이 살기 좋아지고 양말이 튼튼해졌다고?[2] 여자와 양말만 좋아졌다고? 여성 상위 시대라고? 여자는 알고 있다. 여자로서 살고 있지 못함을. 인간으로서 살고 있지 않음을. 내가 실감하고 있다. 당신이 알고 있다. 그리고 지금 여자가 제대로 살고 있지 못하다고, 그렇게 실감한 것을 바탕으로 여자 스스로가 여자에게 등을 돌리는 여자의 반동화가 계속되고 있다. '여자는 역시, 남자에게 안겨서 귀여움을 받는 여자가 좋지.'라고 생각하기 시작한 당신을 위해 노래와 책, 텔레비전이 있다.

여자다움을 만들어 내기 위해 의무교육을 강화하고 있다(중고교생 지도 요강 개악[3]). 또 중절금지법 마련, 노동기준법 개악을 획책하고 있으며, 4차 방위력정비계획[4]으로 군사 체제가 나날이 완성되려 한다.

미니스커트를 입겠다느니, 롱스커트를 입겠다느니 하다가 정신을 차

1 [옮긴이] 다나카 미쓰가 리더 격으로 있었던 여성해방운동 모임. 1969년 정점에 달한 학생운동, 전공투 운동, 반전운동 등을 하던 여성들이 하나둘씩 서로를 알게 되면서 1970년 10월 만든 '여성해방연락회의 준비회'를 바탕으로 결성되었다. 이후 '그룹 싸우는 여자들'은 1972년까지 각종 시위, 특히 중절금지법 개악 반대 시위를 주도하는 등 1970년대 중반까지 일본 여성운동에서 중요한 역할을 했다. 활발히 활동하는 구성원은 13명이었으며, 이후 '그룹 싸우는 여자들'은 공동체 생활을 하며 '리브 신주쿠 센터リブ新宿センター(여성해방 신주쿠 센터)'로 이어졌다. 정기간행물로 월 1회 소식지《여성해방 뉴스 오직 이 한길로リブニュースこの道ひとすじ》를 발행했다.

2 [옮긴이] 1장 1절 각주 9번 참조.

3 [옮긴이] 1970년 중고교에서 여학생들만 의무교육으로 가사, 재봉, 육아 등을 학습하는 가정 과목을 이수하게끔 한 제도. 그전에는 선택 교과목이었는데, 가정교사 단체가 여학생이 가정과를 필수로 채택하도록 로비하여 1970년 개악되고 말았다. 1992년 폐지된 이래 남녀 공통 필수 과목이 되었다.

4 [옮긴이] 자위대의 군비 계획. 4차 방위력정비계획은 1972~1976년까지 실시한 계획을 담았다.

리고 보면 어느새 당신은 군국의 아내가 되어 있을 것이다.

　침략의 가담자로 여자가 다시금 만들어지고 있다.

　"여자가 산다는 것은 무엇인가. 과연 우리는 여자인가?

　여자에게 사랑이란,

　결혼이란,

　산다는 것이란, 무엇인가?"

1970년 11월 3일

'그룹 싸우는 여자들' 다나카 미쓰 씀

◇ 주부들이여, 12월 8일 여자들의 반전 시위에 참가하라!

1970년 10월 21일, 젊은 여자들끼리 모여 시위를 했다. 남자 녀석들은 코웃음 쳤다. "여성해방의 물결이 오긴 왔네." 하면서. 남자들이여, 누구 덕분에 남편 노릇 하고 있나? 씨만 뿌리고서 산으로 들로 나가 버리고 아이 키우는 건 여자의 천직이니 집에 가둬 두고서는 먹고살게 해 주고 있다고 하는가? 여자는 삼시 세 끼 공짜로 먹고 게다가 낮잠도 잔다고? 농담하나? 아무것도 안 하고 집만 지키더라도 그게 간단한 게 아니다. 속도위반으로 하는 수 없이 결혼해서 내 자식이 예쁘다고 키우고 있으면 엄마가 과잉 보호를 한다느니 극성스럽다느니 여자 인생 보람도 빼앗아 놓고선, 이 정도면 밟고 차는 셈이 아닌가?

가정을 지켜라, 나라를 지켜라, 내일의 일본을 위해 젊은이를 늘려야 하고 또 풍기문란을 막기 위해서라도 중절은 금지하라고? 난 이제 아이를 낳고 싶지 않다. 이런 바보 같은 장사는 없다. 낳아서 기른 딸은 시집보내야 하고 아들딸은 남편 성을 따라 살게 해야 한다니, 엄마는 빈껍데기나 마찬가지다. 나이가 들면, 사랑스런 아들 녀석을 두고 며느리와 치고받는 게 여자 인생의 보람이라니. 전쟁이라도 나면 이 나라를 위해 아들을 바치라니, 여자의 인생이라는 건 아무리 계산해 봐도 수지에 안 맞는다.

어느 여자가 아이를 지우고 싶겠나? 가랑이를 벌려 메스를 넣을 때 그 공포와 치욕을, 남자들은 알고 있나? 미국에서는 남자를 잘게 썰어 버리겠다는 이야기까지 나온다는데, 그 마음을 알겠다. 낙태도 하지 않고 길러 줬는데 이제 기분 나쁜 일만 당하다니, 사서 고생할 필요가 있나? 속도위반으로 결혼해 남편 급여로 살면서 더 고생하는 건 무리하는 거다. 할 수 없지 않은가? 여자 혼자서만 아이를 가질 수 있는 것도 아닌데, 휴지통에 아이를 버렸다고 극악무도한 여자라고 하는가? 왜 사회는 여자만 꾸짖는가? 남자에게 버림받고, 혹까지 딸린 여자가 일할 수 있는 곳이 거의 없는 게 이 세상인데, 항의도 못하고 고개를 숙이고 있어야 하다니, 여자는 정말 슬프다.

여자는 당연히 시집을 가는 거라고 정해 놓은 사회를 근본적으로 뒤엎어야 한다. 비웃음을 당해도 여자들은 시위를 했다. 여자들은 '아무래도 이상해, 계산이 안 맞아.'라고 생각하면서도 지금까지는 참았지만 이제 "임금님은 벌거벗었다." 하고 진실을 말하기 시작했다. 그래서 훌륭하다. 일본에 있는 여자들이, 세계에 있는 여자들이 "사실은 말이야. 임금님은 벌거벗은 거래." 하고 수군거린다면 남자 녀석들, 비웃던 얼굴이 굳어 버리겠지!

12월 8일, 이날은 일본의 중년 여성이라면 잊을 수 없는 진주만 공격을 한 날이다. "남의 나라를 침략하기 위해서라면 더 이상 아이를 낳지도 기르지도 않을 것이다."라는 슬로건을 내걸고 시위를 하자고 제안하니 젊은 여자들 모임이 바로 찬성해서 구체적 행동으로 옮길 수 있게 됐다.

주부들이여, 분노와 슬픔을 담아 대오를 유지하자.

여자들을 짓밟고서 핵 군비 경쟁을 하는 남자들의 세계를 "아니!"라고 외치며 내동댕이쳐라!

1970년 12월 '그룹 싸우는 여자들' 주부 회원

◇ 깨어나라, 깨어나라. 여자가 아이를 죽이러 간다, 깨어나라, 깨어나라. 여자가 아이를 죽이러 간다

살고 싶다, 살고 싶어, 살고 싶은 여자가 아이를 **죽일 수밖에 없게 됐다**. 작년만 해도 여자들이 제 자식을 죽인 사건이 400여 건 가까이 있었다(이는 여자들의 어둠의 역사다).

히스테리를 부리는 여자가, 놀기 좋아하는 여자가 잔혹한 범죄를 저질 렀다고? 아니 그건 여자들이 틀린 곳을 공격하는 거야. 예쁜 제 새끼가 죽이 고 싶어질 정도로 밉고 미워서 견딜 수 없는 순간이 있다는 걸, 거기 있는 당 신, 착한 사람인 척하는 당신, 또 인텔리들아, 알고 있나?

결혼이 바로 여자의 행복이고 아이를 낳아 기르는 게 인생 보람이라고 하는 건…… 저주다, 여자에게 주는 저주의 말이다.

싸늘하고 더러운 작은 집, 지쳐 떨어진 남편과 얇은 월급봉투, 찌푸린 하늘, 밀어닥친 물가 인상이 흉기가 되어 달린다.

살고 싶다고!

나가야마 노리오[1] 때도 그랬다. 아이를 죽이는 여자 때도 그랬다. 신문 은 항상 똑같다. 범죄는 나쁜 환경에서 자라서 마음이 뒤틀린 자 아니면 정 신이상자 아니면 놀기 좋아하는 자가 저지른다고.

"자, 이제 나쁜 사람은 체포했으니까 **시민**들은 안심하고 **생활**하세요. 착한 여러분들은 대오를 맞추고 똑바로 앞을 향해서 하나, 둘, 하나, 둘!"

---

1 [옮긴이] 본서 IV장 1절 각주 3번 참조.

지배 질서는 아저씨는 산으로 나가 풀을 베고, 아줌마는 냇가로 나가 빨래를 하라는 고정화된 성별 분업을 바탕으로 유지되고 있다. 그 안에 무한한 미래를 잉태한 똑같은 생명인데도, 태어나자마자 고추를 단 아이는 산으로 갈 남자로 만들어지고, 고추를 달지 않은 아이는 여자로 만들어진다. 특히 여자한테는 냇가로 빨래하러 가라고 더 강요한다. 이 과정은 완벽하게 이뤄진다. 재산을 보전하고, 상속을 목적으로 하는 사유재산제는 그 뿌리를 여자의 생식에 의존하니까. '여자답게 하라'는 말이 '처녀답게 굴라'는 말과 같은 뜻인 이유는 그 나름대로 이런 근거가 있는 것이다. 여자의 성을 한 남자의 전유물로 삼고 그 성에 따르는 생식을 축으로 집을, 가족을 구성한다. 그러려고 일부일처제 이데올로기가 형성됐다. 이 이데올로기에서는 여자의 성과 생식 그 자체는 아무런 가치가 없다. 여자는 한 남자의 정액과 오르가슴을 받아 내는 것으로 가치가 부여되며, 여자의 경제적 자립을 앗아 감으로써 실체로 나타난다. 여자의 가치를 생식에 집약한다. 남자는 툴툴거리며 월급을 받아 오는 존재로서 여자를 깔보면서 가족을 구조화한다.

그렇다, 계급사회는 남자를 매개로 해서 여자의 성이 본래 갖고 있는 재생산의 보편성을 멸시하는 것을 기반으로 한다. 따라서 여자에 대한 계급적 억압은 일상적인 남녀 관계 속에 응축되어 있다. 일본 제국의 국내 식민지 노예는 여자고, 노예 우두머리는 남자이다. 노예 우두머리인 남자는 노예가 존재하기 때문에 비로소 성립하는 존재이다.

> **"노예 우두머리는 끊임없이 노예가 될 한계선상에** 놓여 있고, 현실에서 노예는 자신이 주인이 될 수 있는 경계선상에 끊임없이 자신을 둘 수 있는, 구체적인 힘을 소유하고 있다."

앤절라 데이비스

노예와 노예 우두머리는 똑같이 노예인 것이다. 그러나 노예 우두머리는 노예인 자신의 비참함을 직시할 수 없다. 노예는 스스로를 노예로 여기지 않음으로써 스스로 노예로 추락한다. 즉 노예가 노예의 비참함을 깨달으면 그때 노예는 지배—피지배가 없는 세계로 자신을 해방할 원점을 얻게 된다.

투쟁하는 주체의 원점은 '자신이 노예라는 것'에서 오는 비참함을 아는 것이다. 그런데 노예 우두머리는 자신을 마르크스로 대상화하고, '억압자'의 고통을 가지고 투쟁하므로 자신이 노예라는 것, 피억압자인 자신의 고통을 알아차리지 못한다. 비참함을 모른다. 남자는 해방에 대한 내적 희구의 원점을 스스로의 것으로 삼지 못한 채, 투쟁이 불충분한 원인을 학생이나 소시민 탓, 계급적 한계라고 결론 내리고서 안도한다.

'남자=노예 우두머리'라는 것에서 오는 한계를 깨닫지 않으려는 자들이 여성해방에게 천박한 비웃음을 던진다. 추한 노예 우두머리들 같으니라고!

노예의 비참함이란 아무하고도 본질적인 인간관계를 만들지 못하는 가운데 느끼는 것이다. 노예란 인간이 아닌 인간, 주체와 영혼을 빼앗긴 인간을 말한다. 이러한 인간이 서로 본질적인 인간관계를 만들 수 있을 리 없다. 이 체제 아래에서 모든 인간관계는 속박에 따르는 고통을 주지 않고서는 성립할 수가 없다. 계급사회란 인간이 서로 만날 수 없는 체제이다. 빈발하는 여자의 자식 죽이기야말로 어느 누구도 제대로 만날 수 없게끔 한 이 체제가 모순을 더욱 심화시켜 나타난 것이다.

기존의 존재 양식, 인간관계가 이미 해체 일로를 걷고 있음에도 생식을 정점으로 한 가치 체계는 여태껏 여성을 깊이 포섭하고 있다. 그 때문에 여성 대중은 광범위하게 좌절했다. 가족을 구성하는 하부구조—사회적 생산 활동에 종사하는 남자가 일가족을 먹여살리는 가장으로 경제를 담당하는 구조—는 이미 금이 갔다. 또 가족을 구성하는 상부구조는 남자 한 사람이 여자의 성과 생식을 관리하며 여자가 이를 기뻐하는 의식 구조이다. 그런데 세계적으로 성 그 자체의 의식에 관한 흐름이 부정에서 긍정으로 방향을 바꾼 가운데, 이런 상부구조는 무너지고 있다. 저널리즘이 가장 먼저 방향을 바꿔서 보잘것없는 성의식을 다루며 여자들에게 해를 끼치고 있다. 더군다나 여자 앞에는 이제 자식한테도 사회복지에도 기댈 수 없는 자신의 노후가 그림자를 짙게 드리우고 있다.

'누구도 만날 수 없는' 체제에서 이러한 인간관계의 본질은 노골적으로 드러났으며 이 가운데 모순이 심화되고 있다. 이런 와중에 여자 대중은 광범위하게 실망감을 드러내고 자신의 존재 위기를 드러내고 있다. 여성해방은 "여자가 살아가는 것이란 무엇인가? 과연 우리는 여자인가?"라고 물으며 첫 울음 소리를 냈다. 제 자식을 죽이는 여자를 비롯해, 어디론가 사라져 버리거나, 바람피우기, 가출 등으로 '냇가에 빨래하러 가라'는 명령을 거부한 여자들이 빈번하게 나타나고 있다.

한편으로 지금까지 옛 존재 양식에 매달려서 남자에게 알랑거리며 '살아가는 것', 노예가 삶을 사는 방식을 여자의 행복이라고 착각하는 많은 여자들이 소노 아야코의 책을 베스트셀러로 만들고 있다. 또 이러한 여자 대중의 흔들림을 배경으로 노동기준법 개악이 침략 체제 정비에 앞서 추진되고 있다.

올해부터 정부는 '젊은이의 성의식 조사'를 5개년 계획으로 시작했다. '일부일처제 해체=가족의 해체'라는 것을 예측하고서 침략[2]을 위한 후방 정비를 완수하려고 그 사전 준비를 하는 것이다.

냇가에 빨래하러 가야 한다며 여자를 억압하는 것은 생식을 정점으로 한 가치 체계에 의해 정당화되고 자연화[3]된다. 이런 가치 체계는 일부일처제에서 나온 것이다. 즉 그 가치 체계는 노동력 상품으로 여자의 저임금을 정당화하고, 가사의 무상 노동화를 자연화하며, 육아를 여성의 유일한 삶의 보람으로 삼게 한다.

여자가 제 자식을 죽이는 사건이 일어나면 평론가는 "어린이의 생명은

---

2 [옮긴이] 1970년대 고도 경제성장을 이룬 일본의 기업들이 한국을 포함해 동아시아로 진출하면서, 독점자본의 경제적 침략을 우려하는 목소리가 커졌다. 일본의 여성해방운동은 동아시아 각국을 경제적으로 침략하면서 일본 남성들이 자본과 함께 현지 여성의 성을 사는 행위를 하는 것을 두고도 '침략'이라 부르고 있다.

3 [옮긴이] 자연스러운 것, 당연한 것으로 여기게끔 한다는 뜻.

어린이의 것인데, 부모가 어린이의 살아갈 권리를 앗아 가다니, 친권 남용이다."라며 눈살을 찌푸린다. 대체 무슨 소리를 하는 것인가! 여자가 아이를 사유화하고 싶어서 하고 있는 게 아니다. 육아를 여자의 유일한 인생 보람으로 강요하는 구조 속에서 여자는 아이와 함께 갈라지고 찢기는 경험을 하고 있지 않은가?

실은 아내로서 엄마로서 강고하게 스스로를 체제 질서에 가둬 둔 자 본인들이 '모성의 신화'나 '어머니의 날'의 기만성을 가장 적나라하게 알고 있다. 삶의 공허함으로부터 자신을 해방할 지향성을 빼앗기면, 이제 그 공허함으로 스스로를 철저히 포장하는 수밖에 없다.

살아가고 있다는 실감을 못 느껴서 생긴 배고픔을 끝까지 속일 수는 없다. 그래서 여자는 아이에게 모든 것을 걸게 되는 것이다.

그러나 가정은 부르주아를 위해 노동력을 재생산하는 노예(여)와 노예 우두머리(남)가 그 역할을 담당하는 장소이므로, 여자가 아이에게 모든 것을 걸어 봤자 결국, 아무 것도 남지 않는다. 아이에게 모든 것을 걸어도 결국 아무 것도 없다는 점을 직감으로 알아차리게 되면 여자는 스스로 원한의 불꽃이 된다. 자기 스스로의 생을 다 살지 못하게 하는, 가장 가까이에 있는 모순적인 존재를 응시한다. 여자는 아이의 목을 조른다.

제 자식을 죽이는 여자—제 자식을 **죽여 버리게끔 된 여자**.

그 행위의 뿌리에 여자의 성을 생식에 묶어 두고 질서를 만들어 내는 체제 질서에서 비롯된 자기 부정이 있음을 우리는 목도한다. 그러나 아무리 자연 발생적으로 안티테제를 표현했다고는 해도, 자신의 적이 누구인지 밝혀내지 못한 채 가장 가까이에 있는 모순적인 존재를 죽이는 행위는 막다른 골목과도 같은 자기 부정일 수밖에 없다. 그것을 자기 긍정으로, 즉 여자와 아이가 함께 **살아갈 세계**(우리는 '함께'에 강조점을 찍지 않는다), 내가 나인 것이 아무하고도 마찰을 일으키지 않을 세계로 스스로를 해방하기 위해 지배 권력에 대항해 지배 권력의 퇴로를 차단한 투쟁 주체로 스스로를 드러내야 한다. 퇴로를 차단한다는 의미는 여자가 아무하고도 제대로 만날 수 없게끔 한 체제 속에는 **여자 자신이 돌아갈 곳이 없음**을 확실히 아는 것이다. 그것은 새로운 가치(공산주의적인 존재 양식, 행동 양식, 인간관계)로 싹을 틔우면서 권력에 대한 투쟁을 하는 것을 뜻한다.

우리가 구성할 여자들의 공동체(집합체)는, 우리 여자가 서로를 만날 수 없게끔 한 체제 속에서 어떻게든 만남을 찾아 낼 장소(이는 공산주의에 앞서 쟁취해야 한다)이다. 공동체를 기축으로 전개할 우리의 투쟁은 가족 해체, 일부일처제 해체를 먼저 포함하며 싸우는 것에 다름 아니다.

여성해방운동의 출입국 관리 체제 투쟁 전선은 그 투쟁을 가족의 해체를 지향하는 것으로 전개한다. 여자든 남자든 각자 냇가나 산에 가야 하는 존재, 즉 자신이 아닌 자신을 강요당한다. 그 둘이 쌍으로 있는 가족은 그 부자연스러움 탓에 권위주의를 계속 재생산한다. 부자연스러움은 언제나 '~해야 한다'는 불문율로 정당화된다. 권위주의는 배외주의와 떼려야 뗄 수 없는 관계에 있으므로, 가족은 민족배타주의를 지킬 제방이자, 출입국 관리 체제의 기반이다.

'가정'이라는 일상 공간이 출입국 관리 체제를 기반으로 있기에 리우다오창 군[4]은 단식이라는 수단을 통해 비일상 공간을 창출했다. 리우다오창 군의 투쟁은 지원 활동을 하는 주체의 반권력 사상에 대해 예리한 물음을 던지고 있다. 즉 우리는 반反권력의 사상으로 '가족을 가족이게끔 하는 뿌리 질서=남녀의 고정된 분업→일부일처 이데올로기'에 대해 맞서고 있다. 리우다오창 군은 단식으로 권력을 넘어서는 물음을 제기한 것이다. 아저씨는 산으로 풀을 베러 가고 아줌마는 냇가에 빨래를 하러 가는 바람에 모모타로桃太郎는 도깨비를 물리친다고 하면서 '침략'을 자행했으며 선물을 잔뜩 안고 일본으로 돌아왔다. 그러니 우리는 투쟁해야 한다.[5]

그렇다면 리우다오창 군의 단식을 두고, 자기 앞마당과 같은 대학에서 즉자적인 행위로 단식 투쟁을 했다고 문제시하는 짓 따위는 하지 말아야 한

---

4   [옮긴이] V장 2절 각주 25번 참조.

다. 그런 비난은 투쟁 주체가 아무 사상도 없이 어리석게 투쟁하고 있음을 보여 주는 것이다. 이번에 나온 재류 허가 연장과 같은 성과는 자신이 몸소 생명의 모든 것을 걸고 이 체제와 대치한 리우다오창 군의 반체제 사상, 단식 투쟁에 깊이 빚을 지고 있다. 이런 점을 검토해 볼 때 우리는 다시금 출입국 관리 체제 투쟁을 하는 주체인 자신을, 그리고 투쟁 조직을 근본적으로 물어야 한다.

출입국관리법안 국회 재상정을 코앞에 둔 '재일일본인'인 우리들은!

1971년 5월 다나카 미쓰 씀

5　[옮긴이] 모모타로 이야기는 1600년대 에도 시대의 민담으로 복숭아에서 나온 모모타로가 할아버지, 할머니와 같이 살다가 어느 날 도깨비 나라로 가서 도깨비를 물리치고 그곳의 선물을 갖고 집에 돌아온다는 내용이다. 일본의 침략주의, 침략 전쟁을 상징하는 이야기로 회자된다. 저자가 말한 것은 일본이라는 국가를 떠받치는 가족이 식민주의 이데올로기, 차별적인 출입국 관리 체제를 정당화하고 있다는 뜻이다.

◇ 8월 여성해방 엠티를 창조하자!

　여름의 끝. 장소는 어느 시골 마을? 온천. 기간은 사흘 정도. 참가자는 열 명에서 수백 명 정도? 모두 걸어서 오는 여성해방 엠티. 그냥 걷는 게 아니에요. 교토에서 오는 어떤 모임 사람들은 인형극을 하면서 온대요. 농사일을 도우며 농가에서 묵으면서 엠티 장소까지 오는 씩씩한 그룹도 있고 봉고차를 타고 오는 그룹도 있어요. 여행 계획을 세우자는 자매들도 있고…….

　입에서 입으로 전해져 여기저기서 작은 소용돌이가 일어나고 있다. 여성해방 엠티. 홋카이도에서, 후쿠오카에서, 가나자와에서, 센다이에서.

　집에 돌아갈 시간만 걱정하던 여자애가, 아무리 해 봐도 여자애들과 좋은 관계를 맺을 수 없던 여자애가, 투쟁과 남자 사이에서 마음이 찢겨져 깊이 고민하는 여자애가, 혼자서 아기를 키우겠다고 결심한 보통은 넘는 여자애가, 내가 아닌 나로 살던 여자애가, 여자의 역사성을 무겁게 짊어진 여자애가, 새까맣게 탄 채로 달린다. 여성해방 세미나. 아이들도 남자애들도 와라! 이른 가을에 바람이 불고, 고추잠자리 떼도 날고, 찐 감자도 있어. 정말?

　여름 끝에 장소는 어느 시골 마을의 온천. 기간은 사흘간, 참가자는 수십 명에서 수백 명…… 알 듯 모를 듯한 이야기. 지금 준비위원회가 준비하고 있긴 해. 알 듯 모를 듯한 이야기. 그러니까 재밌는 거죠. 한번 여자로 태어났으면 여성해방 엠티에는 한번 와 봐야죠. 맞아요? 응? (답이 없군요) 숙소도 정하지 않고 일정도 정하지 않고 (그래도 길을 잃지는 않을 테니까) 배낭을 메고 동네에서 벗어나자! 책을 버리고 나가지는 말고, 동네를 버리고 여행을 떠나자!

모든 자매들이여, 각자 마음에 있는 무기력함을 해체해 버리고 여성해방 엠티에서 날아오르자! 어른이 될 수 없는 어른인 여자들이여! 꿈꾸는 것만으로는 만족하지 않게 된 아이 같은 여자들이여, 여성해방 엠티를 만드는 준비위원회로 모여라! 상상력을 결집하라!

준비위 6월 20일 6시부터 도시마진흥회관
다나카 미쓰 쏨

◇ 어머니께

갑자기 식구들이 집을 비운 사이에 아무 말도 없이 제가 집을 나와서 이제 벌써 2주일이 지났군요. 얼굴을 보면 아무 말도 안 나와요. 이제 좀 배운 사람이 된 저는 말로 어머니와 서로 소통이 불가능하다는 것을 너무 잘 알고 있거든요.

가정에서 우리 딸이라고 소중하게 자랐고, 어머니의 이상에 맞는 여자아이로 살려고 맞춰 온 저의 19년이라는 시간이 와르르 소리를 내며 무너지기 시작했습니다. "내가 널 이렇게 기르지 않았는데."라고 자주 말씀하셨죠. 전 당신의 장난감처럼 조종당하면서 마치 공들여 만든 인형 같았어요.

전 당신이 무서웠어요.

당신을 거스르는 일 따위 생각조차 할 수 없었죠. 그래서 과자도 먹어본 적이 없고, 당신이 싫어하는 것은 전부 싫어했어요. 어머니가 싫어하시면 내가 좋아하는 친구도 집에 부르지 않았습니다. 어머니의 강한 성격을 잘 아니까 전 어머니를 도저히 이길 방도가 없었어요. 그래서 항상 입을 닫은 채 순종적이고 착한 아이인 척했을 뿐이에요. 그러는 새 저에게는 당신 주변을 어중간하게 어정거리고 있으면 언젠가 내게도 좋은 일이 생길 거라는 그런 치사한 마음도 생겼죠. 제가 일부러 어머니에 대한 두려움을 내비치면, 저를 두고 자주 "차가운 애"라고 하셨던 것도 기억해요. 저는 정말 치사한 아이였어요. 그런데 아무리 좋은 걸 먹게 해 주고 아무리 좋은 새 옷을 사 줘도 전 항상 만족하지 못했어요. 뭔가 다른 좋은 게 있을 것이라는 생각에 가슴에는 언제나 좌절감을 품고 있었고 초조했습니다. 제게 빛줄기가 비추면 살아 있다고 느꼈고 또 제가 스스로 살아갈 인생을 만들지 못하고 있다는 느낌이 계속 들었어요. 그러던 저는 이제 조금씩 마르크스와 코카콜라의 의미를 알게 되었고 점점 더 가슴이 찢겨져 나가는 듯한 느낌이 되고 말았어요. '살아 있는 시체'는 이제 싫어요. 저는 밖으로 나가 좀 걷고 싶었습니다.

어머니가 태어나게 해 주었고 지금껏 계속 먹여 준 덕분에 저는 완전히 둔화되고 감성이 마멸되어 당신을 미워하는 것조차 못하고 있어요. 개체로는 철저하게 나뉘어져 있는 우리가 영원히 만날 수는 없을 것 같습니다. 아니 어머니 당신뿐만 아니라, 누구하고도 만날 수 없는 체제에서 우리는 살아가고 있어요. 그러나 손 놓고 있을 수만은 없어요. 빼앗긴 모든 것을 되찾기 위해, 이 체제에서 저는 최대한 제대로 된 만남을 찾고 싶어요. 피로 물든 여성의 역사성과 사회성을 다 끄집어내서 원망과 설움, 괴로움을 갖고서 여자인 내 자신을 굳건히 마주하며, 권력을 압박하는 투쟁을 시작하겠습니다. 내가 본 것을 보았다고 할 수 있는 강인함을 향해서.

불이 없는 곳에 불을 피우겠습니다. 활활 타게 부채질할 거예요. 어디서 피어나건 한 사람의 꽃이 되어 저는 저의 인생을 만들겠습니다.

언젠가 다시 만날 수 있을 것을 믿으며.

안녕, 엄마.

공동체 '여성해방 신주쿠 센터' 멤버 사치 씀

◇ 낳고 싶다……그런데─그래 낳아 보자

　임신 2개월째. 임신해 버렸다. 낙.태.하.자. 재빠르게, 바로 합리적인 방법을 생각해 낸 우리─잠깐만! 왜? 왜 중절해 버리는 거야? 내 배 속에 지금 작은 생명이 숨 쉬고 있는데. 왜? 지워야 해? 연달아 의문이 들어. 돈이 있어야지! 남편이 있어야지! 가족이 있어야지! 그렇지 않으면 아이를 낳을 자격이 없다고 보는 게 세상인 걸!─거짓말 마. 그런 거짓말 따위 난 믿지 않아. 모든 게 거짓말이야.

　가족이 있어야 한다고? 난 잊을 수 없다. 가족, 그 모순투성이 틀 속에서 좀먹고 상처받은 어린애의 마음을 말이다. 자본주의 사회의 사유재산제가 규정한 일부일처제의 모순이 지금도 폭발하고 있지 않은가? 여자들이 제 자식을 죽이는 사건이 계속 일어나고 있고, 그런 사건이 늘어나는 한편으로, 아예 사라져 버리거나 집에서 가출한 여자들이 있다. 노이로제, 경제적 곤궁 탓만도 아니다. 가정 하나하나에 모순이 있는 탓이다.

　그중에서도 여자는 남자처럼 밖에서 일을 하면서, 강해지라는 요구를 받는다. 결혼에 대한 환상=즐거운 우리 집과 같은 꿈을 좇아 가정으로 들어간다. 그렇지만 **여자의 삶**은 가정 속에서 얻을 수 없다. 찾으려 해 봤자 그렇다.

　나는 아이를 낳을 것이다. 그러나 가정 속에서 키우지는 않을 것이다. 그리고 아이에게 내가 엄마라고도 하지 않을 것이다. 한 사람의 규정된 엄마, 아버지의 사유재산이 돼서 그런 엄마의 애정으로 아이를 기르고 싶지 않다. 육아란 우리가 우리 스스로의 인생을 찾으려 하는 가운데 한 사람의 인간으로서 태어난 아이의 **삶**을 찾을 수 있도록 해 주는 것이다. 체제 내부의 가치관을 해체하면서 진행해야만 할 수 있을 것이다……. 또 우리는 현실 사회에서 공동육아를 지향하는 보육 장소를 마련하려고 준비하고 있다.

아이를 낳은 여자들.

아이를 낳고 싶은 여자들이여, 모이자.

'고무우무こむうむ'[1] 하시모토 유키 씀

---

1 [옮긴이] 1970년대 초 도쿄에 있던 여성해방운동 조직으로 공동육아를 지향하는 여성 12~13명이 모여서 만들었다. 단체명은 고오우무(일본어로 아이를 낳다라는 뜻/구호子産む(こをうむ))과 코뮨commune을 합친 것이다.

◇ 여성해방 엠티 일정을 정했다!

1972년 8월 21~24일(3박 4일)
첫 뉴스가 나왔다! 이제 또 두 번째 뉴스가 나와요.
여성해방 엠티 세미나 뉴스

거무스레한 바위, 산기슭, 깨끗한 계곡물, 샘이 솟는 마을……. 신나노 타이라 스키장 옆 '스즈'장. 좋은 풍경이고(욕정이 들지 않아요), 밥이 맛있고 ("집에서 농사한 신선한 쌀, 야채, 과일이 식탁에 풍성하게 오릅니다."라고 팸플릿에 쓰여 있네요) 게다가, 싸요. (1박 3식 제공에 800엔만 내요)

◎모든 자매들이여, 여성해방 엠티에 모입시다!

스스로에게 주문을 걸고 더 이상 힘을 낼 수 없다고 결론 내린 자매들이여. 행동에 나서려면 항상 뭔가 그럴싸한 대의명분이 필요하다고 여기며 혹시 실패하거나 배신당하거나 상처를 입을까봐 걱정만 하면서 영혼의 움직임을 잃어버린 진부한 자매들이여. 어디에나 있는 이런 자매들이여!

좌파의 혁명 용어에 움츠러들고, 스스로를 해방하는 데에도 죄책감을 느껴야 하는 계급투쟁 안에서 혁명을 향해 결연히 일어나기도 하면서도, 그 혁명에 흥이 깨졌다는 사실을 속일 수 없는, 급진적이면서도 경솔하고 얼빠진 자매들, 어디에나 있는 자매들이여!

속도위반으로 낳은 아이와 짭새한테 잡힌 남편을 돌보며, "그다지 큰일이 아니야. 그 사람은 언제나 다정해. 어디에서 살든 마찬가지일 걸. 그런데 왜 몰라 주는 거야. 이렇게 절절한데, 마을에서 가장 높은 언덕에 달려 올라 갈 즈음에 실은 울고 싶은 마음이라고. 새빨간 석양 아래로 배가 출항하네. 네 마음속에 뭔가가 있어."라는 노래 가사처럼 밤낮으로 무심코 자기 꼬리를 물려고 빙빙 헛도는, 당연하게 어디에나 있는 자매들이여!

미인이 되고 싶다는 생각에 잠겨 고민하는 한편 오드리 헵번이나 요시나가 사유리吉永小百合는 왠지 요물 같지 않냐고 하면서 정상적인 미의식을 잃지 않은 여자들이여, 사내 연애도 괜찮다고 하면서도 아무래도 회사에서 여자만 차를 타고 나르는 건 불합리하다고 보는 정상적인 판단력을 잃지 않은 여자들이여. 어디든 있을 법한, 도처에 있는 여자들이여!

◎내가 본 것이 본 것이다!

지배와 피지배가 있는 사회에서 우리는 그냥 있어도 위축되고 만다. 그렇지 않아도 가뜩이나 비참한데, 이 세상은 우리를 더욱 무기력하게 할 나쁜 계략만 가득 꾸민다. 학교 교육, 그럴싸한 도덕, 예의범절 교육, 결혼 적령기가 지나간다는 식의 공갈에 더해 여자다움의 강조, 직장의 꽃, 동물을 가둔 우리 같은 아파트, 남성 주간지가 말하는 프리섹스가 곧 성의 해방이고 그게 오르가슴이라고 떠들어 댄다. 무기력에서 벗어나고자 계급투쟁에 참가하면 코민테른이 이러하다, 마르크스가 저러하다, 생디칼리즘[1]을 극복하자 하면서 총괄을 하고 자기비판을 하고 그러다 서로를 고발하고……. 아 정말 요란스럽네. 계급투쟁이라는 건 무겁고 힘들게 음울하게 해야 한다는 식의 분위기를 연출하며 "그건 단지 자신만 해방하는 것이다."라든가 "그런 주체 형성론은 말이 안 돼."라고 비난한다. 그런 비난에 떨면서도 인간 해방을 향해 투쟁하는 속에서 무기력한 나는 한층 더한 나락으로 떨어진다.

금욕주의와 권위주의가 주체 형성이 부족한 이들을 지탱하는 구조 속

---

1   [옮긴이] 노동조합주의.

에서, 무기력한 자들만 남게 될 계급투쟁은 불가사의하다(혁명운동이 천직이라고 자부하는 자들이 내보이는 이런 혁명적인 둔감함에 주목해 보라). 너희들이 엄마한테 손 벌리면서 체제 타파를 역설하는 게 가소롭기 짝이 없거든. 너희들이 팬티만 꽉 부여잡고서 혁명을 노래하는 언사로 자아도취에 빠진 그 외설적인 모습을 훤히 다 볼 수 있거든. (물론 그렇지 않은 사람도 있지만) 사유재산제가 상부구조에 할당한 핵심 이데올로기인 일부일처제에 자지를 포섭당하고도 일부일처제 안에 있는 일국주의一國主義에 대해 아무런 의문도 없이 '세계 프롤레타리아주의' 깃발만 높게 내걸은 게 신좌익이다. 여자가 부르주아적으로 희생하는 형태에 얹혀 겨우 생산성의 논리를 유지해 온 게 1960년대 계급투쟁이다.

◎내가 본 것이 본 것이다!

지금까지 당연한 것처럼 믿어 온 모든 것을 의심해 보자. 계급투쟁을, 성을, 노동을 — 그리고 여자라는 것을. 의문을 품고 묻다 보면 빼앗긴 말과 주체성을 되찾을 수 있다. 또 먹이를 잔뜩 얻어먹고 싶은 강아지마냥 남에게 알랑거리지 말자. 우리 속에 이미 풍부한 미래가 있으니까. 자신을 제대로 바라보기 위해 여자들끼리 서로 거울이 되어 주는 건 어떨까? 투명하게 속임수를 쓰지 않고서 — 무기력하고 비참한 우리 자신을 서로 비춰 보는 것이 자신을 되찾기 위한 첫걸음이다. 그것을 위한 것이 여성해방 엠티이다.

망설이지 말고, 그렇다고 딱히 큰 결심을 하지도 말고, 가볍고 과감하게 어깨를 펴자. 하늘까지 어깨를 쫙 펴서 내가 마치 세계 전체가 된 것처럼…… 그렇게 투쟁을 해 보자. 그렇게 인생을 살아 보자. 그러려고 하는 게 여성해방 엠티이다.

관념적인 공론이 아니라 구체성에서 시작해 본질성으로, 또 본질성에서 구체성으로, 자신의 생각과 경험을 소리 내어 말해 보자. 이렇게 시작하여 전국 방방곡곡의 자매들과 함께 권력 타파 계획도 세워 보자.

공산주의를 '그림의 떡'이라고 하지 말고, 자기 안에서 또 자신의 모든 관계성 안에서 미래를 쟁취하자. 공산주의를 실체로 만들어 가자. 자신에게 의미가 있는 것을 찾는 가운데, 모든 사람들에게 의미가 있는 세계를 만들 수 있다는 것을, 살아 있는 기쁨과 함께 실감해 보자.

아이를 데려오자. 실연의 아픔을 갖고 오자. 콤플렉스를 갖고 오자. 그 속에 우리가 비상할 수 있는 열쇠가 있을 테니. 3박 4일 미칠 정도로 즐겁고 풍요롭게 창조하자. 여성해방 엠티 같이해요! 그렇죠? 반대 없죠? 같이해요. 여성해방 엠티에 모든 자매들이여 모여라!

어라, 다 가 버리고 나만 남았네.

거기 울고 있는 사람 누구에요? 지금도 늦지 않았어요. 아직 충분해요.

다나카 미쓰 씀

◇ 여성해방 엠티의 네 가지 즐거움

◎걷고, 걸어가자

집에서, 동네에서 떠나면 바로 여성해방 엠티가 시작돼. 그냥 기차를 타고 버스를 타고 가는 것만으로는 좀 심심하잖아. 아무런 계획 없이 하루는 혼자서 걸어 보자. 하룻밤은 노숙을 해 보자. 그 아득한 시절 옛날 사람들이 하던 여행의 즐거움을 느낄 수 있으려나? 이래서 안 돼 저래서 안 돼 하면서 맨날 걱정만 하고 있는 무기력한 자들이여. 오쿠보 기요시[1] 같은 작자가 나타나면 어쩌지 하고 그저 떨기만 하는 무기력한 자들이여. 내 안에 있는 무기력함과 두려움을 해체하기 위해 내가 못할 것 같은 일을 해 보자. 내가 이렇게나 할 수 있다는 것을 실감해 보자. 무슨 일이 벌어질까? 후후후…….

◎당신 일은 당신 스스로 해요

실행위원회에서 이번 엠티를 준비하면서 '엠티(합숙)'를 한다고 하면, 금세 아침부터 모여서 라디오 체조[2]를 하는가 싶어 참가자들이 싫어하지 않겠느냐는 둥, 여러 이야기가 나왔다. 추첨으로 여럿이 쓸 방을 배정해서 처

---

1 [옮긴이] 연쇄 강간 살인범. Ⅴ장 2절 각주 20번 참조.

2 [옮긴이] 라디오를 틀어 놓고 집단으로 하는 국민체조. 1928년부터 건강한 '국민'을 만든다는 목적과 집단주의 의식 함양을 배경으로 시작되었다. 1951년부터 초등학교에서 방학이나 수학여행 때 아침 체조로 실시했다.

음 알게 된 사람들끼리 콜렉티브(운동 공동체)를 만들 수 있도록 하자. 낮 시간에는 피임법 기초부터 시작해 산리즈카 투쟁, 출입국관리법안 투쟁, 일본 악녀의 역사를 주제로 강좌를 열자. 밤 시간에는 밤이니까 모여서 영화를 보거나 노래자랑, 춘가春歌[3] 부르기, 추석 춤을 추거나 만담 공연을 하자고. 하도 많이 계획을 세워 봐서 다 못할 지경인데. 그런데 꼭 **다 참석해야 한다는 것은 아니고,** 하기 싫은 건 안 해도 되니까.

하고 싶은 것을 과감히 한다는 것이 얼마나 훌륭한지, 영혼의 떨림을 실감해 보지 않겠는가?

누구도 아무 간섭하지 않는 대신에 걱정도 해 주지 않아요. (단 의료 물품은 완비했습니다) 당신 일은 당신 스스로 해요. 내가 본 것은 봤다고 하는 겁니다!

◎여자들의 우물가

산기슭에서 여성해방의 목소리를 시끄럽게 드높이자. 일본 각지에서 온 자매들과 마음 가는 대로 이야기해 보자. 혁명 이론이나 용어는 집어치우자. 우물가의 쑥덕거림이 뭐가 나빠? 스스로를 논리로 대상화하지 못하게끔 궁지에 몰린 여자의 역사성을 짊어진 채, 투쟁의 출발점은 어디까지나 '여자라는 것'이 무엇인지 고집스럽게 묻는 가운데 나온다. 그래야 권력을 타파할 말도 나오는 것이다. 수다는 떨 수 있어도 스스로에 대해서는 이야기하지 못하는 비참한 우리들. 그래도 지금 여기에 있는 우리부터 출발하는 수밖에 없어. 모든 것을 어쨌거나 '말'로 만들어 보자.

◎여성해방 엠티에 참가한 자매들이여, 전국으로 퍼집시다!

3박 4일이 끝났다고 바로 "안녕." 하고 헤어지면 안 돼요. 여성해방 엠티는 그렇게 쉬운 게 아니라고요. 나중에도 끈질기게 이어질 여성해방 엠티.

3 [옮긴이] 섹스에 관한 일본 전통 속요.

엠티를 하다가 친해진 사람이 생기면 그 사람 고향에 따라가 봅시다. 여자는 단결이 안 된다고? 그렇지 않아! 틀렸어! 그런 뻔한 말을 극복해 봅시다. 여성해방 엠티에서 생긴 여름의 추억을 보다 심화하여 실체로 만들어야겠죠. 그러기 위해서라도 여성해방은 끝나지 않는다. 그리고 일본 전국 여기저기서 여성해방의 소용돌이를 일으키는 것이다, 그렇다! 가을에는 오키나와도 산리즈카도 같이 간대! 늠름하게, 늠름하게.

이 여름 한 계절이 '여자'를 만든다! 결정!

추신

아이를 아이 엄마한테만 달라붙어 있게 하지 맙시다. 아이를 가진 여자도 마음 편하게 참가할 수 있는 여성해방 엠티를 만듭시다.

모든 자매들이여!

엉망인 채로, 엉망진창인 채로 여성해방 엠티로 날아오르자!

다나카 미쓰 씀

◇ 열려라, 열려라, 열려라 참깨!

갓난애를 가진 여자가 열어젖힐 문은 이 문이다!
9월 12일 오후 1시 나리마스역(전철 도쿄선)에 모여라!

나는 벌써 오래전부터 임신한 상태로 있는 것만 같다. 임신 열 달 하고, 이 세상에 아이가 나와서 열 달, 막 스무 달을 지났을 뿐이지 않은가. 지난 스무 달 동안 여러 생각을 하면서 내 방향을 정하게 된 것 같다.

아이를 낳지 않는 게 이기적이라면 **아이를 낳는 것도** 이기적이다! 제멋대로 낳는 나와 제멋대로 낳지 않는 당신이 있을 뿐이다. 이 지점에서 나의 출산은 출발했다. 임신 중에 배가 부르자 소유감을 느꼈다. 애를 낳으며 산고도 분명 느꼈다. 감각이 분명한 만큼 나는 갓난애와 살아가려고 한다.

어떤 아이가 태어나든지 스스로 감당할 일임을 다짐하면서, '이렇게 됐으니 하는 수 없지.' 하고 마음을 정리하면서도 '어찌 됐건 나는 낳을 것이다!' 결심했다. 그래서 매달 한 번 산부인과에 가서 자궁을 보여 줬다.

자궁에 있는 '보물'이 내 배를 꽉 누르자, 자궁과 외부 세계를 잇는 회로인 병원으로 갔다. 그리고 진통실과 분만실이 기묘하게 나뉜 병원을 나왔다. 아기가 전보다 훨씬 커진 유방을 빨았다. 나는 세 번 네 번 기저귀를 갈면서 "그냥 둬도 애는 잘 자랄 거야."라고 연신 내뱉으면서도 '그래도 그냥 내버려 두면 아기가 죽지는 않을까.' 싶어서 머리가 빙빙 도는 것만 같았다. 아이가 울면 초조한 하루하루를 열심히 살았다.

매일 윗몸과 아랫몸이 분리되는 느낌이다. 그런 가운데서도 내 자궁은 외쳤다. "갓난애가 우는 건 당연한 거 아냐! 그걸 보고 떨어 봤자 소용없다고! 갓난아기한테 젖을 주고 기저귀를 갈아 주는 게 당연한 거야. 그런데 아기 우는 소리에 통달하게 되면 나는 아무 것도 못할 것 같아. 내 인생은 어떻게 되는 거야!"

육아책은 아이를 키울 때 이렇게 하면 된다고 여러 사례를 대충 훑어서 쓴 것이다. 현실 속에서 아기와 생활하면서 이런 육아법과 부딪혀야 한다. 안 그러면 나는 갓난아기와 자멸하고 말 것이다. 아기의 욕망과 내 욕망이 항상 어긋난다. 아이가 칭얼대면 편지조차 쓸 수가 없다. 응애 하고 우는데도 그냥 내버려 두면, 아파트 얇은 벽을 사이에 둔 이웃이 마음에 걸린다. 그래도 아이를 안아 주고 싶은 마음이 들지 않는 때도 있다! 아기를 잘 돌보고 있으면 나를 보는 남의 시선이 빛난다. 뭐야, 그런 시선 따위 내가 알 게 뭐야! 응애 하고 울어서 엉덩이를 맞든 안 맞든, 아이는 제멋대로 살아간다. 아기가 가엾다든지 귀엽다든지 하는 말은 육아에 책임이 없는 남이 하는 말이다. 아니면 뭔가? 내가 낳았고 내가 애를 키우며 살고 있는데! 나는 자식을 위해 내 인생을 희생한다는 식의 안이한 말을 하지 않는 만큼, 그만큼 육아에 자신 있다!

내 마음대로 태어나게 만든 아이, 네가 내게로 더욱 가까이 다가오면 좋을 텐데! 이런 감각은 보통 말하는 '아이를 기른다'는 감각하고는 달라!

지금 나와 아기는 꼴 보기 싫게 '살아가고 있다!' 아가야, 너를 데려갈 수 있는 곳이 필요하다. 어디든 데려갈 수 있어야 한다. 그리고 갓난아기가 있는 여자는 아기를 누군가에게 맡기고, 서둘러 볼일을 보러 달려갈 수 있어야 한다! 아이를 밴 내 자궁에 맹세하며, 달려갈 것이다.

달려갈 수 있어야 한다!

아기를 업고서 다리를 벌리고 오토바이에 탈 수 있어야 한다!

1971년 9월 다케다 미유키武田美由起 씀

◇ 내가 위에서 내려다봤던 여성해방운동

　작년에 오쿠보 기요시가 저지른 연쇄 강간 살인 사건이 전해지자, 한 남자가 "그놈이 말한 것을 들어줬으면 살았을 텐데. 저항해서 여자가 죽은 것이다. 죽은 여자가 바보다. 당한다 한들 닳는 것도 아닌데 뭘."이라고 했다. 인간을 인간으로 보지 못하고 그저 장난감으로 보는 생각에서 나온 이런 말을 듣고도, 받아치기는커녕 공감하는 남자들이 많다. 그런 말을 듣고 나는 화가 울컥 치밀어 그 남자와 언쟁을 벌였다. 많은 여자들이 남자의 달콤한 말에 속아 넘어가 장난감이 된다. 나만은 괜찮을 거라고 믿는 여자들이 많다. 여자들은 달콤한 말을 기다린다.

　인간이 아닌 것으로 취급당한다는 것을 알아차리지 못하고 여자는 때로는 남자의 장난감이, 때로는 (요리나 청소를 하는) 로봇이 된다. 그리고 여자는 언제나 피에로처럼 재미있어야 할 것으로, 집에서도 사회에서도 차별을 받고 있다.

　나는 '여자가 가엾다, 그러니 여자를 해방하자, 여자를 자유롭게 하자, 세상이 여자를 인간으로 대우하게끔 하자.' 하고 생각하다가 어느 날 여성해방운동에서 전위적인 '그룹 싸우는 여자들'의 콜렉티브(여자들의 공동체, 내가 방문했을 때는 여성 세 명이 같이 생활하며 일상적인 투쟁을 전개하고 있었다)를 방문했다. 그러고서 내가 '아, 여자란 참 불쌍하다.'라고 생각한 것이 실은 무서운 생각이라는 점을 깨닫게 됐다. 내가 여자들보다 위에 있다고 여기고 여자들을 내려다봤기 때문이다. 내 자신에게도 여자들에 대한 차별 감각이 있음을 알아차리지 못한 것이 부끄러웠다. 그런 생각을 하는 내 자신이 슬펐다. 높은 곳에서 여자들을 내려다본 내 자신이 바로 억압자였다. 나와 같이 이렇게 위에서 여자들을 내려다보고 있는 남자들이 여자를 SEX의 도구로 삼고, 자신을 어머니처럼 대해 줄 여자와 살며 그 여자를 가사 로봇으로 취급하는 게 아닐까?

주인과 노예, 억압자와 피억압자의 관계에서 진짜 인간 해방을 할 수 있을까?

인간이 인간답게 살려면 성차별이나 인종차별 같은 건 있어서는 안 된다. 나는 자유롭게 살고 싶다.

나는 억압자가 되고 싶지 않다. 그러려면 나 자신을 들여다봐야 한다. 우리는 내면(자신의 마음)과 외면(부르주아, 소시민)의 적과 투쟁해야 한다. 적을 무너뜨리기 위해 마지막까지 인간 해방을 위해 싸우자.

1972년 3월
돈 아키모토DON秋本 씀[1]

---

1 우리 콜렉티브 '그룹 싸우는 여자들'에 방문했다가 그 방관자적 태도를 질타당한 남자 돈 아키모토가 이 전단지를 써서 뿌렸다.

◇표창장—도쿄대 입시를 향해

어머니 수고하셨습니다. 도쿄대학 투쟁 때 그만하라며 캐러멜을 나눠 주셨지요?[1] 답례로 저는 파스를 드립니다. 기껏해야 파스일 뿐이지만 붙이시고요. 딱 그만큼 느껴 주세요. 이 파스가 당신이 준 캐러멜이 제게 뜻하는 바입니다.

여태껏 자식 성적에 일비일희하셨고, 지금도 틀림없이 도쿄대학에 합격할 자식이 마치 자신인 것마냥 긴장하고 계시겠죠. 내 자식이 다른 집 자식들 무리를 제치고 도쿄대 문턱까지 올 수 있던 것은 당신이 다른 엄마들과 경쟁해 이긴 덕분일 겁니다. 전부터 여자는 남편과 아이로 인해 살아왔으니까요. 다시 말해, 어머니 세대 여자들 앞에는 남편의 아내이자 아이의 엄마로서만 살아갈 길이 준비되어 있었으니까요. 남편이나 자식이 어떤지에 따라 여자 인생이 결정되니까 자기 마음대로 살지 못한 만큼 어머니께서 자식이 나 대신 잘 살아 주기를 바라는 마음도 그다지 상상하기 어렵지는 않습니다.

그러나 어머니, 돌아봐 주세요. 20년 가까이 의식주를 같이한 당신과 자식 사이에 얼마나 대화가 있었나요? "배고파?", "춥지?", "응.", "아니." 만약 이런 헌신을 뺀다면, 어머니한테 뭐가 남을까요? 왜 여자의 가치는 그 자신이 아니라 자식에 대한 헌신과 봉사에 있는 것일까요! 어머니. 여자가 남편,

1 I장 2절 각주 6번 참조.

자식에 의해 인정을 받을 사람이라고 해도 말입니다. 아무리 내 배 아파 낳은 내 자식이라 해도 자식과 한 몸이 될 수는 없어요.

어떤 옷을 입고 있든지 간에 인간은 혼자서 태어나 혼자서 죽습니다. 당신이 배가 고픈 것은 당신 배가 고픈 것이지, 아무리 어머니가 배려한다고 한들 어머니 당신 배가 고픈 것이 결코 자식 배가 고픈 것으로 될 수는 없습니다. 이런 사실에는 변함이 없을 겁니다.

여자가 자식을 바라보고 살려고 해도, 현실은 그 기대를 저버릴 겁니다.

자신은 가지 못한 도쿄대에 자식을 넣으려고 필사적으로 하는 이유는 어머니의 사랑이 결코 '무상의 사랑'이 아니기 때문입니다. 자식의 출세가 어머니의 출세이지요. 어머니의 진심은 어머니의 사랑이 무상이 아니라는 것, 출세를 하고 싶다는 마음입니다. 그것이 유일하게 나 자신의 인생을 공허하게 하지 않을 방법이자 여자가 출세하는 가장 간단한 방법이니까요.

그런데 도쿄대가 다른 대학보다 위에 있는 것은 머리 좋은 이들이 언제나 승자가 되어 머리 나쁜 이들을 복종하게끔 하는 것과 같은 구조입니다. 남자보다 머리가 좋아서는 안 될 여자가 '남자의 그림자(하녀, 봉사자)'로 살아갈 수밖에 없는 구조를 계속 만들어 내고 있습니다. 도쿄대를 나오는 것이 큰 의미가 있는 사회는 어디까지나 여자를 배신할 사회입니다. 여자가 자식을 자신의 출세 도구로 삼을 때, 자식은 어머니를 자신을 돌볼 도구로밖에 여기지 않습니다.

아내나 어머니로서 사는 것 빼놓고 여자에게 길을 열어 주지 않는 현실 앞에서 여자에게 아내나 어머니 말고 어떤 다른 길이 있을까 물어봅시다. 어머니 자신은 자식의 삶을 대체할 수 없습니다. 또 어디까지나 그런 기대는 배신당할 것입니다. 그런 운명이 보이기 때문에 우리는 어머니 이외에 달리 여자의 삶의 방식이 준비되지 않았음에도, 어머니와 같은 삶의 방식으로는 살 수 없다, 살고 싶지 않다고 생각하게 됐습니다.

어머니, 당신과 마주하고 싶습니다. 돌보는 자로 규정 지어진 자로 만나는 것이 아니라, 당신이 당신 자신으로 빛나고 내가 내 자신으로 빛나는 방식으로, 그렇게 만나고 싶습니다.

1972년 3월 20일

1972년 5월 예정 '전국여성해방대회' 준비 진행 간사 일동

변소로부터의 해방

◎들어가며

계급사회 아래에서 여성은 누구나 태어날 때부터 하나의 사유재산을 가지고 있다. 처녀성이란 사유재산을. 이것을 솜씨 좋게 이용하여 비싸게 파는 것으로 여자의 인생은 결정된다.

또 처녀성에는 선천적, 후천적 순위가 있다. 집안, 재산, 용모, 교육의 정도에 따라 처녀성의 상품 가치가 대폭 다르다. 이것도 기묘하나, 더욱 기묘한 점은 처녀성의 상품 가치를 따질 때 여자가 실제 처녀인지 아닌지는 별로 의미가 없다는 것이다.

중요한 것은 여자가 처녀답게 굴 수 있느냐이다. 가령 처녀가 아니더라도 하얀 웨딩드레스를 입고서 '순결한 신부답게=처녀답게' 행동할 낯 두꺼움만 있으면 된다. 요시나가 고유리吉永小百合[1]를 요시나가 고유리답게 하는 것은 무엇보다 그 처녀다움에 의한 것이다. 여성은 어린싹일 때부터 여자답게 하라는 한마디 말을 주입당해 왔는데 그 말은 즉 처녀답게 하라는 말과 같은 뜻이다. 결국 처녀답게 굴지, 굴지 않을지가 남자와 사회에 반기를 들 것인지 아닌지를 정하는 갈림길이다.

즉 여성해방운동이란 여성이 처녀다움을 반납하고, 다정함과 다정함을 신체적으로 표현하는 SEX를 가진 총체적 여성으로서, 처녀다움이라는

---

1 [옮긴이] 1945년생. 1970년대 인기가 높았던 여배우로 청순한 여자의 상징.

기준으로 여성의 우열을 정하려고 하는 남성과 사회를 부수고, 이를 압박하는 여성의 투쟁을 전개하는 것이다.

지금 내가 쉽게 척척 멋들어지게 말하는 것 같겠지만, 이 몸은 여자 인생의 바탕이 되는 '결혼이 곧 여자의 행복'이라는 말로 이렇게 철저히 할 수 있나 싶을 정도로 특훈을 받다시피 했다. 마르크스, 엥겔스, 보부아르가 쓴 책을 읽고 대뇌 주름을 몇 가닥 늘렸다 한들, 의식 구조 핵심에 심어 놓은 '그렇게 여자답게 하지 않으면 시집 못 가.' 따위의 의식으로부터 스스로를 전면적으로 해방하기란 불가능하다.

'그렇게 여자답게 하지 않으면 시집 못 가.'와 같은 의식 구조는 여자의 성을 부정한다. 성은 더럽고, 죄악이고, 여자가 입에 담을 것이 아니라는 교육이야말로 여자다움=처녀성을 연출하게끔 하는 총사령관이다.

'그렇게 여자답게 하지 않으면 시집 못 가.' 따위의 진부하고 닳고 닳은 꼬리를 달고서도 '처녀다움'에 반기를 드는, 모순에 가득 찬 존재가 '지금 여기 있는 여자'이다. 또 '지금 여기 있는 여자'의 성과 생식을 따져 묻고 밝히는 가운데에서만 여자를 인간으로 보편화할 수 있다. 그렇기에 여자의 투쟁은 자신의 볼품없는 모양새, 급진적이면서도 뭔가 얼빠진 짓도 하는 꼴을 직시하면서 나를 이렇게 만든 적을 압박하는 싸움이다. 말 그대로 엉망인 채로, 엉망진창인 채로 적을 압박하는 수밖에 달리 방법이 없다.

지적인 여자가 지적인 영역에서 위로를 받고 나르시시즘을 양념으로 약간 뿌려 자기 구미에 맞게 내놓은 기존 여성운동의 논리[2]와 또 남자의 의식과 그 논리 구조에 공손히 무릎을 꿇고 따르면서 여자임을 초월해 남자처럼 되자, 남자처럼 돼서 혁명하는 여자가 되자 하는 운동의 논리는 같다. 지적인 동시에 육체적인 '지금 여기 있는 여자'는 이렇게 속이 훤히 들여다보이는 뻔한 논리를 자신의 살과 뼈를 통해 총체적으로 부정하고 비판해야 한다. 이를 위해 나의 시각을 제기한다.

2 [옮긴이] 1970년대 당시 인텔리 여성이 내놓은 글들을 가리킨다.

◎ 여성해방운동이란 말은 왜 못나 보이나

정치에 참견하는 여자, 조리 있게 말하는 여자, 사회에 참여하려는 여자, 여성해방이라든지 남녀차별 운운하는 여자는 못생기고 쭈글쭈글한 데다가 욕구 불만인 올드미스라는 둥 못생겨서 떨이로 남은 거라는 둥 떠드는 이미지가 지금도 강하다. 이런 말은 다음 두 가지 의미에서 사실이다.

첫째, 여자와 정치의 관계는 정치가 사람들 생활과 동떨어지게 된 것을 반영한다. 특히 여자를 두고 정치를 모른다고 하는 것은 가부장제 지배 체제가 사회와 남성에 대해 해를 가하지 않을 범위 내에서 아양을 떨거나 토라지라는 식으로 얌전하게 사랑받는 여자를 필요로 하기 때문이다. 그렇지 않은 여자는 건방지고 못생긴 여자고, 남자 일생에 평생 돌이킬 수 없는 악처 같다는 이미지를 날조할 필요가 있는 것이다.

여자가 골수까지 깊이 스며들도록 '여자의 행복은 결혼'이라고 믿게 되는 이유, 그런 여자로 만드는 까닭은 우선 현 사회가 재산의 보전과 상속을 위해 사유 경제의 지상 명령을 순혈주의라는 형태로 확보해야 할 필요성 때문이다(남자는 '여자가 낳은 자식이 내 자식이라 믿는 고로 내가 존재한다'고 할 수 있는 그런 존재다). 그러려면 결혼에 대해, 남자에 대해, 사회에 대해 만족하지 않고 반기를 드는 여자를 사회적으로 박살 내서 본보기로 삼을 필요가 있다. 그 방법을 보자면, 우선 남자는 반기를 들 만한 여자를 고르지 않는 게 아주 중요하다. 그러한 남자와 남자의 의식(지배 계급의 의지 그 자체)에 아양을 떨고 굴복할 여자를 만드는 곳으로 집과 학교를 준비했다. 성에 따른 차별 구조 ─ 소위 '남자다움', '여자다움' ─ 를 만들기 위해. 특히 여자를 신비화하여 여자는 신비함에서 매력이 나온다는 식으로 '여자다움'을 말하는 논리가 나왔고 이런 논리는 지배 계급이 남자와 여자의 성을 억압해서 그 계급적 의지를 관철하는 것을 감추는 베일과 같은 역할을 했다.

이리하여, 그 베일을 벗겨 낸 여자, 여자다움을 거부하면서 여자로 살아가려는 여자는 냉소의 대상이 되어 비웃음을 당하고, 남들한테 미움을 당하게끔 하는 장치가 생긴다.

둘째, 지금까지 여자의 투쟁 그 자체를 퉁명스럽고 모나고 매력 없는 마치 '전국 못생긴 여자 연맹'과도 같은 운동 주체가 했기 때문이다.

근대 메이지 시대 이래로 여성해방을 울부짖는 여자 투사들이 보여 준 히스테릭하고 멋스럽지 못한 모습은, 그런 여자 투사들이 여자가 여자로 해방하기 위해서는 필연적으로 남자처럼 되어야 했던 과정에서 비롯한다. 여자가 여자로 해방하기 위해, 그 당시(한해 농사가 흉작이 되면 농가 여자애들을 창녀로 팔던 시절) 여자들이 당한 여러 가지 억압을 생각해 볼 때, 여자 투사들은 먼저 이혼할 자유, 보통선거권 쟁취, 간통죄 철폐, 직업 선택의 자유 등 기본적인 인권 보장을 위한 권리 획득과 여자의 경제적 자립을 위해 투쟁하는 데에 중심을 두었다. 그 시절 여자 투사들은 여자가 마소 취급 당하는 수준에서 인간 수준=남자 수준의 권리를 쟁취하기 위해 긴장하는 가운데, 여자의 성을 드러내지 않거나 버림으로써 운동을 짊어진 것이다.

여자가 주체성을 확립하는 데 경제적, 법적인 남녀평등은 여성해방의 본질에 다가서게 할 전제 조건이라는 점(전제 조건에 불과하다)을 생각해 볼 때, 그런 과정은 꼭 한번은 거쳐야 할 길이자 디뎌야 할 발판이었다고 이해할 수 있는 것이다. 또 과거의 여자 투사들이 기세를 드러내며 으르렁대던 그 뒷모습을 보며, 나는 동지애와 사랑을 느끼면서도 또 여자의 슬픔을 생각하지 않을 수 없는 것이다.

이제 여자 투사들이 개척한 땅에 서서, 그이들과 제대로 된 만남을 가지는 가운데 새로운 첫걸음을 내딛고 여자의 투쟁을 구축하려고 한다. 그렇다면 우리의 투쟁, 즉 여자의 성과 생식을 따져 묻고 분명히 밝히는 가운데 해방을 지향할 우리의 투쟁. 과연 그것은 얼마나 꼴사납게 어떻게 진행될 것인가? 이를 생각하기 전에, 먼저 인간을 예속하는 기본적인 수단인 성 즉 성을 통한 인간 관리, 일부일처제와 그 제도를 떠받치고 있는 남녀의 관계 등을 짚어 보자.

◎ 예속 의식은 만들어진다

재산 보전과 상속을 목적으로 한 경제 체제는 여자의 성적 욕구를 남자와 가정에 매어 놓음으로써 순혈주의를 유지하려고 한다. 여자한테만 적용하는 일부일처제가 그것이다. 인간의 자연스러운 마음과 몸의 영위 과정에 반하는 일부일처제는 여자와 아이가 남자에게 의존하게끔 하는 경제 구조를 바탕에 깔고 있다. 또 체제에 위기가 오더라도, 사람들의 마음의 핵심에 성을 더럽고 천하고 부끄러운 것으로 경멸하는 의식 구조가 자리 잡도록 해서 지금까지 위기를 극복해 왔다. 일부일처제는 본질적으로 여자의 경제적 자립과 성적 욕구를 틀어막기 위해 만들어진 것이다. 그러므로 성을 업신여기는 의식 구조는 여성에 대한 억압을 더 강하게 한다.

성을 부정하는 이런 의식 구조가 왜 사람들 마음에 핵심으로 자리 잡게 된 것인가? 말할 나위 없이 인간의 의식은 생활에 따라 규정된다. 그 생활은 경제적으로 규정되며 타인과 관계를 맺음으로써 유지된다. 여기서 타인이란 기본적으로 남자에게는 여자, 여자에게는 남자이다.

세상이 어떻든지 간에 인간은 혼자서 태어나고 혼자서 죽는 개체로 살아갈 수밖에 없다. 그러므로 다른 개체와 커뮤니케이션을 해야 한다. 타인과 근원적으로 소통하지 못한다는 것을 알면서도, 다른 개체에 대한 환상을 좇지 않고서는 있을 수 없는 것이다. 우리는 개체로서 살아가는 생물의 비애를 서로 나눌 행위로 SEX를 찾고, 살을 맞대려 한다. 이러한 남자와 여자의 관계성, 즉 생물인 인간이 다른 생물과 가장 자연스럽고 기본적으로 나누는 교감을 부정하고 경멸함으로써 인간의 삶을 불완전하게 연소하도록 한다. 이런 상태에서 사람은 살아가는 것을 두려워하게 되며, 자기 내면의 권위에 의존하려는 의식 구조를 만들고, 그것에 따른다.

권위주의(권위에 맹목적으로 의존하면서 강자에게 약하고 약자에게 강한 처세술처럼 자립이나 주체성을 가진 인간이기를 포기한 생각)는 계급사회가 지배를 관철하려는 이데올로기의 토대이다. 가부장제에서 권위주의는 결혼에 의해, 즉 가족을 토대로 한 남자와 여자의 관계성 속에서 매일 재생산된다. 구체적으로 보자. 요새 활발히 논의되는 공해 문제를 두고 한 지식인이 "오늘날까지 공해를 허용해 온 주민들의 무관심, 무기력함이 문제"라고 그럴싸하게 하는 말을 들었다. 애초에 우리는 일상에서 윗대가리나 대기업이 하자는 대로, 그들이 해먹는 대로 따르는 순종적인 양으로 커 왔다. 가령 비좁은 아파트에서 유지되는 인간관계, 단적으로 남자와 여자의 성행위 상황을 생각해 보면 금방 알 수 있다. 얇은 벽, 가까이에서 번득이는 남들의 시선으로 인해, 그전부터 지녀 온 성을 부정하는 의식 구조는 한층 강해진다. 비좁은 닭장에 사는 닭의 몸짓처럼 조급하고 안절부절한 SEX. 그런 비참함으로 인해 인간은 인간으로서 당연한 요구나 권리도 포기하고 무기력하게 항상 남의 눈을 의식한다. 주체성 없이 미성숙한 '발기부전' 인간을 만든다. 설사 오늘날 정치가 좋지 않다는 점을 알게 돼도 사람들은 뭘 한다 한들 바뀔 것은 없다고 처음부터 포기한다. 그렇게 자민당을 좋아하는 사람들이 이 좁은 아파트에서 벌이는 가난한 남녀의 행위로 태어난다.

◎ 변소인 나, 오물인 너, 우리들의 비참한 성

그렇다면 남자와 여자는 내면화된 성을 부정하는 의식 구조 체제에 어떻게 편입되는가? 여자가 남자보다 성을 부정하는 의식 구조에 기인한 억압을 당하는 정도가 더 심하다는 말은 구체적으로는 어떤 뜻인가? '인간을 예속하는 기본적인 수단'으로 기능하는 성의 구조란 남자의 의식을 매개로 하여 여자의 성을 억압함으로써 남자의 성을 관리하는 구조이다. 여자의 성이 생식을 수반하는 동시에 남자의 성보다 아나키Anarchy에 가까운 경향을 띄므로, 이런 구조가 만들어졌다고 생각한다.

남자의 의식은 여자의 성을 통제한다. 그런 의식 때문에 남자는 여자를 다정함과 다정함의 신체적 표현인 SEX를 총체적으로 갖고 있는 여자로 파악하지 않는다.

여자는 남자에게 '모성의 부드러움=어머니'이거나 '성욕 처리기=변소'라는 두 가지 이미지로 나뉘지는 존재이다. 남자의 분리된 의식은 '여자' 전

체가 지닌 두 가지 측면을 부드러운 모성, 섹스할 이성으로 추상화하며 각
각의 측면에 모순된 감정을 배분한다. 이런 남자의 의식은 단혼제가 매춘제,
노예제와 함께 존재해 온 인류사를 배경으로 일부일처제가 성을 깔보고 성
과 정신을 분리하게끔 한 구조로 유지된다. 더욱이 이런 의식 구조 아래에서
사유화된 모자 관계로 인해 남자는 엄마를 두고는 부드러운 모성에 집착하
는 한편, 다른 한편으로는 엄마가 아빠와 남녀 관계를 갖고 자신을 낳았다는
사실을 혐오한다. 이런 의식 구조는 남자에게 서로 양립하지 않는 여자에 대
한 이중 의식을 심어 준다.

　여자를 엄마처럼 아니면 변소라고 보는 의식은 현실에서는 남자가 여
자를 결혼 상대 아니면 데리고 놀 상대로 간주하는 것으로 나타난다. 남자한
테 결혼 상대로 보여 선택받으려고 하는 여자는 섹스를 듣도 보도 못했고 말
하지도 않을 듯 청순하고 귀여운 여자처럼 굴면서, 부드러움과 자연스런 성
욕을 한 몸에 다 갖추고 있는 자신 스스로를 배신하고 억압한다.

　지배 계급의 요청으로 만들어진 남자의 분화된 의식 앞에서 부드러움
의 성과 관능의 성을 한 몸에 갖고 있는 여자는 해체되어 부분으로 살아갈
것을 강요당한다. 하지만 여자를 부분으로만 살려두는 남자는 그렇게 함으
로써 자신도 부분으로서만 살아갈 수밖에 없으며, 자신의 성을 억압하고 있
다. 레닌은 "타민족을 억압하는 민족은 자유로울 수 없다"고 했다. 이 영원한
진리가 여기서 빛난다. (내가 좀 과장해서 말했을까?)

　서머셋 몸의 소설 가운데 〈비〉라는 단편이 있다. 한 목사가 매춘부를 회
개시켜 깨끗한 생활을 하게 하려고 애쓰는데 매춘부가 하나님의 품으로 가
려 할 무렵, 목사가 의문의 자살을 한다. 소동이 일어나는 와중에 매춘부는
몸속에 더러운 것을 게워 내듯 말한다. "남자는 다 돼지 같아!" 매춘부가 돼
지라면 목사도 돼지였다는 줄거리를 담은 이 소설은 여자를 변소로 보면서
자신도 오물이 되고 만 남자를 남김없이 그려냈다.

　열다섯 살 남자애와 열다섯 살 여자애가 몸과 마음이 만족스러운 한때
를 보내고 싶어 하는 것은 아주 자연스러운 일인데도, 그렇게 하면 손가락질

을 당한다. 주간지에서 말하는 식의 '성의 해방'이 항간에 추잡하게 널린 탓에 사람들은 마치 이제 프리섹스 시대가 됐다고 착각하지만, 프리섹스라는 말이 나왔다는 것은 본래 자유로워야 할 SEX가 얼마나 자유롭지 못한지를 거꾸로 알려 준다. 대관절 지금 그 뜻을 정확히 담은 '프리섹스'가 있는가?

현재 프리섹스란, 여자를 변소로 파악하는 남자의 의식이 '나 하고 싶은 대로 하자. 나중 일은 내 알게 뭐냐'며 추잡스럽게 하고 있는 일을 표현한 말에 불과하다! 혼전 성관계니 혼외 성관계니 하며 어디까지나 결혼을 전제로 한 섹스만 허용한다. 그런 섹스가 어디를 봐서 자유로운가!

'혈통을 유지하는 것=처녀성 지상주의'가 여자를 남자의 엄마 아니면 변소로 삼게 한다. 그런 남자의 의식을 매개로 여자는 억압당한다. 현실적으로 처녀 같지 않으면, 즉 남자의 결혼 상대가 안 된다면 다양한 불이익을 각오해야 하는 탓에 진지하게 살기보다 물질적 풍요나 사회적 지위가 있어야 자신이 행복할 거라 기대하는 여자들이 많다. 이 많은 여자들이 처녀성을 굳건히 지키려고 위장한 옷을 걸친다. 열다섯 살의 성은 지배 계급이 내세운 슬로건, 고루하기 짝이 없어 질리고 유행하지도 않을 '결혼이 곧 여자의 행복' 같은 구호 뒤에 숨어서 자위로 영위된다.

◎ 여자의 반격과 그 투쟁

이렇듯 남자와 여자가 관련성이 있기 때문에, 여자 성의 비참함은 곧 남자 성의 비참함이며, 또 현대 사회의 비참함을 드러내는 상징인 것이다. 여자의 비참한 성에서부터 이런 비참함을 따지고 밝히는 것이 여자의 해방으로 이어질 길이라면, 그 길은 먼저 여자가 정색하며 반격하는 것에서 시작한다. 여자가 남자의 엄마가 되든지 아니면 남자의 변소가 되게끔 하는 의식. 이것은 성을 더러운 것이라고 간주하는 성을 부정하는 구조에서 비롯해서 양극단으로 나타난 것이므로, 여자가 남자한테 갖고 놀 대상으로 보이든 결혼 상대로 보이든 간에 뿌리는 하나다.

남자의 엄마가 되거나 남자의 변소가 되는 것 모두 한 뿌리에서 나온 것이다. 그 어느 쪽으로 보이든 간에 본질적으로 이 둘이 같은 의미라는 것을 깨닫게 되면, 여자는 남자에 대해, 권력에 대해 반격한다. 이때 남자를 매개로 한 권력이 마음에 들어 하는 청순하고 귀여운 여자는 자신의 성을 실마리로 삼아서 주체성을 확립할 시점을 잡을 수 있다. 그런 때에 여자는, 여자를 남자의 변소로 만듦으로써 성립하는 지배 권력과 대치한다.

여자는 자기 자신의 내부에 있는 '안보 체제'[3]와 만난다.

여자의 반격이라는 것이 여자가 벽을 응시하며 물끄러미 생각에 잠기는 것을 의미하지 않음은 말할 나위 없다. 성을 부정하는 의식 구조에서 자신을 해방한다는 것은 어디까지나 실천 과정을 통해 쟁취하는 것이다. 그런 가운데 여자의 반격이란 현실 속 남자와 어떻게 만날 것인지, 또 권력 투쟁의 긴장 관계 속에서 주체를 형성할 길을 열어 나가는 것을 의미한다.

여자의 해방이 프롤레타리아 해방으로 얻어 낼 수 있는 것이라면, 우리는 세계 혁명을 목표로 권력 투쟁을 심화해야 한다. 권력 투쟁이 그 세계성·보편성으로 인해 전체라면, 여자가 남자와 어떻게 만날지는 부분으로 존재한다. 전체가 포괄하는 부분이기는 하나, 그렇다고 해서 부분을 버려 버리거나, '전체=권력'과의 투쟁만으로 여자의 주체 형성을 꾀할 문제는 아니다. 전체와 부분의 긴장 관계 속에서 여자는 자신의 주체를 마련해 나가야 한다. 권력 투쟁과 긴장하는 관계 속에서 남자, 자식, 가족과의 개인적인 관련성이 내포한 모순을 밝히지 못한다면, 여자를 인간으로 보편화할 수 있는 방법은 나오지 않는다.

예전의 여권론자女權論子[4] 그리고 지금도 일부 여성운동가들은 부자연스럽게 굳어 있다. 이는 전체를 취하고 부분을 버림으로써, 즉 남자, 자식, 가

---

3 [옮긴이] 저자는 '안보 체제'에 빗대어 남성 중심 권력이 여자 내면에 심어 놓고 여자를 억압하는 여자에 대한 이중 기준의 기만성을 폭로하고자 했다. '안보 체제'에 대한 상세한 내용은 IV장 2절 각주 16번 참조.
4 [옮긴이] 앞서 저자가 언급한 근대의 여자 투사들을 가리킨다.

족과의 개인적인 관련성에서 모순을 규명하는 작업을 회피하는 과정에서 무리를 했기 때문이다. 인간이 곧 남자이고 투쟁이 곧 남자로 여겨지는 가운데 스스로 남자가 되어 투쟁한 탓에 남성화된 형태로 나타났다. 바꿔 말해 예전 여성운동가들의 남성화된 모습은 마르크스 용어만 가지고서 여자의 과거, 현재, 그리고 미래의 존재 양식을 파악해서 거기서부터 여자의 투쟁을 시작한 것으로부터 나온 잘못이었다. 계급 대립의 시점은 근본적이기는 하나, 그것만으로는 여자의 존재 양식을 분명히 파악할 수 없다. 중대한 것이 빠져 있다. 예를 들어 가사노동이 그렇다.

집안일을 강요당함으로써 여자는 사회적 생산 활동에서 멀어져 집을 지키는 하녀의 지위로 추락한다. 여자는 부지런히 움직이며 알뜰살뜰 장을 봐서 남자의 저임금을 보충한다. 이렇게 자본가의 이윤을 위해 간접적으로 봉사한다. 또 생존 경쟁에 지친 남자와 그 주변을 돌보며 경쟁에서 돌아온 남자가 아늑하게 쉴 수 있는 가정을 만들어서 남자를 치유하고, 다시금 노동력 상품으로 시장에 내보낸다. 노예 상인과 같은 역할을 하는 것이다.

여자는 집안일이 시시하고 범죄와 같은 역할을 담당하고 있다는 점을 머릿속 이론으로는 확실히 알고 있으면서도, 좋아하는 남자가 생겨 아기를 갖게 되면 어째서 그토록 비겁하게 스스로가 비판하던 일상에 매몰되고 마는 것일까? 여기에는 단순히 여자가 타성에 젖어서 그렇다든지 경제적으로 자립하지 못해서 그렇다든지 같은 이유만으로 결론 내릴 수 없는 뭔가가 있다. 사회적 생산 활동에 종사하면 가사노동에서 해방될 것이라고 염불을 외운다 한들 아무 소용이 없다.

일상에서 억압을 당해 온 자가 스스로를 주체적으로 억압했을 때 마조히즘(피학적) 경향이 생긴다. 남자와 사회에 의해 계속 억압당한 역사성을 가진 여자가 의식적으로 스스로를 전보다 한층 더한 노예로 만들었을 때에는 음산하고 엉큼한 속셈에서 나온 기쁨을 느끼게 된다. 이성적으로 '여자의 원한과 설움'을 부정하는 것이 곧 보람인, 그런 피학적 삶이 보람이 되고 마는 것이다. 어쩔 도리 없는 스스로에 대한 짜증, 찝찝함, 설움, 말로 할 수 없는 원한이 살아 숨 쉬고 있다. 여자들끼리 "그치, 내 말 왠지 무슨 말인지 알겠지." 하며 대화를 나눈다. 그렇게 나누는 대화 속에는 자기 손을 내밀어 구하려고 해도 손에서 떨어질 것만 같은 사회, 남자, 자기 자신에 대한 원망의 마음이 흐르고 있다.

그래서 전체와 부분의 긴장 관계를 기존 좌파의 개념만으로는 파악할 수 없는 것이다. '여자라는 것'에서 비롯된 모순을 회피하지 않고, 즉 스스로의 성과 생식을 따지고 밝히는 가운데, 어떻게 남자와 만날지, 어떻게 권력 투쟁을 할지 그 길이 나온다는 것이다. 우리의 투쟁은 마르크스 용어로 만든 식으로 혁명을 하는 '세상 어디에도 없을 여자'로부터 출발하는 게 아니다. 이성과 모순하는 것을 가득 떠안은 여자인 '지금 여기 있는 나'로부터 출발해 그 모순을 드러내며 남자와 권력을 향해 '여자의 원한과 설움'을 내동댕이치며 반격하는 가운데 자기 자신의 해방 논리, 여자가 여자로 해방하기 위한 논리를 구축해야 할 것이다. 여자가 살아간다는 것은 무엇인가? 대체 나는 어떠한 여자인가? 이렇게 묻고 또 묻는 가운데 우리의 해방 논리는 깊이를 더할 것이다.

'여자를 껴안는 남자, 남자한테 안기는 여자'와 같은 구도가 아니라 '여자를 껴안는 남자, 남자를 안는 여자', 즉 안느냐 안기느냐가 아니라 서로 껴안는 '껴안다↔껴안다' 관계로 여자와 남자가 만나는 길을 향해 갈 것이다. 그 길은 이성과 욕망이 충돌하는 가운데 엉망으로 있는 여자가 엉망인 채로 펼쳐 가야 한다!

◎ 아이를 낳지 않는 남자와 낳는 여자

남자와 여자의 절대적 차이는 아이를 낳느냐 낳지 않느냐이다. 이 차이를 놓고 골똘히 생각해 보자. 여자는 생식이라는 생리 기능을 통해 자신을 종적 관계로, 즉 자신을 역사적으로 파악하는 것이 본질적으로 가능한 존재이고, 여자와 아이에게 남자란 어차피 사라질 수밖에 없는 존재라는 사실을 알게 된다(엄마만이 자기 자식하고 피가 이어져 있음을 확인할 수 있다). 남자가 자신을 역사적으로 파악하려면, 여기저기서 끌어온 논리를 갖다 붙여야 하지만, 여자는 존재 그 자체가 역사적이다.

남자가 논리라면 여자는 직감인데, 이는 남자가 사회적 생산 활동에 종사하면서 자신을 객관적으로 볼 외적 대상을 갖고 있었기 때문이다. 이런 역사적, 사회적 요인에 대부분의 이유가 있다. 그런데 본래 생리 구조의 차이에 의해 규정되어 나타난 것이기도 하다.

남자가 좀 더 권위주의적인 이유는 무엇보다 남자라는 존재가 의지할 곳이 없기 때문이다. 레닌도 말했다.

"노동자로 일하는 아내와 농촌의 아낙네 중에는 우리가 아는 것보다 몇 갑절은 더 조직적 재능을 갖고 있는 이들이 있다. 이들은 계획이나 체계에 대해 과장되고 공허한 글을 쓰거나 공연한 소란을 피우며 말다툼을 하고 수다를 떠는, 어설픈 공산주의자나 엄청나게 자만심이 강한 인텔리겐치아를 제치고, 다수의 노동자와 다수의 소비자를 참가하게 하면서 실천적으로 사업을 추진할 힘을 갖고 있다. 그런데 우리는 이 새로운 싹을 마땅히 알맞게 소중히 여기고 키우고 있지 못하다."

레닌, 〈위대한 창의〉, 《민중민주주의경제론》 중에서

여자를 중심으로 유지하던 과거의 원시공동체에서도, 인간이 우주를 가는 아폴로 시대인 오늘날에도, 여자의 안정도에는 변함이 없다. 요즘 경박하게 떠들어 대는 '여성 상위 시대'와는 아무 상관없이, 여자는 본래 여성 상위로 살아왔다. 삼종지도로 인해 어디에도 안주할 곳 하나 없이 궁지에 몰려 살던 시대에서조차도 여자는 강한 모습으로 불안정하고 교활한 남자들을 품으며 견디고 살아왔다. 여자가 의식적으로 스스로를 억압할 때 여자 안에 생겨나는 피학적인 기쁨도 여유가 전혀 없으면 생길 수가 없다. 여자들은 자신의 존재가 분명히 있다는 점을 알고 있어서 강한 모습과 동시에 피학성을 보이는 것일까?

혼히 여자가 바뀌면 세상이 바뀐다고 한다. 체제와 반체제의 접점인 존재, 혹은 그 접점 너머에 있는 여자를 어느 편이 데려갈 것인지에 따라 앞으로의 세상이 결정될 것이다. 여자의 안정성을 장점으로 한다면 급진적인 힘이 될 것이고, 여자의 보수성을 발휘하게 한다면 지배 체제의 기반이 될 것이라 본다. 강함도 보수성도 아주 조그만 계기, 상황으로 서로 뒤집힐 수 있는 가까운 거리에 있는 것 같다.

그렇다면 존재 그 자체가 역사적인 여자는 투쟁을 통해 자신을 횡적인 관계에, 즉 사회적으로 자리매김할 수 있다. 예를 들어 시보쿠사 투쟁, 산리즈카 투쟁은 여자들이 이끌었다. 이 투쟁은 처음에는 자기 땅을 지키려는 농민의 자아에서 출발했으나 권력과 격렬하고 끈질기게 싸우고 부딪히는 가운데 점차 '안보 체제'의 본질에 다가섰다. 그런 인식을 갖는 투쟁으로 성장한 것이다. 종적(역사성)으로 횡적(사회성)으로 짜여 있는 구조 속에서 스스로를 견실히 파악할 수 있게 되자 여자들은 강해졌다. 이것이 시보쿠사나 산리즈카에서 투쟁하는 어머니들이 강한 이유이다. 여자들은 성과 생식을 통해 남자들을 체제에 끼워 넣는 역할도 하지만, 반대로 체제에 대한 투쟁을 좀 더 급진적이고 근본적으로 지탱할 힘이 될 수도 있다. 그런 여자들, 우리 여자들.

◎ '처녀성'이 침략과 반反혁명을 지탱한다.

여자들은 전후에 평화와 민주주의에 대해 기대했으나 그것은 여자가 구멍이 나지 않는 양말만큼이나 강해졌다는 말처럼 환상에 불과했다. 법과 권리로 지켜 주니 여성해방이 꽃을 피웠어야 했으나 기대한 만큼 여자에게 행복을 주지 않았다. 이런 진실이 지금 여자 자신에 의한 여자의 반동화로 드러나고 있다.

남자 품에 안기고 싶은 여자, 남자가 돌아오기만 죽 기다리는 식의 퇴행적인 여자의 모습은 최근 히트한 가요 '네 가지 부탁'[5], '경험'[6], 에세이 《누구를 위해 사랑하는가》에 잘 나타나 있다. 계급사회의 인적 기반이 일부일처제인 데다가 여자의 성적 욕구를 틀어막아서, 즉 여자의 성을 부정하고 금기시하여 성립했다는 점. 그리고 구체적으로는 여자 서열에 '처녀성'을 연출하지 않는 여자를 남자의 변소로 삼아, '처녀다운' 여자보다 아래에 두고 사회적 제재를 가했다. 이를 관철하여 여자의 성적 욕구를 봉쇄했다. 이 시대에 여자가 억압 구조에서 해방됐다는 것은 과거 '야스쿠니의 어머니', '군국의 아내'에서 이제는 양말과 그 튼튼함을 견줄 정도로 해방됐다는 뜻이다.

자신은 해방됐다고 믿어 의심치 않는 여자. 그러나 여자는 여전히 '처녀성'을 강요하는 남자와 사회에 앞에서 다시금 굴복한다. 중절 금지 법안[7]을 상정하려는 움직임, '아이를 낳으라, 늘리라'를 다시 재현하려고 하는 아동수당 급여 지급[8], 순결 교육 강화와 같은 현상이 여자 자신에 의한 반동화와 함께 진행되고 있다.

또 이윤 추구를 위한 이데올로기인 '생산성 논리'가 개개인 차원에서 철저히 내면화됨에 따라, 원래 의도와는 달리 지배 계급이 기대하는 결과에 반하는 상황을 초래했다. 예를 들어 여자들의 아이 죽이기, 버려진 갓난아기 문제, 낙태 문제가 드러나고 있는 것이다. 필요 없는 아이, 거추장스러운 아이, 부모 인생에 그늘을 드리울 아이, 즉 부모에게 생산성이 없는 아이를 처분하는 것의 정당성은 '생산성의 논리'에서 나오고 있는 것이다. 도덕이 타락

---

5 [옮긴이] 1970년 여가수 치아키 나오미가 부른 노래로 "나를 따뜻하게 사랑해 주고 내가 버릇없이 굴어도 사랑해 주고 나를 외롭게 하지 말고 이런 부탁은 남들한테 비밀로 해 달라"고 여자가 남자에게 부탁하는 가사이다.

6 [옮긴이] 1970년 여가수 헨미 마리가 부른 노래로 "사랑하지 않으니 내게 키스하지 마라. 그래도 싫다고 나는 말 못 해." 같은 가사가 들어 있다.

7 [옮긴이] 1972년 우생보호법의 개악안을 말한다.

8 [옮긴이] '아이를 낳으라, 늘리라'는 아시아 태평양 전쟁 때 일본 정부의 출산 장려책 구호이다. 저자는 1970년대 저출산을 배경으로 아동수당 급여를 지급하여 여성에게 출산 장려를 유도하려는 것을 비판하고 있다. 당시 아동수당 급여 지급은 보편적인 복지가 아니라 소득 수준이 낮은 가구의 셋째 아이부터 지급하는 형태로 추진되었으므로 선별적이고 허울만 그럴싸한 출산 장려책이라고 비판한 것이다.

했다고들 하나, 진실은 이런 상황이 자본주의 체제의 지배 논리 그 자체에서 나왔다는 점이다.

지배 체제의 존속 위기로 이어질 이와 같은 현실을 두고, 지금 부르주아는 고도 복지국가라는 환상 아래에서 성, 여성의 성을 재편하는 것으로 위기를 극복하기 위해 획책하고 있다.

즉 '성기적性器的 성=단지 성을 성기의 결합 행위로 간주하는' 변소와 오물 간의 성행위 자유화를 사회 제도적으로 보장함으로써, 요즘 세계적으로 퍼지고 있는 성에 대한 의식 흐름의 변혁(성을 부정하는 것에서 성을 긍정하는 것으로)을 왜곡해서 흡수하려 한다. 동시에 격심해진 계급 모순을 완충하고 은폐하는 역할로 성을 재구축하려고 하고 있다(예를 들어 미혼모를 위한 여러 시설을 만들려는 움직임[9], 섹스 테크닉, 성을 유희로 삼는 것). 여자에게 지배 권력의 성 전략은 철저한 '성의 변소화'로 나타난다. '여자의 반동화=처녀다움으로 회귀하는 것'은 여자가 철저히 남성의 성욕 처리기 변소가 되는 것과 한 세트를 이루며 전개되고 있는 것이다. '군국주의 아내의 정조와 남자의 정액으로 더럽혀진 종군위안부의 성기'는 성을 부정하는 의식 구조 양 끝에 위치하고 있으니까! 남자 중심 사회가 여자를 '정숙한 여자 아니면 위안부'로 만드는 이 구조는 지배자의 침략과 반혁명을 지탱한다.

◎ 성기가 말하는 진실이야말로 진실이다

인간 해방을 지향하는 운동이 진행되는 가운데 남자와 여자의 성을 포괄하는 투쟁의 논리를 갖지 못해서, 투쟁 속에서도 남성중심주의가 관철되어 왔다. 남성중심주의에 의해 그리고 그런 남성중심주의에 아첨하는 스스로의 노예근성에 의해, 여자는 투쟁 일선에서 탈락한다. 여자에 대해서는 언

---

9 [옮긴이] 이 글이 나올 당시 출산율이 줄어들고 있었다. 인구 정책을 위해 당시 일본 정부는 아이를 낳게 하려고 여성이 중절을 하지 못하게 하려는 움직임을 보이거나 아동수당 급여, 여성에 대한 순결 교육 강화 등을 꾀하며 미혼모 시설 마련 등의 방침을 내리려고 했다. 그러나 실제로 시설이 생기지는 않았다.

제나 이론도 행동도 사유재산제를 고집하는 남자들, 자신이 소모되면 엄마가 되어 줄 여자의 품에 푹 빠져 쉬면 될 것이라고 생각하는, 젖도 못 뗀 남자들. 그들은 남자의 사유재산제와 남자의 쉴 거처가 될 것을 받아들인 몰주체적沒主體的 여자와 함께, 눈사태가 난 것처럼 쓰러진 후 결국에는 지배 체제에 편입될 것이다.

투쟁의 내부에 있는 성을 부정하는 의식 구조로 인해 일부 자칭 '혁명적 활동가'들은 "SEX"라고 한마디만 해도 바로 거부 반응을 일으키거나 냉소한다. 이 활동가들은 성을 부정하는 의식 구조로 인해 이데올로기나 정책, 법률이 먼저 거리를 확보하고 난 후에 만들어지는 역사가 결코 아니라는 점을 망각한다. 또 혁명을 일상적, 실체적으로 담당해 온 사람들이 있다는 점도 잊어버린다. 투쟁 내부에 있는 활동가들은 자본가와 노동자의 예속 관계에 대해 마르크스가 내놓은 여러 논리가 성을 매개로 한 지배 체제의 예속 관계와 서로 깊은 연관이 있다는 점을 간과하고 있다. 계속 이렇게 하면 '프롤레타리아의 해방'은 당연히 사라질 것이다.

집회나 회의에서 남자들이 여자더러 꽃이라고 하거나 메모만 쓰게 하고, 자기들끼리 논의를 벌이는 광경을 자주 본다. 여자가 아무 생각이 없어서 발언을 하지 못하는 것인지, 생각을 해도 발언하지 않는 것인지, 둘 다 문제가 깊다. 하지만 후자의 경우 여자가 소극적이며 남자한테만 의존한다고 나무랄 수는 없는 노릇이다.

남자가 인간과 여자를 구별하면서 '연대'라든지 '프롤레타리아 국제주의'라든지 '같이 결의하자'고 아무런 거리낌 없이 말하면 여자는 남자의 논리 구조 앞에서 스스로의 말을 잃고서 입을 꾹 다문다. 특히 '1+1=2'로 딱 맞게 떨어지는 남자의 논리는, '1+1'이 2인지 3인지 4인지 모르겠으나 그 과정 전체를 포괄해서 나아가려는 여자의 논리와 대치된다. 남자의 논리는 여자의 논리를 부정하는 형태이다.

차분한 여정을 거쳐야만 확실한 성과가 나오는 여자의 논리에 비해, 합리적인 남자의 논리에는 즉자적인 유효성, 머릿속에서 먼저 결과를 계획하는 간편함이 있다. 그렇기에 남자는 허세를 부리며 잘난 척할 수 있다. 남자는 거시적인 큰 상황을 분석하는 것에서 시작해서 미시적인 작은 상황으로 논리를 전개한다. 그렇게 하여 전략을 짜는 것에 이르는 것을 일방적으로 부정할 생각은 없다. 하지만 남자들이 자신들의 논리 전개만 유효하다고 회의에서 활개를 치며 권위주의적으로 나오는 것이 바로 여자들의 침묵을 강요하는 것이다.

여자가 갖고 있는 '남성숭배주의'란 남자가 갖고 있는 '논리절대주의'다. 남자의 논리에 스스로를 넣어 두고서, 그래도 결국 내가 부족하다고, 낮은 차원이라며 우왕좌왕한다. 이런 모습을 '지금 여기에 있는 여자들'에 대한 우월감으로 교묘히 바꿔치기하는 혁명의 여자들. 그런 우월감을 가지고 '남자=투쟁'에 참여하는 허가증이라도 얻은 것처럼 하고 있는 혁명적인 '세상 어디에도 없을 여자들'. 이렇게 우습기 짝이 없는 여자끼리의 차별 구조를 왜 지금껏 계속 허용해 왔을까! 여자는 '지금 여기 있는 여자'의 비논리가 좋고 아름다운 것이라고 주장해야 한다! 지금 당장!

말할 나위 없이 그렇게 주장하는 것은 여자의 논리가 남자의 논리보다 더 뛰어나다든지 하는 식의 문제가 아니다. 그것은 가부장제 사회가 남자의 논리 구조만 좋다고 보고 성립한 것에 대한 안티테제이다. 그것은 여자의 논리를 복권한다고 부르짖는 외침이다.

흑인이 "검은 것은 아름답다Black is beautiful"[10]고 필연적으로 외쳐야 했던 것과 마찬가지로, 여자에게도 "여자의 비논리는 아름답다"고 외쳐야 할 필연성이 있다. 우리의 투쟁은 여자의 무거운 역사성을 등에 짊어지고서, 말

---

10 [옮긴이] 1960년대 후반 흑인 해방과 인종차별 반대운동에서 등장한 핵심 슬로건. 비폭력운동을 비판하고 흑백 분리 국가도 주장한 급진주의적 흑인 민권운동가 말콤 X가 1965년 암살된 후 흑인운동은 단순히 백인과 평등해야 한다는 차원을 넘어 흑인다움, 스스로의 정체성을 고민하게 되었으며, 그 고민에 따라 백인의 시각에서 열등한 것으로 취급당한 흑인의 외모와 특징에 자부심을 갖고 그 역사와 문화에 자부심을 갖고 조명하자는 취지를 담았다.

로 확실히 표현할 수 없는 남자와 사회에 대한 원망, 설움을 바탕에 두고 펼치는 것이다. 그렇다면 지배 체제의 논리처럼 다시금 유효성, 생산성의 논리로 우리를 보고서, 우리를 가르치려 드는 남자에 대한 안티테제로서 "여자의 비논리는 아름답다"고 해야 남자를 압박할 수 있다.

여자의 투쟁은 욕망을 가진 집단으로서 엉망인 채로, 엉망인 채로 남자와 권력을 압박하고, 그것을 깨부수는 가운데 '여기에 있는 여자' 스스로를 해방하는 것이다. 그렇게 하면 프롤레타리아 해방을 향해서도 문이 열릴 것이다. 성을 느끼지 않는 사람, 성을 간과하고서 나온 논리는 미성숙하고, 추잡하며, 공허하다. "여자의 성과 생식은 멋진 것이다→비논리는 아름다운 것이다."라는 외침을 무기로 삼아, 생산성의 논리가 얼마나 빈약한지 그 정체를 백일하에 드러내게끔 해야 하지 않겠는가! 체제 속에서도, 체제 안에 머물고 있는 반체제 속에서도!

우리에게 진실은, 우리를 드러내거나 엉망인 상태를 회피해서는 찾을 수 없는 것이다. 못나 보이는 꼴이 실은 진짜 멋진 것이라고 투쟁에서 외치자! '세상 어디에도 없을 여자' '세상 어디에도 없을 남자' 그이들에게, 성을 의식하지 말고 살라고 강요당하는 애처로운 남자들과 여자들에게!

우리는 여성의 해방 문제를 성의 해방 문제로 제기한다. 성을 부정하는 의식 구조에서 자신을 해방할 것을 제기한다. 스스로 내부에 있는 발기부전(=성을 부정하는 의식 구조가 규정하는 정신적인 다양한 무기력함)을 해체하기 위해, 남자와 권력에 대한 투쟁을 결의하자. 그 결의를 호소한다.

여자에서 여자로, '변소'에서 '변소'로!
단결이 여자를 강하게 한다.
같이할까요?

1970년 다나카 미쓰 씀

생명의 여자들에게 — 엉망인 여성해방론

주요 저작 소개

[저서]

《생명의 여자들에게-엉망인 여성해방론》, 田畑書店, 1972.

《어디에 있든 여성해방何処にいようと、りぶりあん》, 社会評論社, 1983.

《미쓰와 지즈코, 똑똑 스르륵美津と千鶴子のこんとんとんからり》, 다나카 미쓰와 우에노 지즈코의 대담집, 木犀社, 1987.

《스스로 고치는 냉증自分で治す冷え症》, マガジンハウス, 1995.

《생명의 이미지 트레이닝いのちのイメージトレーニング》, 筑摩書房, 1996.

《멍하게 있자 동양의학 양생법ぼーっとしようよ養生法》, 三笠書房, 2002.

《둘도 없이 소중하지만, 별것 아닌 나かけがえのない、大したことのない私》, インパクト出版会, 2005.

《이 별은 나의 별이 아니다この星は、私の星じゃない》, 岩波書店, 2019.

[논문, 에세이]

〈에로스 해방 선언エロス解放宣言〉(1970년)《자료 일본여성해방운동사 vol Ⅳ. 資料日本ウーマンリブ史Ⅰ》, 松香堂, 1992.

〈변소로부터의 해방便所からの解放〉, 이 책에 수록.

〈여성해방에 대한 개인적 시점女性解放への個人的視点〉

〈내가 말하는 진실은… ― 오늘을 사는 생명의 이야기あたしのおヘソが言うことにゃ... ― 今を生きるいのちの話―〉,《아고라あごら》81호, あごら編集会議編,

1983년 12월 20일 발행.

〈여성해방 오직 이 한길로 여성해방 뉴스この道ひとすじ：リブニュース〉
(1972~1976년), 《자료 일본여성해방운동사 vol Ⅱ 資料日本ウーマンリブ史Ⅱ》,
松香堂, 1994.

〈지금 여기 있는 여자들부터'ここに居る女'から〉《사상의 과학思想の科学》통권
500호, 〈특집 페미니즘은 무엇인가? 107인特集：フェミニズムってなに? 107人〉,
思想の科学社, 1993.

〈다나카 미쓰, 책《1968》(오구마 에이지小熊英二의 저서)를 규탄한다. 슬플
정도로 무지하다.〉,《주간 긴요비週刊金曜日》, 2009년 12월 25일 발행.

악의로 가득 찬 나란 존재

시인 이토 히로미伊藤比呂美[1]

다나카 미쓰에 대해 쓰기는 참 어렵다. 사람들한테 곧잘 다나카 미쓰 이야기를 하지만 쓰는 건 어렵다. 왜일까? 이유는 알고 있다. 나와 다나카 미쓰의 관계라는 게 소리를 내면 사라지는 말로 나누어 온 그런 게 아니라서 그렇다. 나는 처음 만났을 때부터 다나카 미쓰와 이야기를 나누며 노래를 부르고 만지고 했다. 종이에 쓴 말과는 전혀 관련이 없는 그런 관계였다.

처음 다나카 미쓰를 소개받았을 때 난 다나카 미쓰가 누군지도, 또 그가 어떤 운동을 했는지도 전혀 알지 못했다. 내 바로 윗 세대 여자나 남자가 사회적 정치적으로 운동했던 것을 보고 듣기는 했지만 자세히는 몰랐고 알려고 하지도 않았다. 나는 1970년 고등학교에 들어간 삼무세대三無世代[2]로 운동에는 아무 흥미가 없고 타인과 관계를 맺는 것에도 그다지 관심이 없었다. 오직 내 자신의 몸으로만 살아 있다는 것을 느꼈다. 내 몸을 응시하고 만지며 자위하는 수밖에 없었다. 음악을 듣거나 만화나 문학을 읽은 경험도, 또 거식증에 걸린 것도, 남과 성적인 관계를 갖는 것도, 좀 더 나이가 들고 나서는 임신, 출산, 수유를 한 것도 전부 일종의 자위였다. 나는 스스로를 두고

---

1   [옮긴이] 1955년생. 페미니스트 시인이자 번역가. 주로 성과 생식, 죽음에 관해 시를 쓰며 1980년대 일본에서 시 유행을 일으켰다. 한국어로 번역된 시집으로는 《낳고 싶다》(한성례 옮김, 포엠포엠, 2016년)가 있다.

2   [옮긴이] 일본에서 학생운동이 막을 내린 시기에 성인이 된 이들로 '정치적으로 무관심하고 무기력하며 무책임하다'고 일컫는 세대.

'자위하는 여자'라고 당당하고 떳떳하게 밝힐 수 있을 정도로 의식적으로 '자위하는' 여자였다.

이런 경험을 해서일까? 신기하게도 다나카 미쓰의 존재와 먼 곳에 있었던 건 아닌 것 같다. 이런 경험이 있어서 다나카 미쓰가 말하는 것을 이해했고, 다나카 미쓰한테도 나에 대해 전하고 이해시킬 수 있었다.

다나카 미쓰와 나는 식이 장애나 약물 의존 치유 모임 워크숍에 자주 나가는 단골이다. 다나카 미쓰는 치료자로, 나는 거식증을 겪은 선배로 나간다. 그이는 "저는 침구사 다나카 미쓰입니다." 하고 인사하고서 소녀 소년들을 상대로 마치 깡패 같은 말투로 이 책《생명의 여자들에게》에 쓴 자기 경험을 이야기한다. '나는 나'라는 것에 대해 말한다. 무슨 일이든지 실패만 하던 나(이건 다나카 미쓰 씨가 한 말), 별것 없는 내가 어떻게 나를 긍정적으로 바라보게 되었나를 이야기한다. "물론 긍정적으로 스스로를 볼 수 있게 됐다 한들 딱히 지금껏 대단한 일을 한 것도 아니다."라고 하면서 "그래도 뭐, 괜찮죠." 하고 스윽 넘긴다. 그러더니 "괜찮다고 하면서 계속 살아갑시다." 한다. 그런 말을 한 다음에는 "이제 여러분 눈을 감고, 힘을 빼고 입을 한번 벌려 보세요. 봐요, 입을 이완하면 그 모양새가 좀 꼴불견 같기도 하지만, 의외로 편안한 마음이 들 겁니다." 하면서 워크숍에 온 소녀 소년들에게 말을 건넨다.

여기에는 학문이고 뭐고 없다. 잘난 척하지 않고 허세를 부리거나 꾸미지 않는, 한 여자가 있다. 타인을 만지며 침을 놓고, 타인의 숨소리를 듣고 그 살 내음을 맡고 살아오면서 스스로에 대해 생각한 것들을 자기 말로 건넨다. 그런 말들을 자기가 할 수 있는 범위에서 풀어내며 또박또박 전하려 한다. 긴장으로 몸이 굳은 소녀 소년들에게 말을 걸고 손을 만져 보고 편히 쉬게끔 한다. 그리고 소녀 소년들보다 더 몸이 굳은 부모들도 편히 쉬도록 한다. 나는 애매한 위치에서 다나카 미쓰의 말과 행동 하나하나를 본다. 식이 장애를 겪은 나는 그이가 말을 건넨 소녀가 된 심정으로 그 말을 듣는다. 그러면서 다나카 미쓰와 나이도 경험도 비슷한 한 여자로서 소녀 소년들을 향해 말하기도 한다.

이번에 해설을 쓰게 되면서 처음으로 다나카 미쓰가 쓴 책을 읽었다. 그리고 놀랐다. 이 책은 내가 지금껏 봐 온 다나카 미쓰라는 여자의 감촉, 체취, 체온, 목소리, 숨소리 그 자체였다. 입말과 글말에 차이가 나는 건 당연한데, 다나카 미쓰가 쓴 문장은 마치 본인이 옆에 있는 것 같다. 그러면서도 마치 남의 흉도 보고 간식도 먹으며 말하는 것 같은 그런 언문일치의 문체였다. 다나카 미쓰는 말할 때도 쓸 때도 두 가지 사투리를 쓴다. 하나는 그녀가 태어난 지역의 말, 또 하나는 사회 속에서 여자로 살면서 하는 말이다.

우리는 일상에서 말을 쓴다. 그러다가도 느낌이 좋지 않은 말과는 많이 부딪힌다. 그런 말은 무의식중에 나를 나답지 않게 할 말, 나를 나에게서 떼어 놓을 것 같은 말이다. 말을 할 때 우리는 이런 말들을 쓰지 않고도 할 수 있다. 그러나 글을 쓸 때는 다르다. 글을 쓴다는 것은, 나를 그토록 불편하게 하는 말들을 구사할 수 있어야만 완성이 되는 행위이다. 보통 글을 쓸 때는 스스로 느낌이 좋지 않은 말들도 많이 사용해야 글의 논리가 성립한다. 즉 어떻게든 자신을 자신답게 하지 않은 말들도 쓰게 된다. 그런데 다나카 미쓰는 자신이 쓰는 말 가운데 그런 종류의 말을 철저히 배제하고 있다. 그래서 그의 글말을 읽으면 그의 숨, 체온, 체취와 가까운 리듬과 습기를 다 느낄 수 있다.

말이라는 것은 정말이지 영악한 생물과 같다. 조금만 방심하면 금세 느낌이 좋지 않은 말에 홀리게 된다. 이런 말에 홀려서 글을 써 보면 외국어를 쓸 때 느끼는 신선함과 불편함, 쾌감과 같은 것들을 느낄 수 있기도 하다. 하지만 이런 말들로만 글을 쓰는 것은 아무래도 불안하다. 표현을 하고 또 해도, 어딘가 다 담아내지 못한 것 같고, 내 말이 틀리게 전달되지 않을까 불안이 쌓인다.

저번에 다나카 미쓰가 내게 침을 놔 줬다. 먼저 적으려다 깜빡했는데, 다나카 미쓰는 이 책을 쓴 후 멕시코에 갔다가 거기서 4년간 살고 난 뒤 일본에 돌아와서 침구사가 됐다. 나는 침을 맞는 게 생전 처음이었다. 나는 주사를 너무 싫어한다. 침도 주사와 비슷하다고 생각했었다. 그런데 다나카 미쓰가 놓는 침은 아무런 거부감 없이 내 몸에 들어왔다. 그이는 손으로 침을 누르며 내 몸속을 자극했다. 내 몸에서 이물질의 움직임을 느끼는 것은 섹스할 때 페니스가 몸속에서 움직이는 것과 가장 비슷했다. 그런데 페니스는 페니스 크기 정도밖에 자극을 느끼지 못하는 데에 비해, 내 몸속에 들어온 가늘고 작은 침은 분명 페니스보다 훨씬 컸다. 큰 봉처럼 크게 움직였다.

다나카 미쓰는 침을 놓으면서 내 내부를 계속 자극했다. "나쁜 기운이 뭉쳐 있네."라고 하면 침을 놓은 부분 주변으로 뭔가 불쾌한 감각이 틀림없이 뭉쳐 있는 그런 느낌이 들었다. "이제 나쁜 기운을 밖으로 내보낼 거야." 하고 다나카 미쓰가 말하자 그게 침을 통해 내 몸 밖으로 도망가는 것 같았다.

등이 굽은 여자, 섹스를 하면 힘든 여자, 육아에 지친 여자, 또 '나는 나'라는 사실을 받아들일 수 없는 여자, 그 밖에 어딘가 아픈 여자들한테 나는 다나카 미쓰가 하는 침구원에 가라고 추천한다. "거기 가면 다나카 미쓰가 있다고." 그럼 주변에서 "다나카 미쓰는 어떤 사람이야?"라고 묻는다. 난 "지금껏 만난 이 중에서 가장 깡패 같은 사람이야."라고 답한다.

다나카 미쓰의 목소리, 손, 침구와 그 존재는 지치고 병든 이들에게 건네지는 것이지만, 착각하면 안 된다. 다나카 미쓰라는 사람이 마냥 따뜻하기만 한 것은 결코 아니다. 말하고 싶은 건 뭐든 다 말하고, 컨디션이 좋지 않을 때는(그럴 때 다나카 미쓰는 대개 자기 몸에 스스로 침을 여러 대 놓는다) 아무렇지도 않게 그것을 밖으로 드러낸다. 심한 말도 잔혹한 말도 태연히 한다. 옆에 없는 사람의 흉을 보거나 품위가 없고 거친 모습도 여러 차례 봤다. 심포지엄 같은 데에 참가했다가도 누가 지루하거나 마음에 들지 않는 이야기를 하면, 옆에 앉은 사람들이 열심히 듣고 있는데도 슬쩍 앉은 자리에서 스스로 침을 놓는 사람이다. 이런 적당한 모습도 그이의 한 모습이다. 입말이든 글말이든 행동이든 그 존재든 그 주장이든 간에 다나카 미쓰는 마치 발정 난 암컷이 수컷을 향해 크게 벌린 질을 들이미는 것만 같다. 그렇게 밝은 원시적 생명력이 가득하다(이건 칭찬하는 말입니다). 이런 모습을 보고서 나는 언제나 제정신이 번쩍 든다. 내가 나라는 점을 깨닫는다. 내가 나를 알아차리기만 한다면, 그렇게 할 수 있다면, 내 고민도 시름도 반으로 줄 것이다.

참! 내가 어떻게 받아들여야 할지 모를 일이 생겼을 때, 나는 '다나카 미쓰라면 어떻게 할까?' 하고 생각에 잠기고는 한다. 그러다 보면, 점점 내가 어떤 의견을 가져야 할지 방향이 잡힌다. 아무래도 나는 다나카 미쓰가 생각하는 방향 가운데에 있는 것 같다.

해제 (문고판 수록 해설) (2001년 5월)

문학비평가 사이토 미나코斉藤美奈子[1]

여성해방이라는 말

이 책《생명의 여자들에게》의 부제는 '엉망인 여성해방론'이다. 이 책의
의의를 말하기에 앞서 이 책이 나온 배경을 전하겠다.

여성해방. 요즘 일본에서는 자주 쓰지 않는 말이지만 1970년대에는 좀
쓰던 말이었다. "우리 딸은 여성해방론자라서 좀처럼 결혼을 안 하려고 해."
라고 엄마들이 이웃에게 말하기도 했고, 여학생한테 퇴짜를 당한 남학생이
"아휴, 쟤는 여성해방론자인가 봐." 하기도 했고, 아버지가 딸에게 "여성해방
따위 뭔지 모르겠으나 너는 절대로 네 마음대로 살 수는 없다"고 고함치며
쓰기도 했다. 부정적인 뉘앙스를 포함해서 제 멋대로 구는 여자, 의지가 강
한 여자, 자기 의견을 주장하는 여자 등 여러 가지 뜻으로 여성해방론자라는
말을 썼다.

이 말은 1980년대 이후에 나온 페미니즘이라는 말과는 좀 다르다. 페미
니스트라고 하면 머리가 좋은 여자들, 명석한 지식인 같은 이미지가 있다.
물론 아직도 페미니스트를 여자한테 친절한 남자 정도로 아는 사람도 있지
만, 페미니즘은 '여성해방'이라는 말처럼 대중적으로 퍼지지 못했다. 여성해
방이라고 소리 내면, 왠지 아랫배에 힘이 꽉 들어간다. 페미니스트라고 할
때는 왠지 코와 입에서 김이 빠지는 것 같다. 하찮은 것 같기는 하나, 이 차이

---

1   [옮긴이] 1956년생. 일본의 대표적 페미니스트 문예 비평가.

는 크다.

여성해방은 단지 널리 퍼진 말인 게 다가 아니다. 여성의 해방. 여성해
방운동은 1960년대 후반에 세계적으로 일어난 여성해방운동의 흐름을 뜻
한다. 항간에 여성해방운동이 1970년 무렵 미국을 경유해 일본으로 들어왔
다고 하나 외래 사상은 아니다. 그런 측면이 없는 건 아니지만, 독자적으로
생겼고 독자적으로 깊이를 더한 사상이자 운동이다. 또 일본의 현대 사회사
상사 가운데서도 특별한 움직임이었다고 보는 게 옳다. 그래서 나는 여성해
방을 가리키는 말로 일본식 영어 '우먼리브Women lib'라는 말을 쓰고 있다.

여성해방운동은 제2파 페미니즘이라고도 한다. 극히 단순히 말해, 그
전의 여성운동(제1파 페미니즘)은 여자가 남자 수준으로 권리를 획득하기 위
한 것이었다고 칠 수 있다. 예를 들어 여성의 참정권 운동이 그렇다. 그런데
제2파 여성운동, 여성해방운동이 문제시한 것은 남성을 중심으로 한 근대
사회의 시스템 그 자체였다.

1960년대 후반은 고도 경제성장을 마친 선진국들이 여러 가지 근대의
모순에 직면한 때였다. 일본에서도 신좌익 운동이 한창 일어나고 있었고, 전
공투 운동도 일어났다. 많은 젊은이들이 자본주의를 타도하자고 외쳤고, 베
트남 반전운동과 산리즈카 투쟁, 오키나와 투쟁 등에 참가했다. 그 많은 젊
은이들 가운데에 많은 여학생들이 있었다. 그런데 운동에 참가한 여자들이
맛본 것은 절망과 좌절이었다. 사회의 변혁을 추구하며 들고일어난 운동인
데도, 젊은이들의 운동에서도 기존 방식대로 남녀를 구분하고, 성 역할을 분
담하는 것은 여전했다. 이것을 출발점으로 해서 일본의 여성해방운동은 첫
울음을 터뜨렸다. 그래서 여성해방운동이 단순히 해외에서 온 사상은 아니
라는 소리다. 여성해방운동가들은 자신의 삶, 그 생애사를 놓고 거듭 생각하
면서, 자신의 힘으로 운동을 하기 위해 나서게 됐다.

여성해방과 언론
그러나 세상은 여성해방운동을 호의적으로 받아들이지 않았다. 여성해

방운동은 대단한 역풍을 맞았고, 세상의 호사가들로부터 나쁜 평판을 들어야 했다.

여성해방운동에서 가두 시위를 벌인 것, 처음으로 여자들끼리 거리 밖에서 데모를 한 날이 1970년 10월 21일 '국제 반전의 날'[2]이다. 여자들의 첫 시위를 보도한 당시 신문의 기사 제목을 보면 "여성해방운동가들, 긴자에서 남자를 들들 볶다, 기동대도 쩔쩔매."라고 쓰여 있다. 언론은 가뜩이나 나쁜 평판을 더욱 부채질했다.

길거리에 있는 여자들이 구호를 외쳤다. 200명 정도였다. 분홍색, 검정색 헬멧을 쓴 젊은 여성들이 지그재그로 시위 행렬을 잇는다. 경찰 기동대가 그 움직임을 막으려 하면 "여자 해방, 투쟁 승리!"라며 새된 목소리를 낸다. 미국에서 퍼진 여성해방운동이 이제 일본에 진출한 것이다. 6월경부터 세미나를 계속해 왔다는 '그룹 싸우는 여자들', '여성해방운동준비모임' 멤버들은 대부분 20~25세이고, 회사원이거나 학생이다. 저녁 5시에 긴자에 있는 미즈타니바시 공원에 여자들이 나타나자마자, 바로 보도진과 카메라가 여자들을 에워쌌다. 여자들 중 한 사람이 "언론은 우리 적이다. 우리를 구경거리로 만들려 한다"고 외치자, "와!" 하는 함성이 기세 좋게 울려 퍼졌다. 그리고 카메라맨이 쫓겨났다. 여자들이 붙인 종이에는 "남자 출입 금지, 언론 관계자 및 남자 출입 금지", "가족을 해체하라", "여자의 해방은 인간의 해방이다."라고 쓰여 있었다. 그중 대표 격인 사람이 연설을 하자 금세 500명 정도가 대표를 중심에 두고 동그랗게 모였다. 그 후에 여자들은 네온사인이 밝은 거리로 나가 "여자다움이란 무엇인가?"라고 쓴 현수막을 들고 행진하며 시위를 했다. 긴자에서 신바시까지 여자들은 "엄마, 결혼하니 정말 행복해?", "남자한테 여자란 뭔가?"라고 쓴 현수막을 들고서 시위 대오를 지그

2   [옮긴이] 1966년 10월 21일 일본의 노동조합과 사회운동 단체는 베트남 전쟁 반대 집회를 시작했다. 이후 10월 21일이 국제 반전의 날로 정착했다.

재그로 걸어가면서 호기롭게 데모했다. 덕분에 통행하는 택시들은 느릿느릿 갈 수밖에 없었다. 행인들은 "뭐야. 이런 게 여성해방이야?"라며 당황한 기색이 역력했다.

<아사히신문>, 1970년 10월 22일

위 기사를 읽어 보면 어떤 생각이 드는가? 여자들이 도대체 영문 모를 소리만 하거나 당최 말도 안 되는 소리만 떠들고 있다는 느낌이 들지 않는가? 지금도 그렇게 여기는 사람들이 있으니까 30년 전에는 더욱 편견이 심했을 것이다. 그나마 위의 기사는 큰 악의는 없었던 것 같은데, 시간이 지나면 지날수록 신문 보도에서 여성해방운동에 대한 야유와 조소가 눈에 띈다.

하하하. 보니까 이런 여자애들은 여성해방운동을 한다는 '그룹 싸우는 여자들'한테 완전히 세뇌를 받은 모양새다. (생략) '그룹 싸우는 여자들'의 대표랍시고 떠드는 다나카 미쓰라는 여자는 "너희 남자들은 엄마들한테 빌붙어 밥 먹고사는 주제에 체제를 타도하자고 하니 가소롭기 짝이 없다."라고 말하고 있다. 이런 여자를 추앙하는 '그룹 싸우는 여자들' 자료를 한번 찾아봤다. 과연, 여자들을 세뇌하는 무시무시한 선동이 가득하다.

《주간 문춘》, 1971년 8월 16일

여성해방대회라는 데 가서 살펴보니 여자들이 "논리고 뭐고 다 필요 없다. 싫은 건 싫은 거라고 우리는 불안에 떨면서도 확실히 말한다"고 한다. 아, 어디서 들어 본 적이 있는 말이지 싶어서 찬찬히 생각해 보니 마누라들이 평소 하는 소리와 비슷하다. 뭘 시켜도 "어차피 난 안 돼." 하고서는 히스테리만 부리며 떠드는 마누라 같다. 즉 남자들이 도저히 어떻게 수습할 수 없는 상태이다. 마누라의 이런 모습을 본 남자들이 분명 많이 있을 것이다.

《주간 산케이》, 1972년 5월 19일

여성해방운동의 현실적인 적은 실상 남성 중심 사회라기보다 언론이었다. 언론의 악의에 찬 보도로 여성해방운동이 입은 타격은 말로 다할 수 없을 정도다. 언론 탓에 일본의 여성해방은 10년, 20년씩이나 뒤처지게 됐다고 해도 좋을 것이다.

이렇게 대립 구조가 심화된 것은 언론에 불신을 점점 키우게 된 여성해방운동가들이 남성 보도진을 일체 들이지 않기로 방침을 세운 것과 관련이 있다. 물론 이것은 남자 혐오 때문이 아니다. 여성해방운동가들이 〈여성해방 엠티 소식지 2호〉(1972년 7월)에도 이미 썼듯, "워낙 저널리스트 여자가 적으니까. 고군분투하는 여성 저널리스트에게 작게나마 보탬이 되고 싶었다. 신문사에 여기자를 늘리라고 하고 싶었고, 특히 여자 카메라 기자를 늘렸으면 좋겠다 싶었다. 그래서 우리는 여성해방 엠티에 여자만 오게 했다." 세상에는 여자를 차단한 남자들의 모임이 얼마든 널렸다. 그런데도 여자만 모이겠다는 게 뭐가 얼마나 잘못된 것이냐고 따지고 싶다.

한편 일본의 여성해방운동이 오해를 산 배경으로 에노키 미사코榎美沙子가 이끈 '중절금지법에 반대하고 피임약 해금을 요구하는 여성해방연합(약칭 중피련)[3]의 활동이 있다. 요즘도 "여성해방? 아, 알아요. 분홍색 헬멧을 쓰고 남자 직장에 쳐들어가는 여자들 말이죠?"라고 자주 회자된다. 이런 인식이 여태 통용되는 게 유감스럽다. 피임약 해금 조치를 요구한 이 그룹은 다나카 미쓰 등이 속한 여성해방운동과는 분명히 다른 그룹이다. 여성해방운동 그룹은 섹스나 중절의 자유를 이야기했는데, 중피련의 주장처럼 그렇게 단순한 것은 아니었다. 게다가 여성해방운동 그룹은 중피련과 함께한 적도 없다. '여성해방=중피련'이라는 잘못된 이미지가 여성해방을 이해하기 더욱

---

3 [옮긴이] 약사 에노키 미사코(1945년생)가 대표로 1972년에 결성한 단체. 피임약 해금과 미인 선발 대회 반대를 내걸고 활동했다. 분홍색 헬멧을 쓰고 불륜을 저지른 기혼남의 직장에 가서 항의 시위를 벌이는 화려한 퍼포먼스를 하면서 언론에 대대적으로 보도됐다. 대표 에노키 미사코는 1977년 정당 '일본여성당'을 만들어 참의원 선거에 출마했지만 낙선했고, 이후 정당도 해산했다.

어렵게 했다.

이렇게 왜곡된 여성해방 이미지가 세상에 한 차례 퍼졌을 무렵, 다나카 미쓰의 첫 책《생명의 여자들에게》가 출판됐다. 저자는 초판 후기에 첫 문장으로 "먼저 권력의 괴롭힘이 날로 격해지고 있음을 알린다."라고 한 문장을 썼을 뿐, 당시 여성해방에 대한 비방과 중상모략에 대해서 딱히 이야기하지는 않았다. 그렇지만 나는 확실히 그 배경을 알아야 한다고 생각했다. 어떤 상황에서 여자들이 여성해방을 들고나와 싸운 것인지 미리 배경을 알아야 여성해방을 이해할 수 있기 때문이다. 역풍 속에서 나온《생명의 여자들에게》는 '이런 빌어먹을 세상이라니.' 하며 속상해 하던 일상의 모든 여자들에게 큰 용기와 격려를 줬다.

다나카 미쓰의 말

일본의 여성해방운동(우먼리브)은 조직적인 운동체가 없었고, 1960년대 후반 동시다발적으로 전국 여러 곳에서 생긴 작은 그룹이나 개인을 두루 일컫는 말이다. 사람이 백 명 있으면 그 생각도 백 가지니까 다양하게 나타난 것이 여성해방운동의 실태라고 할 수 있겠으나, 그중에서도 다나카 미쓰는 유독 걸출한 존재였다. 행동력과 더불어 다나카 미쓰만 할 수 있는 말을 지녔기 때문이다.

《생명의 여자들에게》는 총 다섯 장으로 되어 있다. 어느 구절을 읽든 마음에 묵직하게 울려 퍼지는데, 특히 당시 독자들의 마음을 사로잡았고, 지금까지 내게 인상적인 장은 1장 3절 알아줬으면 하는 마음은 걸인의 마음이다. 여기에는 역풍을 맞더라도, 또 고립되더라도 '나는 지지 않겠다'고 씩씩하고 굳게 결의하는 여자의 마음이 담겨 있다.

도쿄대학에서 투쟁이 한창일 때 '연대를 구하되 고립을 두려워하지 말라'는 멋진 슬로건이 등장했다. 이 말을 내 식으로 고쳐 보면 '남이 나를 알아줬으면 싶은 마음은 걸인의 마음'이라는 것이다. 모순된 두 가지 속내를 지닌 채 그 속에서 엉망인 채로 살아갈 수밖에 없는 우리 여자들. 여자끼리 있다고 해서, 여자들만 같이한다고 해서 처음부터 평온할 것을 목표로 삼지는 말자. 그렇게 될 수가 없다.

《생명의 여자들에게》I장 3절 알아줬으면 하는 마음은 걸인의 마음 중에서

여성해방운동의 한 가지 특징은 세상을 향해 스스로를 발신할 매체를 만들어 고집스럽게 자신들의 말을 내보냈다는 점이다. 매스미디어에 의존하지 않으려고 책자와 선전지를 손수 만들었는데, 많은 사람들이 이를 보고 보관했다. 이 책에 수록된 〈변소로부터의 해방〉도 '그룹 싸우는 여자들' 이름으로 쓴 선전지였다. 엄마나 창녀로 여자를 나누는 장치, 남자의 성욕 배출구로 존재하는 여자의 성을 '변소'라는 한마디로 대담하게 썼다. 〈알아줬으면 하는 마음은 걸인의 마음〉, 〈변소로부터의 해방〉은 사람들을 뜨끔하게 하고 놀라게 하는 그런 '위험한' 글이었다. 이 두 글로 다나카 미쓰는 그 이름을 널리 알렸고, 여성해방운동의 전설로 회자되었다.

여성해방운동, 다나카 미쓰의 사상에서 새로운 점은 무엇일까? 나는 주로 다음 세 가지가 획기적이었다고 본다.

첫째 개인, 즉 '여자인 나'의 해방에 줄곧 천착한 점이다. 여성해방이라는 말은 사회적이며 대외적인 운동을 일컫는 말인 동시에, 여성이 지향하는 삶의 방식임을 나타냈다. 여성해방운동에서 집회나 모임, 엠티와 세미나 등과 같은 것은 일종의 이벤트에 지나지 않았다. 여성해방은 생활하는 나날 속에서 사색하고 실천하는 것을 의미했다. 여성해방운동은 이런 생각을 일관되게 지니고 있다.

둘째 '남자다움', '여자다움'과 같은 규범, 또 '남자는 바깥일', '여자는 가정'과 같은 성 역할 분업, 즉 문화 전반에 깊이 스며든 '남자는 이렇게 해야하고 여자는 이렇게 해야 한다'는 이중적인 기준을 놓고 철저히 의심했다는 점이다. 이것을 다나카 미쓰 식으로 말해 보자. "남자 노예는 노동력 상품으로, 여자 노예는 생식 상품으로 효율 좋게 쓰려고 남자와 여자의 존재 증명

방식에 차이를 두었다. '남자다움', '여자다움'은 남자와 여자가 각자 지켜야 할 본분이며 그게 자연스럽다고 했다. 이런 관점에서 남자는 산으로 들로 나가 일해야 하고 여자는 냇가에 나가 빨래해야 한다. 같잖은 소리이다. 살아 있는 인간에게는 누구라도 산으로 들로, 또 냇가로 나가고 싶어 하는 마음 양쪽이 다 있다. 이런 걸 우리는 자연스럽다고 해야 한다."

셋째 극히 사적인 영역으로만 취급받아 온 섹슈얼리티[4] 문제로 들어가 여성해방을 모색한 점이다. 자칫하면 해방 이론을 머리로만 풀어내기 쉬우나, 여성해방운동은 그렇지 않았다. 몸, 생명, 성, 생식과 같은 실질적인 문제를 거론했고 그래서 뜻깊다. 여성해방운동가들은 '브래지어를 불태우는(1960년대 후반 미국에는 브래지어를 버린 여성해방운동가들이 있었다) 이상한 여자들'이라는 시각이 일본에도 퍼져 있다. 여성해방운동은 여성에 대한 사회적·정신적 억압뿐만 아니라 육체적 억압으로부터도 여성이 해방할 것을 목표로 삼았다.

다나카 미쓰는 위와 같은 여성해방의 정신을 가장 급진적으로 표현했다고 할 수 있다.

이 책《생명의 여자들에게》에는 두 가지 이야기가 섞여 있다.

첫 번째는 I장 여성해방이란 무엇인가에서 볼 수 있듯 이론적인 이야기이다. 다나카 미쓰는 '엉망'이라는 단어를 쓰면서 가지런하고 조리 있게 사고하지는 않는 것처럼 보이지만, 실제로 이 책은 매우 이론적이다. 해제를 쓰며 나는 다시금 이 책을 꼼꼼히 읽어 보았는데 처음 읽던 때와 달리 '이렇게 딱딱한 책이었나.' 싶을 정도였다. 1970년대 스타일이라고 볼 수도 있겠지만, 언론에서 가볍다는 식으로 보도한 여성해방운동의 모습과는 큰 차이가 난다.

---

4 [옮긴이] 사회적·생물학적·물리적·감정적 측면을 포함한 인간의 성적 특성 및 성적 행동을 뜻한다. 광범위하게는 성 역할, 성행위, 성적 감수성, 성적 지향, 성적 환상과 정체성을 정의하고 생산하는 모든 영역을 말한다.

두 번째 이야기는 II장 개인사와 관련된 부분이다. 지금이야 '성적 학대'라는 말을 쓰게 됐지만 그런 말이 없던 저자의 어린 시절 경험에서부터 어머니와의 관계, 좌파 운동을 거쳐 여성해방운동에 이르는 과정 등을 기술하면서 저자는 자신의 정신과 육체에 관한 역사를 상세히 밝히고 있다. 여기서 우리가 주의해야 할 점은 이 개인사가 다나카 미쓰 한 사람의 경험담이 아니라는 것이다. 세부적인 이야기는 달라도, '여자'라는 성으로 인해 저자와 비슷한 경험을 한 여성은 많다. 그렇지 않은 이들은 굉장한 행운아이든지 아니면 굉장히 둔감한 편이라고 본다.

후반부 IV장 자식을 죽인 여자와 여성해방, V장 신좌익과 여성해방에서 저자는 자기 모습 속에 자식을 죽인 여자나 연합적군파 사건의 주범 나가타 히로코의 모습을 겹쳐 그린다. 저자는 자식을 죽인 여자란 "임금님은 벌거벗었다."라고 외친 자, 즉 여성을 둘러싼 기만적 사회 실상을 알아 버린 자이며, 여성해방운동이란 이런 현실을 운동으로 풀어 나가려는 이들의 집단이라고 선언하고 있다. 이런 선언을 보면, 페미니즘이 가장 많이 외친 기치 '개인적인 것은 정치적인 것'이 떠오른다.

《생명의 여자들에게》의 현대적인 의의

1970년대 후반이 되자 여성해방운동은 새로운 국면에 들어섰다.

사상적인 측면에서 보자면, 여성학과 같은 학문이 새롭게 생겼는데, 1980년대에는 대학교수를 중심으로 현대 사상의 하나로 '페미니즘'이 대두한다. 요즘 일본에서는 '젠더Gender론'이라는 말을 쓰는데, 이렇게 이어진 일련의 흐름이 나왔다. 한편 운동적인 측면에서 보면, 일본에서는 '1975년 국제 여성의 해를 시작으로 행동을 일으킬 여자들의 모임国際婦人年をきっかけとして行動を起こす女たちの会'[5] 등이 생겨나 폭넓은 여성층을 대상으로 활동을 펼치게 된다.

이렇게 여성운동은 이론화, 대중화의 길로 나아가게 됐다. 그런 반면 초창기 여성해방운동이 가진 전위적인 면모, 그 혼돈스런 매력은 빛을 잃게 되었다. 이런 가운데 여성운동이 서서히 힘을 잃었다는 점은 부정할 수 없는 사실이다. 1980년대 후반 일본의 페미니즘은 급진주의 페미니즘, 에코페미니즘, 마르크스주의 페미니즘으로 나뉘게 됐는데, 각 페미니즘 사이에 논쟁이 일어날 정도로 '발전'을 거듭했다. 1970년대 여성해방운동의 주체는 전후 베이비붐 세대였다. 1980년대 페미니즘의 중심 주체 역시 베이비붐 세대이기는 했으나 1970년대 여성해방운동의 주체와는 달리, 대학이나 대학원에서 공부를 한 지식인층 여성들이었다.

여성해방운동 초창기 멤버들은 드러난 여성운동에서는 자취를 감추고 각자 시민운동으로 들어갔다. 그 사이 여성해방이라는 말은 과거 한 시대 역사가 남긴 말이 되고 말았다. 다나카 미쓰는 1975년 국제 여성의 해에 열린 세계여성회의에 참가하러 멕시코로 떠났다가 돌아와 동양의학을 공부했고 침구사가 되어 나타났다. 몸의 해방에 천착했으니 그가 그런 선택을 하게 되었을 거라고 짐작한다. 침구사가 된 후 다나카 미쓰가 어떤 길을 걸었는지는 《어디에 있든 여성해방 何処にいようと、りぶりあん》(1983년)을 읽으면 잘 알 수 있다. 침구사이자 동양의학 전문가로서 일하는 모습은 《스스로 고치는 냉증 自分で治す冷え症》(1995년), 《생명의 이미지 트레이닝 いのちのイメージトレーニング》(1996년)에서 찾아볼 수 있다.

그렇다면 우리의 다나카 미쓰는 여성해방을 버린 것인가? 설마 그럴 리가 있겠나? 여성해방운동이 나오고 25년이 흘러 다나카 미쓰는 〈세계는 '야

---

5 [옮긴이] 행동하는 여자들의 모임行動する女たちの会이라고도 한다. 유엔이 정한 '1975년 국제 여성의 해'를 기려 성차별과 싸울 것을 목표로 생긴 일본의 여성 단체로 학자나 주부, 학생, 언론인 등이 회원으로 참여했다. 성차별적인 언론의 고용 행태와 방송 문화를 고발하고 감시하는 활동을 벌이고, 성차별적 기업 광고를 중단시켰다. 한편으로 일본어 사전에서 성차별적 표현을 바로잡는 활동을 펼쳤다. 제4차 베이징 세계여성회의가 열린 1995년까지 활동했고 1996년 해산했을 때, 활동 기록집 《행동하는 여자들의 모임 자료 집성行動する女たちの会 資料集成》(전 8권)을 펴낸 바 있다.

만스러운 힘'을 기다린다〉는 제목으로 다음과 같은 글을 썼다.

> 내가 생각하기에, 여성해방운동에서 가장 훌륭했던 점은 운동으로 '야만스러운' 힘을 결집하여 격하게 저항하고 버텼다는 것이다. (중략) '야만스러운 힘'이라 함은, 만일 내가 맞았으면 나를 때린 상대를 도로 똑같이 칠 수 있느냐 하는 그런 힘을 말한다. 운동에서는 처음에 그런 '야만스러운 힘'으로 시작할 수 있느냐 없느냐가 중요하다. 특정 상황에서는 그런 힘을 내는 것만으로도 힘에 부칠 만큼 그게 전부일 수도 있다. 우리는 우리가 지닌 '야만스러운 힘'으로 밀어붙여서 이미 녹이 슬대로 슨 사회의 톱니바퀴를 덜컹 소리가 나게 움직였다. (중략) 여성해방은 이제 결판을 내겠다는, 승부를 결정짓고야 말겠다며 여자들이 벌인 운동이다. 만약 우리가 조금이라도 칭찬받을 게 있다면, 그건 우리가 가진 '이런 사회 대체 뭐야, 엿 먹어라.' 하는 그런 '야만스러운 힘' 덕분이 아닐까 싶다.

다나카 미쓰, 〈세계는 '야만스러운' 힘을 기다린다〉, 《전공투에서 여성해방으로 全共鬪からリブへ》(1996년), 여자들의 현재를 묻는 모임女たちの現在を問う会.

여성해방운동은 언론에게 심한 공격을 당했다. 그렇지만 여성해방운동이 보낸 메시지는 수많은 여성들에게 전달됐다고 생각한다. 여성해방운동이 보여 준 '야만스러운 힘'은 자고 있던 여자들을 깨웠다. 해제 서두에 여성해방운동 초창기에 "저 여자는 정말 여성해방론자라서 어쩔 수가 없네."라는 식으로 비난했던 세상의 논조를 소개한 바 있다. 어찌 보면 체념 섞인 비난 논조를 듣고서 남몰래 쾌재를 부르는 여자들도 있었을 것이다. 주위에서 한번 여성해방론자라고 여기고 포기하면, 여자가 좀 편해지기도 했으니까. 일종의 승리를 한 셈이다.

초판이 나오고 30년의 세월이 흘렀기 때문에 이 책이 다소 과장스럽게 느껴질 수도 있다. 어쩌면 젊은이들이 내용을 따라가지 못하겠다고 할지도 모르겠다.

과연 이제 세상은 여자들이 살기에 좋아졌을까? 그렇게 바뀌었을까, 바뀌지 않았을까? 어떤 면에서는 정말 많이 바뀌었고, 어떤 면에서는 아직도 멀었다고 생각한다. 만약 이 책의 내용이 다소 과장스럽게 읽힌다면, 그건 다나카 미쓰를 비롯한 과거의 여성해방운동가들 덕분이고, 또 지금 우리가 예전 여성들보다 훨씬 살기 편하게 된 증거라고 할 수 있을 것이다. 틀림없이 《생명의 여자들에게》는 일본의 페미니즘과 오늘을 살아가는 여자들의 출발점이 될 것이다.

저자 후기

제1판 후기 (1972년 4월)

먼저 권력의 괴롭힘이 날로 격해지고 있음을 알린다. '운동'이라는 단어가 들어가면 어디든 사정은 매한가지일 터이나 우리는 아직도 사람들이 "그런 운동이 있냐, 그게 뭐냐." 하고 고개를 갸우뚱하는 그런 운동을 하고 있다. 이런 형편인데도 권력자의 눈에는 우리의 여성해방운동이 충분히 눈엣가시인 모양이다. 공동체를 시작할 무렵 우리 모임 '그룹 싸우는 여자들' 중한 사람이 임차한 집을 노즈 가즈에라는 사람한테 빌려준 적이 있다. 그 일을 두고 노즈 가즈에라는 사람이 자기 집에서 훔친 엽총을 과격파 여자들한테 건넸다는 헛소문이 돌았다. '아니 땐 굴뚝에서 연기나나.' 소문은 그럴 만해서 나는 것이라고 그냥 넘기려 해도 잘 안 된다. 얼굴 한번 본 적 없는 노즈가즈에라는 사람이 우리 운동의 구성원이라니. 게다가 '권력자들의 정보통'인 한 신문에 따르면, 이제 우리 '그룹 싸우는 여자들'이 무장 투쟁을 하기로 결의했다는 것이다! 그럴싸한 날조 보도였는데, 이런 보도가 나온 때는 묘하게도 마침 내가 생업으로 익숙하지 않은 호스티스 일을 하느라 악전고투하던 중이었다. 약아빠진 권력이 하는 짓거리가 새삼 놀라울 따름이다.

지금도 사복을 입은 공안 경찰이 우리를 줄곧 미행하고 있다. 매일 부모집에 찾아가서는 "따님이 '그룹 싸우는 여자들'에서 간부를 한다죠!" 하며 낯짝 두껍게 협박도 한다. 공안이 시대에 뒤처지게 간부니 하는 말을 한 것을 두고, 우리는 서로 "네가 간부면, 나는 조장을 할까? 간부든 조장이든 조직 폭력배 말이라 싫다"면서 웃었다. 그러나 우리가 한편으로는 권력이 우리를 할퀴려고 손톱 날을 세우는 모습을 보면서 긴장하는 것 또한 사실이다. 무장 투쟁을 제일 하고 싶어 하는 이는 다름 아닌 권력자들이다. 요즘 권력자들은 운동을 하는 사람을 죄다 테러리스트나 폭력 집단으로 만들고 싶어서 난리를 치고 있다. 이런 시절에 바보도 아니고, 무장 투쟁을 하는 사람이 어디 있을까 싶다! 신좌익 운동을 잇는 차원에서 무장 투쟁을 하자고 결기했다 한들 개죽음일 수밖에 없다. 암컷으로서 남자와 사회를 향해 자기 꼬리를 흔들며 살아야 하는 여자는 대의명분을 위해 개죽음을 당하는 것도, 그렇다고 여전히 개처럼 사는 것도 질색이다.

여자는 항상 현실적이다. 하나도 둘도 비폭력으로 활동한다. 남이 어찌 생각하든 개의치 않는다. 어찌 보면 파렴치하게 오른쪽으로 돌기도 왼쪽으로 돌기도[1] 다 했다. 그런 후 우리가 내린 결론은 다음과 같다. 우리 여성해방운동은 '주부연합회'[2] 운동에서 신좌익 운동에 이르기까지 지금까지 운동이란 운동이 저버린 것들을 전부 떠안고 전개하는 것이기에, 그렇게 쉽게 멋진 모습으로 날아오르려야 날아오를 수가 없다. 권력자들은 여성해방운동을 특수한 것으로 만들어 어떻게든 일반 여자들에게서 떼어 내려 하는데, 자기들의 아내 또한 이렇게 여성해방운동이 일어난 상황을 벗어나지 못하고 사는 여자들이라는 점을 간과하고 있다. 우리가 곧 여성해방운동이 아니고, 여성이 살아가기 힘든 곳에서는 어디든 여성해방운동이 살아 숨 쉬고 있다는 소리다. 모든 여자들이 제대로 살아가는 것이 여성해방이다. 인간이 살 만한

저자 후기

세계로 이 세상을 바꿀 가능성, 그것은 오직 여성해방운동에 달려 있다.

요즘 관리직을 희망하는 여자, 일부 유명한 미혼모 등이 나오자, 경제적으로도 성적으로도 자립한 여자의 이미지가 형성되고 있다. 2차 세계대전후 양말이 구멍도 나지 않을 정도로 좋아진 만큼 여권도 강해졌다고 어이없는 말을 해 댔는데, 이런 선전이 이제 새로 바뀌고 있다. 이 말은 즉 경제적으로나 성적으로 자립할 수 없는 대부분의 평범하고 얼빠진 여자들은 빛나는 여자의 자립 이미지 뒤에서, "그늘에서 잘 자라는 건 콩나물밖에 없잖아!"[3] 하고서 다시금 여자로 살아가기 어려운 현실에 짜증을 내고서, 그 후에는 이전보다 더 깊이 현 체제 질서를 위해 자신을 바칠 것이란 뜻이다. 생산성을 가장 좋은 것으로 치는 세상에서 자신이 무가치하다고 믿는 자는 스스로 그 존재 자체를 죄악으로 여기게 된다. 그래서 자기 죄를 사함받으려 세상을 위해 자기 목숨을 바친다. 주변에서 좋아만 해 준다면, '여자니까 차든 커피든 타서 내오는 것도 내가 할 일'이라고 마음먹은 여자들이 있는 것이다. 그 연장선상에 '군국의 아내', '야스쿠니의 어머니' 망령이 다시금 활개를 치고 되살아나고 있다.

여자의 해방이란 대의를 위해 죽은 남자를 따라 죽는 게 좋은 여자라고 보는 의식 구조에서 벗어나는 것을 말한다. 얼빠진 여자들, 평범한 여자들이 스스로 해방하기 위해, 여자에서 여자들로 연대하며 경제적·성적으로 자립해 가는 것. 이것이 바로 여성해방운동이 지향하는 바이다. 그래서 운동의 대의를 위해서 "남자나 아이하고 관계를 끊자"는 주장도 딱 질색이다.[4] 우리는 우러러볼 만한 어떤 한 사람이 필요한 게 아니다. 지금 당면한 과제는 여자들이 서로 어깨동무하는 것이다.

---

3 [옮긴이] 자립한 여자라는 허울 좋은 간판 뒤에서 여자들이 하는 불평을 비유한 것이다. 저자의 설명에 따르면 예컨대 여성운동을 하는 여자들이 "여성운동에 뛰어드니 바빠서 남자 만날 시간도 없네." 하고 불만을 터뜨리거나 하는 것들이다.

4 [옮긴이] 저자는 당시에는 여자 혼자 아이를 낳으려 해도 남자와 성관계하는 것 말고는 달리 의학적 방법이 없어서 이런 문장을 썼다고 한다.

말로는 다할 수 없는 마음을 담아, 나는 이 책을 어머니께 드린다. 함께 공동체 생활을 했지만 이제 더 이상 같이하지 않는 멤버들께, 그리고 이 책을 쓸 때 내 건강을 챙겨 주고 여러모로 도와 준 고마운 여성해방운동의 동료들께 이 책을 드린다.

문고판 저자 후기 (1992년 3월)

마음의 상처를 회복하고 싶다. 긴 세월 동안 그 상처가 나아야 행복해 질 거라 그렇게 믿었다. 마음이 치유된다는 것은 대체 어떤 것일까? 알 듯 모를 듯하다. 과거에 일어난 슬픈 일은 언제라도 다시 슬플 수 있으니까. 지금도 슬프다. 돌아보면 난 항상 활달했지만 슬펐고, 슬펐지만 활달했다.

슬픔뿐만이 아니다. 즐거운 일, 기쁨, 두근거림, 분노, 흥분, 자기혐오 등 과거의 기억과 생각 모든 것이 지금도 내 안에 살아 있다. 형형색색인 풍차가 덜컹덜컹 돌아가는 그런 느낌이다. 그렇다, 나는 아무 것도 잃지 않았다.

이렇게 생각하는 것을 요즘에는 평행 세계라고 하는 것 같다. 과거, 현재, 미래가 선형적 시간인 것처럼 느끼는 것은 실은 착각이고, 사실은 과거, 현재, 미래가 전부 동시에 진행된다고 한다(영화 〈터미네이터〉나 〈백 투 더 퓨처〉는 이런 관점으로 시간을 파악한 것에서 나왔다). 진위가 어떻든 상관없다. 아무 것도 잃을 게 없다고 생각하면 느낄 수 있는 안도감이 좋다. 옛날 같으면 견딜 수가 없었는데, 지금은 안도감을 느낀다.

나는 지금도 울 때는 넋 나간 꼴로 울고 기쁠 때면 깡충깡충 뛰어다닌다. 그 모든 것이 지금의 나다. 진지한 것도 그렇지 않은 것도 전부 나다.

이제 시간의 흐름과 성숙함을 형형색색인 풍차처럼 느끼게 되고 나서 보니, 이 책 《생명의 여자들에게》에서 나는 좀 '날것'인 나인 듯싶다. 개인사를 다뤄서 그런지 여차여차해서 이런 내가 되었다는 식으로 날것인 냄새가 난다. "알아줬으면 하는 마음은 걸인의 마음"이라 썼으면서도, 정작 나는 남이 내 마음을 알아줬으면 좋겠다 싶었다. 불어난 물이 곧 넘쳐흐를 것만 같은 모습이다. 그렇게 애달픈 내가 이 책에 있다.

당시 전하고 싶었던 것은 내가 말하는 진실이 아니라, 내가 갖고 있는 진실이었다. 그런데 어떤 진실이건 진실은 허구와 사실 사이에 있다. 나 스스로조차 내가 진실을 잡은 것으로 여겼는데, 실은 비어 있는 진실을 잡은 것 같다. 나도 이런데, 남은 더 알기 힘들 것이다.

이 책의 문체로 인해 독자들께서 읽기가 더 어려웠을 것이다. 나의 문체가 마치 조루리[5]에서 마음을 읊조리는 구절과 같다고 말해 준 사람이 있다. 부제로 '엉망인 여성해방론'이라 붙이고, 나름 '이론' 책을 쓰려고 했지만 좀 별난 형태인 건 맞다.

> 조루리에서 자신의 마음을 읊조리는 구절은 랑그Langue가 아니라, 사적 언어인 파롤Parole 이다.[6] 개인이 발화하는 입말이 흥미로운 이유는 말하는 본인이 비논리적인 것을 되풀이해 말함으로써 일반적이지 않으나 본인 자신만 이해할 수 있는 추상성을 무의식중에 찾을 수 있다는 점이다. 입말은 일반화가 가능한 추상적인 개념을 구축하기 위한 것이 아니다. 남에게는 앞뒤가 안 맞는 말이더라도 말하는 본인에게, 또 세계에 아직은 분명하지 않은 어떤 것을 내놓을 것을 목표로 한다.

도미오카 다에코富岡多惠子[7]
《지카마쓰 조루리에 대한 사적 고찰近松浄瑠璃私考》(1988년)

5 [옮긴이] 샤미센 반주에 맞춰 이야기를 읊는 일본의 전통 예능.

6 [옮긴이] 랑그와 파롤은 언어학자 소쉬르가 언어를 커뮤니케이션 도구로 보고 나눈 이원적 개념이다. 랑그는 일정한 언어 체계를 공유하는 구성원들이 정한 규칙이며 파롤은 개인의 체험에 따라 다른 심리적 언어이다.

7 [옮긴이] 1935년생. 페미니스트 소설가이자 평론가. 1990년대부터 근세 일본 남성 작가들의 작품에 대한 평론, 평전을 쓰며 페미니스트 비평가로서 활동했다. 지카마쓰 몬자에몬近松門左衛門(1653~1724년)은 당대의 극작가로 주로 전도유망한 남자가 유곽의 창부와 연애해 동반 자살하는 이야기를 많이 썼다.

누구든 자신이 가장 큰 관심사일 것이다. 여성해방운동에 몰두한 여자들은 자신을, 자신이 갖고 있는 진실을 자신의 입말로 말하기 시작했다. 거기에서 서로를 연결할 힘이 나왔다. 우리는 '지금 여기에 있는 여자'가 되어 들고일어난 것이다.

필경 한번 여성해방운동을 경험한 여자들은 앞으로도 여성해방을 집요하게 외칠 것이다. 왜냐하면 자신이 갖고 있는 진실에 끝이란 없는 법이니까. 여기서 내가 말한 진실이란 가령 남녀가 평등하게 일할 남녀고용기회균등법[8]을 쟁취하는 것이라든지, 여자가 육아 휴직을 쓸 수 있게 된다든지, 남녀의 성 역할을 바꾼다든지 하는 영역을 뛰어넘어 존재하는 그 어떤 것에 대한 희구이다. 에로스가 있고 풍부한 생명, 자신의 전체성과 같은 그 무엇이다.

독일 속담에 '사랑은 멈출 수 없이 앞으로 나아가는 것'이라 한다. 내가 갖고 있는 진실을 찾아 나선 여자들 또한 멈추지 않고 앞으로 나아갈 것이다. 여태껏 보지 못한 자신을 좇을 것이다. 나는 그런 여자들이 좋다.

근래 몇 년간 나는 의존(중독) 문제를 다루는 워크숍에 참가하고 있다. 알콜 의존, 약물 의존 등 의존증에도 여러 가지가 있지만, 나는 그중에서도 식이 장애를 앓는 젊은 여성들과 깊게 만나고 있다.

거식증을 앓는 경우 거식 증세는 얼마 지나지 않아 폭식으로 이행하는 경우가 대부분이다. 풍요로운 시대가 되어 이제 아이들은 폭식을 하고 설사약을 먹거나 구토를 한다. 이 여자애들의 특징은 멍하니 있으면서 시간을 보내거나 적당히 일하는 것을 잘 못한다는 점이다. 식이 장애는 완벽주의자가 앓는 병이기도 하다. 공부도 잘하고 부모님에 대한 배려도 잘하는, 그런 '완벽한 아이' 역할을 하다가 너무 무리를 하는 바람에 결국 병을 앓게 된 것이다. 예외가 있긴 하나 대개 그렇다. 지금껏 자신에게 한 번도 일탈을 허용하지 않던 이가 한번 마음먹고 일탈을 하게 되면 지독하다. 실제로 혼자서 밥

8   [옮긴이] 1986년 일본에서 시행된 법률로 고용할 때 남녀 차별을 금지했다.

을 한꺼번에 한 되씩이나 먹어치운 사람을 봤다. 그러니까 〈밥 안 먹는 아내 食わず女房〉 민화[9]에 나오는 '밥 안 먹는 아내'는 아마 진짜 있었을 것이다.

여자들이 앓는 식이 장애와 같은 의존증, 이 병의 뿌리에는 반드시 가족 문제가 있다. 그렇다고 해서 가정 환경이 특별히 비참하거나 별나거나 극적이지도 않다. 내가 아는 한, 대개 어디에도 있을 법한 평범한 가정이 대부분이다. 부부 사이가 나쁘다든지, 아버지가 살짝 알콜중독 같다든지, 이웃이나 친척들에게 우리 가정이 어떻게 비칠까 전전긍긍하는 그런 가정 말이다. 평범한 가정에서 흔히 있는 문제다.

평범한 가정에서는 평범한 부모가 평범하게 아이를 가르친다. 즉 평범한 가정에서는 딸에게 장래에 좋은 아내이자 좋은 엄마가 되라고 한다. 어린 완벽주의자 여자들은 어떻게든 부모의 기대에 부응하려고 애를 쓴다. 그러다가 좌절하면 자신을 한심하다고 여기고 스스로를 철저히 벌하려고 또 애를 쓴다. 한 되씩이나 되는 밥을 먹고서는 토해 낸다.

강조하고 싶다. 세상 어디에도 없는 가정이 이상이 된 현실이 바로 이 병을 불러일으키고 있다. 이 딸들의 어머니들은 1970년대 결혼해 육아를 시작한 여자들이다. 여자의 행복은 결혼에 있다는 신화가 아직 무너지지 않았던 시대에 어머니들은 기존에 해 오던 방식으로 자신에게 여자의 삶의 방식

9 [옮긴이] 〈밥 안 먹는 아내〉는 한 구두쇠 남자가 일은 잘하되 밥은 조금만 먹는 여자를 찾아 결혼하는데 아내가 실제로는 머리 꼭지에 큰 입이 달린 무서운 요괴 노파였다는 이야기이다. 결혼한 지 얼마 되지 않았을 무렵 아내는 매일 고된 일을 하면서도 밥을 전혀 먹지 않아 남편을 기쁘게 했다. 그런데 쌀이 자꾸 줄어들어 이를 이상히 여긴 남편이 하루는 일찍 집에 돌아와 몰래 숨어서 보니, 아내가 한 되씩이나 되는 쌀로 밥을 지어서 머리 꼭지에 달린 입을 벌리고 다 먹어치우는 것이었다. 아내가 많이 먹는 것을 알게 된 남편은 아내를 친정으로 내쫓으려 하는데 아내가 독 하나와 밧줄을 구해 달라 부탁한다. 남편이 부탁한 물건을 구해 오자 아내는 요괴 노파로 변해서 남편을 밧줄로 꽁꽁 묶어 독에 넣어 산으로 끌고 간다. 도중에 남편은 창포로 요괴 노파가 된 아내를 물리친다. 남편은 반성하고 밥 잘 먹는 여자와 재혼하여 행복하게 살게 된다.

을 강제했다. 애초에 할 수 없는 것을 해 내려고 무리했기 때문에, 그 행복은 텅 빈 것이었다. 그리고 이제 그 공허한 노력이 딸들을 집어삼키려 하고 있다! 척 보기만 해도 다 안다. 엄마가 불행하게 사는 모습 그대로 나는 살고 싶지 않다는 바람을 갖고서 딸들은 성숙해지기를 거부한다.

따라서 우리는 딸들의 식이 장애가 병이 아니라, 딸들의 건강함을 드러내 주는 현상이라고 볼 수 있다. 아이는 부모를 보고 자란다. 부모가 시키는 대로 살면 부모의 전철을 밟게 될 아이가 있다. 아이가 아니라 부모가 더 깊은 병을 앓고 있다고 봐야 하지 않겠는가?

폭식하고 구토하는 여자들은 〈밥 안 먹는 아내〉와 같다. 거식증을 앓는 여자들에게도 이 이야기를 했다. 그 이유는 그들을 비난하기 위해서도 멸시해서도 아니다. 밥을 안 먹는 여자가 좋다는 남자의 어리석음을 두고 코웃음치듯, 여자는 먹고 또 먹고, 마구 먹어치웠다. 이 강력한 힘을 보라. 바로 이것이 우리 여성해방의 힘이다. 멈추지 않고, 기어서라도 앞으로 나아가려는 그 힘 말이다.

사람은 모두 자연의 일부다. 여자는 더욱 그러하다. 그래서 여자는 좀 무서운 게 좋다. 여자의 가능성과 힘을 응축한 것이 그런 무서움이기 때문이다. 무엇보다 그런 여자는 재미있다. 무서운 여자는 재미있다. 일탈, 그것이 바로 우리의 생명이다. '나'라는 광채를 발하는 것이 바로 생명력이다.

다시 산이 움직일 날이 얼마 남지 않았다. 이 젊은 여성들을 마주하고서 나는 그런 생각을 했다.

〈알림〉

이 책 초판 발행 때(1972년) 나는 내가 성적 학대를 당한 나이를 여덟 살이라고 썼다. 그러나 지금 기억의 조각들을 맞춰 보니, 아무리 봐도 그 일이 일어난 건 여덟 살이 아니라 초등학교에 들어가기 전이었던 것 같다. 왜 그런 착각을 했는지 나도 모르겠다. 그러나 이 실수를 알아차리는 데 내가 왜 이토록 긴 세월을, 공백을 필요로 했는지는 이해하고 있다.

긴 시간 괴로워하던 사실을 책에 쓰고 난 후, 진이 다 빠져서 난 무의식 중에라도 다시 나 자신을 출발점으로 되돌아오게 만들 일을 피했다. 성적 학대는 이제 끝난 일이라 생각하고 싶었다.

울고 있는 아이는 지금도 내 속에 있다. 이제 겨우 나는 그 아이를 받아들일 수 있게 됐다. 그리고 나서 과거에 잠겨 곰곰이 생각해 보니, 그 일이 아마 내가 다섯 살 무렵에 일어난 것이라는 결론이 났다.

13년 만에 이 사실을 바로잡으면서 성적 학대가 얼마나 비참한 것인지 그 본질을 알 수 있었다. 탄식하면서 그것을 생각했다.

개정판 저자 후기 (2001년 6월)

발칙한 게 생명이다.

몇 년 전에 나는 아키타시에서 열린 일본디자인회의 주최 이벤트에 갔었다. 기라성같이 유명한 사람들이 나오는 데에 웬일인지 나도 초청을 받은 것이다. 그때 이벤트 파티라고 하면서 '긴박緊縛 쇼'[10]라는 걸 보게 됐다. 아니 강제로 보게끔 됐다. 그 쇼라는 건 검정 옷을 입은 남자가 등장해 팬티 한 장 입힌 반라의 여성을 묵묵히 밧줄로 묶는 퍼포먼스였다.

묶는 남자, 묶이며 신음하는 여자. 그런 퍼포먼스를 하자 관객이 100명 정도가 모여들었다. '어리석기 짝이 없는 퍼포먼스다, 이건 마치 초등학생 견학 같네.'

당연하게도 금방 흥이 깼다. 그래도 밧줄을 묶는 쇼는 계속됐다. '아, 아름답지 않아!' 나와 일행은 그것을 멍하니 보고 있다가 나도 모르게 "좀 그만

---

10   [옮긴이] 긴박은 밧줄로 꽁꽁 묶는다는 뜻인데, 일본의 성인 비디오에서 묶거나 묶이는 행위 등으로 가학, 피학적 성행위를 보여 주는 것을 말한다.

해!"라고 소리를 꽥 질러 버렸다.

다음 날 주최자인 작곡가 모 씨가 와서 "선생님께서는 불쾌해 하셨다는데……."라는 것이다. 나는 "맞아, 불쾌해요. 그런 퍼포먼스는 사전에 보고 싶냐고 물어야 하는 거죠." 하고서 "나요? 물론 나도 보고 싶어요. 근데 여자만 밧줄로 묶일 게 아니라 나체가 된 남자가 묶이는 것도 꼭 같이 보고 싶어요. 어두침침한 곳에서 느긋하게 말이죠."라고 답했다.

음란한 예술은 음란하게 감상해야 진가를 알 수 있다. 그런 감상 방법이 있어야 쇼라 할 수 있다. 그런데 무대 위 스트립쇼 같은 것을 강제로 보게 되다니. 생전 처음 보는 긴박 쇼가 그따위 퍼포먼스라니 아무리 생각해 보아도 분하다.

즉 나는 여자인 나도 오싹오싹해지면서 성욕이 드는 그런 괴상쩍은 쇼를 보고 싶은 거다. 포르노도 그런 거라면 납득할 수 있다.

나는 남자들에게 추잡스러운 눈길로 여자를 쳐다보지 말라고 화를 낸다. 그러면서도 어째서 나는 추잡스런 눈길로 남자를 보려고 하지 않을까? 고개를 갸우뚱해 봤다. 이런 게 나의 여성해방이니까. 성의 심연을 이도 저도 아니게 보여 주는 그런 보다 만 것 같은 쇼 말고, 나도 모르게 욕정이 드는 그런 쇼를 보고 싶다.

아, 싸가지 없다. 발칙한 게 내 생명이다.

'여자는 여자답게'라는 억압을 오른발로 냅다 차 버리고, '여성해방을 외치는 여자들은 이래야 한다'는 억압은 왼발로 냅다 차 버린다. 나 말고 다른 사람이 되지 않겠다, 나 이상의 사람은 되지 않겠다, 그리고 무엇을 논하든 간에 그리 대단할 것 없지만 둘도 없이 소중한 나로부터 출발하겠다, 이것이 싸가지 없는 여성해방이 서 있는 자리이다.

마쓰모토 미치코松本路子[11] 씨가 찍은 사진 한 장이 있다. "어머니날이라

11　[옮긴이] 1950년생. 사진가. 일본 여성해방운동에서 벌어진 시위, 엠티, 세미나 등을 찍는 작업을 줄곧 해 왔다. 사진집으로 일본의 여성해방운동가들이나 아티스트 오

니, 아하하 우습다."라고 쓴 플래카드를 들고 내가 시위대를 앞장서서 걷고 있다. 이 시위는 모성애 신화를 깨부수려고 벌였다. 하이힐을 신고 긴 치마를 휘날리며 득의양양하게 활보하는 30년 전의 나.

여성해방을 외치는 여자와 하이힐……. 뭔가 이상하기는 하다. 당시 동료들도 내 차림새를 보고 슬며시 그런 생각을 했을는지도 모른다. 옷은 기분 따라 입는 거니까, 아마 그날 나는 그렇게 과격한 차림새를 하고 싶던 것 같다. 평소에는 티셔츠에 청바지를 입는데 그런 차림으로 시위를 하면 여자다움을 거부한다는 여성해방운동가에 대한 세상의 평판 그대로 나타나는 거니까. 나는 세상이 그렇게 이해하기 쉬운 여자는 아니라고, 그걸 보여 줘야겠다고 싸가지 없는 여자처럼 생각을 했다.

여성해방을 한다고 출사표를 던졌다고 해서, 그러니까 여성해방을 하겠노라 외치며 나온 정도로 '여성해방운동을 하는 여자다운 모습'을 확실하게 보여 줄 수 있다는 건 좀 이상하다. 성급하게 이상적인 삶을 살지 않는다. 아주 조금 새로울 뿐인 여자가 되고 싶지는 않다. '알아줬으면 하는 마음은 걸인의 마음'이라는 기치를 계속 들고 나가려면, 그 심지에 여성해방의 생명이 있어야 한다. 맨얼굴이든 화장이든 그런 건 아무래도 상관없다.

그렇다. 하이힐을 신든 안 신든 나는 나다. 동시에 그런 나는 내가 좋아하지도 않는 남자가 엉덩이를 만지면 절대로 안 되는 나이기도 하고, 좋아하는 남자의 욕망을 자극하고 싶은 엉덩이를 갖고 싶은 이성애자 여자인 나이기도 하다.

이렇게 애매하게 '지금 여기 있는 나'의 모든 게 괜찮다고 보는 그런 나다. 내가 살아가는 데 누가 승인해 줄 필요가 없다. 여성해방 동료들이 승인해 주는 것조차 필요 없다. 씩씩한 하나의 생명으로 살고 싶다.

모순적인가? 주장하는 것을 인정해 달라고, 그래서 운동을 하는데 개인

노 요코 등 해외에서 활동하는 페미니스트 일본 여성들을 두루 담은 《평온한 여자들のびやかな女たち》(1987년)이 있다.

적인 것은 누구의 승인조차 필요 없다니. 나는 아직껏 보지 못한 나를 동경한다……

사실 운동은 불특정 다수가 인정해야, 그러니까 많은 사람들이 알아줘야 사람도 돈도 모이는 것이다. 연초부터 시위를 하고 선전지를 뿌리고 또 시위하는 그런 운동을 하면서, 운동이 제일이고, 싸가지 없는 건 둘째 문제라고 여기면서, 그렇게 3년간의 세월을 보냈다. 그러고 나서 나는 생각하게 됐다. 운동이라는 옷이 나한테는 안 맞는구나.

침구사는 정말 내게 잘 맞는 일이다. 누구에게 무슨 말을 듣건 지금 내 앞에 있는 환자만 치료하면 먹고살 수 있는 세계니까. 그런 명쾌함이 나는 좋다. 침을 놓을 때에 치료한다는 핑계로 환자한테 "이제 나으면 앞으로는 참고만 살지 말아요. 하고 싶은 말을 하고 살아야죠." 하며, 한 사람 한 사람의 생명과 만나서 이야기할 수도 있다.

내가 존경하고 좋아하는 우에노 지즈코 씨. 그녀는 여성해방운동의 정신이 이후 세대의 페미니즘으로 확실히 계승됐다고 한다. 정말 그럴까? 이후 페미니즘 세대가 받아들인 건 아마 운동의 체면이라 할 수 있는 명분만은 아니었을까?

싸가지 없는 게 생명인 나의 여성해방은, 요즘 보면 '바디콘'[12] 패션 스타일, '시스루'[13] 스타일, '강구로ガングロ 걸'[14] 스타일에서 나타나는 젊은 여성

---

12 [옮긴이] body conscious style. 일본식 영어 조어로 몸매를 의식한 스타일이라는 뜻이다. 여성의 몸매를 과도하게 드러내는 패션 스타일을 말한다.

13 [옮긴이] 레이스나 얇은 천으로 된 옷으로 몸이 그대로 다 비치는 패션 스타일.

14 [옮긴이] 강구로는 일본어로 검은 얼굴이란 뜻이다. '강구로 걸'은 얼굴을 유난히 검게 화장하며, 눈과 입술을 하얗게 칠하고 머리는 금발이나 오렌지색으로 염색한다. 1990년대 후반부터 2000년대 중반까지 일본에서 일부 십 대, 이십 대 여성들 사이에 유행하던 스타일로 반항적인 이미지가 크다. 이들은 자주 씻지 않고 청소 등도 하지 않는데, 이 여성들을 두고 더럽고 여성스럽지 못하다는 비난이 많았다.

들의 과격함으로 이어졌다고 생각한다. 남자한테 인정받고 싶은 욕구 따위 눈곱만큼도 없는 그런 여자들의 힘을 보고, 또 세상에서 빈축을 사는 것 따위 아랑곳하지 않는 대담무쌍한 모습을 보면, 전에 우리의 모습이 절로 떠오른다. 조금 그립기도 하다.

물론 아주 조금만 그립다. 왜냐하면 지금도 우리는 변함없이 여성해방 운동가니까. 여성해방운동은 브랜드 같은 거라서, '나는 여성해방을 한다'고 생각하면 누구나 또 언제까지나 여성해방운동가가 될 수 있다. 이게 싸가지 없고 생기 있는 나의 여성해방이다. 나는 아직 몸도 건강하며, 앞으로도 한층 더 이 싸가지 없음을 단련하고자 한다.

앞으로도 여성운동에서 권위 있는 자로 여겨지고 싶지 않다. 침구사 말고 딱히 내놓을 명함도 없이 그렇게 살아가고 싶다. 눈을 감으면 바로 넓은 하늘을 그릴 수 있도록 가볍게, 그렇게. 숨을 거둘 때는 이렇게 말할 것이다. "아, 재미있는 인생이었다!"

마지막으로 이 책 초판과 관련해서 나만 알던 일화를 말하려 한다. 본문에 썼듯, 이 책은 내가 생전 처음으로 쓴 것인데, 쓰는 와중에 연합적군파 사건이 일어났다. 매일같이 연합적군파들의 시체가 발굴됐다. 그 가운데 내가 아는 사람이 있었다. 정말 무서워서 밤에도 잠을 잘 못 잤고 식욕도 없었다. 하루에 한 끼, 초밥 딱 하나 먹고 쓰고 또 쓰기를 40일. 그렇게 다 완성을 하니 영양을 섭취 못해 야맹증이 되고 말았다.

내가 그렇게 맹렬한 기세로 이 책을 쓸 수 있던 배경이 있었다. 글을 쓰자 마자, 다시 한 번 쓴 글을 읽어 보고 다듬어 볼 여유도 없이 원고를 낚아채 듯 가져간 편집자가 있었다. 배려라고는 전혀 없고, 내 곁에서 줄곧 나를 살피는 듯한 낌새도 있어서 나는 그 사람이 공안이 아닐까 의심했다.

그저 과격한 친구를 뒀다는 것만으로도 사복형사가 미행하던 시절이었다. 초판 후기에 편집자에 대한 감사 인사를 쓰지 않은 것은 그런 시절 내가 망상을 한 결과이다. 어쨌거나 이 책을 쓸 수 있어서 좋았다. 지금도 편집자가 무서우면 원고를 빨리 완성한다.

싸가지가 없어서 친한 친구가 많지 않다. 그래도 몇 년씩이나 만나지 않았는데도 마치 어제 이야기를 나눈 듯한 친구들, 언제라도 서로 삶의 불평을 터뜨리고 공감할 수 있는 친구들이 나에게는 있다. 판도라 출판사 나가노 리에 씨, 편집자 시마다 유카리 씨. 두 사람의 열정에 진심으로 감사를 드린다. 또 한 분, 책 표지 그림을 그려 준 가와구치 스미코 씨. 예스럽고 뭔가 수상쩍은 그림이 정말 좋습니다. 깊이 감사 드립니다. 독자 여러분, 감사합니다.

2001년 6월 다나카 미쓰 씀

개정판 저자 후기 (2010년 3월)

어떤 사람이 말하기를, 자신에게 절실한 문제는 끝까지 파헤쳐 보라고 했다. 정말 그렇다. 내 머리 위에 파리가 윙윙 날아다니면, 파리에 집착해서 그 파리를 쫓아내야 한다. 어느 날 갑자기 내 인생은 뭘까 하고서 아연실색하고 싶지 않다면 그렇게 하며 살아가야 한다.

이 책을 포함해 내가 쓴 책은 몇 권뿐이다. 그래도 이것만은 확실히 말할 수 있다. 언제나 내 머리 위를 날아다니는 파리를 쫓아내면서 썼다고. 바꿔 말해 나는 그만큼의 도량으로, 크고 작은 내가 있는 만큼 썼다.

큰 파리도 작은 파리도 전부 내 파리이다. 내 주변의 것들로 세계와 연결되려고 했다. 그렇게 안 하면 내가 아니니까.

나의 여성해방은 첫째 나의 자유와 행복을 위해 악한 세계와 싸우는 것이었다. 나로부터 출발한 해방이다. 시야가 좁다고 한들, 그릇이 작다고 한들 상관없다. 세상만사 크고 작은 일들이 있기 마련이니까. 내가 바뀌면 세계가 바뀐다. 세상이 바뀌면 내가 바뀐다.

이런 것들을 온 마음으로 믿어 온 지가 벌써 40년의 세월이다. 보니까 낙태죄라는 게 아직도 있다. 개인으로서 살아가는 게 극히 어려운 이 세상에서 나부터 시작하는 해방은 더 없이 훌륭한 것이라고 생각한다. 사람들이 나를 지켜 줄 울타리이자 토대이다. 아, 유감스럽고 또 화도 난다. 일본의 페미니즘은 아직 취약하다.

자립이나 자유라는 것이 이제는 패션과 같은 유행이 되고 말았다. 독배를 들이키고 싶지 않은 이들에게 이 책이 아직 힘을 줄 수 있을 듯하다.

신판 후기 (2016년 7월)

작년부터 매해 한두 차례, 나는 오키나와 헤노코辺野古[15], 다카에高江[16]에서 연좌 농성 시위도 하고 오키나와 여행도 하는 평화 기행을 이끌고 있다. 이런 식이다. 오키나와에 살고 있는 할머니, 할아버지들과 만나서 같이 미군 기지 게이트 앞에 가서 앉는다. 기지를 드나드는 차량을 향해 "오키나와에 정의를!", "미군의 강간을 규탄한다! 목숨을 되살려라!"라고 미리 써서 준비해 간 현수막과 피켓을 들고 구호를 외치며 데모한다. 기지 앞 시위가 끝나고 모이면 같이 농성한 사람들은 서로 자기소개를 하며 인사한다. 내가 이끄는 그룹은 노래를 부르면서 자기소개를 한다.

---

15 [옮긴이] 헤노코는 오키나와 동북부 나고시에 있는 해안으로 매립 공사를 통해 일본 정부가 미일 군사동맹을 위해 오키나와 기노완시에 있는 후텐마普天間 미군 공군 기지를 이전하려고 계획한 곳이다. 오키나와현은 헤노코 매립 승인을 철회하고자 일본 정부와 법적 다툼을 벌였으나 2017년 일본 대법원은 오키나와현 패소 판결을 내렸다. 오키나와는 일본 국토 면적의 0.6퍼센트에 불과하나, 주일 미군의 기지와 시설 74퍼센트가 집중되어 있다.

16 [옮긴이] 오키나와 북단에 위치한 아열대 원시림이 있는 마을로 미군이 오스프리 (수직 이착륙이 가능한 헬기로 잦은 추락 사고와 큰 소음을 일으킨다) 훈련장을 짓고 있다.

자, 자, 스이스이 다라라타 스라스라 스이스이스이[17]

전쟁터 오키나와, 이토록 크게 희생을 당하네

땅을 뺏기고 나니 이제 보이는 건 미군 기지뿐, 일본 정부는 미국이 제일 좋다 하네

이래도 될까? 물어야 해

자, 알게 된 사람들 모두 일어나

후텐마도 큰일인데 그걸 헤노코로 바꾼대

언제까지나 기지만 있다네, 일본 본토 사는 우리는 보고도 모른 척한다네

(반복)

바다가 있는 오키나와, 세계의 보물

바다가 망가지면 듀공[18]도 못 살고, 사람 마음도 황폐해진다고

이래도 될까? 물어야 해

알게 된 사람들 모두 일어나, 아직 모르겠는 사람들은 생각을 하자

자, 일어나자, 자, 생각하자

1960년대 유행가를 개사해 부른 것인데, 내가 개사했다. 매해 한두 차례 평화 기행을 갈 때마다 이렇게 노래를 하니까 노래를 듣고서 '이 사람들 또 왔네.' 하고 사람들이 우리를 기억해 준다.

올해 5월에 갔을 때는 오키나와의 성지 세이와우타키斎場御嶽에 갔다. 헤노코와 다카에 같은 곳이 오키나와 사람들이 살아가는 현실을 상징적으로 보여 주는 곳이라면, 세이와우타키는 오키나와 사람들의 마음 깊은 곳, 오키

---

17 [옮긴이] 몸을 경쾌하게 흔들 때 하는 말.

18 [옮긴이] 오키나와 연안, 인도 태평양 지역에서 서식하는 대형 해양 포유류 동물로 멸종위기종이다.

저자 후기

나와 사람들이 하늘과 땅의 신들께 기도하며 외경심을 보이는 곳을 상징한다. 평화 기행에 같이 간 사람들이 성지도 가 보고 해서 한층 더 깊이 오키나와를 체감하도록 하려고 기행지에 넣었다.

세이와우타키 바로 앞에는 구다카지마久高島가 있다. 한 시간 걸으면 한 바퀴 다 돌 수 있을 정도로 작은 섬이다. 여기도 오키나와에서는 신의 섬이라고 한다. 오키나와 사람들에게는 마음의 고향이다.

다음번 평화 기행 때 구다카지마에 꼭 들러야지 싶어서 지난 5월 평화 기행이 끝나고, 나 혼자 구다카지마로 답사를 갔다. 안내를 잘해 주겠다 싶은 오키나와 현지 여자분이 있어서 기대를 하고 갔다.

안내를 부탁한 분은 인터넷에서 정보를 검색하다가 알게 됐다. 그녀는 자기 홈페이지에 성지에 갈 때 마음가짐에 대해 이렇게 썼다. "오키나와 성지에서 마음을 열려면, 먼저 스스로의 마음이 안정되어 있을 것, 겸허해질 것. 마음이 열리지 않는다면 그 성지는 자신에게 필요하지 않은 것이다. 아직 때에 이르지 못했다고 보고 자신에게 더 어울릴 법한 장소를 따로 찾아보는 게 낫다. 계속 신경이 쓰이는 곳, 그곳이 당신의 성지이다. 남이 아니라 자기 마음의 목소리에 귀를 기울여 보자. 신경이 쓰이는 곳에 직접 가서 그곳에서 합장을 해 보자. 성지 기행은 이렇게 시작한다."

위 글을 읽고 나니 안내자로 이것저것 참견할 것 같지 않아서 좋은 느낌이었다. 이 사람이 좋겠다. 이 사람한테 안내해 달라고 하자고 정했다.

그녀를 만난 날은 장마가 그치고 햇볕이 쨍쨍 내리쬐던 날이라 몹시 더웠다. 2박 3일 내가 이끄는 평화 기행을 마친 직후라서 그런지 나는 그녀와 첫인사를 나눌 때부터 이미 지친 상태였다. 구다카지마에는 렌트카가 없어서 관광객은 보통 자전거를 빌려 섬을 돈다. 그녀는 조용한 소개 글과는 전혀 다른 분위기였다. "우리 자전거 타지 말고 걸어 다닙시다." 하더니 이내 "걸어서 섬을 돌면 시간이 없으니까 점심은 생략합시다." 하는 것이다.

속으로 좀 놀랐지만 어찌 됐건 열심히 안내해 줄 모양새라 그녀를 따르자 싶었다. 섬 여기저기 돌아보다가 이윽고 '신의 길'이라는 길을 걸었다. 뜨겁게 마른 아스팔트로 된 길이었다. 멍하니 죽 걸었다. 걷고 또 걷다가 겨우 길가 나무 그늘에서 쉬기로 했다. 쓰러질 것만 같아서 나는 그늘 아래 앉자마자 금방 잠이 들어 버렸다.

10분쯤 졸고 있다가 '이제 그냥 돌아갈까.' 하면서 눈을 떴다. 그러자 갑자기 그녀가 무릎걸음으로 내 곁에 왔다. 놀란 내 앞에 그녀가 털썩 앉더니 강렬한 눈빛으로 나를 똑바로 쳐다보며 뭔가 두서없는 소리를 하기 시작했다……. 막 잠에서 깬 탓인지 멍하니 있던 탓인지 그녀가 무슨 소리를 하나 싶었다. 아니 아무리 컨디션이 좋고 머리가 맑은 때라 해도 그녀가 하는 말을 전부 알아들을 수 있었을까?

그녀는 이것저것 장황하게 말을 하더니 결국 나를 보고 "당신은 사람들을 도와서 하늘에 돌려보내는 일을 해야 할 사람"이라는 것이다. 그런 말을 듣고 '뭐지 이 사람?' 하고서 그녀를 보니 그 큰 두 눈에 눈물을 글썽였다. 어떤 사람들을 어떻게 도우라는 건지, 또 하늘에 돌려보낸다는 게 무슨 말인지, 도무지 모를 말만 했다. 수수께끼 같은 말을 더 이상 듣고 싶지도 않고, 너무 피곤하다는 생각만 들었다. 한계에 달한 나는 이제 섬 투어를 그만하고 그저 집으로 돌아가고만 싶었다.

이런 때에는 상대방에게 "잘 알겠어요, 앞으로 노력해 볼게요."라고 답해야지 안 그러면 결말이 안 난다. 이렇게 답을 건네자 그녀는 안심이 된 모양이었다. 갑자기 조용해졌다. 그때서야 나는 섬 투어를 끝낼 수 있었다. '아 다행이다. 다행이야. 그런데 이렇게 적당히 약속을 해도 괜찮을까, 천벌 받지 않을까.' 싶어서 갑자기 불안해졌다. 지금도 여전히 불안하다.

여행에서 돌아와 주변에 겪은 일을 이야기했더니 다들 웃고 마는 것이다. 그러고 나서 "다나카 미쓰 씨는 그분한테 뽑힌 거예요." 한다. 그런 말은 해 주지 않아도 이미 알고 있는데. "누가 어떻게 할 수 없는 문제예요."라는 말을 듣고서 나도 모르게 '흥!' 한다. 그래, 맞다. 나한테 원래 무당 기질 같은 게 있기는 하다. 구다카지마에서 일어난 그 일은 아마 그런 내 기질 때문에 일어난 듯하다.

아는 사람이야 다 알겠지만, 무당 기질이 있다는 건 내가 가진 비밀이다. 될 수 있으면 이대로 비밀로 해 두고 싶다. 그런데 나에게는 앞날이 얼마 안 남았다. 현실적으로 살날이 얼마 안 남았다는 걸 알게 되면, 사람은 뭐 이제 새삼 다른 사람이 나를 어떻게 생각하든 괜찮다, 아무래도 좋다 하는 생각을 하기 마련이다. 그래 무슨 일이든 나쁜 면만 있는 건 아니니까. 나는 나이가 들고서 더 자유롭고 솔직한 여자가 되고 말았다.

이번에 저자 교정을 보기 위해 이 책《생명의 여자들에게》를 정독했다. 꼼꼼히 읽다가 실은 이렇게 정독하는 게 책을 쓰고 나서 처음이라는 사실을 깨달았다. 아, 이건 뭐 굉장하다고 해야 할까. 무서운 책이구나 싶었다.

행간에서 후덥지근한 열기가 뿜어 올라오는 듯하다. 이 에너지는 대체 무엇이었을까? 아득한 옛날, 신의 가르침을 전한다거나 노래를 부르던 이들도 이런 열기를 내보였을까? 뭐 이것도 내가 가진 무당 기질 같은 것일까?

아니, 그렇지 않다. 이 책이 탄생한 비화를 전하려 한다. 이 책을 읽을 때 후덥지근한 열기를 느낀다면 아마 그건 다음과 같은 일 때문일 것이다.

때는 1972년 연합적군파 사건 즈음이다. 일본 전체를 뒤흔든 그 사건 가운데 가장 큰 충격을 준 소식은 묘기산에서 매일같이 연합적군파 시신이 발굴되었다는 뉴스였다. 동지에게 숙청을 당해 죽은 자들이 열두 명. 그들이 한 명 두 명 땅에서 세상으로 나왔다……. 정말이지 나는 무서웠다. 40년 세월이 흐른 지금도 살이 떨릴 정도로 무섭다. 이 책《생명의 여자들에게》는 그 무서운 뉴스가 처음 전해졌을 때, 쓰기 시작한 것이다.

왜 시기가 그렇게 됐느냐면, 그전에 '다바타케쇼텐田畑書店'이라는 출판사에서 젊은 편집자가 와서 여성해방에 관한 책을 써 달라고 했는데 그게 사실 딱히 언제까지 써 달라고 하는 의뢰도 아니어서 그냥 가볍게 생각하고 있던 참이었다. 그러고 나서 한 달쯤 지나자 그 편집자가 갑자기 엄청 재촉을 해 댔다. 그래서 하는 수 없이 글을 쓰기 시작했는데 쓰자 마자 시신 발굴 뉴스가 나오기 시작한 것이다.

연합적군파 사건에 가담한 구성원 가운데 세 명 정도 지인이 있었다. 하지만 나는 동정을 느끼지는 않았다. 구태여 말하자면 나는 구경꾼에 지나지 않았다. 신좌익 운동이 도달한 하나의 결말이 과격한 연합적군파라서, 그런 게 뭐지 하고서 호기심이 들어 그들을 옆에서 보고 있었던 것뿐이다. 온 나라가 마치 가족처럼 끈적끈적한 관계인데, 이런 나라에서 무슨 무장투쟁을 하겠다는 것인지 연합적군파를 두고 그런 생각을 했던 것이다. 지금 생각해 보니 나는 여성해방운동을 시작할 무렵, 남자들의 행동 방식이 어떤 결과로 이어질지 확인하고 싶었던 것 같다.

나는 그런 생각이었으나, 당시 공안한테 쫓기던 연합적군파 입장은 그렇지 못했던 듯하다. 나와 같은 사람을 구워삶으면 심부름 정도는 시킬 수 있지 않을까 하고 자기들 멋대로 생각했던 것 같다. 어느 날 갑자기 얼굴 한 번 본 적 없는 나가타 히로코한테 만나자, 이야기를 나누고 싶다는 연락이 왔다. 호기심이 들어 찻집에 나갔는데 전혀 나하고 맞지 않는 주장만 하는 것이었다. 그렇게 장장 두 시간이나 이야기를 듣고서는 헤어지려는데, 나가타 히로코가 혁명좌파의 산악 기지를 보여 주겠다고 말을 꺼냈다. 시신 발굴 뉴스가 전해지기 1년 전 가을 무렵이었다. 내가 간 산악 기지는 참극이 일어난 산은 아니고, 단자와산이었다.

당시 나는 진지한 한편으로 교양도 싸가지도 없었다. 그래서 그들한테 동지라고 여겨지면 안 되겠다 싶다가도, 호기심이 발동해 산악 기지에 가기로 했다. 물론 산악 기지에 갈 때 '이 사람, 우리 동지로는 안 되겠네.' 하고 여길 정도로, 일부러 미니스커트에 약간 굽이 높은 구두를 신고 가서 한눈에 척 동지가 아님을 알아보게끔 하긴 했다. 그들에게 초대해 줘서 고맙다는 인사도 하지 않았고, 돈을 주지도 않았다. 그 후로 그들한테서 부탁받아서 한 일도 없다.

하지만 그때부터 공안 경찰은 나를 감시하기 시작했다. 나중에 안 사실인데, 이미 나가타 히로코를 만난 것도 다 알고 있었다고 한다. 그런데 산악 기지에 한 번 갔을 뿐 그 후로 아무 것도 돕지를 않으니 나한테 뭘 덮어씌우려 해도 딱히 죄목이 마땅치 않았다는 것이다. 연합적군파의 참담한 말로에 될 수 있으면 다나카 미쓰 요 녀석도 같이 엮어 보자 한 것이었다. 이런 권력의 계략도 내가 알 수 있기는 했다. 권력자의 그런 고약한 심보를 감지한 것은 묘한 타이밍에 책을 써 달라고 하는 편집자가 나타났기 때문이다. 그이는 교토에서 전공투를 했다고 했다.

감이 좋다고 해야 할지 나는 사람이 내는 냄새를 고양이보다 더 잘 맡는 편이다. 그래서 책을 쓰기 시작하고서 금세 알게 됐다. 이 편집자가 뭔가 수상쩍다고. 깊이깊이 고민했다. 수상쩍어도 상관없다고. 설령 내가 모르는 사정이 있다 해도 이건 기회라고, 무슨 일이 있어도 이 책 한 권은 내가 쓰겠노라고, 쓰고 말 것이라고 마음속으로 굳게 결심했다.

매일 시신 발굴 뉴스를 듣고 몸을 부르르 떨면서 글을 썼다. 나도 언제 잡힐지 모른다는 두려움에 떨면서 썼다. 내 옆에 딱 붙어서 뭐든 다 살피는 편집자를 보고 떨면서 썼다. 이전 후기에도 썼지만 시간도 돈도 없어서 매일 싼 초밥집에 가서 달랑 초밥 하나 시켜 먹고 하루 종일 앉아서 쓰고 또 썼다. 그렇게 40일이 지나 원고를 완성했는데 비타민 부족으로 야맹증이 되고 말았다.

나의 경솔함으로 인해 이제 막 시작한 여성해방운동에 누를 끼치게 될까봐 두려웠다. 그럴 수도 있겠다 싶었다. 그래, 그렇다면 내 목숨과 맞바꿔서라도 이 책을 내가 쓰고야 말겠다고 생각했다. 그런 일념으로 쓴 책이 바로 《생명의 여자들에게—엉망인 여성해방론》이다.

만약 독자께서 행간에서, 글자 가운데에서 후덥지근한 열기를 느낀다면, 그건 아마 내가 하늘을 우러러 필사적으로 기도하는 마음이 깃들어 있기 때문일 것이다. 편집자는 내가 원고를 완성하자마자 다시 점검할 시간조차 주지 않고 마치 낚아채듯 가져가 버렸다. 그런 원고인데도 지금껏 이렇게 읽어 주시는 독자가 계신 것을 보면 가끔 기도가 정말로 이뤄지는 것 같다. 머리 숙여 감사 드리고, 또 감격한다.

내가 스스로 말하는 건 자랑하는 것 같아 좀 부끄럽긴 하나, 이번에 《페미니즘 명저 50권》이라는 책이 나왔는데 거기에 일본의 페미니즘 책으로 다른 걸출한 책들과 함께《생명의 여자들에게》가 꼽혔다. 아 정말이지 너무 고맙고 기뻐서 어쩔 줄 모르겠다.

그런데 나라는 여자는 예전하고 똑같다. '화장을 해도 교태고, 맨얼굴도 교태야.', '알아줬으면 하는 마음은 걸인의 마음.', '엉망이어도 흐트러져 있어도 괜찮아. 이도 저도 아니어도 지금 여기 있는 나로 살아야지 안 그러면 죽은 것이나 마찬가지야.'라고 생각하는 건 일흔셋이 된 지금도 똑같다.

내가 생각해도 우스운 것이 있다. 왜 그런지 모르겠지만 힘 줘서 내 주장을 하고 싶을 때에는 지금도 노래 부르고 춤추면서 한다는 것이다. 전에 여성해방운동을 할 때 "여자들의 해방"이라는 뮤지컬을 쓰고 공연한 적이 있는데 그때는 '아름다운 자연'이나 '사랑의 기차'와 같은 유행가를 개사해서 불렀다. 지금은 오키나와에 가서 똑같이 하고 있다.

맞다. 지금도 진지한 한편으로 교양도 싸가지도 없는 게 나다. 이런 게 내 장점인 듯하다. 이런 타입의 여자들은 늙어서 몸져누워도, 죽을 때까지 생기가 넘친다. 삶에 굴복하지 않을 것이다. 이런 여자가 재밌다……. 이런 여자 중에 한 사람이 텔레비전 방송국에서 빼어난 다큐멘터리를 만들다가 이제는 프리랜서로 일하는 요시미네 미와吉嶺美和 감독이다. 요시미네 감독은 지금 내가 출연하는 다큐멘터리를 찍고 있는데 이번에 스태프들과 함께 오키나와 평화 기행에 동행했다. 헤노코에서 노래하며 춤추는 모습도, 구다카지마에서 "당신은 사람들을 하늘로 돌려보낼 일을 해야 한다"는 말을 듣고 놀라는 모습도, 솜씨 좋은 미나미 유키오南幸男 카메라 감독이 전부 잘 찍어줬다. 영화 곳곳에서 있는 그대로의 내가, 보면 피식 웃고 말 내가 분명 등장할 것이다.

그런데 오키나와에는 계속 투쟁하는 헤노코, 다카에도 있지만, 멋진 리조트도 있다. 멋진 곳이 많다.

평화의 적은 사람들의 무관심이라고 하는데 오키나와의 적은 바로 사람들의 무관심이다. 사람들은 리조트가 있는 오키나와는 봐도, 미군 기지로 인해 고통을 당하는 오키나와는 보지 못한다. 반면에 헤노코나 다카에 투쟁을 알아도 그것 말고는 오키나와에 아무 관심도 없는 이들도 있다. 국회 앞에서 시위를 벌이는 진보 인사들이 그렇다. 너무 진지하면 이렇게 되기 쉽다.

헤노코에 가서 '미일안전보장조약 파기, 미군 기지 철수'를 외치고 연대한다. 연대를 하면 기분이 유쾌해진다. 나는 정의의 편에 있고, 또 혼자 있는 게 아니라 함께 있기 때문에 안심한다. 그러나 그것만으로는 부족하다. 캡슐로 된 약이 먹기는 쉽지만 그만큼 흡수되지 못하고 몸 밖으로 배출되는 것하고 같다.

헤노코, 다카에로 가서 연좌 농성만 하지 말고, 푸른 하늘을 보고 푸른 바다를 보고, 그 맹렬한 숲의 푸르름을 느끼고, 땅의 냄새를 맡아 보라. 종유동굴에 가서 그 암흑과 마주해 보라. 운동을 하지 않는 보통 사람들하고 이야기해 보라. 노래도 음식도 즐기고 때로는 성지에 가서 기도도 해 보라. 운동을 하는 사람한테는 그런 체험이 중요하다. 그러니까 자신의 오감을 다 써서 몸을 통해 오키나와를 만나는 것과 같은 경험 말이다.

그런 만남을 하게 되면, 말하고 싶은 게 많이 생긴다. 그렇게 하고 돌아와서 주변에 한 사람한테 이렇다 저렇다 말해 주면, 그 한 사람이 다섯 사람한테, 그 다섯 사람이 열 사람한테, 그렇게 알려 주는 것이다. 오키나와가 왜 분노하는지, 얼마나 강하게 저항하고 있으며, 그 모습이 얼마나 아름답고 생기발랄하며 신비한지 그 모든 것을 다 전할 수 있다. 그렇게 하면 무관심이라는 벽을 무너뜨릴 수 있다. 입말로 전하는 건 생각보다 강력하다. 주변 사람들, 자기가 좋아하는 사람들한테 들은 것은 기억에 오래 남기 마련이다.

이렇게 오키나와 평화 기행을 이끌고 있다. 물론 도와주는 사람이 있어서 할 수 있는 일이기는 하나 이번 기행만큼은 전부 다 나 혼자서 했다. 계획을 짜고, 사람들의 비행기표를 끊고, 호텔을 예약하고 예약금을 넣고, 내 홈페이지에서 참가자를 모집하고 참가비를 걷고 어디서 만날지 정하고 연락하고 전부 다 혼자 했다. 혼자 하는 게 좋은 것 같다. 무당의 말은 때로 위험한 힘을 갖고 있으니까. 그런 힘을 내가 스스로 원한 것은 아니었는데…….

전에 나를 두고 사람들은 여성해방운동의 카리스마라고 했다. 카리스마라고 두 번 다시 불리고 싶지 않다. 그런 트라우마 탓에 혼자서 하는 게 좋다.

그런데 나는 위험한 능력을 쓰기도 한다. 지난날에도 어린아이 둘을 키우는 완벽주의자 타입의 삼십 대 주부를 진료하다가 "이렇게 약한 몸이니까 너무 열심히 애를 쓰고 하지 말아요."라고 특별할 것도 없는 말을 건넸는데, 치료대에 누워 있던 그이가 왈칵하고 눈물을 흘렸다. 무당은 생각한다. '울수 있을 만큼 다 울어요. 내 어깨에 기대요. 울면 기분이 나아질 겁니다.'

하늘에 사람들을 돌려보낸다는 말은 이런 시간을 가리키는 것일까?

저번 날 환자에게 침을 놓던 중 갑자기 왼쪽 눈이 안 보이게 됐다. 달에 구름이 걸렸다가 서서히 걷히듯, 10분 후에는 서서히 다시 보이기 시작했다. 혹시 뇌경색 전조 증상인가 싶어서 검사를 받아 보니, 뇌혈관에는 아무 이상이 없고 심장이 좀 나쁘다고 한다. 그래서 그런 사정을 판도라 출판사 나카노 리에 씨한테 말했더니 "노화 현상은 피할 수가 없으니 몸을 잘 돌보세요." 하는 것이다. 나카노 리에 씨. 그런 말 하면 안 돼요. 지금도 있는 건강 없는 건강 전부 다 긁어모아서 살고 있는 형편인데 노화 현상이라뇨. 저번에 오키나와 구다카지마에서 무리를 해서 그게 영향을 준 것 같다고 생각하고 있거든요.

나카노 리에 씨는 심지가 굳다. 《생명의 여자들에게》를 절판하고 싶지 않다며 지금까지 계속 출간해 줬기 때문에 이 책이 계속 나올 수 있었다. 정말 감사하다. 그 감사함을 표하지 않고서는 나는 발 뻗고 잠을 못 잘 것이다. 노화 현상이라는 말은 너그럽게 넘겨야지.

나카노 리에 씨의 소개로 이번 책 편집은 겐다이쇼칸現代書館에서 일하는 기쿠치 야스히로菊地泰博[19] 씨가 맡아 줬다. 이렇게 다들 수고를 해 주시는

---

19 [옮긴이] 현재 일본 겐다이쇼칸 출판사 사장. 저널리스트 호리에 구니오堀江邦夫가 원전 피폭 하청 노동자로 일하며 내놓은 기념비적 르포 《원전 집시》 등을 기획 발간했다.

데, 나는 체력도 없는 마당에 샤쿠하치[20]와 색소폰을 잘 부는 동년배 남자 친구들 두 명하고 그룹 '열심히 해야지'를 결성했다. 요즘 매일같이 시위[21]에 나가서는 서서 노래를 부르고 있다. 두 친구가 연주를 하면 나는 리듬을 타면서 플래카드를 들고 노래하고 춤춘다. 오는 7월 10일 참의원 선거에서 아베 정권이 3분의 2 이상 의석을 차지할 것이라 하니 뭐든 하고 싶다 해서 나가게 된 것이다.

그런 바람에 저자 교정 작업도, 이 후기를 쓰는 것도 늦어졌다.

아무리 나이를 먹어도 한 번 마음에 걸린 일은 뒷일은 생각하지 않고 뛰어들어 냅다 달리는 나. 그런데 이런 성질인 내게 기쿠치 야스히로 씨는 항상 따뜻한 손을 내밀어 주셨다. 정말 감사한 일이다.

일본의 페미니즘을 대표하는 책이라는 평가도 감사하고, 나카노 리에 씨가 오랜 세월 열의를 갖고 이 책을 출판해 준 것도, 또 기쿠치 야스히로 씨의 따뜻한 대응도 고맙다. 고맙다, 고맙다를 이렇게 연발하는 것도 노화 현상일까? 아니, 아니지 하면서 고개를 좌우로 흔들어 본다. 이 책을 읽어 준 여러분께 고맙다는 말씀을 드린다.

20 [옮긴이] 일본 전통 대나무 피리.
21 [옮긴이] 일본의 평화헌법 개정 움직임에 반대하는 시위.

역자 후기

《생명의 여자들에게-엉망인 여성해방론》(1972년)은 1970년대 초 일본의 여성해방운동 '우먼리브(Women Liberation, 여성해방을 뜻하는 일본식 영어 조어)'를 이끈 다나카 미쓰(田中美津, 1943년생)가 스물아홉에 쓴 여성해방론 책이다. 성폭력·성차별·성역할과 같은 개념조차 없고 여자의 경험을 언어화할 수 있는 말이 여의치 않던 시절, 저자는 우먼리브를 앞장서서 이끌며 여성해방 사상을 담은 이 책을 내놓았다. 한국에서는 널리 알려지지 않았지만, 일본에서는 저자를 '우먼리브의 육성'으로, 여성해방운동이라고 하면 다나카 미쓰를, 다나카 미쓰 하면 여성해방운동을 떠올린다.

유럽을 휩쓴 68혁명과 미국에서 고양된 민권운동이 서구를 뒤흔든 1960년대 말에서 1970년대 초반, 일본 사회는 고도 경제성장 이후 사회의 구조적 모순이 분출되며 다양한 정치운동과 사회운동이 등장한 시기였다. 안보 투쟁을 거친 학생운동(전공투)이 주요 대학가에서 분출했고 시민들의 반전(베트남전) 운동도 활발히 전개됐다. 1969년 1월 중순 경찰 기동대가 학생들이 점거 투쟁을 벌이던 도쿄대 야스다 강당에 들어가 학생들을 강제 진압해 해산시킨 뒤 학생운동은 급격히 쇠락했고 그 도중에 일부는 실력(무력) 투쟁 노선으로 들어섰다.

1970년 10월 21일 국제 반전의 날, 저자는 여성들이 모여서 벌인 반전 시위에서 자신이 밤을 새며 직접 손으로 쓴 전단지 〈변소로부터의 해방〉을 뿌렸다. 여자들만 하는 첫 시위에 모인 50여 명의 여성들은 이 전단지를 돌려보고 가두 행진을 하며 '여성해방 투쟁 승리'를 외치고, '일부일처제 분쇄', '기존 가족 해체', '엄마! 여자는 결혼하면 정말 행복해?', '중절금지법 저지', '남자한테 여자란 뭐냐?' 등의 구호가 적힌 피켓을 높이 들었다.

당시 격렬했던 학생운동에서 여학생들은 시위에 나가 보도블록을 깨 그것을 최루탄을 쏘는 경찰을 향해 던질 남학생들에게 건넸다. 여학생들은 그러다가도 경찰 기동대와 싸우고 돌아온 남학생들을 보살폈다. 혁명가를 자청하는 남성들의 활동 자금을 모으며 가사와 육아, 빨래 등의 보조적 성 역할을 담당했다. 다나카 미쓰는 이런 운동 내부 여성의 일상은 실상 암묵적인 강요로 인한 것이며, 신좌익 운동을 하는 남학생들 사이에서 성 경험이 많은 여성을 가리키는 뜻으로 '변소'(공중변소)라는 은어가 사용되고 있음을 고발하고, 이 말이 일본의 제국주의 역사를 거슬러 보면 '위안부'를 일컬었던 일본 황군의 군대 용어였다는 사실을 폭로했다.

여자를 남자의 성욕 배출의 대상 아니면 밥을 짓고 남자를 보살펴 주는 엄마나 아내로 삼는 남성의 이중적인 여성관은 좌파(신좌익) 운동 내부에서도 마찬가지였다. 신좌익은 여성에게 뭣 하나 새로울 것이 없었다.

〈변소로부터의 해방〉은 저자와 동세대인 여성들에게 큰 반향을 불러일으켜 1971년 8월 여성해방 엠티(세미나)가 열리게 된다. 다나카 미쓰가 이끄는 여성해방운동체 '그룹 싸우는 여자들ぐるーぷ鬪う女'이 "아이를 데려올 것, 실연의 아픔을 갖고 올 것, 콤플렉스를 갖고 올 것. 그 속에서 우리가 비상할 수 있는 열쇠가 있을 테니. 모든 자매들이여, 모여라!" 하고 3박 4일(8월 21~24일, 나가노현) 여성해방 엠티 광고를 신문에 싣자 일본 전역에서 300여 명의 여성들이 참가했다.

1972년 5월에는 첫 '전국 여성해방대회'가 열렸다. 이 대회에는 여성운동에 관심을 가진 직장인 여성과 주부, 학생운동에 더 이상 희망이 없다고 본 여성들이 몰려들었고, '리브 센터(여성해방운동 센터)'를 설립하기 위한 돈이 모금됐다. 그 결과 1972년 도쿄 신주쿠에 여자들이 의식주를 같이하면서 운영하는 우먼리브 운동의 거점 '리브 신주쿠 센터'가 열렸다. 1977년 문을 닫기까지 '리브 신주쿠 센터'는 피임과 중절, 이혼 및 가출 상담, 여성 관련 법률 상담, 여성 대상 강연회 개최, 성명서 발표, 여성운동 소식지 〈오직 이 한길로〉 발행 등을 했고, (재일조선인·재일중국인 등 구 식민지 출신자의 자손을 차별하는) 입국관리법 투쟁, 일본인 남성들의 아시아(주로 태국과 한국) 섹스 관광 반대운동을 벌이는 한편, 중절의 자유를 지키는 활동을 벌인 여성들의 공동체 운동 조직으로 다채롭게 활약했다. 리브 신주쿠 센터에는 지방에서 도쿄로 가출한 어린 여성, 이혼하고 갓난아이를 데리고 온 여성 등도 여성해 방운동가로 활동했다. 8~10명이 비좁은 공간에서 궁핍한 가운데 부대끼며 생활하면서 공동육아를 하며 여성운동을 같이 했다.

저자는 이 책에 개인사적인 경험과 여성운동에 이르게 되는 과정을 쓰고 기념비적인 여성해방 선언문 〈변소로부터의 해방〉을 비롯해 이후 치열한 여러 시위 때 실제로 쓰고 뿌린 전단지(VI장 자료에 일부 수록)를 실었다. 이 책은 1972년 4월 처음 출간된 이래, 무려 다섯 차례나 장정이나 판형을 바꾸면서 네 개의 출판사에서 거듭 재판을 찍었고, 초판 발행 후 무려 반세기가 되어 가는 요즘에도 일본어권 독자들에게 꾸준히 읽히고 있다.

이 책에서 저자는 예리하고 냉철한 시각으로 용솟음치며 태동하는 여성해방의 사상과 운동을 낱낱이 보여 주고 있다. 학생운동 내부의 여성에 대한 이중적인 기준에 문제 제기하고, 이어서 자신의 아동 성 학대 피해, 가정사, 반전 운동과 신좌익 운동 경험, 호스티스 경험 등 개인적이고도 사회적인 체험을 짚으며 '남성다움'으로 유지되는 효율성 중시, 경쟁주의 중심의 계급사회, '여성다움'으로 여성에게 살아갈 생명력을 앗아 가고 그 삶을 불완전하게 타게 하는 사회를 강하게 비판한다. 나아가 체제 질서를 굳건히 지탱해 주는 근간인 '남성다움'과 '여성다움'의 이데올로기, 결혼, 일부일처제, 생산성의 논리를 묵인하거나 추동하는 신좌익의 반체제 운동에 대해 강한 환멸을 표출한다.

또 여자들의 내면화된 예속 의식과 갈등('노예 우두머리'인 남자를 차지하려고 서로 미워하며 뒤통수를 치고받으면서 '노예'가 되어 버린 여자들의 관계성),

가부장제에 대한 여성의 공모와 가족의 기만성(맞벌이하는 남편이 집안일을 '도와줘서' 좋다고 하는 여성, 어떻게든 자신의 경제적 자립만 손에 넣으면 괜찮다고 보는 이른바 '승자' 여성들, 자녀의 입시에 전념하는 엄마 등), 가부장제로부터 일탈한 여성('물화된 자궁'으로밖에 살 수 없게 되어 어린 자식을 제 손으로 그만 죽이고 만 '모성애 신화'의 기만성을 적나라하게 보여 준 자식을 살해한 여성들)에 대한 사유를 심화해 전개한다.

한편으로 뛰어난 이론가이자 혁명가였으나 연합적군파 내부 숙청 사건의 주범이 되고 만 여성 나가타 히로코에 대한 고찰을 통해 여성이 혁명 대의를 앞세운 남성의 논리를 받아들일 때 남자보다 더한 '남자'가 되는 비극에 대해 검토한다.

결론으로 저자는 이토록 가혹한 여성의 총체적 역사성을 스스로 짊어진 채 '여자에서 여자들로' 연대해 나아가려는 여성들, 여성해방운동 공동체의 모습을 전하고 있다.

저자의 여성해방 사상이 눈길을 끄는 점은 여성운동이 단지 여자가 남자를 적으로 삼거나 '남자 수준'으로(남자들이 기존에 해 온 방식으로 남자들처럼 되자는 것) 여자의 평등을 쟁취하려는 운동인 것을 넘어서서, 자유롭게 해방된 여성을 외치고 갈구했다는 것이다. 이는 남성과 동등한 권리를 획득하여 여성해방을 이루고자 한 일본 근대 여성운동에서 진일보한 것이다.

저자가 이끈 여성해방운동은 남성의 기준에 맞춰져 있는 사회에서 남성과 동등함을 목표로 하는 것이 산업사회의 가치와 불평등에 가담하고, 그 공범이 되는 것이라는 점을 자각했다. 이런 면을 두고 일본의 페미니스트 사회학자 우에노 지즈코는 "여성운동의 패러다임을 결정적으로 바꾸었다"고 저자의 사상과 운동을 높게 평가한 바 있다.

저자가 꾸린 여성해방운동 공동체 '리브 신주쿠 센터(여성해방 신주쿠 센터)'는 "아시아의 여성을 경시하는 이코노믹 애니멀(일본 남성)을 용서치 않는다!", "여자는 침략을 위한 아이를 낳지도 기르지도 않는다!", "부끄러운 줄 알아라! 기생 관광, 성 침략 가담을 즉시 멈춰라!"라는 성명을 내고 당시 기업 전사인 일본 남성들 사이에서 유행하던 '기생 관광', 아시아 섹스 관광이 과거 일본이 침략 전쟁을 벌일 때 조선의 여성들, 아시아의 여성들을 위안부로 삼은 것과 마찬가지로 가해 행위임을 분명히 알리고 성매매 관광 중단 요구 운동을 거듭 벌였다.

저자와 여성해방운동 그룹들이 1970년부터 1977년경까지 위안부와 성매매 관광 등에서 일본이 저지른 가해 행위를 규탄한 글(성명서)은 50편이 넘는다. 이러한 시각은 여성해방운동 그룹인 '침략=차별과 싸우는 아시아 부인회의侵略=差別とたたかうアジア婦人会議'와 공유됐으며 후일 2000년 12월 도쿄에서 열린 민중 법정(일본군 성노예제를 심판하는 '여성 국제 전범 법정', 여성 저널리스트 마쓰이 야요리[松井やより, 1934~2002년]가 1998년에 설립한 바우넷저팬[전쟁과 여성에 대한 폭력에 반대하는 네트워크 VAWW-NET Japan, Violence Against Women in War Network Japan] 등이 중심) 개최로 이어지게 된다.

저자가 벌인 대표적인 운동은 1972년 우생보호법 개악안 저지 투쟁이다. 당시 우생보호법은 가난 등 경제적 이유가 있는 경우 지정받은 의사를 통해 낙태를 할 수 있게 했기에 일본 여성들은 일본의 형법에 규정된 '낙태죄' 적용을 피해갈 수 있었다. 그러던 것이 1970년대 초 저출산과 일본의 경제성장을 배경으로 경제적 이유에 의한 낙태 가능 조항을 삭제하는 대신 태아의 장애를 이유로 중절할 수 있다는 조항을 넣은 개악 움직임이 나타나게 되었다. 저자는 동료 여성해방운동가들과 함께 개악을 주도하는 행정당국 후생성 건물에 가서 철야 점거 농성을 하며 개악 저지 투쟁을 대대적으로 벌여 임신 중지(낙태)에 관한 여성의 권리를 지켜냈고 그것이 오늘날에 이르고 있다.

현재까지 일본에는 낙태죄가 존재하나 실질적으로는 유명무실한 상황으로, 이 투쟁은 일본의 현대 여성운동 가운데 정치적으로 성공한 얼마 안 되는 이슈 가운데 하나이다. 아울러 이 책 Ⅵ장 자료에 수록되지는 않았으나 중절의 자유를 두고 저자가 쓴 글을 보면, 저자의 여성해방운동은 '낳지 않을 자유'와 더불어 '낳을 수 있는 사회를, 낳고 싶은 사회를'이란 슬로건으로 여자가 혼자 아이를 낳고 기르더라도 그것을 긍정적으로 인식할 수 있는 사회를 목표로 했음을 알 수 있다.

(참고로 일본의 여성해방운동사에 대해 더 자세히 알고 싶거나 연구하고 싶은 독자는《자료 일본우먼리브운동사資料日本ウーマンリブ史》(일본어 자료)를 참조해 볼 수 있다. 이 자료집은 총 3권으로 간행되었는데 일본의 우먼리브 운동 당시 나온 성명서와 각종 단체의 소식지, 시위 전단지 등을 1980년대에 모아서 기록한 자료집으로 다나카 미쓰가 쓴 다수의 글과 당시 원자료가 그대로 수록되어 있다. I권은 1969년~1972년의 자료, II권은 1972년~1975년의 자료, III권은 1975년~1980년의 자료를 수록했는데, 우에노 지즈코가 이사장으로 있는 일본의 여성 단체 WAN[Women's action network, 여성의 행동 네트워크] 사이트를 통해 무료로 다운로드 받아 볼 수 있다. [https://wan.or.jp/dwan/detail/231(2019년 8월 9일 접속 확인)])

한국의 여성운동이 죽 그래왔듯 1970년대 일본의 여성해방운동은 언론에 아주 부정적으로 그려졌다. 저자를 포함한 여성해방운동 그룹이 못생겼다거나 과격하다거나 뭔가 사연 있는 여자들이라는 평판이 쇄도했다. 이 책을 읽으면서 분명 알 수 있는 점은 저자가 그런 조소와 비난을 뛰어넘어 여성해방의 혼이 스스로에게 또 더 많은 여성에게 도달하기를 바라는 소망으로 가득하다는 것이다. 일본에서는 많은 독자들이 이 책 I장 여성해방이란 무엇인가 3절 알아줬으면 하는 마음은 걸인의 마음을 백미로 들고 있고 그것은 틀림없이 이 책의 정수이겠으나, 역자로서 저자가 말하는 여성해방의 관점에서 중요한 장을 또 하나 꼽아 보자면, IV장 자식을 죽인 여자와 여성해방이 아닐까 싶다.

"'왜 여성해방인가?' 하는 물음을 제기해 모든 여자의 삶의 방식을 묻는 물음에 다가서고 싶다. 여성해방운동을 하느냐 하지 않느냐에 관계없이."라는 문장을 번역하며, 나는 여성해방과 여성 연대를 향해 저자가 품은 절실한 마음, 그런 마음을 갖고 스물일곱 나이에 여성해방운동을 시작하기까지 겪은 외로움, 오직 혼자서 감당해야 했을 고독의 무게를 느끼고 눈시울이 뜨거워졌다.

만 열여덟 생일을 앞둔 깊어 가는 가을날 한 밤, 나는 감기약이며 진통제며 소화제며 내가 갖고 있던 약을 몽땅 털어 넣은 적이 있다. 대학에 진학할 수 있는 좋은 환경이었는데도 여전히 어떻게 살아야 할지 모르겠고, 그렇다고 엄마처럼 아내이자 엄마로 자신을 희생하며 가정을 꾸리며 사는 것도 싫었다. 학생운동이나 여성운동은 심정적으로 동조하고 기웃거리긴 했어도 뭔가 좀 모양새가 빠져 보였다. 내가 열심히 하면 얼마든지 나는 성공해서 잘살 수 있는데, 난 그럴 능력도 있는데(저자의 표현을 빌리면 '나 혼자 꿀을 빨면 된다'인 상태), 왜 내가 등록금 인상 반대나 호주제 폐지 투쟁에 나서야 하는지 의문이었다. 나름대로 노력하면서도 도대체 어떻게 살아야 할지 막막했고 일상은 나른했다.

그 무렵 나는 길에서나 전철에서 혹은 아르바이트를 하는 와중에 곧잘 성추행을 당했다. 그래도 처음에는 가해자들한테 즉시 욕설을 퍼붓거나 대담하게 직접 잡으러 나서기도 했는데, 한 번 가해자들한테 공격을 당한 후로는 위축되어 경찰에 신고조차 할 엄두를 내지 못했다. 그런 일을 말해도 주변에서는 "밤늦게 다니지 마라", "괜찮은 남자한테 집에 데려다 달라고 하라"고 할 뿐이었다. 친구들은 자기 꿈을 향해 자신만만하게 전진하거나 그도 아니면 남자친구를 만나는데 왜 나만 매번 겁나고 짜증나는 일을 겪어야 하는지, 왜 여자는 밤에 혼자 다니면 안 되는 것인지, 왜 내 앞에는 좋은 남자가 없는지 내가 못생기고 뚱뚱해서 그런지, 왜 나는 성인이 될 나이를 앞두고도 줄곧 부모한테 말과 행동을 제재받는지, 왜 내가 (엄마처럼) 서울에 아파트 한 채 장만해서 남편과 자식을 두고서 살겠다는 꿈을 품고 살아야 하는지, 왜 이런 고민을 나눌 친구가 주변에 한 명도 없는지……. 무엇보다 세상이 무서웠다.

약에 취해 사흘간 앓다가 동이 틀 무렵 깨서는 막연하게나마 나도 앞으로 내 삶에 설렘이란 걸 갖고 싶다고, 남들처럼 그러고 싶다고 쌀쌀한 바람을 맞으며 생각했다. 물론 그 후에는 더한 일도 겪었고, 경제적·정서적으로 자립할 수 없는 긴긴 세월 동안 미로를 헤매듯 살았지만, 아마도 나의 원풍경은 그 새벽이지 싶다. 무력감에 스스로에게 해를 입히다가 자리를 박차고 맞이한 이른 아침에 품던 열렬한 소망. 그만 괴로워하고 싶다, 나도 남들처럼 행복하고 당당하고 충실하게 살고 싶다, 살고 싶다……. 역자로서 한 마디로 이 책을 소개하면, 이 책은 자신이 가진 생명의 힘을 되찾아 그것을 완전히 불태우며 자유롭고 평등하게 살아가길 원하는 여성들의 것이다.

차별과 억압에는 그것을 당하는 자가 스스로를 업신여기고 자기 가치를 평가절하하게끔 하는 파괴적 효과가 있다. 이 책의 부제 '엉망인 여성해방론'을 역자로서 정리해 본다. 사회적 차별과 배제 속에서 그만 스스로를 가치 없게 여기게 되고만 자들이 그 무시무시한 영향력 가운데서 좌충우돌하는 모습으로나마 살아남아 자신의 아픔을 받아들이며 자신에게 고통을 주는 체제 질서의 구조적 폭력=차별과 억압을 직시하고 '내가 이렇게 아파할 바에야 차라리 이런 세상 따위 없어져도 상관없다'고 할 정도의 폭발하는 분노의 힘으로, 스스로를 자신이 있던 비루한 어둠으로부터 이끌어 해방시키고, 조금씩이나마 자신의 변혁과 성장을 꾀하는 동시에 자신에게 고통을 주는 차별과 억압에 저항해 사회를 바꿀 길을 찾는 모습을 가리키는 것이라 생각한다.

무가치한 삶도 쓸모없는 삶도 이 세상에 없다. 잘못된 것은 우리가 아니고, 우리를 억압하는 사회이다. 우리가 우리 스스로의 삶을 시시하고 보잘 것 없이 여기고 무기력하게 느끼는 것은 우리 탓이 아니다. 그리고 우리는 우리 자신 스스로에게 세상에 둘도 없이 소중한 생명이자 다정한 벗이다.

역자와 만난 자리에서 저자는 1960~70년대 전 세계적인 여성운동의 고양 이후 여성운동의 흐름은 여성의 권리 획득=제도적·법적 평등에 그 중심 방향이 놓여 있지만, 실상 이런 것들은 여성해방의 조건일 뿐이라 못 박으며 이렇게 말했다.

"세상사에 거시적, 미시적 두 가지 시점을 같이 갖고 가는 게 필요하다. 나의 여성해방은 내가 나를 혁명하는 것, 즉 내가 바뀌는 것과 사회가 바뀌는 것을 함께 생각하자는 것이었다. 법이 바뀌어도 행복하지 않은 여성들도 있다. 그래서 내가 싫은 것을 말하지 못한 어제였지만 오늘은 내가 싫은 것을 이야기할 수 있게 되는 것, 그렇게 할 수 있는 내가 멋진 것이고, 또 그런 여성을 보면 멋있다고 생각하는 것. 사회는 한 사람 한 사람의 집합체니까 그렇게 하는 것만으로도 사회를 바꿀 수 있다." 특히 저자는 여성해방과 사회운동에서 사회적 약자인 주체들의 '야만의 힘'이 중요하다고 강조했다. 이때 '야만의 힘'이란 나를 억압하고 차별하는 것들로 인해 느끼는 아픔을 무시하고 자기 안으로 삼켜 버리지 않고, 아픔에서 나온 분노로 맞받아쳐 나온 첫 순간의 말이나 행동을 일컫는다. 저자가 쓴 글 〈세계는 '야만스러운 힘'을 기다린다〉(1996년)에 따르면 여성해방은 차별이나 억압을 받으면 그 원인이나 구조를 분석하거나 머리로 따지기에 앞서 '야만스러움'으로 즉각 맞받아치는 것에서 시작한다.

"이런 내가 쓰레기일 리 없지 않은가!" 침묵하거나 굴복하지 않는다. 저자의 아동 성 학대 피해 경험을 다룬 〈II장 개인사〉는 일본 최초의 성폭력 피해 고발문이기도 하다. 저자의 큰 용기에 경의를 표한다.

이 책 번역 전후로 저자의 침구 치료소를 두 번 방문했다. 아늑하고 편안한 공간에서 저자와 만나며 저자의 경험과 사상을 경청하고 저자한테 물어 자칫 오역을 할 뻔한 문장을 바로잡았으며 이 책의 배경에 대한 설명을 들었다. 이 책 해설에서 일본의 이토 히로미 시인이 쓴 것처럼 저자의 입말은 글말과 정확히 일치한다. 저자는 매우 명석하고 솔직한 분이다.

개정판 후기에서 저자가 넌지시 알렸듯, 저자는 연합적군과 내부 숙청 사건이 세상에 알려지는 가운데 편집자로 가장한 공안의 감시 속에서 이 책을 썼다. 저자는 초판 집필 당시 원고를 쓰면 한 번 다시 읽고 고칠 여유조차 없이 편집자가 원고를 낚아채 갔던 급박한 상황을 이야기했다. 저자는 이 책을 '언제라도 내가 체포될 수 있다. 그렇게 되면 이제 막 시작한 여성해방운동에 누를 끼친다'고 초조해하고 두려워하며 끼니조차 변변히 챙기지 못하며 썼다. 원고를 완성할 무렵에는 야맹증이 됐다고 한다.

이런 시대 상황에 대한 이해를 돕기 위해 약간 설명을 보태자면, 신좌익 운동의 내부 정파 다툼이 극심한(1960년대 학생운동 때부터 2000년대까지 운동권 내부 정파 다툼으로 인한 사망자 수가 무려 113명에 달한다) 가운데, 공안 경찰은 내부 정파 살상 사건이 일어나고 있음을 이미 포착했으면서도 그대로 내버려 두다가 운동권을 일망타진하는 교활한 방식으로 검거를 했다. 그렇기에 나가타 히로코를 만났고 또 그녀가 있는 혁명좌파의 산악 군사 훈련장을 방문한 적이 있는 저자는 절박한 심정으로 제 살 깎듯 이 책을 쓸 수밖에 없었다.

긴박한 상황에서 마치 신들린 듯 쓴 이 책은 여성해방 사상의 외침을 확실히 전달하고 있다. 열등하고 어리석고 모자란 것인 양 주입·취급당한 탓에 자기 부정을 통째로 떠안은 것마냥 살아야 하는 여성이 그러한 규정에 저항하며 생명의 힘을 모색하여 스스로를 긍정하고 해방을 추구해 나가자는 메시지를 전달해 준다. 이것이 비단 여성에게만 해당하는 이야기는 아닐 터이다. 저자는 자신이 쓰고 공연한 뮤지컬 〈여성해방おんなの解放〉에서 나오는 노래 '파워풀 우먼 블루스'를 부르며 다음과 같이 말했다.

"♩♪♩♪ 어쩌다 보니 일본에 태어났네. 어쩌다 보니 소시민으로 태어났네. 어쩌다 보니 여자로 태어났네. 라라라. 내 주사위는 내가 던질 거야. 어떤 일이 닥쳐도 울지 않을 거야. 혼자 힘들면 둘이서, 둘이서 무리면 셋이서, 셋이서 안 되면 혼자서 가자. 어차피 저 세상은 혼자 가는 걸. 내 주사위는 내가 던질 거야. 엄마처럼 살기 싫어요. 아빠 같은 남자 싫어요. 기성품 인생은 내가 끝낸다. 내 주사위는 내가 던질 거야. 라라라♬

노래 어때요? 어쩌다 보니 여자로 태어나 살고 있네, 어쩌다 보니 나한테 다리가 없네, 어쩌다 보니 나는 난민이네. 우연한 일들로 실상 살아가는데 결정적인 조건이 다 갖춰져 버리죠. 어쩌다 보니 그런 것이긴 해도 그런 슬프고 비참한 일들로 느끼는 아픔은 그것을 겪는 당사자에게는 절대적인 것이고 또 엄청나게 커요.

전 왜 유독 나에게, 왜 남이 아니라 내게 왜 내 머리 위로만 돌덩이가 굴러 떨어졌을까, 왜 나만 '처녀'를 잃고서 할인가가 붙여진 채 상품 진열대에

올랐을까. 그런 물음을 하늘에 묻고 또 물었습니다. 하늘이 제 상대인 것처럼요. 그런 물음의 끈을 끈질기게 부여잡고 묻고 또 묻다 보면 누구든 자신에게는 물론 모두(인류 전체)에게 보편적으로 의미가 있는 답을 낼 수 있을 거라고 생각합니다."

하루하루 살아가기 어려운 가운데 헛도는 자신을 고통과 어둠에서 이끌어내어 조금이라도 더 새롭게 나아갈 수 있을지 찾으려는 가운데에 해방이 있다. 이것은 노예 우두머리도 어차피 노예라는 진실을 알아차리지 못하는 남자들, 아픔을 아픔으로 여기지 못하고 자신이 언제까지나 오직 빛 쪽에 있다고 여기는 자들이 저자의 '엉망인 여성해방운동론'에서 교훈을 얻어 자신의 삶에 적용해 볼 수 있는 문제이기도 하다.

두 번째 방문 때 나와 문답이 오가는 와중에 틈틈이 저자는 같이 사는 고양이 두 마리에게 밥과 간식을 챙겨 주었다. 저자는 두 고양이를 부모님 이름이 들어간 애칭으로 부르고 있는데, 그중 한 마리는 전에 비좁고 위험한 사육장에서 50~60마리나 되는 고양이들과 갇혀 살면서 쉴 새 없이 고양이 새끼만 낳다가 구조되어 저자에게 오게 된 것이라 한다. 되풀이되는 임신과 출산으로 처참한 생활을 한 고양이는 이가 빠져 아예 없었다. 그래서 저자는 나와 이야기를 나누다가도 고양이 식사나 간식에 세심한 신경을 써야 했다. 이제 일흔여섯이 된 저자는 여성해방에 대한 의지를 여전히 열정적으로 이야기하는 한편 함부로 쓰이던 한 생명을 구해 따뜻이 돌보고 있었다.

저자는 1975년에 유엔이 정한 세계 여성의 해를 계기로 처음 열린 세계 여성회의 참석 차 멕시코로 떠났는데, 그대로 4년간 멕시코에서 체류했다. 그리고 멕시코 현지에서 혼자 아이를 낳고 아이를 데리고 일본으로 돌아왔다. 이후 한방침구학교를 다녀 침구사 자격증을 땄고 1982년 자신의 침구치료소 '여성과 어린이의 몸을 기르는 레라하루세'를 열어 이후 지금까지 침구사이자 동양의학 강사로 활약하고 있다. 나는 못내 궁금했던 질문을 던졌다. 왜 여성해방운동공동체를 떠났는가 하고.

저자는 지병인 만성 신장염이 심해 공동체를 꾸리며 살기가 우선 건강

면에서 힘들었다고 했다. 공동체에서 살 때는 매일 늦은 밤까지 활동해야 했다. 또 여성운동체 안에서 모두가 납득하고 찬성하는 의견만 제시하는 카리스마 지도자(소위 '남자 역할')를 하는 것에 대한 불편함이 컸다고도 덧붙였다.

물론 침구사가 된 이후 저자가 여성운동을 떠나서 산 것은 아니다. 여성운동을 이끄는 역할을 내려놓고서 저자는 크고 작은 여성운동 현장에 줄곧 있었다. 1990년대 말에는 자신의 침구소를 찾은 환자들에게 모금을 해서 한국 나눔의 집에 방문하며 기부한 적이 있다. 며칠간 위안부였던 여성들과 같이하면서 김치에 상추뿐인 검소한 밥상을 나누고 목욕탕에 가서 함께 시간을 보냈다. 또 신판 후기에서 전했듯 최근 몇 년 간은 매해 오키나와에 가서 미군 기지 반대 투쟁 투어를 이끌고 있다.

"나의 여성해방 사상을 두고 여성의 자아실현이다, 여성이 꿈을 찾아 이루는 것이라고 해석하는 사람들이 있는데, 결코 그렇지 않아요. 누가 허락 없이 내 가슴을 만지면 즉시 냅다 밀쳐 버리고, 만약 그러지 못했다면 왜 못했는가 하고 생각해 두었다가 회심의 한 방을 먹이는 것, 분노를 힘으로 키워 가는 것. 그런 게 제가 말하는 자아실현이고 여성해방입니다."

남자들이 좋아하는 여자를 연출하고서 '세상 어디에도 없을 여자'로도, 또 현대 사회가 만들어 온 남자만큼 '성공한 커리어 우먼'으로도 살지 않는다. 체제의 가치관을 왼발로 차는 동시에 (여성해방)운동을 하는 사람은 이래야 한다는 식의 일종의 교조주의도 오른발로 차 버린다. 내가 나로 살기 위해 하는 것이 저자가 말하는 여성해방이다.

"일본에서 여성운동이나 여성학을 논하는 사람들 중에 저처럼 고등학교만 졸업하고 침구사로 일하는 사람은 드물 겁니다. 그래도 저는 이 책을 읽어 준 독자 누군가 한 사람에게 제 말이 잘 전달됐다면 그 자체로 멋진 일이라고 생각해요. 전 그걸로 족할 뿐이죠."라는 여성해방운동의 큰 산과도 같은 이 여성 앞에서 나는 신선한 공기를 한껏 들이마시고 정화되는 듯한 느낌이 들었다. 운동가들이 사회 변혁 목표와 더불어 자신을 돌보고 하루하루를 소중하게 여기며 좋은 기분으로 살아야 한다고 이야기해 주신 말씀도 참 좋았다.

"만일 갈 곳도 정하지 않고 기차를 탔는데, 내가 탄 기차가 멈추지 않을 거라는 사실을 알게 되면 어떤 마음이 들까?" 이 책 첫 문장을 떠올려 본다. 자기 해방이라는 과제, 또는 자신에게 끊임없이 고뇌를 안기는 어떤 억압을 두고 골똘히 생각하고 있는, 이 멈추지 않는 열차를 타고 만 독자 여러분이 어떤 느낌으로 이 책을 덮었을까? 후기를 마치려는 지금 몹시 궁금하다.

자신에게 참담한 고통을 준 사회 속에서 자신이 겪는 아픔의 의미를 찾아가는 그 쉽지 않은 여정을 하고 있는 우리에게는 한 존재를 죽게 하는 이 몹쓸 성차별 사회, 경쟁 위주 자본주의 사회, 이성애 중심 결혼지상주의 사회, 가족주의 사회를 바꿀 눈부신 생명의 힘이 있다.

다나카 미쓰의 첫 저작을 국내에서 번역 출판할 수 있게 된 것은 근래 몇 년간 여성운동에 대한 관심, 지지와 격려를 보낸 많은 여성 독자들 덕분이다. 또 이 책을 옮기는 동안 미투로 자신이 당한 성폭력 피해를 용기 있게 고발하고 나선 존경스러운 여성들이 많이 있었다. 서지현 검사가 물꼬를 튼 2018년 1월 29일 이래, 많은 여성들의 미투가 하나둘씩 나올 때마다 나는 매번 울컥했다.

성차별과 성폭력, 가정폭력 등을 사회 구조적인 문제로 보지 않고 '여성문제'(일부 문제 있는 여성들이 겪는 문제)라고 치부하던 시절이 아직도 생생하다. 나는 그런 지독한 편견 속에서 나를 포함해 얼마나 많은 여성들이 자신을 탓하며 고립되어 힘겹게 살아야 했는지 신물이 날 정도로 잘 알고 있다. 그리고 지금도 여전히 그렇게 소외되어 괴로운 삶을 사는 여성들이 많이 있다. 그런 여성들에게, 크나큰 용기와 깊고 오랜 고독에서 태어난 저자의 여성해방 사상, 《생명의 여자들에게-엉망인 여성해방론》의 메시지가 전해지기를 바란다.

13년 전 내가 다나카 미쓰의 삶과 그의 여성해방론에 대해 쓴 글이 있다. 오래되어 묻혀 버린 그 짤막한 글을 읽고 번역을 제안해 준 두번째테제

출판사 장원 편집장과 새 책 집필로 바쁜 와중에도 기꺼이 문답 시간을 내준 저자께 감사를 드린다. 또 이제는 고인이 되신 나의 사랑하는 할머니 박천심 님께. 숨을 거두시던 날까지 할머니가 보여 주신 삶에 대한 강인한 의지와 열정을 존경하고, 늘 기억할게요. 43여 년 간 곁에 있어 주셔서 참 고맙습니다.

끝으로 번역어와 관련하여 부언한다. 정치적 올바름을 추구하여 본문 속에 나온 차별 표현(예를 들어 걸인, 매춘, 창부, 창녀, 낙태, 부랑인, 바보 등)을 바로잡아 옮기고자 했으나, 저자의 의견을 존중하여 이 책이 약 반세기 전에 나왔다는 점을 드러내고자 일부러 그대로 번역했음을 알려 둔다. 단 예외로 반복적으로 사용된 '희롱, 장난' 등과 같은 말은 '성적 학대, 성적 괴롭힘' 등과 같은 표현으로 바꾸었다.

2019년 8월 비 개인 다음 날
옮긴이 조승미